グライス語用論の展開

非自然的な意味の探究

平田一郎 （著）

ひつじ書房

はじめに

　本書は、Grice (1957, 1968, 1969, 1989) の非自然的な意味という概念を再評価し、喜ばせる、驚かせる、印象づける、怒らせる、悲しませるといった話者の聞き手に期待する心理的な反応を語用論的に説明する試みである。

　Grice (1961, 1975, 1978, 1989) が提案する協調の原理は、発話から伝わる文字通りではない意味（言外の意味）をはじめて体系的に説明しようとした理論である。言語によるコミュニケーションの中心的な機能は、命題的なやり取りであろう。私たちは言語を使って情報を共有し、また言語を使って人に行動を促す。こうした行為は、主に命題的な情報のやり取りで成立している（命題については 2.1 節で詳しく説明する）。したがって Grice を受け継いだ意味論・語用論が命題的なやり取りを中心に発展してきたことは当然だろう。しかし、言語には感情を表現し、心理的な反応を聞き手に与える機能もある。

　次のごく簡単な例でこのことを確かめてみよう。

　　Miley: Hey, Jackson.
　　Jackson: Oh, man, it's not scary enough. It needs something. But what?
　　　　(08:41-, "Torn between two Hannahs," *Hannah Montana*, Season 1.)

　これは *Hannah Montana* という小中学生向けのアメリカの situation comedy で、日頃から仲の悪い兄 (Jackson) と妹 (Miley) の会話である。Jackson はハロウィーン（で人を怖がらせる仮装）の準備をしている。「斧が頭に刺さって血が出ている」姿を演出し、帰宅する Miley を待つ。もちろん Jackson の目的は Miley をおどかして、その仮装が人を怖がらせるのに有効であることを確認しようとしているのである。

　Jackson が死んだふりをして Miley がやってくるのを待つが、Miley は

Jackson をみて、ただ Hey, Jackson と最も普通の挨拶だけをして通り過ぎてしまう。この反応に対し Jackson は、Oh, man, it's not scary enough と結論している。Miley のこの最も普通の挨拶から、概ね「その仮装は怖くない」という意味が伝わり、さらに Miley は Jackson をがっかりさせようと意図していることがわかる[1]。しかし、どのように「その仮装は怖くない」という意味が伝わり、Miley の Jackson をがっかりさせようとしている気持ちがわかるのか、説明は難しい。

難しさの核心の1つは、Hey, Jackson という発話が、命題内容を持たない呼びかけ語(vocative)であるという点だ。Montague (1973) に代表される真理条件意味論、Horn (1984)、Levinson (2000) などの neo-Gricean の語用論、Sperber and Wilson (1986/1995) の post-Gricean の関連性理論、Searle (1969) や Searle and Vanderveken (1985) の発語行為理論、Kamp (1981)、Heim (1982) にはじまる動的意味論(他に Groenendijk and Stokhof 1991、Ginzburg 1996、Veltman 1996 など)のどれもが、(3.2.2節で詳述するように)発話の内容に命題が含まれている言語要素だけを説明の対象にしている。したがってこれらの理論は、Miley の発話が生む意味や効果を説明するような仕組みがない。

Grice の協調の原理についてご存じの読者であれば、Miley の発話が量と関係性の格率に違反していることに気が付くであろう。Jackson は、Miley が驚き、おびえ、Jackson を非難するような発話や反応をすることを期待していたはずだ。そして Miley もその期待をもちろんわかった上で、敢えて Hey, Jackson と発話している。発話内容が期待よりも少なく、また内容も(ハロウィーンの仮装という文脈では)関係性が薄い。Grice の語用論の仕組みでは、what is said に対して格率が遵守されているかが検証される[2]。そして、(Grice 自身は決してそう言っていないが)広く what is said は、真理条件的な命題であると受け取られている。すると Miley の発話は Grice の協調の原理による説明もできなくなってしまう。呼びかけは、それが真であるとか偽であるとか外の世界と照らし合わせて判別できるような命題ではない(むしろ成功か不成功かが問われる発語行為である)。

さらに、発話から得られる非意味論的な意味である推意(implicature)

も、普通は命題であると考えられている（Gazdar 1979: 38、Chierchia and McConnell-Ginet 2000: 241、Levinson 2000、Recanati 2004: 6、Horn 2009: 19）[3]。Jackson を「がっかりさせようとしている」Miley の意図は、Jackson に対して何かの命題内容を伝えることではなく、Jackson に「がっかりした」感じを与えようという行為なので、推意を命題的な意味に限定する語用論理論では扱えないことになる。

「がっかりさせよう」という意図は Austin (1962) の発語行為理論でいう発語媒介行為 (perlocutionary act) ということになる。しかし Austin を引き継いで発語行為理論を理論的に整理発展させた Searle and Vanderveken (1985: 12) は、言語学的に慣習化された要素として分析することができないという理由から、発語媒介行為を発語行為の理論的構成から外してしまう。

確かに、Hey, Jackson という発話に、「聞き手をがっかりさせる」という意図がコード化されているとは考えられないので、Searle and Vanderveken の目指す発語行為理論がこの発話の効果を理論の射程から外すことは当然かもしれない。しかし、そうだとすると、このすごく単純な発話が持つ誰もがみて取れる効果を説明することができなくなってしまう。（1.1 節でみるように、聞き手に対する心理的な反応の期待が単語の意味の中にコード化されている場合もある。したがって、言語の仕組みに組み込まれた内容だけを理論で扱うという立場を取ったとしても、聞き手に期待する心理的な反応を理論の射程から完全に除外することはできない。）

ここで、Grice (1957: 385, 1989: 220) で与えられた「非自然的に意味する (mean$_{NN}$)」の定義をみてみよう。

"A meant$_{NN}$ something by x" is (roughly) equivalent to "A intended the utterance of x to produce some effect in an audience by means of the recognition of this intention,"; and we may add that to ask what A meant is to ask for a specification of the intended effect (though, of course, it may not always be possible to get a straight answer involving a "that" clause, for example, "a belief that ..."). 　　　　　（Grice 1957: 385, 1989: 220）

「A は x によって何ごとかを意味$_{NN}$ した」は「A は x の発話によって

受け手の中に何らかの効果が生じることを意図し、しかもその意図が［受け手に］認識されることでその効果が生じることを意図した」と（ほぼ）同等である。そして付け加えて言えば、A が何を意味したかを問うことは、意図されている効果を特定するように求めることにほかならない（ただしもちろん、「…という信念を」というような「という」節からなる単純な回答が常に可能なわけではないだろうが）。

(『論理と会話』p.235)⁴

　詳細は第 2 部に譲って、今の文脈で関係のある部分に集中してみる。Grice は、非自然的な意味を生み出す行為をただ「x の発話」(the utterance of x) とするだけで、命題のような条件を付けていない⁵。

　また、非自然的に何かを意味するには、発話が聞き手の内に「何らかの効果」(some effect in an audience) を生み出すように意図されていることを条件としている。Miley は Hey, Jackson という発話によって、Jackson を「がっかりさせよう」としているのであるから、Miley はこの発話によって明確に非自然的に何かを意味したことになる。（もちろん、呼びかけによって聞き手である Jackson の存在に気が付いていることを示すことも、非自然的に何かを意味したことになる。）

　さらに Grice は続けて、「ただしもちろん、『…という信念を』というような「という」節からなる単純な回答が常に可能なわけではないだろう」(it may not always be possible to get a straight answer involving a "that" clause, for example, "a belief that ...") のように effect についてわざわざ但し書きをしている。非自然的な意味が必ずしも命題的な内容のやり取り (a belief that) に限定されないことを、Grice ははじめから明言しているのである。

　このように Grice の意味論・語用論には、その後の意味論・語用論が（意図的であるにせよ、非意図的であるにせよ）除外してしまった意図伝達の仕組みを説明するすべが残されている。この本の目的は、Grice の意味論・語用論をなるべく Grice の意図を損なわないような形で整理、発展させ、これまで追究されることのなかった Grice の理論の潜在的な可能性を探ることである。とりわけ、他の理論が除外している非命題的な言語要素の機能と非命

題的な効果が、基本的に Grice の非自然的な意味理論から引き出せることを示したい。

　第 1 部では、Grice の著作をなるべく忠実に追いながら Grice の言語理論の仕組みの全体像を示す。その際、非命題的な言語要素と、非命題的な（心理的な）効果を理論の中にしっかりと位置づける。第 2 部は、第 1 部で展開した仕組みを Grice を中心とする意味論・語用論の研究に基づいて理論的に動機付けていく。仕組みと理論は本来分かちがたく結びついているが、敢えて分けて紹介するのは、Grice の理論の全体像を知るてがかりが論文ごとに断片的に提示されているからである。Grice は、論文ごとに様々な議論を展開していくが、論文と論文、そして概念と概念の間の関係を明示しないままにする傾向がある（Grice 1989 の序論（Prolegomena）と回顧的あとがき（Retrospective Epilogue）がよいてがかりとなる）。Neale (1992: 511) の言葉を借りれば、Grice の理論を深く理解するには、探偵的な作業（detective work）が必要なのである。探偵的な作業の結果を先に第 1 部で提示し、第 2 部で探偵的な作業を行う。

　第 3 部では、第 1 部で提示した理論装置を応用して実際の言語現象を分析していく。非命題的な入力（言語要素）と非命題的な出力（話者が聞き手に引き起こそうとする心理的反応）が大きな役割を果たすことになる。第 2 部が理論的な議論で第 3 部が具体例による発展なので、第 3 部の具体例から先に読んでも理解できるように工夫した。

　本書は意味論・語用論の研究書であるが、Grice の研究を丁寧に説明しその可能性を追究しているので、意味論・語用論に関心がある学部学生や大学院生でも十分に内容が追えるようになっている。Grice の協調の原理と非自然的な意味という 2 つの理論のうち、一般的に言語学寄りの研究では協調の原理が大きく取り上げられ、（言語）哲学寄りの研究では非自然的な意味が中心的な役割を果たす。本書ではこの 2 つの考えを有機的につなげることで、Grice の意味論・語用論の新たな展開を目指す。身近な具体例をふんだんに取り入れて説明しているので、（言語）哲学に関心がある読者も Grice の理論を肌で感じながら理解していくことができるだろう。(Grice の語用論をあしがかりに、読者自身が、neo-Gricean、post-Gricean、動的意味論といった

より現代的な研究方法にも取り組んでいけるよう、適宜他の言語理論との比較も取り入れていく。)

　本書の出版までには、多くの方々のお世話になった。まず本書の出版をお引き受けいただいた、ひつじ書房の松本功氏に謹んでお礼を申し上げたい。また草稿の段階から出版まで、ひつじ書房の長野幹氏には様々な形で大変お世話になった。

　著者が生成文法的な研究から語用論的な研究に軸足を移すようになる時期に、奈良女子大学の吉村あき子先生にたくさんのことを教えていただいた。生成文法だけではなく、広く言語研究に関心を持ち続けていられたのは、東京都立大学大学院での(故)光延明洋先生の授業のおかげである。研究に対する姿勢や取り組み方では、恩師である中島平三先生に多くを負っている。今でもはじめて中島先生にご挨拶させていただいたときの興奮が、著者の研究活動を支えている。

　本書で展開している Grice の考え方の再解釈は、前任校である専修大学、そして現在勤務する学習院大学の大学院生やゼミナール所属の学生達との対話から生まれている。特定の学生の貢献が明らかな場合に限って、脚注にて卒業年度と氏名を挙げて謝意を示している。しかし、そうでない場合でも随所で学生達との対話が大きな役割を果たしたことを特記しておきたい。

　本書の刊行は、令和 6 年度学習院大学研究成果刊行助成金による支援を受けている。研究助成の申請の際に本書の推薦をお願いし、快くお引き受けいただいた岡本順治先生に深くお礼を申し上げたい。また本書の大部分を、令和 5 年度に頂いた長期研修期間中に執筆することができた。このような機会を与えて下さった学習院大学と関係する皆様に謹んでお礼を申し上げたい。

　最後に、昨年他界した父、年老いた母、いつも著者の研究を支えてくれている妻にお礼を述べたい。ありがとうございました。

注
1　学習院大学 2016 年卒業の安藤良晃さんの観察である。

2 Grice は語用論 (pragmatics) という用語をほとんど使わなかったが、Grice (1989: 375) で語用論的内容 (pragmatic import) という言い方で語用論的な意味を表現している。
3 Sullivan (2023) は、Grice の枠組みの中で非命題的な推意を認める方向性を提案している。
4 英語の定義に続いて清塚邦彦氏の Grice (1989) の訳を合わせて示した。以下同様とする。
5 さらに Grice (1969: 151, 1989: 92) で、発話 (utterance) を非言語的な行為も含め非自然的に何かを意味する行為全般を言い表す用語として使用することを注釈している。Grice の用語でいえば、utterance が、非自然的な意味を生み出すすべての行為で、say はその中の言語的な行為という位置づけになる。(さらに細かくいえば、推意は say の内容から外れることになる。3.2.1 節で詳しく議論する。)

目 次

はじめに　　　　　　　　　　　　　　　　　　　　　　　　　　　　iii

第1部　語用論的意味の整理―Griceの視点から―

第1章　語用論的意味と語用論的意味を生み出す仕組み　　　3
1.1　4つの語用論的意味　　　　　　　　　　　　　　　　　　　　4
1.2　3つの語用論的な意味を生み出す仕組み　　　　　　　　　　　7
1.3　語用論的な意味と研究動向　　　　　　　　　　　　　　　　　11

第2章　Griceの語用論の仕組み
　　　　　―非命題的な言語要素と非命題的な効果（心理的な効果）を組み込んで　　17
2.1　発話が行うこと：命題的な反応と心理的な反応　　　　　　　　17
2.2　発話の命題的な内容と命題態度、そして発話の力　　　　　　　22
2.3　心理的な反応と非自然的な意味　　　　　　　　　　　　　　　29
2.4　協調の原理：格率の違反から推意が生まれる場合　　　　　　　32
2.5　発話の命題とその使われ方の指示が推意を生む場合その1：
　　　一般化された会話の推意（generalized conversational implicature）　　42
2.6　発話の命題とその使われ方の指示が推意を生む場合その2：
　　　標準推意（standard implicature）　　　　　　　　　　　　　　51
2.7　発話の命題とその使われ方の指示が推意を生む場合その3：
　　　協調の原理の遵守から心理的な反応の期待が生まれる場合　　55
2.8　仕組みのまとめ　　　　　　　　　　　　　　　　　　　　　　63

第2部　Grice 語用論の仕組みの理論的基盤

第3章　非自然的な意味　73
3.1　自然的な意味と非自然的な意味　73
3.2　非自然的な意味と心理的な反応の期待　83
　3.2.1　Grice (1969) の非自然的意味の定義と心理的な反応の期待　83
　3.2.2　心理的反応の期待と言語理論　93
3.3　非自然的な意味と発話の力　108
　3.3.1　発話の力が非自然的な意味であること　108
　3.3.2　発話の力、命題態度、そして what is said　113

第4章　CI と心理的な効果　135
4.1　Grice の考えた CI　135
4.2　Bach (1999)：CI は神話 (myth) である　150
4.3　挿入的な要素　154
4.4　感情表出的な表現が CI ではないこと　157
4.5　動的意味論・動的語用論と感情表出的な表現　162
4.6　Grice の意味区分のまとめ　166
4.7　命題的な uptake と心理的な uptake　171

第3部　個別現象

第5章　質の格率違反と心理的反応の期待　183
5.1　標準推意としての心理的反応の期待　183
5.2　質の格率違反と語用論の諸理論　191

第6章　不成功の発話　203
6.1　準備条件 (preparatory condition) による説明　204
6.2　心理的に不成功の発話　208
6.3　Grice (1989: Prolegomena) と uptake の条件　216

6.4　uptake 条件と不成功の発話	221
6.5　心理的な反応の期待の予告表現	232

第7章　単語レベルでの格率の違反と心理的推意　237
7.1　指示表現とライプニッツの法則　238
7.2　指示表現と先行研究　243
7.3　様態の格率と対立する指示表現　250
7.4　指示表現の対立から生まれる心理的推意の具体例　253
7.5　感情表出的表現と対立する指示表現　260

第8章　呼びかけ語　269
8.1　呼びかけ語の概略　269
8.2　名前の呼びかけ語　283
　8.2.1　一般的な傾向と問題点　283
　8.2.2　量と様態、そして個人レベルでの慣習　286
　8.2.3　名前による呼びかけ語の特性　293
8.3　呼びかけ語と質の格率違反　306
　8.3.1　概念的指定と感情表出的な指定　306
　8.3.2　質の格率違反の具体例　309
　8.3.3　二重の格率違反：皮肉の呼びかけ語　315
　8.3.4　コーパスからの例　319

第9章　ポライトネス理論と心理的反応の期待　323
9.1　Brown and Levinson (1987) とその問題点　324
9.2　心理的反応の期待としてのポライトネス　332
9.3　心理的反応の期待とストラテジーの対応　336
9.4　ポライトネスの評価　345
9.5　非自然的意味とポライトネス　349

引用文献	359
おわりに	375
索引	379

第1部

語用論的意味の整理―Grice の視点から―

　第1部では、Grice の意味論・語用論の機能する仕組みを詳しく丁寧に紹介していく。第1章で本書で究明しようとしてる語用論的意味と、その意味を生み出す仕組みを特定する。第2章では、Grice の意味論・語用論に立脚しながら、語用論的意味が生み出される過程を可視化するための表示法を導入していく。語用論的意味は、とらえるのが難しいので、できるだけ具体的に表示して意味の生成過程を記述することを目指す。

第1章　語用論的意味と語用論的意味を生み出す仕組み

　言語学で意味を扱う部門は、主に意味論と語用論である。本書の目標は語用論での意味のとらえ方を、意味論での意味のとらえ方を念頭に置きながら理解することである。語用論はかつて言語研究の「ゴミ箱」(waste basket)と言われた(Bar-Hillel 1971)。何かパターンや規則でとらえられなかったり、予測がつかないことがあれば、「語用論的な要因が関係している」と説明を締めくくって、それ以上の分析ができなくてもよいとされる雰囲気があった。そして今でも状況はあまり変わっていないように思える。
　これには少なくとも2つの異なる理由が関与している。1つ目は、意味論的な意味(真理条件的な意味)以外の意味、つまり語用論的な意味が多様で一見とらえどころがないようにみえることである。真理条件的な意味以外の意味は「その他の」語用論的な意味として未整理の状態でひとまとめにされてしまう傾向にある。2つ目の理由は、語用論的な意味を生む要因が多彩であることだ。語用論的な意味が単語の本来の意味や文法形式に備わっていることもあれば、少し意外な単語や発話文の選択が語用論的な意味を生むことがある。そして発話の命題そのものも語用論的な意味を生む。
　多彩な語用論的な意味と、多様な意味生成の仕組み、という2つの(お互いに重なり合いながら)異なる要因が複雑に働いて発話全体の意味が生まれる。これをできるだけ整理して理解する手立てを提供するのが本書の目標の1つである。その際Griceの一連の研究とその発展的な解釈を拠り所とする。Griceの意味論・語用論を拠り所とするのは、Griceの意味論・語用論が他の理論に比べて、(とりわけ本書で解明したい、非命題的な言語要

素の働きと非命題的な意味の扱いのような）広範な現象を説明する潜在力を持っていると思われるからである。Grice (1989: 20) は、会話の仕組みが、一般的な談話の原則や理性的な行動 (general principles of discourse or rational behavior) から説明できると示唆していて、Grice の言語説明が、広範な人間活動の1つとして示されていることがわかる。

1.1　4つの語用論的意味

　1.1 節では、（真理条件）意味論を参照点として使いながら、様々な語用論的意味を紹介していく。以下、本論で意味論という場合、真理条件意味論をさすこととする。意味論を参照点として使うと、どのような意味が意味論的意味から外れているのか、どのような仕組みを想定すれば意味論的意味から外れる語用論的意味をとらえることができるか、が明確になる。（語用論的な意味を考察する際にも、語用論的意味を生み出す仕組みに言及する必要があるが、これは 1.2 節で考察することにして、はじめは語用論的意味の整理を中心に考えていく。）

　発話は、発話が持つ命題の真理条件的な意味（MT）の他に、少なくとも 4 つの性質が異なる意味を伝えることができる。その 4 つとは、(MA) 発話の命題の使われ方の指示、(MB) 発話の命題とは独立した命題（とその命題の使われ方の指示）、(MC) 発話の持つ感情表出的な意味（聞き手に心理的な影響を与えようとする意図）、(MD) 発話が意味論的に伝える意味よりもより限定的な命題の意味である。（M は meaning の意味で、T は truth、A～D は意味の区分の整理の記号として用いている。）

　これら 4 つの意味を順番に具体例でみていこう。発話で伝わる意味論的な意味（真理条件的な意味）(MT) をまず (1) の例で考えてみよう。

(1)　冷蔵庫にビールが 3 本入っている．

(1) は冷蔵庫にビールが 3 本入っていれば真、そうでなければ偽である。この発話の真偽を確かめるためには、話者の念頭にある冷蔵庫を空けてみて、

ビールが 3 本入っているかどうか確かめてみればよい。これが発話の命題の真理条件的な意味である[1]。

(1) の真理条件的な意味が真か偽かは冷蔵庫を開けてみればわかることである。しかし (1) の話者が聞き手に期待している反応は、冷蔵庫を開けて (1) が真か偽かを確認することではない。(1) の話者は、(1) の発話で、何をしようとしているであろうか。もちろん話者は (1) によって冷蔵庫にビールが 3 本入っている、という命題 (情報) を聞き手に共有してもらおうとしているのであろう。しかし、この発話の命題を聞き手に共有してもらうという話者の意図は、(1) の発話の言語的な要素の中に入っていない (ようにみえる)。(1) は、いわば冷蔵庫の中にビールが 3 本入っている写真のようなもので、それがただ床に落ちているだけでは情報伝達の役割を果たさない。

しかし、その写真を私が読者の目の前に示したとすればどうなるだろうか。恐らく読者は私が、「冷蔵庫にビールが 3 本入っている」という情報を読者と共有しようとしていることがわかるだろう。ここで大切なのは、「私が読者に示す」という部分が、(1) の発話の命題の真理条件的な意味には入っていないことである。(1) は「冷蔵庫にビールが 3 本入っている」という命題で、それ以上でもそれ以下でもない。この「命題を共有しようとしている」という指示が (MB) の、発話の命題の使われ方の指示である。(Grice 1957: 382–383, 1989: 218 で、写真を示すという行為では 3.1 節で詳細を議論する「非自然的な意味」の条件を満たさないことが主張されている。今は「命題の使われ方の指示」という見方をなるべく簡潔な形で示しておきたいのでこのまま議論を進める。写真の例については 3.1 節で詳しく検討する。)

発話の命題とその使われ方の指示は、2 次的な命題とその使われ方の指示を聞き手に伝えることがある。例えば、(1) が、夏の暑い夕方に茹で上がった枝豆を食べながら発話されたのだと想定してみよう。すると (1) は、「冷蔵庫にビールが 3 本入っている」という命題の他に「ビールが飲みたい」とか「冷蔵庫からビールを取ってきてくれ」という意味も伝えるだろう。これが (MB) の、発話の命題とは独立した命題 (とその使われ方の指示) の伝達である。「ビールが飲みたい」という 2 次的な命題も、この命題自体は話者が喉の渇きを表現しているような写真と考えられる。この写真が落ちていてもそ

れ自体では「ビールが飲みたい」という命題は伝えられない。やはりこの命題もその命題の使われ方の指示によって聞き手に「みせる」手続きが必要なので、(MB)は2次的な命題に加えてその使われ方の指示も伝えていることになる(いうまでもなく(MB)は(1)の真理条件的な意味とは独立している)。

(MC) 発話の持つ感情表出的な意味(聞き手に心理的な影響を与えようとする意図)は、Potts (2005)の研究がきっかけとなって近年意味論・語用論の世界で盛んに取り上げられるようになった。感情表出的意味は、(2)の「ます」が伝えるような意味のことである。

(2) 冷蔵庫にビールが3本入っています.

(2)の真理条件的な意味(そしてその意味の使われ方の指示)は(1)と全く同じである。しかし、(2)は(1)とは違い、話し手が聞き手に対して丁寧に話そうとしていることを伝える。これが(MC)の感情表出的な意味である。もちろん「ます」は伝統文法・国語学で敬語(丁寧語)と呼ばれる言語表現である。そしてその機能はよく研究され、記述されている。しかし本書で大切なことは、「ます」がどのような意味を伝えるのであれ、それが感情表出的表現として、発話の真理条件的な命題やその使われ方の指示とは独立した意味を伝えていることを理解することである。

最後は、(MD) 発話が意味論的に伝える意味よりも限定的な命題の意味である。恐らく(1)の発話を聞けば、聞き手は冷蔵庫にちょうど3本のビールがあると思うだろう。もし(1)の発話を聞いて、冷蔵庫を開けてみてビールが4本入っていたとしたら、聞き手は少し騙された気になるであろう。4本ビールがあったのであれば、3本とは言わず4本と言えばよかったではないかと、聞き手は思うだろう。つまり(1)の発話は、冷蔵庫にちょうど3本のビールが入っていることを普通は伝える。しかし、実際冷蔵庫に入っていたビールが4本であったとしても(1)の命題は真となる(4本ビールが入っていれば、必ず3本のビールが入っていることになる)。したがってこのような(「ちょうど3本の」のような)意味は厳密に言えば命題の真理条件的な意味ではない。これを本書では、(MD)より限定的な命題の意味と呼ぶ。

1.2 3つの語用論的な意味を生み出す仕組み

　語用論的な意味の整理が難しい2つ目の理由は、語用論的な意味が様々な要因によって生まれるからである。語用論的な意味は、(SA) 単語そのものや文法形式に備わっている場合、(SB) 少し意外な単語や発話文の選択から生まれる場合、(SC) 発話の命題内容（とその使われ方の指示）が生む場合、の3通りの方法がある（Sは system の意味で、A〜Cは区分の整理の目的で使っている）。

　(SA) の単語そのものに備わっている場合というのは、(1) と (2) の対比でみた「です・ます」のような場合である。「です・ます」を使うことそのこと自体が「丁寧な感じ」を生み出す。

　(SB) の少し意外な単語や発話文の選択から語用論的な意味が生まれるような場合を、(3) の例で考えてみよう。

(3) {夫／あの人}は、細かいことを気にしない人だ．

話者が話者の夫を「夫」と呼んだとしても、「あの人」と呼んだとしても、(3) の聞き手が、話者が指示したい人物（すなわち、話者の夫）が誰であるか直ちにわかると想定してみよう。恐らく聞き手は「あの人」と話者が夫のことを呼んだ場合、「夫」と呼んだ場合に比べてやや意外な感じがして、同時に話者が旦那さんに対して心理的な距離を取っている感じを聞き手に与えるだろう。

　このような場合、「あの人」にそもそも心理的な距離を示唆する意味が備わっているわけではない（つまり、この場合を (SA) の1例と考えてしまうわけにはいかない）。例えば、街を歩いていて友達に通りすがりの男性のことを (4) のように描写した場合を考えてみよう。

(4) あの人、うちのお父さんに似ている．

　この場合、通りすがりの男性は話者の夫ではないために、話者はもちろん

その男性を「夫」と呼ぶことはできない。通りすがりの男性を指すうえで、最も自然な表現(の1つ)が「あの人」であろう。(3)の例とは違い、(4)の「あの人」は、これと対比的に用いることができる他の言語表現が直ちには思いつかない。このような場合、「あの人」は話者の指示対象に対する心理的な距離を生まない。

この議論から2つの結論が導かれる。1つは「あの人」に話者の指示対象に対する心理的な距離を聞き手に想起させるような意味がそもそも語彙的に備わっているのではない、ということである。そして2つ目は、「あの人」という言語表現が「夫」という別の表現と対比されて使われていると想定されるような場合、心理的な距離を語用論的に伝える、ということである。これが(SB)の、少し意外な単語や発話文の選択から語用論的な意味が生まれる場合の簡単な例である。

この説明に対して、「あの人」という表現自体が(i)心理的な距離を示す意味を持つ場合、(ii)心理的な距離とは関係なく指示表現として使われる場合、のように2つの意味を持つと考えることもできるかもしれない。こう考えた場合、使われる場面によってどちらかの意味が選択されることになる。

Grice (1978: 118–119, 1989: 47) はこのような方策を Modified Occam's Razor という原理を採用することによって退ける (Recanati 2004: 156–157 に Modified Occam's Razor に対する反論がある)。Modified Occam's Razor という原理は「必要以上に意味を増やしてはならない」という趣旨の原理である。例えば今の「あの人」の例で考えると、心理的な距離感を生む場合、話者が使うこともできたはずであるが使わなかった「夫」という表現が存在する。これに対し心理的な距離感が感じられない場合、「あの人」と競合するような別表現がない。ということは、心理的な距離感が、対比的な指示表現の有無によって説明できるので、「あの人」に2つの意味(使い方)が備わっているという考えは Modified Occam's Razor によって退けられることになる。

Modified Occam's Razor は、Grice の作った原理で、Occam's Razor (オッカムの剃刀) がもとになっている。Occam's Razor というのは、ある現象があって複数の理論で同じようにその現象の説明ができる場合、より簡素な道

具立てで説明できる理論が望ましいとする、理論の評価の基準である。これと同じように、ある言語要素の複数の意味が一般的な原理により説明できる場合、意味を増やすのではなく、同じ意味の単語が別の使われ方をしていると考える方が望ましいことになる。これが Modified Occam's Razor である。

「あの人」というのは、少し意外な指示表現が語用論的な意味を生む例であるが、こうした発話の一部だけではなく、少し意外な発話文の選択も語用論的な意味を生む。上でみた(1)のような場合がその例である。(1)では、話者が「冷蔵庫にビールが3本入っている」という命題を音声化し、その命題を聞き手と共有しようとすることで、間接的に「ビールが飲みたい」という命題を聞き手と共有したり、「冷蔵庫からビールを取ってきてくれ」と聞き手に促したりするのであった。特殊な会話の流れを想定しなければ、(1)の発話の命題内容そのものは、聞き手にとって重要な情報とは思われないかもしれない。文字通りに聞き手がこの発話とその命題内容だけをそのまま受け止めたとしたら、「冷蔵庫にビールが3本入っているのはわかったけど、それがどうしたの」という反応になってしまうかもしれない。このように発話の意味を単独で評価した場合、(1)は「少し意外な」発話ということになる。そしてその意外さから、聞き手は話者の真意が「ビールを飲みたい」ということであったり、「冷蔵庫からビールを取ってきてくれ」という依頼であると思い至るだろう。

(SC) 発話の命題内容(とその使われ方の指示)が語用論的な意味を生む場合というのは、帰宅したお父さんが子供たちに「ケーキを買ってきたよ」と告げるような場合である。

(5) (帰宅したお父さんが子供たちに)
　　　ケーキを買ってきたよ．

この発話によってお父さんは子供たちと「ケーキを買ってきた」という命題を共有しようとしているだろう。そしてそれだけではなく、その命題を子供たちに信じさせることによって、子供たちを喜ばせたいと思っているだろう(父は子供たちに、心理的な影響を与えようとする意図を持っていること

になる)。むしろこの発話の場合、命題内容の共有そのものよりも子供たちを喜ばせたい、という心理的な効果に発話の主眼があるように感じられる。しかし「ケーキを買ってきたよ」という発話の意味論的な意味の中にその意図が備わっているわけではない。「ケーキを買ってきたよ」という文に使われているどの単語の意味の中にも「聞き手を喜ばせたい」という意図がそもそも備わっているわけではない。

　これは丁寧語の「ます」の意味を考えてみるとより明らかであろう。「ます」の場合、話者が聞き手に敬意を払い、丁寧になろうとしていることが単語の意味の中に含まれている。「ケーキを買ってきたよ」の場合、「聞き手を喜ばせたい」という意図は、「ケーキを買ってきたよ」という発話の命題を子供たちに信じてもらった結果、子供たちの心が変化することで実現する。したがってこのような場合は、発話の命題内容(とその使われ方の指示)が語用論的な意味を生む場合、と整理することができる[2]。

　以上みてきたように、本書では(真理条件的な意味に加え)4種類の語用論的な意味と、3つの語用論的な意味を生み出す仕組みを整理して理解する。

(6)　(MT)真理条件的意味
　　　「冷蔵庫にビールが3本入っている」という文の意味論的な意味
(7)　語用論的な4種類の意味
　　　(MA)命題の使われ方の指示
　　　「冷蔵庫にビールが3本入っている」という命題を聞き手と共有しようとする
　　　(MB)間接的な命題とその使われ方の指示
　　　「冷蔵庫にビールが3本入っている」と発話して「冷蔵庫からビールを取ってきてくれ」と伝える
　　　(MC)感情表出的な意味(聞き手に心理的な影響を与えようとする意図)
　　　「冷蔵庫にビールが3本入っています」の「ます」によって伝わる丁寧な感じ

(MD)より限定的な命題の意味

「冷蔵庫にビールが 3 本入っている」と発話して「冷蔵庫にビールが(ちょうど)3 本入っている」と伝える

(8) 語用論的な意味を生み出す仕組み

(SA)単語や文法形式に備わっている場合

「冷蔵庫にビールが 3 本入っています」の「ます」

(SB)少し意外な単語や発話の選択が生む場合

「冷蔵庫にビールが 3 本入っている」という命題から「ビールが飲みたい」という別の命題を生む

(SC)発話の命題とその使われ方の指示が生む場合

「ケーキを買ってきたよ」という発話で、聞き手を喜ばせようとする

1.3 語用論的な意味と研究動向

　第 2 章では、Grice の一連の研究に基づいて語用論的意味や語用論的意味を生み出す仕組みの概略を示していく。これに先立って、意味論的意味と語用論的な 4 種類の意味が、どのように研究されてきたかその動向を簡単にみておきたい。意味論・語用論の研究は多岐にわたるので、そのごく一部をみることになるが、研究動向の中で Grice の理論を位置づけることで、Grice の仕組みの深い理解につながると思われる。

　「はじめに」でも触れたように、Grice (1961, 1975, 1978, 1989) の協調の原理は、言外の意味を生み出す仕組みの、初めての体系的理論であった。言語によるコミュニケーションの中心的な機能は命題的な情報の伝達であろう。したがって Grice 以降の意味論・語用論が、協調の原理を前提としながら命題的なやり取りに特化する形で理論を精密化してきたことは必然的な成り行きであった。

　真理条件的な意味は、真理条件意味論 (truth conditional semantics)、形式意味論 (formal semantics)、構成的意味論 (compositional semantics) 等の名前で呼ばれる枠組みで研究されてきた。真理条件意味論では、発話(文)の意味を外延(言語外の世界)と照らし合わせて評価し、発話(文)の意味が外延に

合致していれば真、合致していなければ偽とする意味論である。真理条件意味論は、「発話(文)の純粋な(コンテクストに左右されない)意味」の特定と記述に問題意識の中心があるので、語用論的な意味はその射程に入っていない。

しかし、真理条件的意味論においても、語用論との関係で注目に値する動向が2つみられる。1つ目は、境界の争い(border war)と Horn (2006) が呼ぶ意味論と語用論の間の論争である。この20年余りの間、本来語用論的な現象と考えられていたことを意味論的に扱ったり、真理条件的な意味の一部に語用論的な意味を読み込むといった、意味論と語用論の領域をめぐる多くの論争があった。しかし、その論争の中心には、真理条件的な意味があって、意味論側の研究者と語用論側の研究者が綱引きをしているという様相である。綱引きの中心に真理条件的な意味があるので、本書で主に究明しようとしていることの1つである感情表出的な意味(聞き手に心理的な影響を与えようとする意図)は、その論争に加わっていない(綱の一部に感情表出的な意味が入っていない)。

2つ目は、4.5節でみる、動的意味論・動的語用論による感情表出的な表現の形式意味論的な研究である (Potts and Kawahara 2004、Potts 2007、McCready 2014、Portner, Pak and Zanuttini 2019、Yamada 2019)。これらの一連の研究では、感情表出的表現の意味を、命題的な意味とは独立に形式意味論的な手法でとらえようとする。そして、その理論で中心的な役割を果たすのが、Stalnaker (1974, 1978) の共通基盤 (common ground) という考え方(とその発展形)である。共通基盤という考えが Grice の意味論・語用論の中で語られることはあまりないが、実は共通基盤は Grice の非自然的意味がもとになっている。感情表出的な意味と共通基盤、そして Grice の非自然的意味に、再び連絡をつけて理解することも本書の目的の1つである。

命題の使われ方の指示(MA)は、Austin (1962)、Searle (1969) からはじまる発話行為理論 (speech act theory) で主に研究されてきた。3.2.1節でみるように、Grice の理論(協調の原理)は普通、発話の命題から間接的な命題を生む理論だと理解されている(三木 2022: 95–99 が「会話的推意の理論の内容的解釈」と呼ぶ立場である)。しかし Grice (1968, 1969) は、Grice (1957) で

提案された非自然的な意味が伝わる過程を詳細に分析し、命題の使われ方の指示（MA）が非自然的な意味の一部であることを明確にしている。Grice の理論は、事実上発語行為理論の内容を含み込んでいるのである。

しかし Grice（1957, 1975）といった Grice の代表的な論文ではその部分に触れられていないので、（恐らくそれが理由の 1 つとなって）Grice の理論がもっぱら命題的な内容に関する理論（命題の使われ方の指示（MA）を除外した理論）だと受け取られていると考えられる。発語行為理論の道具立てを、非自然的な意味からとらえ直すことも本書のもう 1 つの目的である（Bach and Harnish 1979 に同様の試みがあるが、Grice の非自然的意味と発語行為理論の関係は明確にされていない）。

3.2.2 節で詳しくみるように、Austin（1962）の発語行為理論では、感情表出的な意味（MC）が明確に理論の対象として認識されていた。しかし、Searle（1969）、Searle and Vanderveken（1985）など後の発語行為理論で、感情表出的な意味が単語や構文に言語的に組み込まれて生まれる意味ではないとして理論の射程から外されていく（丁寧語のような、感情表出的な意味が語彙化されている場合を考慮していない）。

Grice を直接受け継いだ（と考えられている）理論には、Horn（1984）、Levinson（2000）に代表される neo-Gricean という立場と、Sperber and Wilson（1986/1995）、Blakemore（1987, 1992）、Carston（2002）らの（関連性理論（relevance theory）として知られる）post-Gricean という立場がある。これらの研究も発話の命題的なやり取りに関心の焦点が置かれている。

Levinson（2000）は、neo-Gricean の代表的な研究である。そこで主に追究されているのは、(MD) 発話が意味論的に伝える意味よりもより限定的な命題の生まれ方である。とりわけ、(MD) が、(MB) 発話の命題とは独立した命題（とその命題の使われ方の指示）と同じく、協調の原理のような語用論的な仕組みによって導かれることを広範な経験的事実から裏付けている。Levinson の関心が発話の命題的な内容に中心があることは明らかだ。

post-Gricean（関連性理論）は、いくつかの重要な点で Grice とは異なる立場を取っている。まず、発話の意味を考える際に、話し手の意図からではなく、聞き手の視点から考えていく。また、発話の命題内容を特定する

過程にも語用論的な推論が働くとする(この点は neo-Gricean と共通している問題意識である)。そして、言語によってやり取りされる情報は命題的な形を取る(これは、Searle 1969: 19–21 の表現可能性の原理(the principle of expressibility)の実践といえる)と仮定されている。

とりわけ、最後の仮定を取ることから、(MA)発話の命題の使われ方の指示までも、指示(会話の中で会話参加者が行っていること)ではなく、高次表意(higher-level explicature)と呼ばれる表示レベルでの命題(会話参加者が論理的に理解する内容)として記述される(Wilson and Sperber 1993: 5–6、Carston 2002: 119–120)。post-Gricean(関連性理論)は、命題的な形でどこまで発話の意味をとらえていけるのかを追究した理論として理解することができる。(命題に関与しない言語要素は、手続き的意味(procedural meaning)と呼ばれ、話者が伝えたい命題の特定を助けるとされる。この点でも post-Gricean は、命題的な会話の説明の可能性を追究していると評価できる。この方針には明らかな利点もある。3.2.2 節でこの点に触れる。)

以上、ごく簡単にではあるが、意味論・語用論の研究動向を Grice の理論との関係から概観した。どの理論的枠組みでも、言葉の機能の中心的役割と思われる命題的な内容に焦点が当てられていた。Grice (1961, 1975, 1978, 1989) の協調の原理を土台とする理論でもこの点は変わらない。しかし Grice が提唱するもう1つの重要概念である非自然的な意味に目を向けると、非自然的な意味を命題的なやり取りに限定する必然性はなく、また(第2部で詳細にみるように)Grice は所々でそのことを示唆している。今、意味論・語用論は命題的なやり取りを超えて、非命題的なやり取りを本格的に取り組む段階に来ているように思われる。Grice の非自然的な意味が、その適切な出発点となる。

注
1 真理条件意味論では、様々な数学の集合論の記号が使われ、一見して大変難しそうにみえる(そして実際易しくはない)。しかし Paul Portner (2005) の *What Is Meaning?:*

Fundamentals of Formal Semantics(『意味ってなに？－形式意味論入門』、片岡宏仁訳、勁草書房）は、ほぼ記号を使わずに真理条件意味論（そして語用論や動的意味論）の概略をわかりやすく説明している。
2 「ます」のように、語彙的に聞き手に期待する心理的な効果が込められている場合と、(5)のように発話の内容から心理的な効果が生まれる場合とを共通した言語現象として扱う提案には Robin Lakoff(1972) がある。

第2章　Griceの語用論の仕組み
—非命題的な言語要素と非命題的な効果（心理的な効果）を組み込んで

　第2章では第1章でみた、4つの語用論的意味とそれを生み出す3つの仕組みを詳しく紹介していく。その際に、Grice (1957, 1961, 1968, 1969, 1975, 1978, 1989) を主な理論的参照点としながら、意味と仕組みをなるべく形式的に整理して提示していく。形式化することで語用論的な意味をある程度可視化することができる。語用論的な意味を「みてわかる」形にして、読者自身が批判的に議論を評価できるようになってほしいと願っている。本書の主眼である非命題的な言語要素と非命題的な効果を仕組みの中でしっかりと位置づけていく。

2.1　発話が行うこと：命題的な反応と心理的な反応

　(9) は、辞書の get の項目にある例文である（本書の目的に合わせて少し修正してある）。

(9)　John got the second place in the competition.

この文の意味は「John がある競争で2番になった」で、これは各単語の辞書的な意味と英語の文法知識があればわかる。しかし辞書のこの項目を執筆した人は、辞書を使っている人に「John がある競争で2番になった」ということを伝えようとしているわけではない。

　実際にある競争で2番になった人が、(9) の文を聞き手に向かって発した

としたら、その人は聞き手に「Johnはある競争で2番になった」という情報を信じてもらおうとしている(情報を共有しようとしている)ことになる。人が文を実際の場面で音声化する場合(あるいは文字化する場合)、話者(書き手)は単にその文を音声化(文字化)するだけではなく、その文の意味内容を聞き手(読み手)と共有しようとしていることになる。実際に使われた文のこの側面をとらえるため、語用論では話者が聞き手に何らかの目的を持って発した文を「発話」と呼ぶ(書き手が読み手を想定して文字化した文の場合も含めて、以下ではそのような文を「発話」と呼んでいくことにする)。発話は文とは違い、話者(書き手)がある目的を持って聞き手(読み手)に対して文を音声化(文字化)したもののことをいう。

Grice (1957, 1989) は、発話の持つこうした目的を「話者が聞き手に引き起こそうと意図した反応」ととらえた。聞き手に何らかの反応を引き起こそうと意図して音声化された文だけが語用論的な意味を持つ「発話」であるということになる。(発話は「非自然的な意味」を持つ、ともいえる。詳細は第2部を参照のこと。Gumperz 1982: 1 に同趣旨の主張がある。)

では、この「ある反応」とは何だろうか。話者が聞き手に引き起こそうと期待する反応は、命題的な反応と心理的な反応の2つに分けられる[1]。命題的な反応とは文の形にして、その内容をほぼ正確に他の人と共有できる内容のことである。(9)が聞き手に対して命題内容の共有を意図して発話されたとして、聞き手が実際(9)の命題内容を信じたとしたら、これが命題的な反応ということになる。

話を進める前に、まず「命題」とはどんなものであるかを確認しておこう。文が命題として成立するには、少なくとも主語と述部(述語)が必要である。

(10) 命題として成立
　　　冷蔵庫にビールが3本入っている．

(10)の文は、主語「ビールが」と述部「(冷蔵庫に)(3本)入っている」で成り立っていて、単語の意味と日本語の文法知識があれば、(10)がどんな状況

を記述しているか理解することができる。
　しかし主語と述部のどちらかだけでは、命題にならない。

(11)　命題として不成立
　　　a.　ビール（が）．（主語だけ）
　　　b.　冷蔵庫に入っている．（述部だけ）

(11a) のように「ビール（が）」と発話することもできるが、聞き手はそれだけでは状況を想起することができない。「ビール」と発話すればビールという対象を思い浮かべることはできるが、ビールの「あり様」の情報がないので、事態を思い浮かべることができない。また (11b) のように述部だけ「冷蔵庫に入っている」と発話しても（主語を補って理解しない限り）聞き手は世界のあり様を想起できない。「冷蔵庫に入っている」という事態を成立させている対象が無いので、事態を想起することができないのである。少なくとも命題として成立するには主語と述部が必要なことがわかる。
　では、2つ目の心理的な反応とは何であろうか。「冷蔵庫にビールが3本入っている」という発話を聞いた聞き手は、この命題内容を信じた後に何かを感じるかもしれない。ビール好きの聞き手であれば嬉しかったり、楽しみに感じたりするかもしれない。あるいは今日飲むビールがあるかどうかを心配している聞き手であれば、ビールが3本あると聞いて安心するかもしれない。こうした反応は、話者や聞き手が誰なのかという情報も含めて、コンテクストによって変動する心理的な反応である[2]。

(12)　((10) の発話の内容を信じることによって起こる) 心理的な反応の例
　　　a.　嬉しく感じる．
　　　b.　安心する．

　命題的な反応の中には、単にある状況を想定できるということにとどまらず、聞き手に何らかの行為を促す場合もある。「冷蔵庫にビールが3本入っているか」という質問は、「冷蔵庫にビールが3本入っている」という命題

を使って、その状況が成り立っているかどうかを聞き手に言うように促す機能を果たしている（「いますか」としないと不自然であるが、「いるか」としている理由は以下で説明する）。この場合でも「冷蔵庫にビールが3本入っている」という命題が表す状況がわからなければ質問に答えることができない。だから質問も命題的な反応の期待として理解することができる。（この場合命題内容は、質問に答える際に実際の冷蔵庫の中のあり様と突き合わせる仮想の状況として機能する。）

あるいは「冷蔵庫にビールを3本入れよ」という命令形の場合、聞き手が話し手に従おうとするなら、冷蔵庫にビールを3本入れることになる。この場合、発話に聞き手の行動を促す機能があるが、それでも聞き手が「冷蔵庫にビールを3本入れる」という命題がどういう状況を表すのかわからなければ正しく指示に従うことはできない。だから命令形も命題的な情報のやり取りとして理解することができる（この場合、命題内容は、行動の結果生まれる状況の参照内容として機能する）。

「冷蔵庫にビールが3本入っているか」ではなく「冷蔵庫にビールが3本入っていますか」と尋ねる場合、命題的な内容の反応は「冷蔵庫にビールが3本入っているか」と尋ねる場合と全く同じである。しかし、「入っているか」ではなく「入っていますか」と感情表出的表現を用いて尋ねることで、聞き手は話し手が自分に対して一定の敬意を払っていることがわかるだろう。しかし、その「敬意を払っていること」は命題的なやり取りとは違って心理的である。丁寧語「ます」は「敬意を払っている」という命題的な意味には還元できない。「冷蔵庫にビールが3本入っているか。私は今聞き手に敬意を払っている。」と「ます」の部分を命題にして本命題の部分に続けて言ったとしても、丁寧な感じは生まれないし、ましてや「冷蔵庫にビールが3本入っていますか」と同じ意味にはならない。「ます」は心理的な反応を生じさせるような意味を持つ単語で、命題的な内容の一部ではない[3]。

同じことは「冷蔵庫にビールを3本入れよ」ではなく「冷蔵庫にビールを3本入れなさい」と発話した場合にもいえる。命題的なやり取りはどちらも同じであるが、「入れなさい」のほうがやや丁寧である。しかしその丁寧さを「冷蔵庫にビールを3本入れよ。私は今聞き手に敬意を払っている。」と

しても丁寧には聞こえない。

　先の「冷蔵庫にビールが3本入っている」という発話は陳述文であったが、疑問文や命令文でも心理的な反応を生むことができる。「あなたの趣味は何ですか」と尋ねられれば、聞き手は話し手に関心を抱いてもらって嬉しい気持ちになるかもしれない。Please don't be noisy と命令されれば、聞き手は騒いでいたことに対して申し訳ない気持ちになるかもしれない。そしてそうした気持ちを聞き手に抱いてもらうよう、話し手は意図して発話することがあるだろう。

(13)　陳述文以外の発話による心理的な反応の期待
　　　a.　あなたの趣味は何ですか．（嬉しく感じる）
　　　b.　Please don't be noisy.　　（申し訳ない気持ちになる）

　命題的な反応と心理的な反応の期待を、本書ではそれぞれ M「」M『』のように表示していくことにする(以降、表示は追って詳しくなっていく)。「冷蔵庫にビールが3本入っている」という陳述文の発話であれば、その反応は(14)–(15)のように表示されることになる。

(14)　M「冷蔵庫にビールが3本入っていると信じる」
(15)　a.　M『嬉しく感じる』
　　　b.　M『安心する』

　M は、本書のタイトルに組み入れている、「非自然的に意味する」(nonnaturally mean)を表したものである(この後、M の後に( )を入れて M( )のように表記することで、「( )の手段を使って」非自然的に意味する、という使い方をしていく)。非自然的な意味は第2部で詳しく説明するが、ここでは単純に「話者が聞き手に反応を引き起こそうと意図すること」と理解しておけばよい。M の後の「」と『』内は具体的な命題的な反応と心理的な反応の期待である。両者は別の性質のものとして扱いたいので、区別する目的で別の括弧を使うことにする。

心理的な反応も言語で表現すると命題的にするしかない（Wierzbicka 1972: 59 に同様の指摘がある）。しかし心理的な反応を命題的な反応と区別しておく必要があるので、その内容を記載する場合に「」ではなく『』に入れて示すことにする。「」は命題的な反応内容を明示したいときに使う。命題的反応と心理的反応が Grice の考えた、発話によって話者が聞き手に引き起こすよう期待した反応の具体例であることが、M という共通の記号によって表示されることになる。

2.2　発話の命題的な内容と命題態度、そして発話の力

　発話は、聞き手に何らかの反応を引き起こすように意図されたときに語用論的意味が生まれるのであった。そして意図された反応は命題的な反応か、心理的な反応の2種類に分かれるのであった。では話者はどのような手段を使ってこの2種類の反応を聞き手に引き起こそうとしているのであろうか。この節では命題的な反応について考え、心理的な反応は次の節で扱うこととする。

　ここでもう一度「冷蔵庫にビールが3本入っている」という発話を観察してみよう。話し手は、この発話をすることで（命題的なやり取りに限定して考えると）その発話の命題を聞き手に信じてもらうように提案していると考えることができる。疑問文の「冷蔵庫にビールが3本入っているか」であれば「冷蔵庫にビールが3本入っている」という命題の真偽を話し手に伝えるように聞き手に期待していることになる（「～ますか」としないとややぎこちない文になるが、ここでは「ます」の持つ心理的な反応の期待を除外して考えたいので、あえて「いるか」としている）。「冷蔵庫にビールを3本入れよ」であれば「冷蔵庫にビールを3本入れる」という命題を実行するように話者は聞き手に期待していることになる。

　陳述文の「内容を信じる」、疑問文の「内容の真偽を伝える」そして命令文の「内容を実行する」という、話者が聞き手に期待する命題の扱い方を「命題態度」という。すると1つの発話は、「命題の部分」と「聞き手に期待する命題態度」を表示する部分とに分けられることになる。これを本書では

(16)のように表示することにする。

(16)　HA(p)

　Hは、聞き手(hearer)を表し、Aは態度(attitude)の頭文字をとったものである。pは命題(proposition)である。HA(p)という表記は、関数の表記を応用したもので、HAはpを変数とする関数として理解することもできる。
　HAの部分は、命題の内容ではなく、命題内容に対して話者が抱く態度ということになる。「冷蔵庫にビールが3本入っている」という陳述の発話であれば、話者が聞き手に「この発話の命題内容を信じる」という命題態度を抱かせようとしていることになる。話者の思い通り、聞き手がその命題内容を信じたとしよう。その場合でも、HA(この発話の命題内容を信じるように促すこと)自体は聞き手が直接に信じた内容ではない。だから発話の命題部分と命題態度を分けて理解することが大切である。
　では、話者はどのようにこうした聞き手に対する期待を発話によって達成しようとしているだろうか。(第2部で詳しくみるように)Grice (1968)は、話者が話者自身の命題態度を発話によって表明し、それを聞き手が信じることを通じて聞き手自身も話者と同じ命題態度を持つことを期待すると考えた。「冷蔵庫にビールが3本入っている」という陳述文であれば、話者は話者自身がその命題を信じていることを表明する。すると聞き手は、話者がその命題を信じていることをまず信じる。そしてそのことによって、聞き手もその命題を信じる(同じ命題に対し同じ命題態度をとる)ことになる。話者はそれを期待し、意図して発話を行うということになる。
　この考えに従うと、ある陳述文の発話で話者は2つのことを行おうとしていることになる。1つは(16)で示したように、聞き手が発話の命題を信じるように意図することで、もう1つは(17)のように、話者自身が発話の命題を信じていることを聞き手が信じるよう、意図することである。

(17)　HA(SA(p))

(17) の表記の、HA は hearer's attitude で、その対象は命題 p ではなく、SA(p) となっている。SA は speaker's attitude でその対象が発話命題 p になっている。(17) によって、聞き手が「話者が命題 p を信じている」ことを信じていることが表されている。

　疑問文の場合には、話者が「聞き手に命題の真偽を話者に伝える」ことを希望するという命題態度を表明することにより、聞き手自身が「話者に命題の真偽を伝える」という命題態度を持つよう、話者が意図すると分析される。もう少しだけたいい方をすれば、まず疑問文を発話することで、話者は自分の希望を表明することになる。その希望とは、聞き手に疑問に答えてもらうことである。それを聞き手は理解すると、聞き手自身が疑問に答えたくなる。この命題態度の連鎖を話し手は意図する、ということになる。

　命令形では、話者が「聞き手が命題内容を実行する」という期待を命題態度として表明し、その結果、聞き手が「命題内容を実行する」という命題態度を持つように話者が意図することになる。いいかえると、命令というのは、話者が聞き手に対する行動を期待する行為で、聞き手側からみるとその期待を理解して、自らその期待に応える気持ちになるやり取りであると理解できる。発話自体は命題と話者の命題態度の表明と考えて、それを信じることを通じて聞き手が命題内容と命題態度を共有していくというのが Grice の考え方である。

　これまでの説明に登場した SA/HA は 3 種類で、陳述 (assertive)、疑問 (interrogative)、命令 (imperative) である。この 3 つの命題態度を区別しながら、例文を使って命題態度の表示方法を正確に示していこう。

(18)　p = You sleep in the bed.
　　a.　You sleep in the bed.
　　　　HAA (SAA (p)), HAA (p)
　　b.　Do you sleep in the bed?
　　　　HAA (SAQ (p)), HAQ (p)
　　c.　Sleep in the bed.
　　　　HAA (SAI (p)), HAI (p)

(18)ではある命題 p = you sleep in the bed があって、これが (18a–c) で共通している（人がベッドで寝ている写真を思い浮かべるとよい）。それぞれの文で発話の命題態度の表示が異なり、陳述 A (assertive)、疑問 Q (question/interrogative)、命令 I (imperative) として機能している。このことが SA と HA に続いてそれぞれの頭文字で区別されている。どの発話形式でも、話者が聞き手に期待する命題態度は 2 つで、はじめは発話の命題と話者の命題態度を信じるという HA で、2 つ目は話者自身が持つように期待された HA である。1 つ目の聞き手に期待された命題態度はどれも「信じる」ことなので、(18a) から (18c) に共通で HAA となっている。2 つ目の命題態度は、それぞれ話者の命題態度と一致している（SAA には HAA が、SAQ には HAQ が、SAI には HAI が対応している）。（以降、特に区別が必要ない場合には必要に応じて SA/HA の後ろの A、Q、I を省略して表記する。）

(19)では、違う命題 p1 = you study hard が p に置き換わっている。

(19)　p1 = You study hard.
　　　a.　You study hard.
　　　　　HAA (SAA (p1))、HAA (p1)
　　　b.　Do you study hard?
　　　　　HAA (SAQ (p1))、HAQ (p1)
　　　c.　Study hard.
　　　　　HAA (SAI (p1))、HAI (p1)

(18a) と (19a)、(18b) と (19b)、(18c) と (19c) のそれぞれが同じ命題態度の期待であることが SAA/HAA、SAQ/HAQ、SAI/HAI の共通性によって表示されている。

　実際の発話のどの部分に話者の命題態度 SA があって、どの部分に p (命題) の情報があるのかというのは大変難しい問題である。例えば、疑問の Do you や Will you の場合、疑問の命題態度が Do や Will に備わっていると考えるのでは不十分である。主語と助動詞の倒置が起らなければ、do や will 単独では命題態度を表さない（You will sleep well は疑問文にならないこ

とを想起せよ)。また、you は、この場合命題の一部でもあり、明らかに命題態度の表示にも貢献している。

　また、疑問文や命令文と比べ、陳述文の場合、命題態度部分がはっきりと言語的に明示されていないように思える。強いて言えば、疑問文や命令文の形式をとっていないという形式が、陳述文の命題態度を表しているとも考えることができる。しかし命題態度が、かなりの程度で文法や言語の構造に組み込まれていることは確かなので、この本では(16)–(19)のような表記で命題態度とその命題内容を表示し統一していくことにする[4]。

　前の節では、話者が聞き手に期待する反応として命題的な反応と心理的な反応があることをみた。今命題的な反応の期待に限定して考えると、話者は聞き手に期待する反応を、話者自身の命題態度を伝えることによって引き起こそうとするという連鎖の関係になるのであった。「冷蔵庫にビールが 3 本入っている」という陳述文の発話の場合、話者は聞き手に「冷蔵庫にビールが 3 本入っている」ということを話者自身が信じていることを表明する言語要素を使い、これを発話することで実際聞き手にその命題内容を信じさせるように意図することになる。

　これをまとめて、(20)のように表現していくことにする。

(20)　u:　冷蔵庫にビールが 3 本入っている．
　　　M(HAA(SAA(p)), HAA(p))「冷蔵庫にビールが 3 本入っていると信じる」
　　　p:　冷蔵庫にビールが 3 本入っている

(20)は、話者が p(冷蔵庫にビールが 3 本入っている)という命題と SAA という陳述の文形式を使って、聞き手に「冷蔵庫にビールが 3 本入っている」という命題を話者自身が信じていることを聞き手に信じさせることによって、聞き手自身も同じ命題を信じさせるように意図している、という具合に理解する(u は実際の発話(utterance)である)。M が非自然的に意味する、という行為で、その対象が 2 つの聞き手に持つよう期待する命題態度と命題、そして最後の「」が、話者が聞き手に期待する命題的反応である。(話者自

身が発話の命題を信じていることを信じている、という反応部分は省略している。この部分が重要な意味を持つこともあるので、これは 6.4 節で考察する。)

では、「冷蔵庫にビールが 3 本入っているか」という疑問の発話形式はどのように表示できるだろうか。(21)がこの発話の反応の期待の表示である。

(21) u: 冷蔵庫にビールが 3 本入っているか.
M(HAA(SAQ(p)), HAQ(p))「冷蔵庫に 3 本ビールが入っているか答える」
p: 冷蔵庫にビールが 3 本入っている

表示上での(20)との違いは、話者の命題態度と、聞き手に期待する反応の命題態度が A から Q になっていることである(聞き手が話者の命題態度を信じる部分は常に「信じる」ことへの期待なので HAA となっている)。そしてこれに対応して聞き手に期待する命題的な反応が「冷蔵庫に 3 本ビールが入っているか答える」となっている。

(22)は命令文による表示例である。話者と聞き手が共有する命題態度部分が I になり、それに応じて具体的な命題的反応が「」の中に示されている。また、命令文の内容にふさわしいように、p を若干(20)と(21)とは違う内容にしている。

(22) u: 冷蔵庫にビールを 3 本入れよ.
M(HAA(SAI(p)), HAI(p))「冷蔵庫にビールを 3 本入れる」
p: 冷蔵庫にビールを 3 本入れる

1.1 節では、発話が、発話の真理条件的な意味(MT)に加え、命題の使われ方の指示(MA)を語用論的な意味として伝えることをみた。(20)〜(22)の表記では、真理条件的な意味が p にあたり、命題の使われ方の指示が、「非自然的に意味する(話者の聞き手の反応を促そうとする力)」の M の部分と命題態度(SA とそれに対応する HA)の合算から伝わっていることになる。

発話で使われる文自体に言語的に備わっているのは発話態度(A、QとI)と命題(p)で、話者がその言語形式を使うことで「行っている」部分がMということになる。辞書にも、陳述文、疑問文、命令文などがもちろん例文として記載されている。つまり命題態度と命題で例文が示されている。しかし、実際の話者が、聞き手に対してA(p)/Q(p)/I(p)という形式の文を発話しない限り、聞き手に対する反応の期待は生まれない。これを担うのが「非自然的に意味する」Mの部分であるということになる。

　一般に、このような、ある発話によって聞き手に命題的な反応を引き起こす意図を発話の力(force)と呼ぶことがある。Searle (1969: 31)の提唱する発語行為理論では、発話の力がF、命題がp (proposition)として表示される。発話全体は、Fがその操作の対象としてpを取るという趣旨からF(p)となる。本書でM(HA(SA(p))、HA(p))と表現している発話の意図が、Searleの表記ではF(p)ということになる。

　本書が拠り所としているGriceの理論は、この点で発語行為理論にかなり近い考え方である(第2部でその詳細をみる)。しかし、Searleは発話の力が言語の構成的な規則(constitutive rule)の一部と考えている(Searle 1969: 37、Grice 1989: 19)。(Bierwisch 1980: 20–25、Dascal 1994: 333の議論も参照のこと。)構成的な規則とは、統語論的、意味論的に言語システムに組み込まれた規則、といった意味で使われている。これに対し、Griceは、(恐らく)話者や聞き手の命題態度までが言語の構成的な規則で、実際の発話の力は話者の「非自然的に意味する」意図(M)にその源があると考えていたと思われる。また、これまでにみたように、Griceは、発話が直接聞き手に命題的な効果を与えるのではなく、話者自身の命題態度を通じて間接的に聞き手の命題態度に影響を与えようとさせると考えている。この点でも、Griceの命題的な非自然的意味は、発語行為理論よりもより詳細に発話の効果を分析しているといえる。

　以降、「話者自身の命題態度を伝えることにより、聞き手に話者と同じ命題態度を抱かせようと意図する」というMとHA/SAの組み合わせを、「発話の力」と呼ぶこともある。また表記を簡素化するため、誤解が生じない場合、聞き手に話者の命題態度を信じさせる意図の部分を①、聞き手に期待す

る命題態度の部分を②と表記することにする。また、この表記の場合、3つの命題態度の区別も自動的に省略することになる。(23)が表記の簡素化をまとめたものである。

(23)　M (①②)「発話によって聞き手に引き起こそうとする命題的な反応」
　　　①：HAA (SAA (p)/SAQ (p)/SAI (p))
　　　②：HAA (p), HAQ (p), HAI (p)

2.3　心理的な反応と非自然的な意味

　命題的な反応を期待する場合、話者は命題と自らの命題態度を聞き手に信じさせるように意図することで、目的を達成しようとするという分析を示した。では、心理的な反応を聞き手に引き起こそうとする場合(感情表出的な意味を伝えようとする場合)、何が伝達の力(非自然的に意味する力)となるであろうか？　まず、感情表出的表現の代表である丁寧語「です・ます」の場合を考えてみよう。「です・ます」は、話者が「です・ます」を使うことを選択し、そして「です・ます」が使われたことを聞き手が認識すると、その瞬間に聞き手は話し手が丁寧になろうとしていたことを理解する。しかし、その丁寧さの理解は、発話の命題的な伝達とは独立している。これを(24)で再度確認してみよう。

(24)　p: あなたはこのベッドで寝る
　　a.　u: あなたはこのベッドで寝ます.
　　　　M (HAA (SAA (p)), HAA (p))
　　b.　u: あなたはこのベッドで寝ますか.
　　　　M (HAA (SAQ (p)), HAQ (p))
　　c.　u: このベッドで寝なさい.
　　　　M (HAA (SAI (p)), HAI (p))

　(24a–c) の命題態度(発話形式)はそれぞれ、陳述、疑問、命令である。こ

れらの形式とは独立に丁寧語「ます」が話し手の聞き手に対する尊重の気持ちを表している。

　このような場合、「ます」という丁寧語は「丁寧さ」という心理的な反応とそれをもたらそうとする意図の両方が分かちがたく単語の意味の中に備わっているといえる（命題的な反応の場合のように、命題部分と命題態度の部分に分解できない）。あるいは、「ます」という単語を使うことを話者が選択したというそのこと自体が丁寧さを表現（感情表出）している。この本では、これを(25)のように表示していく。

(25)　a.　ます^M『話者が丁寧だと感じる』
　　　b.　item^M『』

　(25a)では、「非自然的に意味する話者の意図」であるMが、「ます」の右上付き文字で表記されている。一般的にある言語要素が、聞き手の心理的な反応を期待して用いられた場合は(25b)のように表記していくことにする。itemが、そのように使われた感情表出的表現を一般的に表すこととする。7.5節でitemについてさらに深く考察する。

　命題的な内容の場合には、話者自身の命題態度を通じて聞き手に期待する命題態度を伝えるように連鎖的に非自然的な意味が機能した。しかし「ます」のような丁寧語の場合、「ます」という単語を話者が選んで発話の中で使うことで、自動的に聞き手に『話者が丁寧であると感じる』ように意図していることが聞き手に伝わるだろう。したがって、これ以上命題や、命題態度のような形での分解はできそうにない。非言語的な行為である拍手は、「拍手」することその行為自体が、『拍手の対象となる人物が何らかの賞賛に値することを行い、そのことを自ら誇りに思う』という、拍手をしている人物の聞き手に期待する反応の意図を直接伝えるだろう。「ます」を発話の中で使うことは、言語的な行為であるが、その働き方は拍手に似ている。本書の表記で、拍手をすることは「拍手^M」と表現できる（「拍手」は文字ではなく、実際の拍手という行為を表すと理解したとして）。

　上で、非自然的に意味する行為であるMと命題態度HA/SAの組み合わ

せを「発話の力」と表現することもあるとした。同様に以下では、心理的な反応の期待という非自然的な意味の意図 M も、単に発話の力と表現することもある。例えば、丁寧語「ます」には『話者が丁寧であると聞き手に感じさせる』ような発話の力がある、といった言い方もする（非自然的に意味するように意図して発話する、と同じ意味で使うこととする）。

　本書の考え方によると、「冷蔵庫にビールが 3 本入っています」という陳述文の発話は 2 つの非自然的な意味を持つことになる。この発話は 2 つの行為を行っていることになる。1 つは「冷蔵庫にビールが入っている」という命題を使って、聞き手にそれを信じるように促すことで、もう 1 つは話者が聞き手に一定の敬意を払っていると心理的に感じさせることである。したがって、この発話の意味は (26) のように分解することができる。

(26)　u: 冷蔵庫にビールが 3 本入っています．
　　　M (①②)「冷蔵庫にビールが 3 本入っていると信じる」
　　　ます^M『話者が丁寧だと感じる』

　本書で解明を試みている (27)–(28) の意味のうち、この節では (MT) 真理条件的意味、(MA) 命題の使われ方の指示、そして (MC) の感情表出的意味（聞き手に心理的な影響を与えようとする意図）の一部を扱った。命題の使われ方の指示は、非自然的に意味すること M と、話者の命題態度 AS と聞き手の命題態度 HA の連鎖で伝わると考えた。

(27)　(MT) 真理条件的意味 ✓
(28)　語用論的な意味の 4 種類
　　　(MA) 命題の使われ方の指示 ✓
　　　(MB) 間接的な命題とその使われ方の指示
　　　(MC) 感情表出的意味（聞き手に心理的な影響を与えようとする意図）✓
　　　(MD) より限定的な命題の意味

　命題的な表現の場合、命題 (p) と命題態度 (HA/SA) を別の言語表現として

分離することができた。これに対し、感情表出的意味が単語の中にそもそも備わっている場合、その単語(item)自体が非自然的に意味するための道具として用いられるのであった。

　語用論的な意味を生み出す仕組みとして、1.2 節では(29)の3種類を挙げた。

(29)　語用論的な意味を生み出す仕組み
　　　(SA)単語や文法形式に備わっている場合✓
　　　(SB)少し意外な単語や発話の選択が生む場合
　　　(SC)発話の命題とその使われ方の指示が生む場合

　2.2 節と 2.3 節で詳しく考察した M(①②) や item^M の場合には、内容も発話の力もすべて(SA)単語や文法形式に備わっている場合に該当する。しかし(5)でみたように、命題とその使われ方の指示 M(①②)も心理的な反応を生むことがある。この節でみてきた仕組みだけでは、M(①②)が心理的な反応を生む場合を記述できない(1.2 節の(5)でみたように、発話の命題とその使われ方の指示そのものの中に、話者が聞き手に期待する心理的な反応が備わっているわけではない)。これは(SC)発話の命題とその使われ方の指示が語用論的な意味を生む場合に該当するので、(SC)を説明する節(2.6 節と 2.7 節)で再び取り上げることにする。

2.4　協調の原理：格率の違反から推意が生まれる場合

　この節では(29)の(SB)少し意外な単語や発話の選択が語用論的な意味を生む場合を考えていく。Grice (1961, 1975, 1978, 1989) の提案する協調の原理が中心的な役割を担う。協調の原理は、「少し意外な単語や発話の選択が語用論的な意味を生み出す」際の原動力として機能する。

　Grice の協調の原理は、最も知られた語用論の理論の 1 つである。2.1 節で Grice が、聞き手に何らかの反応を引き起こそうとした発話だけが、語用論的な意味を持つ発話であると考えたことをみた。これまでに示した発話の

語用論的な意味を生み出す仕組みは、単純に発話に使われている単語や文法形式によるものであった。しかし、すべての語用論的意味が単語の意味や文法形式に還元できるわけではない。単語や文法形式だけからは生まれない語用論的意味を生み出す仕組みが協調の原理である。協調の原理は、動的に働く場合と静的に働く場合がある。2.4 節では動的に働く場合を考察し、2.5 節から 2.7 節で静的に働く場合をみていく。

協調の原理は、(30) の協調の原理 (Cooperative Principle) そのものと、(31) の付随する 4 つの格率 (maxims) でできている (本書の目的に合わせて簡略化してある)。

(30) 協調の原理 (Cooperative Principle)
発話は、適切なタイミングで適切に行うべきである．
(31) 量 (quantity) の格率：適切な量だけ言え．
質 (quality) の格率：正しいと思っていることを言え．
関係性 (relation) の格率：関連があることを言え．
様態 (manner) の格率：普通の言い方をせよ．

協調の原理と 4 つの格率は (とりわけ動的に機能する場合) 連携して働く。以下でその仕組みを説明する。

話者が文を発話すると、通常 HA (SA (p)) (そして HA (p)) という形式でとらえられる意味となる (これは今までみてきた通りである)。大雑把にいえば、これを Grice は what is said と呼んだ (what is said は、語用論の概念の中でも最も定義が難しい概念の 1 つであるが、この点は第 2 部でより詳しく考察する)。話者は普通、この HA (SA (p)) (= what is said) が (30) の協調の原理と (31) の格率を守る形で発話を行う。これは、ある種の社会的な約束のように考えてもよいし、人間がより円滑な意思伝達を行うために進化の過程で獲得してきた一般的な能力と考えることもできる (Grice 1975: 48, 1982, 1989: 29, Chapter 18、Tomasello 2008: 82–83)。

(31) の 4 つの格率は、私たちが日ごろ会話をする際、意識に上ることがある。長い挨拶は退屈であるが、それは (話者は意図的でないにせよ) 量の格

率を違反しているように感じるからだろう。嘘をつくことは質の格率を違反しているし、関係性の格率を違反すると聞き手は「なぜ今そんなこと言うのか」といった反応を示すだろう。公の場ではくだけた話し方をしないのは、様態の格率を守ろうとしているからであると解釈できる。

　このように格率は常に厳格に守られているというわけではないが、「守られていない」と私たちが意識するということ自体が、普通は格率に従って会話を行っていることを示している。今、格率が守られていない例をいくつか考えたが、そのような例の場合、話者は格率を違反していることを聞き手に知らせようとしているわけではない。嘘をついている人は、相手を単に騙そうとしているし、長い挨拶をする人は、良かれと思って長い挨拶をしている。

　しかし、時として格率に違反していると聞き手が受け取ることが見込まれる発話を話者が意図的にすることがある。2.2 節で考えた、(32a) の発話で考えてみよう。

(32) a.　冷蔵庫にビールが 3 本入っている．
　　 b.　M(HAA(SAA(p)), HAA(p))「冷蔵庫にビールが 3 本入っていると信じる」
　　 c.　冷蔵庫からビールを取ってきてくれ．
　　 d.　M(HAA(SAI(p')), HAI(p'))「冷蔵庫からビールを取ってくる気になる」

　(32a) の発話は、ビールの存在を言い表す発話で、その結果聞き手に起こる命題的な変化は、(32b) の「冷蔵庫にビールが 3 本入っていると信じる」ことである。しかし命題的な効果がこれだけであれば、この発話は格率を遵守していると受け取られないかもしれない。(32a) の発話に先立って聞き手がビールの有無を尋ねたのでない限り、聞き手はその情報を共有するメリットを感じないかもしれない。そうであれば、話者は聞き手にとって必要のないことを発話したことになり、この発話は、量(と関係性)の格率を違反したことになるだろう。

　しかしそれでも話者が、協調の原理 (30) は守ろうとしていると考えられ

るとしたら、聞き手はどのように反応するだろうか。今枝豆が茹で上がった、暑い夏の夕方である。仕事を終えてくつろいでいる妻が夫に向かって (32a) を発話したとする。(32b) の反応しか促さない (32a) の発話は、格率の違反を起こす。それでも妻が協調の原理は守ろうとしているとするなら、夫は (32c) の「冷蔵庫からビールを取ってきてくれ」のような (32a) の発話とは独立した命題とその使われ方の指示を想起するかもしれない。(32c) が Grice が考えた推意の 1 例で、特殊化された会話の推意 (particularized conversational implicature、以下 PCI と略す) と呼ばれる。(32d) がこの推意の意味表示である。推意は命令 (依頼) の意味を持っているので、話者の命題態度、そして聞き手に持つように期待する命題態度はそれぞれ $SA_I(p')$、$HA_I(p')$ となっている ((32a, b) とは別の命題であることを示すために (32d) では命題を p' と表記している)。

このように協調の原理は、$HA(SA(p))$ と $HA(p)$ が一見 4 つの格率のどれか (あるいは複数の格率) を違反しているようにみえながらそれでも話者が聞き手と協力して会話を進めようとしているとみなされる場合、別の $HA(SA(p'))$ と $HA(p')$ を聞き手に想起させる役割を果たす。その結果、聞き手に期待された反応は (32d) の「冷蔵庫からビールを取ってくる気になる」となる。(32a) の発話で、(32b) だけではなく (32d) も話者が聞き手に引き起こそうとした反応であると考えるなら、(32a) は結果的に協調の原理を守っていることになる。

いいかえれば、what is said (今の議論では $HAA(SAA(p))$, $HAA(p)$) のレベルで、格率のどれかが一見違反されていたとしても、その結果推意 (今の議論では $HAA(SA_I(p'))$, $HA_I(p')$) が生み出されるなら、発話の意味解釈全体で考えた場合に協調の原理は守られることになる。推意が一見したところの格率違反を相殺するように機能するのである (Davis 1998 は、このような純粋な推論ではなく、言語や文化による慣習が推意の導出に深く関係していると主張している)。

このように考えてくると、発話の中での格率の違反部分は、1 つの意味標識であることがわかる。発話の中で「ビール」という単語を使えば、聞き手がビールを想起することができる。「冷蔵庫にビールが 3 本入っている」と

いう発話から聞き手は、命題内容自体が理解できても命題内容から直接に聞き手に期待する反応がわからない。すると「その命題内容だけでは話者が聞き手に期待する反応がわからない」、つまり量と関係性の格率違反そのものが、発話の内容の一部として聞き手にその理由を考えさせるような意味標識として機能する。

「ビール」の場合、単語の辞書的な意味の中にそもそも聞き手に「ビール」を想起させる仕組みが備わっている。これに対し、「冷蔵庫に3本ビールが入っている」という発話の場合、発話全体の意味の中にも、発話の中で使われているどの単語の中にも「冷蔵庫からビールを取ってきてくれ」という意味を導くような意味が辞書的に備わっているわけではない。聞き手は格率の違反に気づくと、その違反の理由、すなわち話者が伝えようとしている推意を発話の命題的な内容と発話のコンテクストから探ることになる。

格率の違反は発話の意味内容の1つの特徴(feature)として機能して、聞き手に適切な推意を文脈から導く引き金となる。本書ではこのように格率の違反を発話内容の一部と考え、これをFとして表記していくことにする。(上で説明したように)表記が複雑になるのを避けるため話者が聞き手に期待する直接的な反応であるHA(SA(p))を①、HA(p)を②と表記し、間接的な反応であるHA(SA(p'))を③、HA(p')を④と簡略化する。さらに①と②の格率の違反をFと表記すると、(32)の意味解釈過程は(33)のように表記できることになる。

(33) M(①② F ③④)「冷蔵庫にビールが3本入っていると信じる」「冷蔵庫からビールを取ってくる気になる」

(33)の①②が話者が直接に聞き手に期待する「冷蔵庫にビールが3本入っていると信じる」という反応で、これが量と関係性の格率を違反していることがFで示されている。これに対応する形で、話者が聞き手に間接的に期待する反応である③と④が「非自然的に意味する」操作の対象としてM()の中に入っている。(話者自身の命題態度である①と③を省略して)話者が聞き手に持つように期待した最終的な命題的反応②「冷蔵庫にビールが3本

入っていると信じる」と④「冷蔵庫からビールを取ってくる気になる」をM(①②F③④)の後に並べて示している。

　この考え方によれば、発話の格率違反Fはいわば発話の一部であり、Fが駆動力となって推意③④が生まれるということになる。発話がwhat is said(①②)の段階で一見格率を違反していながら、推意((③④)を生み出すことによって協調の原理を守る、という推意の生まれ方の場合、その意味派生の過程は(34)のような形で一般的に表示することが可能である。

(34)　M(①②F③④)「」「」

　これまでにたくさんの記号を導入してきたので、記号の使われ方に慣れる意味でいくつか例を追加して具体例を分析していこう。(35)は会社の同僚であるAとBの会話である。AがBを飲みに誘う。BはI have a date tonightと応答する。Bの応答をこれまでに学んだ表記法を使って意味分析すると(36)のようになる。

(35)　A:　How about going out for a drink tonight?
　　　B:　I have a date tonight.
(36)　u:　I have a date tonight.
　　　M(①②F③④)「今夜はデートだと信じる」「飲みに行けないと信じる」
　　　M(HAA(SAA(p)), HA(p))「今夜はデートだと信じる」
　　　M(HAA(SAA(p')), HA(p'))「飲みに行けないと信じる」
　　　p:　I have a date tonight
　　　p':　I do not go out for a drink tonight

　Aは、今日仕事の後に飲みに行こうと誘っている。この発話は誘いなので、Bが協調の原理に従って会話をしているとするなら、誘いを断るか、受け入れるかをAに知らせるような応答をするはずである。しかしBの応答はI have a date tonightである。Aの発話にはtonightという単語が含まれていて、今夜の予定が会話の主な話題である。Bの応答にもtonightが入って

いることから、Bの応答が一応関係性の格率を守っていると考えよう。

しかし、Bの応答には、話題の中心である「誘いを断るか、受け入れるか」の情報が含まれておらず、これは量の格率を違反している。すると (36) で示したように①②に格率違反Fが特徴としてあるので、これが推意③④を派生することになる。M(①②F③④) の下に、より詳しい派生の過程 (①②と③④の命題と命題態度の詳細) を示している。

(37) は自慢話を何度もするAとそれをとがめるBとの会話である。

(37)　A:　俺は東大を卒業したんだ．
　　　B:　もうその話は100回聞いたよ．
(38)　M(①②F③④)「Bが、Aからその話を100回聞いたとAが信じる」「Bが、Aからその話をもう一度する必要がない位の回数で聞いたことがあるとAが信じる」
　　　よ^M『話者が聞き手に親密感を感じる』

Bの発話は、Aの発話に対して適切な量で関係のあることを表現しているが、「100回」という数が不自然である。いくらAが同趣旨の発言をBに向かって何回もしたとしても、100回というのは多すぎる。したがってBの発話は質の格率に違反していて、(38) ではFによってこのことが示されている。そしてこれが推意③④を導き、話者が聞き手に最終的に期待している反応は概ね「Bが、Aからその話をもう一度する必要がない位の回数で聞いたことがあるとAが信じる」のようになる。

さらにこの発話には、発話の命題やその使われ方とは独立した、感情表出的表現「よ」が含まれている。したがってこれは命題のやり取りとは別に「よ^M」として意味分析の一部に記載され、聞き手に心理的な反応 (『話者が聞き手に親密感を感じる』) よう促していることになる。

質の格率の違反によって推意が生まれるように意図された発話の場合、実際の発話の内容を信じるように話者が聞き手に期待しているわけではない。この例の場合、Aが本当にAが東大を卒業したという話を100回Bにしたと信じるように意図してBの発話がなされたのではない。これは、実際よ

りも大げさな表現を用いることで、話者が発話内容を強調しようとする修辞法で、誇張表現 (hyperbole) と呼ばれる。

したがってこの場合、質の格率違反としての特徴 F は③④を派生するだけではなく、発話そのものによって普通は期待される反応①②を抹消する働きがある。上の分析例ではこれを取り消し線で示してある。

質の格率違反の場合、もとの発話の意味内容が無効となることを Grice (1975: 53, 1989: 34) は as if to say（何かを言ったふり）と表現した。質の格率違反は、誇張表現だけではなく、(39a) のような隠喩表現 (metaphor)、(40a) のような控えめ表現 (meiosis)、(41a) のような皮肉表現 (irony) も説明する。

(39) 隠喩表現 (metaphor)
　a. Caroline is an angel.
　b. Caroline is sincere, considerate and kind.
(40) 控えめ表現 (meiosis)
　a. I am not completely happy about the result.（話者が全く結果に満足していない場合）
　b. I am not happy about the result.
(41) 皮肉表現 (irony)
　a. This is great.（最悪の事態が起こった際に）
　b. This is terrible.

それぞれ (b) の文で、推意の命題部分を示している（命題態度は省略している）。

(39a) では、実際に Caroline が天使であるはずがなく、話者は聞き手にその命題内容を信じてもらうように意図しているとは考えられない。(40a) では、話者が実際よりも不満を小さく表現して（怒りを抑える形で）表現している。(41a) は、話者が事態が最悪だと思っているに違いない場面で発話されれば、皮肉として受け取られる。(39)–(41) の (a) の聞き手に通常は期待される、発話の命題内容を信じてほしいという反応部分は、質の格率違反という発話の特徴 F によって取り消されることになる。

しかしこの説明は、少なくとも2つの点で不十分である。まず、もし話者が本当に伝えたいことが推意であったとしたら、なぜそもそも話者は推意である(b)を発話として選ばなかったのであろうか。同じことが推意自体を発話すれば伝えられるなら、内容が取り消されてしまう発話をわざわざして推意を聞き手に想起させることは、推意のレベルで発話内容を評価すると量の格率を違反することになってしまう。直接の発話の内容自体が「無駄遣い」されていることになってしまうからである。

　また、(1つ目の点と深く関係しているが)質に違反している発話が、質の違反の特徴Fによって推意を生み、同時に質の違反によって発話の内容が取り消されてしまうなら、質に違反している発話自体は聞き手の反応に全く関与しないのであろうか。この点は第5章でさらに考察を進める。

　次に様態の格率違反と推意の関係をみていこう。(42a)と(42b)は同じ真理条件の命題を伝える発話である。(42a)に対して(42b)が持つと考えられる推意は(43)のような表示で記述することができる(Rett 2015, 2020で指摘されている現象である)。

(42) 　a.　 Bernadette is as tall as Howard.
　　　b.　 Bernadette is as short as Howard.
(43) 　M(①② F③④)「BernadetteとHowardは同じ背の高さだと信じる」
　　　「Howardは背が低く、Bernadetteも背が低いと信じる」

　(42a)も(42b)も「BernadetteがHowardと同じ身長であると信じる」が話者が聞き手に期待する命題的な反応②である。2人の背が同じくらい高い(as tall as)なら、同じくらい低く(as short as)なる。しかし、(42a)の場合、(特別な文脈がなければ)特に推意は生まれない。それに対し(42b)の場合、Howardの背が低い、という推意が生まれ、そこからさらにBernadetteも背が低いという推意が生まれる。

　これは、様態の格率の違反から説明が可能である。何かの尺度を陳述する場合、正の方向で記述するのが普通である。

(44)　a.　He's 5 feet 9 inches tall.
　　　b.　*He's 5 feet 9 inches short.

　(44a)のように、5フィート9インチにtallをつけて背の高さを言い表すのが普通で、(44b)のようにshortは使わない。日本語でも普通は「背の高さ」であって(低さを特に比べているのでない限り)「背の低さ」とは言わない。体重も「重さ」であって(再び特に軽さを比べているのでない限り)「軽さ」ではない。
　だからtallではなくshortを使っている(42b)は「普通の言い方をせよ」という様態(manner)の格率を違反していることになる。(43)に示したように、これが発話の特徴Fとなって推意を生むことになる。話者が聞き手に引き起こそうとした反応は命題的で、「Howardは背が低く、Bernadetteも背が低いと信じる」となる。質の格率違反ではないので、①②で意図された聞き手の反応(この場合「BernadetteとHowardは同じ背の高さだと信じる」)は消去されない。
　以上、この節では、(29)の語用論的な意味を生み出す仕組みのうち、(SB)の少し意外な単語や発話の選択が推意を生む場合について考えた。

(29)　語用論的な意味を生み出す仕組み
　　　(SA)単語や文法形式に備わっている場合✓
　　　(SB)少し意外な単語や発話の選択が生む場合✓
　　　(SC)発話の命題とその使われ方の指示が生む場合

　そして生み出された意味は、(28)の(MB)間接的な命題とその使われ方の指示であった。

(28)　語用論的な意味の4種類
　　　(MA)命題の使われ方の指示✓
　　　(MB)間接的な命題とその使われ方の指示✓
　　　(MC)感情表出的意味(聞き手に心理的な影響を与えようとする意図)✓

(MD) より限定的な命題の意味

2.5　発話の命題とその使われ方の指示が推意を生む場合その1：一般化された会話の推意 (generalized conversational implicature)

　2.4節では、(29) の (SB) の「少し意外な単語や発話の選択が語用論的な意味を生む場合」を考えてきた。「少し意外な単語や発話の選択」という言い方で、協調の原理と格率の動的な利用を表している。この節では語用論的な意味を生み出す3つの仕組みのうち、最後に残された (29) の (SC) の「発話の命題とその使われ方の指示が(語用論的な意味を)生む場合」を考えていく。生み出される語用論的な意味に関しては、この節で (28) で最後に残された (MD) の、「より限定的な命題の意味」をみて、次の節で (MB)「間接的な命題とその使われ方の指示」をみる。
　(SA) の「単語や文法形式に備わっている場合」は、文字通り単語や文法形式に真理条件的意味から外れる意味がコード化されているのであった。これに対し (SB) の「少し意外な単語や発話の選択が(語用論的な意味を)生む場合」というのは、協調の原理の格率違反から語用論的な意味が生まれる場合であった。(SC) の「発話の命題とその使われ方の指示が語用論的な意味を生む場合」というのは、両者の中間にあると考えるとわかりやすい。(SC) の場合、発話の命題やその使われ方から語用論的な意味が生まれるが、その意味は使われている単語や文法形式にそもそも備わっているわけではない。しかし使われている単語や発話が協調の原理とその格率を守っているとみなしてよい場合に、自然と生まれる推意があって、これが (SC) の事例となる。
　具体例で考えていこう。1.1節で (10) のような発話が、普通は「冷蔵庫にビールがちょうど3本入っている」という意味を伝えることをみた。

(10)　冷蔵庫にビールが3本入っている．

仮に冷蔵庫にビールが4本入っていたとしても、また5本入っていたとしても、さらに3本以上であれば何本入っていたとしても (10) の発話の命題は

真となる。

　数の表現が意味論的には「（最低でも）その数以上」を意味し、「その数きっかり」という意味が推意(真理条件的な意味ではない意味)になることは、次のような会話の場合により明確である。

(45)　A:　（自販機で130円の缶コーヒーを買おうとして、100円玉を入れてから友人であるBに向かって発話する）30円持ってる？
　　　B:　持ってるよ．

　このように文脈を与えると、Aの「30円持ってる？」という問いかけが、30円きっかりのことではなく、30円以上のことであることが明確になる。Aが必要としているのは（おそらく硬貨で）30円以上のことを意味しているのであって、「きっかり30円を持っているか」をBに尋ねたのではないだろう。

　Bの側でも「(30円)持ってるよ」と答えた際に、本当に30円きっかりを持っていることは稀であろう。硬貨が財布にある程度入っていて、その総額が30円を超えていると判断できる場合、「(30円)持ってるよ」と答えるだろう。しかし、このようにいわば「数の下限だけ（この場合30円）」が問題となるような特殊な場面以外では、普通数の表現は「きっかりそれだけ」を意味する。

　(10)と(45)を比較してみると、(10)の「きっかりそれだけ」の方が日常的によく使う用法だということに気が付く。(46)の下線部の数量表現「2人」「3回」「4つ」はすべて「きっかりそれだけ」の推意がある。

(46)　a.　私には2人の兄弟がいる．
　　　b.　昨日3回電話をかけた．
　　　c.　リンゴを4つ買った．

　このような推意は、話者が量の格率を守っているという想定から生まれる。再びビールの例文(10)で考えると、もし冷蔵庫に4本ビールが入ってい

たとしたら、話者は「冷蔵庫にビールが 4 本入っている」と言うはずだと、聞き手は考えるだろう。「適切な量だけ言え」という量の格率から、話者は（量に関して）「知っていることの最大値」を聞き手に知らせるように普通は期待されているだろう。このように、話者が格率を守っていることから生まれる推意を一般化された会話の推意 (generalized conversational implicature、以下では GCI と略すことにする) という。

2.4 節でみた PCI（特殊化された会話の推意）と違い、GCI はその推意を妨げるような特別の状況にない限り、使われている言語表現から直接に生まれる推意である（そこから「一般化された」という名前になっている）。(45) では、状況から「それだけきっかり」は問題ではないということが A にも B にも明らかなので、「それだけきっかり」という、普通は数値表現につく推意が解除されているのである。

PCI の場合、①②（あるいは what is said）が格率を違反して、それでも話者が協調の原理自体は守っていると想定することで推意が生まれていた。この場合、協調の原理と格率は話者によって動的に利用されていることになる。逆に GCI の場合には、話者が協調の原理と格率を守っているという想定から推意が生まれるので、静的な協調の原理と格率の利用であると特徴づけることができる。

一般的に GCI は PCI よりもはるかにみつけるのが難しい。それは発話が協調の原理と格率に従っているので、推意として伝わった追加の意味を意味論的な意味と区別することが難しいためである。GCI は、話者も聞き手も当然視している (presumptive) 意味なのである (Levinson 2000 は GCI を徹底的に論じた研究であるが、そのタイトルは *Presumptive Meanings* である)。

GCI は PCI とは違い、話者が意図的に聞き手に知らせようとしているのでもなければ、聞き手も（PCI を生み出す F のような）話者の推意の伝達意図を感知して理解しているのでもない。

話者が言語要素を組み合わせて命題 p とその p に対する命題態度を SA(p) として表明し、その結果聞き手に命題態度 HA(p) を抱かせようとするその過程で、p がより限定的な命題 P（その場面で当然視された GCI）へと強化されることになる（小文字 p が発話で使われた言語要素から意味論的に算出

される意味論的意味で、大文字 P がその発話場面で当然視されるより限定的な命題としての GCI を表すこととする)。

　本書では、この「会話の格率が守られていることを前提に、話者と聞き手でその発話場面で当然視される」という性質を [ ] という記号で表していくことにする。すると (10) の発話の「ちょうどきっかり」の意味は (47) のように表示することができる。

(47)　u:　冷蔵庫にビールが 3 本入っている．
　　　　M (HA (SA ([p] P)), HA (P))「冷蔵庫にビールがちょうど 3 本入っていると信じる」

　話者の命題態度 SA の対象としての命題 p が、その発話状況での当然視 [ ] を受けることでより限定的な命題 P へと変換されている ([p] P で、命題 p が発話場面で当然視されることによって P へと変換されたことを示す)。これを反映して、聞き手に期待された命題態度 HA の対象が P となっている。「話者が協調の原理と格率を守っているときに生まれる推意」は、発話の命題 p に関する場合と、命題態度の伝達の期待までを含んだ発話全体 (M (①②)) に関する場合とがある。この節では命題 p に関する場合を取り上げ、次の節で発話全体に関する場合を考えていく (発話全体の内容が格率を守っているという想定から生まれる推意のことを標準推意と呼んでいく)。

　(10) の発話では、「それだけきっかり」がもとの命題に推意として加わることを除いては、意味の変化がない。そこで、操作の入力は命題態度の対象である p だけを入力とすると考えることにする (発話態度の内部で当然視 [ ] が p に対して操作をするような表記をしている)。

　GCI によって生まれる命題は、発話の持つ意味論的な命題に対してより限定的な命題となる。PCI では、発話の命題とは関係がない命題が推意として生まれていた。本書では、格率の違反によって生み出された (発話自体の命題とは別の) 命題 p' と区別するために GCI によるより限定的な命題を大文字の P で表示していくことにする。(47) では、p から P が派生された結果として、聞き手に引き起こそうと話者が意図した反応に「ちょうど」が

入って「冷蔵庫にビールがちょうど3本入っていると信じる」となっている。

　量の格率は「適切な量を言え」という内容である。多くの場合、「適切な量」は「話者が知っている限りの最大」ということになる。すると数字だけではなく、(48)の下線部のような様々な程度表現が量の格率の遵守の想定からGCIを生むことになる。

(48)　a.　Charlie ate <u>some</u> of the apples.（not all）
　　　b.　Alan <u>often</u> drives to school.（not always）
　　　c.　It is <u>warm</u> today.（not hot）

　(48a)の some は not all を、(48b)の often は not always を、(48c)の warm は not hot をそれぞれ GCI として推意させる。これは、それぞれに実際発話で使われた単語と推意に現れる単語が、<all, some>、<always, often>、<hot, warm> という尺度を形成しているからである。<a, b> という表記は、順序集合（ordered set）を表し、a と b が何らかの意味で集合となるだけではなく、a と b に程度の差がある場合に使う。本書では、<a, b> という表記の場合、a と b に何らかの共通点があり、かつ a は b より程度が強い場合の表記として使う。

　<all, some> では、どちらも量に関する単語で、しかも all は some よりも程度が高い、ということが示される。<always, often>、<hot, warm> はそれぞれ頻度と温かさを表す単語の集合で、always と hot が程度が高い方になる。(10)の発話例では数の順序集合があって、<n, n-1, n-2,...5, 4, 3, 2, 1> のようになっている。このように順序集合が単語同士に想定される場合、順序集合で相対的に弱い方の表現を使うと、相対的に強い方の表現の否定が推意として生まれる。(48a)の <all, some> という順序集合では、some が弱い方の表現なので、some を使えば all ではないと話者が考えていることが伝わる。「適切な量を言え」という量の格率から、聞き手は話者がその順序集合に属する上位の表現を回避したことが伝わるのである。同様にして(48b)の often は not always を、(48c)の warm は not hot を伝える。

　順序集合が推意を生むことをはじめて体系的に議論したのは Laurence

Horn という哲学者であることから、こうした単語の間の順序集合は Horn scale と呼ばれる。Horn scale で下位にある単語を選んで発話することで、話者が上位の単語の意味を使う立場になかったことが GCI として伝わる。

　ここで、推意 (implicature) と伴立 (entailment) の違いに触れておこう。ある単語 A を使うと、A だけではなく B も伝わることがある。(48) の例でいえば、A にあたるのが、some、often、warm で B にあたるのが not all、not always、not hot である。(49) の下線部の単語と ( ) 内の単語も、一見同じような関係になる。

(49)　a.　Tracy keeps a dog. (animal)
　　　b.　Zack ate an orange. (fruit)

(49a) の dog は「animal でもあること」を伝えるし、(49b) の orange は「fruit でもあること」を伝える。

　しかし (49) のような例の場合、dog である場合は、必ず animal であり、orange は必ず fruit である。このような場合、dog (であること) は animal (であること) を伴立し、orange (であること) は fruit (であること) を伴立するという。伴立は、(語用論的ではなく) 意味論的概念であり、ある表現 A が B を伴立する場合、A の肯定に続けて B を否定すると矛盾になる。

(50)　a.　*Tracy keeps a dog but not an animal.
　　　b.　*Zack ate an orange but not a fruit.

　(50a) のように「犬を飼っているが動物を飼っていない」というのは矛盾であるし、(50b) のように「オレンジを食べたが果物は食べなかった」という発話も意味をなさない。
　これに対し、本書で考えてきた推意の場合は、意味論的な意味ではないため発話の直後に直ちに取り消すことができる。

(51)　a.　Charlie ate some of the apples, and in fact he ate all of them.

b. Alan <u>often</u> drives to school, and in fact he <u>always</u> does.
c. It is <u>warm</u> today, and in fact <u>hot</u>.

　(51a) では、下線部 some が not all を推意させるが、これを直ちに and in fact と続けて推意を打ち消すことができる。(51b) の推意 not always も (51c) の推意 not hot も、後続する発話で取り消されているが、発話全体の意味として矛盾にならない。したがって Horn scale で伝わる意味は確かに伴立ではなく推意 (GCI) なのである。
　話者が格率を守っていると想定することで生まれる GCI は、量の格率だけではなく様態の格率 (「普通の言い方をせよ」) が関係している場合もある。

(52) a. Jessica went to a bar and drank a lot.
　　 b. Kristin rented a car. There was only a little gas in the tank.

　(52a) では、went to a bar と drank a lot という 2 つの動詞句が等位接続詞 and によって連結されている。そしてその自然な解釈は「バーに行ってそこで大酒を飲んだ」となるだろう。(52b) では、「Kristin が車を借りた」という発話に続いて「燃料タンクにはほとんどガソリンが入っていなかった」という発話が続いている。後続する発話にある tank という単語は、先行の発話に含まれていない。そして tank は意味論的に Kristin が借りた車の燃料タンクである必要はないが、普通は Kristin が借りた車の燃料タンクを指示するだろう。
　(53a) のように、(52a) の等位接続された要素の左右を入れ替えると、今度は逆の「大酒を飲んでからバーに行った」という (背景がわからなければやや不自然な) 意味になる。

(53) a. Jessica drank a lot and went to a bar.
　　 b. Jessica sang songs and Kristin played the piano.

　また、(53b) のように、Jessica と Kristin が過去に行った行為を対比的に

and によって連結すると時間的な前後関係の推意は消える。これらの観察から、意味が対比的に用いられていない場合、and で連結された左の意味内容から右の意味内容へと時間が推移していることが GCI として伝わる。(等位接続詞 and には、連結された要素の時間的推意を意味する使い方と単純に左右を同じ資格で連結する使い方があるという考えは、「必要以上に意味を増やしてはならない」という Modified Occam's Razor の原理に反することになることに注意。)

(52b) の場合、先行する発話内で言及された名詞 (この場合 a car) が、後続する発話内にある初出の単語 (この場合 the tank) の指示を助けている。はじめに「車」という単語が使われ、続いて「燃料タンク」と聞けば、普通聞き手は先行して現れた車の燃料タンクであると推測するだろう。このように先行する名詞から、後続する名詞の指示が推意されることを橋渡し (bridging) という。(52) のそれぞれの GCI が生み出される過程は、(54) と (55) のように記載することができる。

(54) u: Jessica went to a bar and drank a lot.
M (HA (SA ([p] P)), HA (P))「Jessica はバーに行ってそこでたくさんお酒を飲んだと信じる」
p: Jessica went to a bar and drank a lot
P: Jessica went to a bar and drank a lot there

(55) u: There was only a little gas in the tank.
M (HA (SA ([p] P)), HA (P))「Kristin が借りた車のタンクに少ししかガソリンが入ってなかったと信じる」
p: there was only a little gas in the tank
P: there was only a little gas in the car's tank

(54) と (55) では、それぞれ GCI として付け加わった内容として there と the car's が追加され、p がより限定的な命題 P になっている。これに応じて、聞き手に最終的に期待される命題的反応の内容がより限定的になっている。

(56) も様態の格率を守っているという想定から GCI が生まれる例である。

(56)　There was an earthquake and the base was broken into pieces.

(57)がその分析になる。

(57)　u:　There was an earthquake and the base was broken into pieces.
　　　　M (HA (SA ([p] P)), HA (P))「地震があって、そのせいで花瓶が割れたと信じる」
　　　p:　there was an earthquake and the base was broken into pieces
　　　P:　there was an earthquake and then the base broken into pieces because of it

　上でみた went to a bar and drank a lot の場合と同じように、(57)では、等位接続された左の there was an earthquake が先に起こり、続いて the base was broken into pieces が起こったことが様態の格率を守っていることから推意される。このことを P では副詞 then によって表している。
　しかしこの推意に加え、この発話の場合、地震の揺れそのものが花瓶が割れた直接の原因であることを強く推意させる。この推意は、「関係のあることを言え」という関係性の格率（relation）から生まれていると思われる。地震と花瓶が割れたことをこの時系列で、しかも同じ文に等位接続構造を用いて発話していることから、この2つの出来事に因果関係があることがうかがえる。もし花瓶が割れたことが地震とは無関係であるなら、話者は関係の格率を違反したことになるだろう。話者が（特に）関係の格率を守っているという想定から、花瓶が割れた理由が地震であったことが、because of it として P に付け加えられている。
　これまでに、量の格率、様態の格率、そして関係性の格率が発話の命題 p を操作対象として GCI である P を派生する例をみてきた。格率にはもう1つ「質」の格率（正しいと思っていることを言え）がある。質の格率は GCI を生まないのであろうか。Grice は、「質の格率の遵守」が発話という行為の中にそもそも含まれていると考え、「正しいと思っていることを話者が言っている」という部分が推意部分ではないと考える。この問題は 3.3.2 節

で考察する。

2.6 発話の命題とその使われ方の指示が推意を生む場合その2：標準推意 (standard implicature)

前節では、話者が格率に従っているという想定から生まれる、発話の命題部分の推意を議論してきた。この節では、発話の命題部分ではなく、発話全体のM (①②) が格率を守ることによって生み出す推意を考えていこう。まずGrice (1975: 51, 1989: 32) が議論している例(58)をみてみる。

(58)　A:　I've just run out of petrol.
　　　B:　There's a garage just around the corner. (The garage is open and has petrol to sell.)

　AとBは路上で立ち話をしている。AはBにAの車のガソリンが切れたことを伝えている。BはAに角を曲がったところにガソリンスタンドがあると教える。Griceは、Bが関係性の格率（関係のあることを言え）に従っているのであるとしたら、Bの発話から「ガソリンスタンドが開いている」そして「ガソリンが売っている」とBが考えていることが推意されるという。
　もしBがガソリンスタンドが閉まっていたり、ガソリンが売り切れていることを知っていたとしたら、(58B)は関係の格率を違反したことになってしまう。したがって(58B)の発話は「ガソリンスタンドが開いている」という推意と「ガソリンが売っている」という推意を、Bが関係の格率を守っているという想定から生む。この場合、もとの発話の命題より限定的な命題が生まれるのではなく、もとの発話の命題とは別の命題とその使われ方の指示が推意として生まれることになる。
　Grice自身は、このような、命題レベルではなく発話レベルで格率が守られることによって生まれる推意に名前を付けていない。Levinson (1983: 104) は、このような推意が、前節でみた命題（単語）レベルのGCIと同じ種類の、格率の遵守によって生まれる推意であることを指摘している。そして

発話レベルで格率が守られていることによって生まれる推意を、標準推意（standard implicature、以降 SI と略す）と呼んでいる。（Huang 2014: 33 では、conversational implicature$_O$ と呼ばれている。下付き文字の O は遵守（observe）の頭文字である。）以下、本書ではこの Levinson の SI という用語を使っていくこととする。

(58B) から生まれる標準推意を (59) のように表示することにする。

(59)　［M（①②）］③④ 1 ③④ 2「角を曲がったところにガソリンスタンドがあると信じる」「ガソリンスタンドは開いていると信じる」「ガソリンスタンドには販売用のガソリンがあると信じる」
　　　p:　there is a garage just around the corner
　　　p'1: the garage is open
　　　p'2: the garage has petrol to sell

GCI の場合と違い、発話の命題 p ではなく発話全体（M（①②））から推意が生まれるので、格率の遵守を表す［　］の対象は発話全体になっている。また、この例の場合、推意は 2 つ提案されているので、③④ 1、③④ 2 としてこれを［M（①②）］の外側に追記している。③④ 1 と ③④ 2 が、格率の遵守［　］の外側にあることで、これが M（①②）が格率を守っていると想定することで生まれる、当然視された推意であることが表現されている。PCI の場合と同じように、発話そのものの命題内容は p、そして推意は p' で表しているが、推意が複数となるので、①② 1、①② 2 に合わせる形で p'1、p'2 としている。

SI は、（少なくとも Grice の提案した形で）語用論の研究で議論されることが多くない。しかし、格率の違反から推意が生まれる場合も、その推意を引き出すうえで SI が重要な役割を果たしていることがわかる。このことを (35) の会話に戻って考えてみよう。(35A) の誘いに対する応答としての (35B) が、一見したところの量の格率の違反によって、(60) の「飲みに行けない（という情報を共有しようとしている）」という推意を生むのであった。

(35) A: How about going out for a drink tonight?
B: I have a date tonight.
(60) 飲みに行けない（という情報を共有しようとしている）

しかし、(60)を(35B)から引き出すには、そのほかの知識（命題）が必要である。

(61) a. You usually do not go out for a drink and have a date with different persons in the same night.
b. Dating your romantic partner is usually more important than going out for a drink with one of your colleagues.
c. When you choose one of two choices, you usually choose the more important one.

(61)に挙げた一般的な知識は、少なくともBがI have a date tonightと発話した際にAが想起できると見込んだ内容である。普通、(61a)のように、同じ夜に人と「飲みに行き」かつそれとは別の人と「デートする」ということはしない。(61b)と(61c)ではそれぞれ「大切な人とのデートは普通同僚と飲みに行くことより重要である」、「2つの選択肢から1つを選ぶ場合、普通はより重要な方を選ぶ」という命題が示してある。これらもBの発話がなければ、Aが知識として持っていたとしてもこの会話の中で想起しないであろう命題である。したがって(61)の一連の命題も(35B)が関係性の格率を守ることで生まれる推意であると考えられる。

そしてこれらをすべて勘案すると(60)の「飲みに行かない（という情報を共有しようとしている）」という推意につながることがわかる。発話が一見したところ何らかの格率に違反しているようにみえるとする。(35B)の場合は量の格率である。それでも話者が協調の原理自体は守っていると想定するなら、発話の内容をさらに聞き手は吟味するであろう。するとその発話の命題と命題の使われ方の指示が、最終的に話者が伝えようとしている推意の最大のてがかりとなるだろう。発話が少なくても関係性の格率を守っていると

すると、そこから(61)のような様々な推意が生まれていく。そしてその「関係性の格率を守ることによって生まれる推意の連鎖」をたどって、最終的に話者が伝えようと意図している推意を理解する。

　これらの過程を(62)が表示する。

(62)　u:　I have a date tonight.
　　　[M(①②)] ③④ 1 ③④ 2 ③④ 3 ＝(61)
　　　M(①② F③④ 4)「飲みに行けないと信じる」

発話 u は(35B)である。そしてこの発話から標準推意として③④ 1、③④ 2 そして③④ 3 が派生される。その内容は(61)である。標準推意の派生とは別に、①②には量の格率の違反があるので、これが発話の特徴 F となって、推意③④ 4 を生んでいる。F は聞き手が発話内容の①②を吟味する引き金として機能する。その結果、聞き手は③④ 1、③④ 2、③④ 3 といった推意を SI として引き出す。特徴 F は、こうした推論を聞き手に促すきっかけに過ぎず、具体的な推意③④を導くてがかりは SI である③④ 1、③④ 2、③④ 3 である。最終的に聞き手に期待された命題的な反応は「飲みに行けないと信じる」となる。

　このように考えると、関係性の格率は4つの格率の中でも特別な役割を果たしていて、他の格率を違反している発話内容から SI を生み、最終的に話者が意図する推意へと聞き手を導いているといえそうだ。Sperber and Wilson (1986/1995) の提唱する関連性理論 (relevance theory) は、こうした考えを追究した理論であると理解することができる。

　ここまでで、1.1節と1.2節で考えた(28)の4種類の語用論的な意味と、(29)の語用論的な意味を生み出す仕組みを網羅した。

(28)　語用論的な意味の4種類
　　　(MA)命題の使われ方の指示✓
　　　(MB)間接的な命題とその使われ方の指示✓
　　　(MC)感情表出的意味（聞き手に心理的な影響を与えようとする意図）✓

(MD) より限定的な命題の意味 ✓
(29)　語用論的な意味を生み出す仕組み
　　　(SA) 単語や文法形式に備わっている場合 ✓
　　　(SB) 少し意外な単語や発話の選択が生む場合 ✓
　　　(SC) 発話の命題とその使われ方の指示が生む場合 ✓

　以下では、さらに (SC) 発話の命題とその使われ方の指示が、(MC) 感情表出的意味 (聞き手に心理的な影響を与えようとする意図) を生む例をみていく。

2.7　発話の命題とその使われ方の指示が推意を生む場合その3：協調の原理の遵守から心理的な反応の期待が生まれる場合

　これまでにみてきた PCI と GCI そして SI は、すべて命題内容や命題の使われ方の指示に関する推意であった。生み出された聞き手に期待される反応は、「」という形式で表され、命題的な反応を聞き手に促そうとした発話の意味内容として理解できる。Grice の語用論的な意味に立ち返って考えてみると、話者が聞き手に期待する反応には命題的なタイプと心理的なタイプの2つがあった。2.3節では、丁寧語「です・ます」に、聞き手が『話者が丁寧だと感じる』ような意味と話者が聞き手にそう感じさせようとする意図が単語の中にコード化されているという分析をした (内容と意図が1つの単語の意味に組み込まれているのであった)。
　話し手は、協調の原理と格率を利用することで、聞き手に心理的な反応を促すよう意図することもある。そして心理的な反応を促すように意図する場合にも、命題的な反応を促すように意図する場合と同じように、協調の原理と格率の利用は動的な場合と静的な場合とがある (この節では静的な場合を取り上げていく)。心理的な反応を聞き手に期待して目的を達成することは、命題的な反応を期待して目的を達成することよりも難しい。
　再び(10)の例文に戻ってまずこのことを考えてみよう。

(10) 冷蔵庫にビールが3本入っている．

話者が、この発話によって聞き手に引き起こそうとする命題的な反応の1つは「冷蔵庫にビールが3本入っていると信じる」ことであった。これは、聞き手が話者のことを全く信頼がおけない人物だと考えているのではない限り、たいていは達成されるだろう。

1.1節では、(10)の発話によって話者が聞き手に対して意図する心理的な反応の例として(15)をあげた。

(15) a. 『嬉しく感じる』
　　 b. 『安心する』

命題的な反応と違い、話者が信頼のおける人物であるかどうかにかかわらず、(15)の意図は達成される場合もあるだろうし、また達成されない場合もあるだろう。心理的な反応は、聞き手が話者の意図を了解すれば達成されるというものではない。嬉しくさせよう、あるいは安心させようという話者の意図を了解したときでも、聞き手は嬉しくならなければ嬉しく感じないし、安心しなければ安心であるとは感じないであろう。命題のような論理的な内容と違い、心理的な効果は、話者がコントロールするのがはるかに困難である。まず、この違いを確認しておこう(6.3節でさらに詳しく議論する)。

その上で、この節では(15a)や(15b)のような心理的反応の期待が、話者がwhat is said (M(①②))のレベルで協調の原理と格率を守っているという想定から生まれると主張していく。まず(15a)の聞き手が『嬉しく感じる』という話者の意図から考えてみよう。話者が(10)の発話からこの心理的な反応を期待するには、満たさなければならない条件がたくさんある。(63)がその例である。

(63) a. ビールを開け、飲む権利(あるいは可能性)が聞き手にある．
　　 b. ビールを飲むタイミングである(午前中などではない)．
　　 c. 聞き手がビール(ないしはアルコール飲料)が好きである．

例えば、聞き手が今医者からアルコール飲料を飲まないように言われていて、そのことを話者も聞き手も知っているとしよう。すると (63a) は満たされていない。すると (10) の発話で (15a) の反応を聞き手に期待することはできない。あるいは、聞き手である妻がビール好きで、夫が妻に (10) を発話したとしよう。それでも平日の午前 8 時で、妻が出社する前であれば、夫は妻に (15a) の反応を期待できない。この場合は (63b) が満たされていない。もちろん聞き手がビールが嫌いであれば、(63c) が成立せず、(15a) の反応は期待できない。

(15b) の『安心する』という反応はさらに期待できる場面が限定される。

(64) a. ビールを開け、飲む権利 (あるいは可能性) が聞き手にある.
　　　b. 聞き手がビール (ないしはアルコール飲料) が好きである.
　　　c. 聞き手がビールがあるかどうか確かには知らない.

(64) が、そうした場面の 1 例である。(64a) と (64b) は (63a) と (63c) と同じである。(64c) の「聞き手がビールがあるかどうか確かには知らない」という部分が、心理的な反応の期待の成否の鍵を握っている。聞き手を (10) の発話で安心させるには、(10) の命題内容が聞き手の不安を解消させる内容である必要がある。そのためには、「聞き手がビールがあるかどうか確かには知らない」という前提がどうしても必要になる。そしてこのような場面設定が整えば、(10) の発話によって (15b) の反応を期待できるだろう。

(10) の発話と (63) や (64) の想定との関係は、(58B) の発話 (There's a garage just around the corner) と、そこから生まれる SI (The garage is open and has petrol to see) と並行的な関係である。

(58) A: I've just run out of petrol.
　　　B: There's a garage just around the corner. (The garage is open and has petrol to sell.)

(58B) では、ある発話があって、話者が関係性の格率を守っているという

見込みから SI が生まれている。同じように、(10)でも話者が関係性の格率を守っていると想定するなら(63)や(64)が推意されるだろう。(63)や(64)が満たされていない場面で(10)を発話すれば、聞き手は「どうして今そんなことを話すのだろうか」といぶかるであろう。同じように、(58B)の SI が満たされていない場面で(58B)を発話するなら、聞き手は「どうして今そんなことを話すのだろうか」と合点がいかないであろう。

　両者の違いは、いま議論している(10)の例で、話者が聞き手に命題的な推意の反応を仲介して心理的な反応も引き起こそうと意図している点にある。そしてその心理的な反応は、(10)の発話内容とこの発話場面で(10)が生むSI から聞き手に引き起こすよう、話者が期待できることになる。

　まず、(63)を想定して(10)の命題的な SI を(59)にならって表記してみる。

(65) 　u: 　冷蔵庫にビールが3本入っている.
　　　　[M(①②)] ③④1 ③④2 ③④3
　　　p: 　冷蔵庫にビールが3本入っている
　　　p'1: ビールを開け、飲む権利(あるいは可能性)が聞き手にある
　　　p'2: ビールを飲むタイミングである(午前中などではない)
　　　p'3: 聞き手がビール(ないしはアルコール飲料)が好きである

(59)と同じように、命題の伝達意図 M(①②)が、発話場面 [ ] に埋め込まれることで3つの標準推意③④1 ③④2 ③④3 が生まれている(表記では命題的な反応を省略して、推意として派生された命題内容を推意の番号に合わせる形で下に提示している)。

　さらに、話者はこの発話とこれらの SI から、心理的な反応(15a)を意図することができる。これを(65)に加えて、(66)のように表記することとする。

(66) 　[M(①②)]『嬉しいと感じる』

(66)は、((65)のような SI が生まれる状況で)話者が聞き手に期待する心理的な反応が生まれる過程を記述している。推意が生まれる過程は SI と同じ

で、発話の命題伝達意図 M(①②) が発話場面 [ ] に埋め込まれ、ここから心理的な反応の期待『嬉しいと感じる』が派生されている (Ungerer 1997: 310 の感情的推論 (emotional inferencing)、Arndt and Janney 1991: 529 の感情意思疎通 (emotive communication) と同じ考え方である)。この分析によると、心理的な反応の期待自体が (非命題的・心理的) SI の 1 つとして生み出されることになる[5]。(以下では、間接的心理的反応の期待を心理的推意とも呼んでいくことにする。)

したがって (10) の発話は、命題内容を伝えようとする意図と命題内容を伝えることによって話者に心理的な反応を喚起しようという意図の二重の意図で用いられていることになる。これは、人がいろいろな機会に贈り物をするという行為になぞらえることができる。お世話になった人に果物の缶詰セットを贈るとする。缶詰セットが命題で、感謝の気持ちが心理的な効果と理解することができる。実際にやり取りされたのは缶詰セットであるが、贈り手は単に缶詰セットが相手に届けばよいと考えているわけではない。その缶詰セットには、贈られた側が『贈り手の感謝の気持ちを受け取る』という期待が込められている。缶詰セットは感謝の気持ちの象徴なのである。

同様に「冷蔵庫にビールが 3 本入っている」という発話には (ふさわしい状況の下で)、聞き手を『嬉しいと感じる』よう、話者は意図しているということは十分に考えられる。命題内容が、話者が聞き手に期待する心理的な反応の広い意味での象徴として機能している (この点は第 6 章で再び取り上げる)。贈り物は物理的なもののやり取りで、発話は命題内容のやり取りであるが、実際に起こっていることはかなり似ている。贈り物の意義をやり取りされた品物だけで考えることができないように、聞き手に期待する心理的な反応を除外したまま、命題のやり取りだけで言語の仕組みを説明し尽くすことはできないだろう。

(15b) の間接的心理的反応の期待『安心する』も、これに準じた形で (64) を SI と想定することで分析することができる。

(67)　u: 　冷蔵庫にビールが 3 本入っている．
　　　　[M(①②)] ③④ 1 ③④ 2 ③④ 3『安心する』

60　第1部　語用論的意味の整理―Griceの視点から―

　　　p:　冷蔵庫にビールが3本入っている
　　　p'1: ビールを開け、飲む権利（あるいは可能性）が聞き手にある
　　　p'2: 聞き手がビール（ないしはアルコール飲料）が好きである
　　　P'3: 聞き手がビールがあるかどうか確かには知らない

　発話の命題的な反応の期待 M（①②）が、③④ 1 ③④ 2 ③④ 3 という3つの SI を生み、それを前提にさらに間接的心理的反応の期待『安心する』を派生している。心理的な推意（間接的心理的反応の期待）を含め、4つの反応が発話によって意図されている。

　これは一見たくさんのことが起こっているようにみえるが、すべて発話が発話場面に埋め込まれることによって、自然と生まれていることに留意されたい。発話というのは、一定の文脈でその命題内容と命題の使われ方の指示が伝達されると、その文脈にふさわしい想定や、聞き手に期待される反応を次々と引き起こす。心理的な反応の場合は、聞き手の個人的な性格や、話者と聞き手の関係、過去の経験の共有など様々な要因が SI として整っている必要がある。しかし逆に適切な SI が整っていれば、話者はかなりの確信を持って心理的な効果を期待できるだろう。

　Griceの例(58)では、ガソリンが切れて困っている人に対する B の発話は、命題的な効果のほかにうっすらと『親切であると感じる』という心理的な効果も意図されているに違いない。道で困っている人にちょっとした助言をするのは、大した事ではないが、助言をもらった人はそれでも感謝するだろう。感謝された助言者も、それによって発話が報われたと感じるであろう。そしてその心理的な反応は、条件が整った場面の中でなされた発話とその命題の使われ方の指示から連鎖的に引き起こされる。

　次のようなことを経験したことがないだろうか。何か人を驚かせるようなことがあったか、驚かせるようなことを知っている。そして勢い込んで、身振り手振りを加えながらそのことを人に知らせる。そしてその話の核心となる発話をする。しかし、期待したような驚きを聞き手が示さない。それは、発話が心理的な反応を聞き手から引き出すために必要な SI の見積もりを話者が見誤ったからだと説明できる（Bertuccelli Papi 2001: 272 に関係する議論

がある)。

　例えば、野球に興味がない人に昨日のプロ野球の試合の話をするとか、TOEIC の点数について何も知らない人に先日受験した TOEIC のスコアが 900 点であったことを告げるなどがその例である。また、心理的な反応が言語学的な分析であまり中心的に論じられることがないのは、(1 つにはとらえにくいという理由であると思うが) あまりにも場面に依存していて気が付きにくいからであろう (分析者自身が発話の効果を規定している SI の外に出ることが難しい)。

　心理的な反応の期待を意図する発話には、定型句が多い (Culpeper 2011: 145 に若干の議論がある)。

(68)　a.　I am so proud of you.『誇らしい気持ちになる』
　　　b.　Everything will be fine.『安心する』
　　　c.　I'll miss you.『聞き手が話者にとって大切な存在だと感じる』

これらの定型句も適切な場面、適切なタイミングで使えば、それぞれ『』で記述された心理的な効果を聞き手に期待することができるだろう。I am so proud of you という発話の命題的な意味は「話者が聞き手を誇りに思う」である。しかし実際話者が試みているのは、聞き手を「褒める」ことであろう。そして「褒める」ことで話者が意図しているのは、聞き手自身が自分を『誇らしく感じる』という心理的な反応であろう。

　同じように Everything will be fine と発話して、聞き手を安心させようとすることがあるであろうし、I'll miss you と告げることで、『聞き手が話者にとって大切な存在だと感じる』ように意図することがあるだろう。定型句は、使うのがふさわしい場面が定型句の使い方の一部に組み込まれているので (SI を容易に想定できるので)、心理的な効果を期待する発話として使いやすいと考えられる。これらの定型句を使うことで、話者はもちろん命題的な反応も期待するだろう。しかし、その主たる意図は心理的な反応 (心理的推意) だと考えられる。

　発話によって間接的心理的反応を期待する場合、発話場面での条件が整っ

ていなければならないことをみた。条件が整ったことを見極めて、話者はいわばジグソーパズルの最後の1ピースをはめ込むように発話を行う。するとジグソーパズルが完成してその全体像が聞き手に心理的な影響を与える（と話者は期待することができる）。最後の1ピースは、ジグソーパズルの絵や写真を完成させるわけなので、（比喩的な意味で）命題的である（絵や写真という具体的な内容に貢献する）。これに対し、完成した絵や写真をみて、美しいと感じたり、可愛いと感じたり、悲しいと感じるのは、心理的な反応である。いうまでもなく、ジグソーパズルの目的は、ただ絵や写真の全体像を完成させることだけではない。

　逆にジグソーパズルが出来上がってきて、最後の1ピースをはめ込んでパズルが完成すると一定の反応が予測され、なおかつその一定の反応を望まない場合があるだろう。発話でいえば、例えば次のような場面を想像してもらいたい。ある学生がいて、卒業までにあと4単位必要だとする。学生は私の授業のほか、2つの（合格すれば4単位が修得できる）授業を履修している。1つの授業は学生自身が放棄し、もう1つの授業は不可であることが確定している。そして学生はすでに就職の内定を得ている。しかし、私の授業のテストの結果は悲劇的であるとする。

　もちろん私は、学生に私の授業が不可であると告げたくはない。これがジグソーパズルの最後の1ピースとなって、学生を失意の底へ落とし込んでしまう結果になることは明らかだからである。このような場合、私はおそらくポライトネス・ストラテジーを用いて（ポライトネスについては、第9章で詳しく論じる）、学生が私の意図しない心理的反応を和らげる努力をするだろう。このことも、心理的反応が、発話とSIの組み合わせから心理的推意として生まれることを支持しているだろう。そして最後の1ピースをはめ込むときに心理的推意を意図している場合だけが、非自然的な意味となるのである（私が学生に不可だと告げる場合、学生の心理的反応が非自然的な意味にならない）[6]。

2.8 仕組みのまとめ

これまでに提案してきた語用論的意味とその生み出し方の記載法をまとめておこう。まず、Grice は、話者が聞き手に何らかの反応を引き起こそうとしたときにだけ、語用論的な意味が生まれると考えた。話者が聞き手に引き起こそうと期待した反応には命題的な反応と心理的な反応の2種類があった。

発話の内容そのものから、話者が聞き手に反応を期待する場合、命題的なもの、心理的なものをそれぞれ(69)のように表記することにした。

(69) a. 命題的
M(HA(SA(p)), HA(p))「」
b. 心理的
item^M『』

(69a)の命題的な反応の場合、発話の命題の使われ方の指示という語用論的な意味は、話者がはじめに聞き手に話者自身の命題態度を知らせ(HA(SA(p)))、その結果聞き手自身も話者と同じ命題態度を抱くよう(HA(p))に話者が意図することで達成されるのであった。(このように、間接的に聞き手に期待する命題態度を伝えるという見方は、Gricean mechanism と呼ばれることがある。Bennett 1976: 14 や Petrus 2010: 17 を参照のこと。)そしてそのように話者が意図して発話を行っていることを「非自然的に意味する」というMの操作の対象として( )の中に入れて記述した。話者が聞き手に期待する反応は命題的なものなので、反応は「」の中に入れて表示される。

これに対し、日本語の「です」や「ね」のように、丁寧さや親しさといった非命題的心理的な効果を聞き手に与えるような言語表現(感情表出的意味を持つ言語表現)の場合、こうした表現を使うこと自体で丁寧さや親しさが伝わるのであった。いいかえれば、こうした単語を選んで使うこと自体が「非自然的に意味する」ことになるので、そのことを表示するために言語表現(item)の右上付き文字で M を表示してこれを表現した。具体的な心理的

反応の期待は『』で表示される。
　命題的反応を意図した発話の場合、話者自身の命題態度を聞き手が信じる部分（(HA(SA(p)))と聞き手自身が話者と同じ命題態度を抱く部分(HA(p))の詳細が問題とならない場合、それぞれ①②と表記することにした。
　少し意外な単語や発話の選択が語用論的な意味を生むことがあった。そのような仕組みとしてGriceの協調の原理と量、質、関係性そして様態という4つの格率を導入した。普通話者はこれらの格率を守って発話を行っている。しかし時として、話者は意図的にこれらの格率を一見違反して発話をすることがある。このような場合、聞き手は話者がそれでも協調の原理は守ろうとしているとみなすことができれば、一見した格率の違反の理由として推意（PCI）を想起するのであった。一見した格率の違反が、推意によって相殺され、発話の意味と推意全体で考えると協調の原理が守られていることになるのであった。
　本書では、格率の違反を発話が持つ特徴Fとして記述することにした。聞き手は、発話自体とFから推意として二次的な命題とその使われ方の指示を推論するのであった。推意としての命題とその使われ方も、発話自体の命題と同じように、はじめに聞き手は話者自身の命題態度とその命題内容を推察する。そして、その結果として聞き手も話者と同じ命題態度を同じ命題に対して抱くように期待されるのであった。推意での命題のやり取りも発話自体の命題のやり取りに倣って③④と省略して、推意が生まれる過程を(70)のように表記した。

(70)　M（①② F ③④）「」「」

発話自体のやり取りも、推意によるやり取りも、命題的な効果が期待されているので、これらは「」内で表記する。
　協調の原理は、格率の一見した違反、すなわち少し意外な単語や発話の選択によって推意を生む。しかし、それだけではなく、協調の原理を守っているという想定から語用論的な意味が生まれることもある。そのような場合、発話の命題が、より限定的な命題になる場合と、発話から別の命題が伝わ

る場合とがあった。より限定的な命題を GCI（一般化された会話の推意）、別の命題を SI（標準推意）と呼んだ。PCI の場合と違い、話者は意外な単語や発話を選択することではなく、ある命題や発話をその会話行われているコンテクストの中で自然に使うことにより GCI や SI を伝える。したがって GCI や SI は、PCI を伝える際の F に当たるような意図的な手立てではなく、話者が当該発話をその発話場面に埋め込むことによって伝える。この発話場面に埋め込むことを、[ ] の中に対象を入れて表記した。

より限定的な命題の場合、話者自身の命題態度の中で GCI が生まれるので、これを(71a)のように表記した。

(71) a. GCI
M(HA(SA([p] P)), HA(P))「 」
b. SI
[M(①②)] ③④「 」「 」

話者の命題態度を聞き手に信じさせる HA(SA( ))の中の部分で、[p] P のように発話命題 p がその発話場面でより限定的な命題 P へと発展されていることが表記されている。これに続く聞き手に抱くよう期待された命題(HA( )の対象)が、p ではなく P になる。

(71b) の SI の場合、発話とその命題的な効果の意図全体である M(①②)が、発話状況[ ]に入れられ、発話命題とは独立した命題とその効果③④が伝わることになる。どちらも命題的な効果の期待なので、具体的な効果は「 」の中で示すことになる。

発話は、協調の原理を守っていることで、命題的な効果だけではなく心理的な効果をもたらすこともある。この過程をジグソーパズルに例えて説明した。[ ] で示した発話状況のすべてが整ったとき、命題的な発話をすることでパズルが完成し、その結果として心理的な効果が生まれるのであった。この場合、効果は心理的で間接的心理的効果の期待（心理的推意）、と呼び、(72)のように表示することにした。

(72) 間接的心理的効果の期待（＝心理的推意）
　　　［M（①②）］『』

　(69b)の心理的な効果の期待の場合とは違い、発話で使われている言語要素自体に心理的効果の期待が備わっているのではないので、発話内容で聞き手に心理的な効果をもたらそうとする場合を「間接的」と表現している。間接的心理的効果の期待は、心理的な SI といってもよい[7]。SI は、発話が格率を守っているときだけではなく、一見違反しているようにみえるときも、（関係性の格率が遵守されているという仮定の下で）話者が目指している推意に聞き手がたどり着くてがかりを提供してくれるのであった。
　最後にもう1つだけ追加の概念とその表示法を示しておく（これまでの議論の延長上で考えられる簡単な概念である）。2.1 節で、話者が聞き手に期待する反応として命題的な反応と心理的な反応を区別した。

(14)　M「冷蔵庫にビールが3本入っていると信じる」
(15)　a.　M『嬉しく感じる』
　　　b.　M『安心する』

第2部で詳述するように、これらは Grice の非自然的な意味の中で話者が発話によって聞き手に引き起こそうとする反応の具体例となる。
　Grice にとって意味するとは、話者の意図なので、実際に聞き手にこうした効果が表れるかどうかは問題にしていない。しかし、具体的な例を分析する際に、実際に聞き手が話者が意図した効果を了解したかどうかに言及する必要がある場合が多い。そこで本書では、聞き手が話者が期待した効果を了解したことを uptake という用語で記述していく（Austin 1962: 117）。

(73)　a.　命題的
　　　　　話者側　　　　聞き手側
　　　　　M（①②）「」　uptake（①②）「」

b. 心理的
   話者側　　　　聞き手側
   item^M『』　　uptake (item^M)『』
c. 間接的心理的効果（＝心理的推意）
   話者側　　　　聞き手側
   [M(①②)]『』　uptake([M(①②)])『』

　(73a) は命題的な場合で、話者側の M ( ) に対応する形で聞き手側に uptake ( ) が想定されている（推意の場合は聞き手に期待される効果が①②から③④となる）。反応が命題的な場合、具体的な反応は「」である。
　心理的な場合は、言語要素そのものから効果の期待が生まれる場合の (73b) と発話内容から効果の期待が生まれる場合の (73c) がある。それぞれ、item^M と [M(①②)] という、反応の期待を生む要素が uptake の ( ) に入れられ、実際の反応は心理的なので『』で表現している。
　uptake は、聞き手が話者によって期待された反応を了解することまでをいう。そして、実際に聞き手が期待された反応を示すかどうかは問題としない。陳述的な発話であれば、「話者が聞き手にある命題が真であると信じてほしい」ということを聞き手が理解すれば、それが uptake である。実際に話者がその命題を真だと受け止めるかどうかは、（狭い意味での）コミュニケーションの行為の外側のことになる。また心理的な効果であれば、聞き手が一定の心理状態になることを意図して話者が発話をしたことを聞き手が理解すれば、それが心理的な uptake となる。実際にその心理状態に聞き手が至るか否かは、純粋な情報伝達を超えた要因が関与している。詳しくは 6.4 節で議論するが、聞き手が uptake した話者の意図を実現しなくとも、情報のやり取りという観点から考えて話者の意図を感知したところでコミュニケーションが一応成立したと考えられるからである。
　以上第 1 部では、語用論的な意味とその生まれ方、そしてそれらを記述するための表示法を解説した。不十分な考察や、後に間違いだということが判明するような分析もあったかもしれない。しかし、少なくとも語用論的な意味を議論するための道具立ては提供できたと考える。

ここで提示した語用論的な意味の表示法は Grice (1957, 1961, 1968, 1969, 1975, 1978, 1989) の理論を形式的に可視化したものである。しかし中には Grice を発展的に解釈して用いた部分や、一般的に知られた Grice の語用論からは外れている部分がある。Grice の研究は、協調の原理と非自然的な意味の提唱で知られている。意味論・語用論の分野では、協調の原理の方は深く理解され言語現象の解明に大きく貢献してきた。その一方で非自然的な意味の方は、深く議論されたり発展的にその考えが継承されたりということがあまりない。第2部では、Grice の非自然的な意味を十分に吟味し理解することで、第1部で示した語用論の枠組みが、Grice の提唱する非自然的な意味と協調の原理に十分な裏付けを持つことを示す。

注
1　第2部で詳述するように、心理的反応についてはこれまでのところ意味論・語用論でほとんど注目を集めてこなかった。社会言語学系の研究である Stankiewicz (1964)、Arndt and Janney (1987, 1991)、Caffi and Janney (1994) や心理学系の研究である van Berkum (2018) などが、言語と心理・感情の関係を取り上げている。Tomasello (2008: 82–88) が、（著者の知る限り唯一）Grice の意味論・語用論と心理的反応の期待を関係させた議論をしている。
2　Pinker (2007: 439) は、人間が情報のやり取りに加え、お互いに与える印象 (the impression they make) に関心を持つ生き物だ、という表現で心理的反応の期待を表現している。Stevenson (1937: 23) もほぼ同じ主張をし、心理的反応の期待を感情的意味 (emotive meaning) と表現している。
3　Yamada (2019: 266) は、次のように「尊敬しない」と「ます」が同じ発話に現れても不自然ではないことを、「ます」の意味的貢献が命題的なものではないことの根拠として挙げている。
　　(i) 私はあなたを尊敬しません．
4　Grice (1968: 236, 1989: 130) は、命題態度と文の形式の対応が言語学的なもの（おそらくコード化されているか、それに準じた方法で決まるもの）とみなしている。
5　Davies (1982–1983: 75–76) は、Malcom is a thief のような発話が、聞き手の命題的な変化（聞き手が命題内容を信じること）に加え、聞き手の Malcom への印象のような非命題的な変化も引き起こすとしている。
6　もちろん、私に学生を懲らしめてやりたいという気持ちがある場合（学生の心理的反

応を期待する場合）最後の 1 ピースのはめ込みが非自然的な意味を生むことになる。
7 Lai, Willems and Hagoort (2015) は、発話の中に聞き手に対する感情的な反応の期待を促すような単語が含まれていなくても、発話の命題内容から感情的な反応を引き起こす場合があることを実験的に確認している。

第2部

Grice 語用論の仕組みの理論的基盤

　第1章では、発話が意味論的意味以上に様々な語用論的な意味を伝えること、そして語用論的な意味が様々な手段で生み出されることを紹介した。第2章では、語用論的な意味とその生み出され方を、Grice (1957, 1961, 1968, 1969, 1975, 1978, 1989) の考え方を軸として考察した。語用論的な意味とその生まれ方を一貫した表記で表すことで、漠然とした意味とその生まれ方をみえやすい形にすることを目指した。具体的な例による言語現象の分析も適宜組み入れた。分析自体の正しさを示すのが目的ではなく、一定の表記法で語用論的意味を考えていくことでみえてくるものがあることを示すことを目指した。

　語用論には様々な理論や考え方、枠組みがあるが、本書ではあえて Grice の考えで一貫させようとしている（必要に応じて、他の枠組みでの考え方も併せて紹介して適宜比較検討もできるようにしている）。Grice の考え方を中心に据えることで、様々な語用論的な意味とそれを生み出す仕組みを有機的にとらえられるようにした。ある個別の言語現象を説明する個別の道具立てが、仕組み全体の中でどの位置を占め、他の現象や他の説明の道具立てとどのような関係にあるのかを常に意識しながら読み進めてほしい。（語用論的な現象は、様々な要因が絡んでいるので、ともするととりとめのない逸話的な説明に終始してしまいがちだ。森の中に入って、個々の木を調べることも大切であるが、常に森全体もみようとする意識が必要である。）

　第1部で紹介した Grice の考え方には、Grice の考えを発展させた要素も入っている。Grice の考えに沿った考えであっても、一般的に知られている Grice の理論からは外れている部分もある。第2部では、そのような部分について、Grice の提唱する非自然的な意味という概念を精査吟味することで深く議論していく。

　一般に Grice の語用論は、協調の原理と非自然的な意味 (nonnatural meaning) の定義で知られている。第2章でみたように、発話から一定の手続きを経て生み出された what is said が、一見格率を違反しているようにみえながら、話者がそれでも協調の原理自体は守っていると想定される場合に推意が生まれると考えた。一般的にこの過程は、命題 p が別の命題 p' を推意として生み出す過程として理解されている (PCI)。また、命題 p は、話者が格率を守っているという想定からより限定的な命題 P を生むのであった (GCI)。(Grice の推意の分類にはもう1つ慣習的推意 (conventional Implicature) がある（以下では CI と呼ぶ）。これは第4章で詳しく取り上げる。）

　第2章で紹介した語用論的意味とそれを生み出す仕組みは、もちろんこの考えが基本と

なっている。しかし、この一般的に理解された Grice の語用論に大きく 3 つの考え方を追加している。1 つは感情表出的な意味・心理的な反応の期待（M『』）で、もう 1 つは発話の力（M と HA/SA の組み合わせ）である。最後は、実際に話者が意図した効果を聞き手が了解したか否かを示す uptake という考え方である。第 2 部では、この 3 つの考え方が、Grice の提唱するもう 1 つの重要な概念である非自然的な意味から適切に引き出されることをみていく（協調の原理と非自然的な意味を組み合わせて考えていくことでより有益な語用論的な見方が可能であるという考えは、Neale 1992: 510–511、Wharton 2002: 208、Hu 2024: Section3 にみられる）。

　第 3 章で非自然的な意味から、心理的な反応の期待と発話の力が引き出されことを詳しく検討した後、第 4 章では感情表出的な表現と慣習的推意（conventional implicature）の関係を取り上げる。感情表出的な表現が Grice の慣習的推意として分類される場合があることをみたあと、この考えを退ける。uptake という概念を Grice の理論の中で使うことを動機づけて、第 2 部を締めくくる。

　第 2 部は、第 1 部で提示した語用論的意味の生まれ方とその表示法の動機づけなので、理論的な内容が中心となる。第 3 部では第 1 部で提示した表示法を利用して具体例を分析していく。第 3 部の具体的な言語現象の分析を先にみて、その中でより深い理論的な背景を探る必要がでてきた際に、第 2 部に戻って参照するような読み方もできるようにしている。

第3章 非自然的な意味

「非自然的な意味」という、あまり聞きなれない用語は Grice (1957) ではじめて提示され、その後 Grice (1968, 1969, 1989) で具体化された概念である。「(非) 自然」と「意味」という不思議な組み合わせの用語である。後でみるようにその定義は読んですぐに趣旨が理解できるようなものではない (具体例に当たりながら丁寧に説明していく)。しかし説明を始めるに先立って、「非自然的な意味は、普通発話によって伝わる意味の総計になる」と理解しておいてもらいたい。非自然的な意味の本質を理解することが本書の目的の1つであり、非自然的な意味の理解が意味論・語用論に重要な貢献になると筆者は確信している。しかし、発話で伝わる意味は (後で説明する理由から) 普通非自然的な意味になるので、大きな心配は不要である。大切なのは、「何が非自然的な意味になるのか」を考えることではなく、「何が非自然的な意味にならないか」をよく考えることである。

3.1 自然的な意味と非自然的な意味

非自然的な意味の定義を吟味する前に、まず Grice の考える、「非自然的な意味」と対比される「自然的な意味」を具体例で考えてみよう。今、母親と娘が一緒にテレビを観ているとする。娘の顔色が悪いことから、母親が娘の体調が悪いことを知ったとしよう[1] (ここで母親の思い違いや、娘は顔色が悪かったが体調がよくないわけではない、といった場合を考えない)。この場合、Grice の考えによると、娘の顔色の悪いことが、娘の体調が悪いこと

を自然的に意味したことになる。

　次に非自然的な意味の例をみてみよう。場面は同じであるが、娘の顔色が悪いことに母親は気が付いていない。自分の体調がすぐれないことを意識した娘が母親に自分から「ちょっと体調がよくない」と告げたとしよう。もちろん母親は先の例と同様に娘の体調が悪いことを知ることになる。この場合、娘の発話は非自然的に「体調が悪いこと」を意味したことになる。

　Grice はこのような 2 つの「意味した」の間の違いを、3 つの基準から区別し、それが非自然的な意味の定義につながっていく（定義は後で詳細に検討する）。1 つ目は「情報伝達」の意図のあるなしである。娘の顔色が悪いことは、もちろん意図的に母親に娘の体調が悪いことを知らせようとしていない。顔色には「意図」がない。（しかし生物の進化の過程の中で、顔色の変化が他の生物個体に体調の悪化を知らせるよう適応した結果であるということは大いにありえる。この考えは Grice 1989: Chapter 18 で追究されている。）

　2 つ目は、娘が体調が悪いということを発話によって伝えようとしている場合、（当然のことながら）娘は「体調が悪いと伝えようとしていること」自体も意図的に伝えようとしている。これはしばしば再帰的意図 (reflexive intention) と呼ばれる (例えば、Bach and Harnish 1979: 15、Bach 2012: 52)。関連性理論の意図明示的推論的伝達行為 (ostensive-inferential communication) も同様の考え方である (Sperber and Wilson 1986/1995: 50–54)。この基準は、1.2 節で考えた話者が聞き手に期待する心理的な効果や、第 9 章で議論するポライトネスを考えるうえで大変重要となってくる。

　この再帰的意図／再帰的に意図する（以下 R-intention/R-intend と略していく）という概念がどうして重要なのかを具体例で説明しよう（すぐ下でより複雑な M-intention/M-intend という概念も導入する）。例えば、昨日あなたは髪型を変えてそれを友達に気が付いてほしいと思っているとする。なかなか気が付いてくれない友達に対して、（偶然を装いながら）ちょっと髪を指で梳いてみたり、いじってみたりして友達に新しい髪型に気付いてもらえるよう働きかけたとする。

　そしてその努力が報われて実際に友達が、「あれ髪型変えたんだ、似合っ

ているね」と言ってくれたとしよう。でも友達はあなたが髪を梳いたりいじったりしたことが単なる偶然だと思っている。すると「髪を梳いたりいじったり」は、1つ目の情報伝達（あなたが髪型を変えたという情報の伝達）の意図はあるが、その伝えようとする意図をあなたは伝えていないことになる。「髪を梳いたりいじったりは」R-intend されていないので、非自然的な意味にはならない。（これが自然的な意味になるのかどうかを Grice は議論していない。Grice の関心は「何が非自然的な意味になるのか」だけで「何が自然的な意味になるか」ではないからである。Grice 1957: 379, 1989: 215 は、すべての意味が容易に自然的な意味と非自然的な意味に分類されるわけではない、としている。）

　今の例で、あなたが髪型を変えたことは、あなたの手のしぐさによって友達に伝わったのであるから、これも一種のコミュニケーションといえる。しかしあなたが実際に「昨日髪型変えてみたんだ」と友達に発話によって伝えた場合とは、伝達の仕方に明らかに違いがある。そして私たちはコミュニケーションを行う際に、ある伝達が R-intend であるか否かをかなり意識している。「気が付いてほしい」けれども「それを伝えようとしていることを気付かれたくない（R-intend したくない）」場合を想起するのはたやすいことであろう。

　Grice は R-intention の有無がコミュニケーションの本質にかかわると考え、これを非自然的な意味の基準に付け加えたのだと思われる。R-intend していないコミュニケーションは、コミュニケーションの典型から外れているという直感が働くため、これを除外して理論を組み立てようとしたと考えられる。Levinson (2000: 13) は非自然的な意味が、コミュニケーション理論が説明しようとする現象の外枠 (outer boundary) を決めていると表現している。（発話の意味が R-intend によって伝わる仕組みは、グライスのメカニズム (the Gricean mechanism) と呼ばれることがある (Bennett 1976: 14、Loar 2001: 105、Petrus 2010: 17)。）

　では3つ目の基準を考えていこう。3つ目の基準は理解するのが難しいが、言語を使った発話の場合、3つ目の基準が普通は自然と満たされるのでやはり心配は不要である。3つ目の基準は、「伝達された情報に、R-intend

された情報伝達の意図が関与していなければならない」という基準である。この基準は、聞き手に期待される反応が、情報伝達の媒体自身から直接わかってしまってはならない、と逆転して読み替えるとわかりやすい。娘が母に「ちょっと体調がよくない」と告げた場合、「体調がよくないこと」を娘が言語化して発話するという行為自体が R-intend となる。「体調がよくないこと」を知るてがかりである情報伝達の媒体（ここでは発話）がそもそも R-intend されている発話なので（発話という行為自体が、伝達意図を含んでいるので）、当然のことながら娘の発話は3つ目の基準も満たしている（したがって非自然的に具合が悪いことを意味したことになる）。

　3つ目の基準もやはり「満たしている例」ではなく、「満たしていない例」を考えた方が理解しやすい。母親と娘のやり取りの場面で、娘が母親に自分の顔色がよくわかるように意図的に母親の視野の中に自分の顔が入るようにしたとしよう。そしてそのことによって母親に具合が悪いことを知ってもらおうとしているとしよう。母親は、（理由はわからないが）娘が意図的に自分の視野の中に入ってきたことを意識する。そして娘の顔色をみた結果、娘の体調がよくないことを知ったとしよう。

　この例の場合、3つ目の「伝達された情報に、R-intend された情報伝達の意図が関与していなければならない」という基準を満たしているといえるだろうか。Grice はこのような場合、3つ目の基準が満たされず、非自然的な意味にならないと考える。理由は、娘が意図的に母親の視界の中に入ったのであれ、偶然そうなったのであれ、母親は娘の顔色という情報伝達の媒体だけで娘の体調が悪いことがわかるだろう。すると「体調が悪い」という情報が伝わる際に、「R-intend された情報伝達の意図」の部分（つまり娘が母親にわかるように視線の中に入ったこと）がほとんど伝わった情報に貢献していないことになる。

　娘が母親に発話によって体調の悪さを伝える場合、（顔色の悪さとは違い）R-intend された発話自体が、母親が娘の体調が悪いことを知る上で重要な役割を果たすことになり、非自然的な意味が生まれる[2]。発話の場合、発話の伝達内容部分を情報伝達の媒体である発話から切り離すことができないので、顔色の場合と違い常に R-intend されるのである。

以上「情報伝達の意図があること」「情報伝達の意図があることを聞き手に知らせようとしていること＝R-intention」そして「伝達された情報に、R-intend された情報伝達の意図が関与していなければならないこと」の 3 つの基準から「非自然的な意味」が定義されることをみた。少し紛らわしいが、この 3 つめの意図を含め、すべての非自然的な意味の基準を満たそうとして発話することを、Grice (1969: 165, 1989: 105) は M-intend と呼んでいる。3 つのすべてを満たして情報伝達をしようとすることが M-intention である。

　ここまでの例から、Grice は「意味する」を広い意味で使っていることがわかる。Grice は、非自然的な意味が、言語に限らず広く人間の意思伝達に関与していると考えている (Petrus 2010: 24 は、Grice が常に最大限に一般的な説明力を持った理論の構築を目指していると評価している)。例えば拍手によって、拍手を向ける人に対し賞賛の意を示したとしよう。これも非自然的な意味になる。あるいは狭い道で対向車とすれ違う際、対向車が車を道の端に寄せてライトを点滅させたとしよう。恐らく対向車の運転手は「先にお通り下さい」という意味を非自然的な意味としてあなたに知らせたといえるだろう (Grice 1989: 87)[3]。

　非自然的な意味の概要を理解したところで、Grice の定義を吟味していこう。非自然的意味は (「はじめに」で提示したように) Grice (1957: 385) ではじめに定義が与えられたが、ここでは Grice (1969, 1989) で再定式された定義で考えていこう (内容的な変更はなされていない)。

(1) 　nonnatural meaning[4]

　"U meant something by uttering x" is true iff, for some audience A, U uttered x intending:

　　(i) 　A to produce a particular response r
　　(ii) 　A to think (recognize) that U intends (i)
　　(iii) 　A to fulfill (i) on the basis of his fulfillment of (ii)

　　　　　　　　　　　　　　　(Grice 1969: 151, 1989: 92)

　「U は x を発話することで何ごとかを意味した」が真であるのは、あ

る受け手 A に関して、U が次のことを意図しながら x を発話した場合であり、その場合に限られる。
　(i)　A が特定の反応 r を示すこと
　(ii)　A が U は(i)を意図していると思う(認識する)こと
　(iii) A が(ii)の実現を踏まえて(i)を実現すること

(『論理と会話』p.139)

　上の具体例で示した非自然的な意味の基準が(1i)–(1iii)である。基準の1つ目であった「情報伝達の意図」は「(1i) A (情報の受け手)が特定の反応 r を示すこと」となっている。先に説明したように、Grice は非自然的に意味する、という概念を言語以外のコミュニケーションにも適応されると考えているので、情報伝達の意図(聞き手が情報を受け取ること)は、定義の中で特定の反応 r を示すこと、とされている。母親が娘の発話から娘の体調がよくないことを知れば、それが娘(U)が母親(A)に引き起こそうと意図した反応(r)ということになる。
　(1ii) が R-intend で「伝えようとしていることを伝えようとしている」部分で、(1iii) が「伝達された情報に、R-intend された情報伝達の意図が関与していなければならないこと」という基準である[5]。
　(1)の定義には不思議なところがある。それは(1)が「非自然的な意味」(名詞)を定義しているのではなく、「非自然的に意味する」(動詞)を定義しているところである。実際に意味された内容は「何ごとか(something)」と曖昧にされたままになっている。これは、Grice が解明しようとしていたことと、普通言語学者が関心を持つこととが違っていたことに起因する。普通言語学者は単語なり文なり発話なりの意味がわかっていて、その意味がどのように使われるのかを考える。意味が所与のこととして扱われる[6]。
　これに対し Grice は、単語なり文なり発話なりの意味を所与のこととするのではなく、単語なり発話なりの意味が、発話が実際に非自然的に意味したことから逆算的に決められるべきであると考えた。非自然的な意味自体が定義の中で特定されていないのは、Grice が非自然的意味の特定が、(i)にある受け手に期待する反応 r の内容を特定することから得られると考えたからで

ある(Grice 1957: 385, 1989: 220)。

　この点は、後に心理的な反応の期待を議論する際に重要な役割を果たす。少し内容を先取りしていえば、他の意味論・語用論が言葉の意味を所与のこととして扱うことで、言葉の果たす役割をあらかじめ限定してしまっていることになる。(ごく単純にいえば) x という表現があって、これは y という意味であるから、聞き手は y と理解する、という具合に議論が進んでしまう。

　しかし Grice は話者が聞き手に期待する反応 r から考えていって、その反応を引き起こす something を非自然的な意味として特定しようとするので、意味に先立って話者に期待する反応がある。この違いが Grice の意味論・語用論を他から際立てているのである。(「非自然的に意味する」の定義では、送り手側の意味を生み出す媒体 something をあらかじめ命題とすることもなく、受け手側の意味の最終的な形 response をあらかじめ命題とすることもない。そして something-response の関係を柔軟に考えている。この点はこの後詳しく考察する。)

　非自然的な意味をよく理解するためにさらにいくつかの具体例を考えてみよう。1.1 節で発話の力(話者の命題態度を信じることを通じて聞き手に同じ命題態度を抱かせようとする意図)を発話の命題部分と区別する議論をした際に、「冷蔵庫にビールが 3 本入っている」という写真を命題部分 p に見立て、写真をみせるという行為を発話の力(M と HA/SA の組み合わせ)として説明した。(1) の定義に厳密に従うと、「冷蔵庫にビールが 3 本入っている」という写真をみせるという行為で、写真をみせられた側が冷蔵庫にビールが 3 本入っていると知った場合でも、写真をみせるという行為は非自然的に何ごとかを意味したことにはならないと Grice は考える(Grice 1957: 382–383, 1989: 218)。

　この場合は、R-intention の部分の命題伝達に対する貢献が定かではないからである(娘が母親に対して意図的に顔色の悪さをみせた場合と同じになる)。どうしてかといえば、写真を私がみせなくても、机の上にあってそれを人がみるだけでも「冷蔵庫にビールが 3 本入っている」ことがわかるからである。あるいは、私が写真を意図的にみせた場合でも、私がみせたという行為とは関係なく、写真をみれば「冷蔵庫にビールが 3 本入っている」こ

とがわかるからである。Grice によれば写真と同じ内容を「絵を描いてみせる」ことで R-intention の部分が実際に伝わった情報に積極的な関与をし、非自然的な意味が生まれることになるという。絵を描くという作業そのものが R-intend なので（書いてみせているわけだから）、絵の内容が伝わる過程に R-intention（書いてみせること）が分かちがたく関与することになる[7,8]。

　発話は、まさしく発話するという行為自体が何らかの意味を伝えようとし（すなわち聞き手に期待する反応を持つ）、また話しかけるという行為自体が、伝えようとしていることも伝える（(1i) と (1ii) の基準を満たす）。そして発話によって何ごとかを意味するという行為は、絵を書いて相手にみせるのと同様に、伝える情報の産出過程そのものが R-intend されている（(1iii) の基準を満たす）。したがって、発話は普通、3 つの基準をすべて満たし、非自然的に何ごとかを意味することになる（Grice の用語でいえば、M-intend することになる）。（渡部 2007: 20 に同趣旨の指摘がある。Grice 1969: 232, 1989: 125、Neale 1992: 548、三木 2022: 175–177 も参照されたい。）Bach and Harnish (1979: 8) は、発話の持つこうした性質をコミュニケーション的推定（communicative presumption）と呼んでいる。写真の場合は「写真」という媒体と「みせる」という行為を切り離すことができるので、(1iii) が満たされなくなり M-intend されているとはいえなくなる。

　発話から自然的な意味が生まれることがあるだろうか。典型的な自然的意味は、話者に情報伝達の意図がなく、その伝達に R-intention が関与していることもなく、意味だけが伝わっているような場合に生まれるのであった。発話に含まれている伝達的な意味内容に関しては、今考えたような事情から自然的な意味を意味することはほぼないように思える。

　しかし次のような場合が発話による自然的な意味の候補になるであろう。筆者の妻は山形県の庄内地方出身で、綺麗な庄内言葉を話す。しかし庄内地方出身者の多くがそうであるように、妻はほぼ庄内地方出身者であることがわからない程度に標準語も話すことができる。妻は庄内出身者と話す際には庄内言葉で話し、相手が標準語で話す場合には標準語で話す。

　今妻と庄内言葉を話す人物が、互いに相手が庄内言葉を話すということを知らずに標準語で会話している場面を考えてみよう。妻は時々庄内言葉の使

い方の一部を標準語の中で無意識に使うことがある。庄内言葉の表現が、標準語で話している妻の発話の一部にこっそりと含みこまれるのである。庄内言葉では、形容動詞の連体形が終止形と同じ形になる（連体形と終止形の区別がない）。例えば「彼は元気だ」は終止形であるが、連体形でも「元気だ人だ」のように、「元気な」とはならない。

　妻が会話の中でそのことを忘れて（あるいは気が付かずに）「元気だ人だ」と発話したとしよう。会話の相手も庄内言葉を話すので、その表現から会話の相手は、妻が庄内地方出身者であることを知るであろう。この際、妻が庄内地方出身者であるという意味が発話から伝わっているが、妻はそれを伝えようともしていないし、ましてや伝えようとしていることも伝えようとしていない。このような場合「筆者の妻が庄内地方出身である」という意味が伝わる過程は、非自然的な意味のどの基準も満たさず、妻の発話は「筆者の妻が庄内地方出身である」という意味を自然的な意味として伝えたことになるだろう。一般に話者の「話し方」からわかる話者の属性（性、年齢、社会階層、出身地など）は、自然的な意味に属することになる。しかしそのような話しぶりからわかる属性以外になると、発話は一般的に M-intend したことになる（Davis 1998: 7 も参照のこと）。

　R-intention は、推意を導くうえでも重要な役割を果たす。（これまでの議論からわかるように、言語的なやり取りを問題にしている場合、3つ目の基準はあまり重要ではない。重要なのは、(1ii) の R-intention の部分なので、以降特別に必要な場合を除き、M-intention ではなく、R-intention を使って議論を進めていく）。

　普通、what is said が、4つの格率のうちのどれか1つを違反し、それでも話者が会話の中で協調の原理を違反していると考える理由がない場合、聞き手は一見した格率の違反の理由を考える。そして推意の伝達の意図がその理由として想起される。飲みに誘われて、I have a date tonight と発話して断る場合、発話の内容が明らかに量の格率を違反している（「飲みに行く気があるかどうか」を答えていない）。それでも、話者は協力的に会話に参加しているという想定から、「今日は飲みに行けない」という推意が導かれることになる。

この例の場合、量の格率の違反が R-intend されている。そしてそのことから推意が伝わるのである。逆にいえば、格率の違反が故意でない場合(違反を話者が気が付いていないか、気が付いていたとしても違反を聞き手に知らせないようにしている場合)、推意が伝わらない。2.4 節で、普通は格率が機能していることが日常の言語使用からわかる例として、長い挨拶が退屈であったり、嘘はつかないと想定していることを挙げた。長話をする人本人は、その話が人の興味を引くと思っているから長話をするのであって、長話が量の格率を違反しているとも思っていないし、ましてやそのことを R-intention で伝えようともしていない。したがって長話は単に退屈なだけで推意は生まない。

　また、嘘は質の格率を違反しているが、その違反していることを R-intend してしまっては(つまり「今私は嘘をついています」と相手にわかるようにしてしまっては)「事実ではないことを人に信じさせる」という嘘の機能を果たせなくなってしまう。嘘の発話と、質の格率違反から推意が生まれる発話との違いは、発話の内容が質の格率違反となっていることを R-intend して知らせているか否かの違いである。

　英語では科学の知識にたけた人を rocket scientist と呼ぶことがある(メタファーの用法である)。もし Howard という人物がとても広い科学知識を持っていて、そうでありながら、ロケットの研究に携わる人でなければ、Howard is a rocket scientist という発話は、質の格率に違反したメタファー的な解釈(Howard はとても広い科学知識を有している)となる。Howard がロケット研究に携わっていないことを知っている聞き手には、これが明らかな質の格率違反によるメタファーの例だとわかるだろう(質の格率違反の部分が R-intend されている)。しかしその知識がない人であれば、質の格率違反が R-intend されていることを聞き手は理解せず、結果的に発話は嘘の発話になってしまうだろう(本当に Howard が rocket scientist だと信じてしまう)。

　また、格率の違反をしていることを、非言語的に R-intend して示すこともある。英語では、発話の中で用いられている単語の使い方を故意に歪めて(質の格率違反をして)使うことがある。その際に、故意に質の格率違反を犯している単語の発話をする際に、両手の人差し指と中指を内側に丸め、引用

句であるかのように聞き手にみせることがある。これは書き言葉の引用符である「" "」を手で表現するという手法である。例えば、全然忙しくないのに、何度誘っても断る相手のことを友達に愚痴るような場面で、He is "busy" と発話する。その際、busy を発話する瞬間に両手の指で引用符を作り、質の格率違反を友達に知らせる。その格率違反から、「本当は忙しくないくせに」という推意が伝わる。この表現方法は finger quote とか air quote と呼ばれる。(多くの場合、自分が信じていない他人の言葉をそのまま伝える形で使われるからである。)

 Saul (2002: 235) は、話者が質の格率違反を R-intend してなおかつ聞き手が質の格率違反に気が付かない場合の、話者が意図していた推意を話者の推意 (utterer-implicature) と呼んだ。逆に、聞き手が発話に (話者が意図していない) 格率の違反を感知し、話者が意図していない推意を読み取ってしまうこともある。そうした推意を聞き手の推意 (audience-implicature) と呼んだ (Saul 2002: 242)。後者の場合は、R-intention が関与していないので、Grice の非自然的な意味の観点からは推意といえない。しかし、どちらも推意に関する議論をする上で有用な概念である (Huang 2014: 32–33, note 5 にも紹介されている)。

3.2 非自然的な意味と心理的な反応の期待

 非自然的な意味の概念を理解したところで、第 2 部で動機づけを試みている (通常 Grice の理論と結び付けられることがない) 3 つの発話分析の道具のうち、心理的な反応の期待 (M『』) を取り上げて非自然的な意味との関係を考えていく。

3.2.1 Grice (1969) の非自然的意味の定義と心理的な反応の期待

 1.1 節で、発話によって話者が聞き手に引き起こそうとする効果を命題的なもの M「」と心理的なもの M『』の 2 種類があるとした。これは (1i) の定義での話者が聞き手に引き起こすように期待している反応 r の 2 つの具体例である。(1i) の定義からも心理的な反応が非自然的な意味から外れると考

える理由はほぼないように思える。しかし、一般的に非自然的意味はそのように理解されていない。

(2)が標準的に理解されている Grice の非自然的意味の内訳である。

(2) 標準的な Grice の非自然的な意味の分類
    a. what is said
    b. 推意[9]
        i.   PCI（特殊化された会話の推意）
        ii. GCI（一般化された会話の推意）
        iii. CI（慣習的推意）

(2)ではまず発話の意味（非自然的な意味）が what is said と推意に分けられる。そして推意は PCI、GCI、CI と下位区分がある。CI（慣習的推意）については次の章で詳しく取り上げるのでここでは論じない。

そして what is said は、真理条件的な命題であると一般的には受けとられている（Levinson 1983: 132, 2000: 170、Arndt and Janney 1987: 24、Recanati 2004: 6、Allot 2010: 197、Huang 2014: 274、Zufferey, Moeschler and Reboul 2019: 93 など）。また推意に関しても、（少なくとも）PCI と GCI に関しては命題的な内容であるとされることが多い（Gazdar 1979: 38、Chierchia and McConnell-Ginet 2000: 241、Levinson 2000、Recanati 2004: 6、Horn 2009: 19）[10]。この一般的な理解からは話者が聞き手に期待する心理的な影響が非自然的な意味から除外されているようにみえる。（what is said や PCI、そして GCI によって話者が聞き手に引き起こそうとする心理的な効果が論じられること自体ほとんどない。）

この後、非自然的な意味のより具体的な定義を吟味しながら、話者が聞き手に期待する心理的な効果を、非自然的な意味から引き出すことが可能なことをみていく。これに先立って Grice 自身の著作から、命題以外の効果も非自然的な意味になると考えていたことが伺われる個所を集め、検討しておく。はじめは、Grice が非自然的意味の定義を Grice (1957) で提案した直後の部分である。

(3) …we may add that to ask what *A* meant is to ask for a specification of the intended effect (though, of course, it may not always be possible to get a straight answer involving a "that" clause, for example, "a belief that…").
(Grice 1957: 385, 1989: 220)
… 付け加えて言えば、A が何を意味したかを問うことは、意図されている効果を特定するように求めることにほかならない(ただしもちろん、「…という信念を」というような「という」節からなる単純な回答が常に可能なわけではないだろうが)。　(『論理と会話』p.235)

　先にも説明したように Grice は、非自然的な意味((1)の定義の something 部分)を特定するには、話者が聞き手に期待する効果((3)では the intended effect となっているが、(1)では(i)の a particular response *r* のことになる)を特定することだと考えた(抜粋の中の A は話者である)。そして(3)では、その効果が that 節で表現できるような信念(つまり真偽の判断ができるような命題)だけではないことを明言している。
　(4)は(1)の非自然的意味を提示した直後の説明である。

(4) …I use the terms "uttering" and "utterance" in an artificially extended way, to apply to any act or performance which is or might be a candidate for nonnatural meaning.　　　(Grice 1969: 151, 1989: 92)
… 私は「発話」「発話する」という用語を人工的に拡張された仕方で使用し、非自然的意味を持つと目される(かもしれない)すべての行為あるいは振る舞いにこの語を適用する。　(『論理と会話』p.139)

　(4)で、Grice が非自然的意味を生み出すもとが言語的な行為だけではないと考えていることが示されている。この部分は直接受け手に期待される心理的な効果とは関係がないが、例えば非自然的な意味が拍手(非言語的な行為)によって生まれ、その効果が M (拍手)『(拍手を受けた人が)誇らしいと感じる』であってもよいことを示唆している。
　続いて、Grice が直接心理的な反応に言及している個所を抜粋してみる。

（5） On the other hand, if I cut someone in the street I do feel inclined to assimilate this to the cases of meaning$_{NN}$ and this inclination seems to me dependent on the fact that I could not reasonably expect him to be distressed (indignant, humiliated) unless he recognized my intention to affect him in this way.　　　　　　　(Grice 1957: 384, 1989: 220)

　　　他方、もしも私が街路で誰かに対して知らんぷりの態度をとったとするなら、私としてはそれを有意味$_{NN}$な行為の1例とみなしたい気がする。そして、そのような気がするのは、次の事実によると思われる。つまり、このような仕方で彼に影響を及ぼそうという私の意図を彼が認識しないかぎり、彼は落胆する（憤慨する、面目を失う）だろうという予測が理にかなったものとなりえないだろう、という事実である。　　　　　　　　　　　　　　　　　　　（『論理と会話』p.234）

(5)で Grice は、街路でわざと（その人にわかるように）人を無視するという行為によって、distressed, indignant, humiliated といった心理的な影響を無視された人に及ぼそうと意図することが、非自然的な意味（「有意味$_{NN}$」という訳語があてられている）を持つとされている。

これは「人を意図的に無視する」という行為（これも(4)の定義の utterance の1例になる）が心理的影響を与えるよう意図している例であるが、これが何らかの発話であっても全くおかしくない。例えば、人を bitch と呼ぶことで不快にさせることができるし、「おめでとう」と言って聞き手を喜ばせることができる。命題が備わった発話でも同じで、（少し古いが）「お前のかあさんでべそ」といって人を侮辱する（悔しい思いをさせる）ことができる。これは定型の侮辱表現であるが、話者も聞き手も発話の命題内容を信じていなかったとしても（そもそも命題内容がこの場合ほとんど発話の意図とは関係ないように思える）、聞き手に不快な思いをさせることができる。

(1)の非自然的意味の定義の(iii)部分（A to fulfill (i) on the basis of his fulfillment of (ii)）の on the basis of（踏まえて）が as a result of（結果として）であってはならないことの説明をする目的で、Grice (1969: 151, 1989: 92) は to be amused を反応 r の例として挙げている。ポイントは、受け手に期待する

反応 r が全面的に R-intention の結果であってはならないというところにある。R-intention が全く関与しない反応の期待の伝達が非自然的な意味にならないことを先にみた。逆に R-intend であるというその事実だけで r が伝わってしまっても非自然的な意味にはならないと Grice は考えている。

聞き手(情報の受け手)を to be amused (楽しい気持ちになるように)するには、実際に受け手が楽しく感じることを話者が行う必要があるのであって、話者が持つ「聞き手を楽しませようとする」意図そのものだけから楽しい気持ちになったのでは非自然的な意味にはならない、と Grice はいう。Grice がここで心理的反応である to be amused を例として使っているのは、心理的な反応の場合、話者の意図だけで聞き手が楽しくなることはありえないからである。(2.7 節で心理的な反応の生み出し方を説明するに先立って、心理的な反応の期待が、命題的な反応の期待よりもはるかに伝えるのが難しいことをみた。心理的な影響を話者の意図通りに及ぼすには、多くの条件を整える必要があるからであった)。

そして、to be amused という反応は、間違いなく心理的な反応の期待であるといえる。またほぼすべてのだじゃれや joke の目的は聞き手に対する、to be amused の反応の期待であるといえる。「あたりまえだ」という代わりに「あたりまえだのクラッカー」という。「のクラッカー」の部分には命題的、情報的価値は恐らく一切ない。話者が聞き手に期待する反応は心理的でしかありえないだろう(「あたりまえだ」の部分は命題的である)。英語の See you later alligator の、alligator も同じで、韻を踏んだ言葉遊びで、聞き手を楽しませようとする表現である。alligator の概念的意味(ワニ)は、話者が聞き手に伝えようとしている内容に関係がない。

心理的な反応の期待が、非自然的な意味の 1 例になりうることを確認したところで、さらに Grice (1989: 103–104)で示された、非自然的な意味のより詳しい定義を吟味していこう。その中でも、心理的な反応の期待が非自然的な意味の定義から引き出せることをみていくことにしよう。Grice は非常に詳細な定義を与えているが、それは(1)を精密化したものなので、ここではすでに読者になじんだ(1)に基づいて Grice のポイントを解説していく。(1)をまず再掲する。

(1) nonnatural meaning
"U meant something by uttering x" is true iff, for some audience A, U uttered x intending:
(i) A to produce a particular response r
(ii) A to think (recognize) that U intends (i)
(iii) A to fulfill (i) on the basis of his fulfillment of (ii)
(Grice 1969: 151, 1989: 92)

「Uはxを発話することで何ごとかを意味した」が真であるのは、ある受け手Aに関して、Uが次のことを意図しながらxを発話した場合であり、その場合に限られる。
(i) Aが特定の反応rを示すこと
(ii) AがUは(i)を意図していると思う(認識する)こと
(iii) Aが(ii)の実現を踏まえて(i)を実現すること
(『論理と会話』p.139)

Griceは、3つの変数をこれに加える提案をする。

(6) Ranges of variables;
　　 f: features of utterances
　　 r: responses
　　 c: modes of correlation (such as iconic, associative, conventional)
(Grice 1969: 163, 1989: 103)

変項の定義域：
　　 f: 発話の特徴
　　 r: 反応
　　 c: 相関の様態(例えばイコン的、連想的、慣習的)
(『論理と会話』p.157)

複雑さを避けるために(6)の定義の中には入れていないが、Griceは(1)の発話xが(6)のある特徴fを持つと仮定する。詳しくなったのは、話者が

受け手に期待する反応 r と発話の x が持つある特徴 f が、c のような形で関係を持つと考える点である (その他の点では (1) の定義が保たれることになる)。

　Grice は、発話 x があるとしたら、その x には特徴 f があって、その特徴は話者が聞き手に期待する反応である r と c の関係にあると考える。具体例でこのことをみていこう。2.1 節で「冷蔵庫にビールが 3 本入っている」という発話が、命題的な意味を持つことをみた。

(7)　冷蔵庫にビールが 3 本入っている．
　　　x: 冷蔵庫にビールが 3 本入っている
　　　f: x の命題内容を話者が信じていること
　　　r: 聞き手が x の命題内容を信じること
　　　c: (f と r の関係): conventional (慣習的)

　そして、この発話から聞き手は「冷蔵庫にビールが 3 本入っている」という命題を信じるよう、聞き手は期待するのであった。この関係を新たに導入された記号に当てはめて表示したのが (7) である。発話がもちろん x で、その特徴 f はその発話の命題的内容と、話者がその命題を信じているという命題態度である (要するに発話文の意味論的な意味である)。話者は普通 (7) の発話をすることで (最低でも) 命題内容が真であることを聞き手に信じさせようとしているから、反応 r は「聞き手が命題内容を信じること (話者と同じ命題態度を持つこと)」である[11]。この場合、f と r はどちらも命題内容と命題態度の組み合わせでできていて、この 2 つが f と r で (ほぼ) 一致しているので両者を結ぶ関係 c は conventional (慣習的) ということになる。

　(7) のような純粋な命題の伝達では、言語の意味論的な意味が聞き手に伝わる。つまり、言語に備わる conventional (慣習的) な意味 (辞書的な意味) が非自然的意味の伝達に使われていることになる。しかし Grice はこのような場合を「発話と反応とのあいだの相関関係のうちの 1 例にすぎないものとして扱いたいとしている (only one of the ways in which an utterance may be correlated with a response)」(『論理と会話』p.153、Grice 1969: 161, 1989:

101)。この引用から、Grice の目指していたことの1つが、話者が聞き手に期待する反応から意味論的意味を引き出すことにあったことであるとわかる。

2.3節では(7)の発話に加えて(8)の発話の中の「ます」の意味的貢献を考えた。

(8) 冷蔵庫にビールが3本入っています.
 x: ます
 f:「ます」の『発話を丁寧にする』という言語的慣習
 r:『話者が丁寧だと感じる』
 c:（f と r の関係）: conventional（慣習的）

2.3節では「ます」を使うことによって話者が聞き手に期待する効果を、M(ます)『話者が丁寧だと感じる』のように記述した。これに対応させて(8)でrを『話者が丁寧だと感じる』にしている。「ます」は、語彙的に話者の発話が丁寧であるように聞こえるような働きをコード化している（慣習化している）ので、f と c との関係はやはり慣習的(conventional)である。(「ます」のような感情表出的表現については第4章で詳しく取り上げる。内容を先取りしていうと、「ます」と聞き手に期待する反応の関係が慣習的となるので、「ます」を what is said の一部と分析することになる。7.5節でその仮定から導かれる帰結を考察する。)

(7)の場合は発話の命題 p がそのままの形で聞き手の信念の1つとなることを話者は意図しているだろう。この場合、話者と聞き手の間で起こることは対称的である。(8)の場合、f と r の関係は非対称的なる。(8)の場合、「ます」はこのような「命題の転移」が起きているのではない。話者が「ます」という語彙を選択して使うことで、聞き手だけが『話者が丁寧だと感じる』ことが心理的に起こるだろう。

このような言葉の非対称的な機能を記述し、考察することを可能にするのは、非自然的な意味が、他の意味論・語用論にない2つの特徴を備えているからである。1つは言葉の意味を所与のものとみなさずに「意味を話者が聞

き手に引き起こすように期待する反応」から考え始めることである。もう1つは、聞き手に期待する反応 r と発話 x を間接的に f(発話が持つ何らかの特徴)と c(f と r の関係性)を介在させて記述していることである。

心理的な反応の期待は、単語にコード化された場合だけではなく、発話の命題内容(とその使われ方の指示)から生まれることもあった。

(9) (帰宅したお父さんが子供たちに)
　　　ケーキを買ってきたよ.
　　x: ケーキを買ってきた(よ)
　　f: x の発話内容を話者が信じていること
　　r: 『嬉しいと感じる』
　　c: (f と r の関係): iconic(イコン的)

2.7 節で詳しくみたように、このような場合、前提となる(命題的)条件がありそれが整っていることで SI として心理的な反応の期待が生まれるのであった。今は前提部分を考えず、(9)で話者が意図する、子供たちを喜ばせたいという心理的な効果の意図だけを考えてみよう。

発話 x は「ケーキを買ってきた(よ)」で f はその命題内容を話者が信じているという命題態度である。そしてその命題内容を聞き手が共有することで話者が聞き手に期待する効果は、『嬉しいと感じる』である(「ケーキを買ってきた(よ)」という命題的な非自然的意味の伝達を前提としている)。(9)の場合、f と r との関係 c を iconic(イコン的)と記述している。

Grice は(6)で c の候補を、such as iconic, associative, conventional(例えばイコン的、連想的、慣習的)としている。Grice は c の具体的な内容について詳しく論じていない。しかし、conventional というのが、言語的なコードの関係であることは、Grice の著作全般での convention(慣習)の使われ方から判断して間違いないであろう。そして、発話の特徴 f と聞き手に期待された反応 r が慣習的につながる場合、f が what is said に属するということになるだろう。また associative(連想的)というのは、命題的な推意にあてはまりそうだ。

2.4節で(7)の「冷蔵庫にビールが3本入っている」という発話から「冷蔵庫からビールを取ってきてくれ(取ってくる気になる)」という推意が生まれる例をみた。

(10) 冷蔵庫にビールが3本入っている．
 x: 冷蔵庫にビールが3本入っている
 f: xの発話の命題内容を話者が信じていること、F(量と関係性の格率違反)
 r: 冷蔵庫からビールを取ってくる気になる
 c: (fとrの関係)：associative(連想的)

推意が伝わる場合も発話自体は(7)と同じである。推意が生まれる場合はそうではない場合と違い、話者が発話が何らかの格率を一見破っていることをR-intendで伝えることであると考えた。したがって発話が持つ特徴fには、発話の命題的な意味に加え、F(量と関係性の格率違反)が含まれている(Fは、非自然的意味の定義の広い意味での特徴fと区別する目的で大文字を使っている)。そして聞き手に期待される反応は「冷蔵庫からビールを取ってくる気になる」である。

聞き手はfをてがかりにして、SIとして「ビールは飲むためにある」「今はビールを飲む可能性のあるタイミングである」「ものの存在の明言はそのものを話者が必要としている場合がある」「聞き手にものの存在を伝える理由の1つとして、聞き手にそのものを持ってきてほしい意図の伝達の場合がある」などを推意していって、最終的に「冷蔵庫からビールを取ってくる気になる」という聞き手の反応rにたどり着く(ことを話者は意図している)。この場合、fとrの関係は連想的(associative)と考えられる(これはGriceがそう主張しているのではなく、筆者の解釈である)。

これに対し、「ケーキを買ってきた」の場合、連想的に推論して「話者が聞き手に嬉しいと感じてほしい」という命題にたどり着くことは可能であろう。しかし、実際に話者が意図しているのは、話者の意図を聞き手が命題的に理解することではなく、実際に聞き手が嬉しいと感じるという心理的な効

果である。ここで話者は聞き手に対し、命題内容から心理的な効果を与えようと意図していることになる。ここで「命題内容」と「心理的な効果」という非対称性があり、その結果ある種の翻訳が行われている。本書ではこれを (associative (連想的) とは区別して) (6) の c で例示された iconic (イコン的) 関係と考えておく (2.7 節の果物の缶詰の贈り物と感謝の気持ちの議論を思い出されたい)。命題的なつながりを associative (連想的) ととらえ、命題から心理的な影響への翻訳を iconic (イコン的) と考えるわけである (connotative という用語を充ててもいいかもしれない)。

以上 3.2.1 節では、心理的な反応の期待を、より具体化された非自然的意味 (6) に基づいて考えた。その際に、話者が聞き手に期待する反応 r と、その反応を引き起こす発話の特徴 f との間に様々な (一様ではない) 関係 c がありうるという、Grice の考えを検討した。そしてイコン的という関係性を利用することで、命題的な情報のやり取りが心理的な反応の期待につながる場合を、非自然的な意味の一部として議論することが可能となることをみた。

3.2.2 心理的反応の期待と言語理論

次に心理的な効果として本書で追究している言語現象が、言語理論、特に語用論や意味論の中でどのように扱われているかを概観しておこう。

まず Grice に関していえば、少なくとも心理的な効果を重要な言語現象の1つとして積極的に記述することはなかったといえる。上で紹介した心理的と考えられる非自然的な意味の例を、Grice は主に非言語的な事がらの議論の中でしている。これは、Grice の最終的な関心が、話者が発話によって (非言語的な「発話」も含めて) 聞き手にもたらそうとする効果から、言語にコード化された意味を引き出そうとすることにあったことからすれば不思議ではない。しかし、Grice がこのように「発話」を広い意味でとらえ、聞き手に期待する反応から遡って発話の意図を考えるという方策が、聞き手に期待する心理的な影響を記述する道具立てを与えてくれていることになる。したがって本書の企ては、Grice の意味論・語用論を、Grice の考えになるべく忠実に実践することで、話者が聞き手に期待する心理的な影響を解明しようという企てだといえる。

それでも Grice (1989) は、少なくても 2 カ所で心理的な影響の意図に深く関係すると思われる言語現象の観察をしている。1 カ所目は、皮肉の成立に関しての議論である。Grice (1975: 53: 1989: 34) は、皮肉が質の格率（正しいと思っていることを言え）の違反により、発話の命題の逆の意味を聞き手に推意させるとしていた。例えば裏切られた友達に関して「あいつは良いやつだよ」と、本心ではなく発話し、聞き手にもそれが本心ではないとあからさまに伝えているような場合である。

　Grice は後に、皮肉が成立するには質の格率の違反だけでは不十分であるという考えに至る。例えば、親友にからかわれて、思わず「あなたなんか大嫌い」といった発話をした場合を考えてみよう。この場合、本当に話者は聞き手を嫌いなわけではなく、軽い冗談であるか親愛の表現として解釈するのが適切だろう。質の格率の違反で、概ね発話の命題の意味とは逆の意味が伝わっている。しかしこれは皮肉とは感じられない。こうしたことから Grice (1978: 124, 1989: 53–54) は、皮肉が成立するには話者の否定的な感情が不可欠であるとしている。

(11)　I cannot say something ironically unless what I say is intended to reflect a hostile or derogatory judgment or a feeling such as indignation or contempt.　　　　　　　　　　（Grice 1978: 124, 1989: 53–54）
　　　私が何かを皮肉な仕方で言えるのは、私の言う事柄が、敵対的ないし軽蔑的な判断だとか、憤りや軽蔑といった感情を反映するように意図されている場合にかぎられる。　　　　　　　　（『論理と会話』p.80）

　Grice の観察によれば、皮肉が成立するのは、話者が何らかの否定的な感情を持っている場合に限られるということになる。これを聞き手の立場からみると、聞き手に何らかの否定的な感情を抱かせようとする意図を話者が持っているとき皮肉が成立する、といえるだろう。これは明らかに聞き手に対する心理的な反応の期待の例とみなせる（そもそも皮肉は、聞き手に対する心理的な攻撃であると直感的に感じられる）。

　2 カ所目は、Grice が「回顧的あとがき」(Retrospective Epilogue) で公式性

(formality)と言表性(dictiveness)の説明をする箇所である。

(12) At a Department meeting, one of my colleagues provides a sustained exhibition of temperamental perversity and caprice; at the close of the meeting I say to him, "Excuse me, madam," or alternatively, I usher him through the door with an elaborate courtly bow. In such a case perhaps it might be said that what my words or my bow convey is that he has been behaving like a prima donna; but they do not say that this is so, nor is it part of the conventional meaning of any words or gestures used by me that this is so. Here something is conveyed or signified without formality and without dictiveness. 　　　　　　　　　　　　（Grice 1989: 362）

学科会議の席で、私の同僚の一人が絶えずひねくれた性格と気まぐれぶりを発揮する。会合の最後に私はその人に「すいません、マダム」と言う。あるいはその代わりに、洗練された礼儀正しいお辞儀をしながらドアの道案内のそぶりをする。そのような場合にはたぶん、私の言葉ないしお辞儀が伝える事柄は、彼の振る舞いがプリマドンナのようだったということだと言えるだろう。しかし私の言葉やお辞儀がそのようなことを言っているわけではないし、そのようなことは私の言葉やお辞儀の慣習的意味の一部でもない。ここでは公式的にでも言表的にでもなしに何ごとかが伝えられ、あるいは意味されている。

(『論理と会話』p.314)

　公式性とは、ある意味が言語表現にコード化されているかどうかということで、言表性とは、ある意味が Grice の意味での what is said の一部になっているかどうかということである（言表性については 5.2 節で再び取り上げる）。

　学科会議で、不適切な言動をした同僚に「すいません、マダム」と発話することにより「あなたの振る舞いはプリマドンナのようだった（人のことは考えず自分の好き勝手に振る舞っていた）」と伝えることになる、と Grice は観察している。Grice の記述はここまでであるが、この場面で話者が聞き

手に期待しているのは「自分の振る舞いがプリマドンナのようだった」という命題を信じることだけではないはずだ(そもそもこのような明確な内容の命題が聞き手に伝わっているとは考えにくい)。そうではなくて、そういう命題、あるいは発話内容自体によって、聞き手を侮辱することが話者の本当の意図であろう。するとこの例でも、発話内容から心理的な反応の期待という非自然的な意味が生まれていると解釈することができる。

　語用論という言語学の領域は、おおざっぱにいえば言葉の実際の使用を研究する領域であるといえるだろう。しかし不思議なことに、本書で心理的な効果と呼んでいる発話の側面が語用論の中で取り上げられることは驚くほど少ない(Bertuccelli Papi 2001: 273 に同様の指摘がある)。

　Tomasello (2008: 82–88) は、命題的な反応の期待に加えて、心理的な反応の期待を、Grice の協調の原理で会話参加者が成し遂げようとする目的の1つに加えている (van Berkum 2018: 656 も参照のこと)。協調の原理と心理的な反応の期待を直接結びつけているのは、著者の知る限り Tomasello だけである(Pinker 2007: 439 に関係するコメントがある)。Arndt and Janney (1991) や、Caffi and Janney (1994) は、語用論の中で心理的・感情的なやり取りの記述を体系的に進めるべきだと主張し、伝統的なレトリック研究、哲学、文体論、言語学、社会学など広範囲の研究動向を概観している。しかし、その長大な参考文献一覧に Grice の名前が含まれていない。

　発話が聞き手に対して及ぼす心理的な効果を最も明示的に理論の中に位置づけたのは、Austin (1962) の発語行為理論である。Austin が、発話が行う行為を(13)のように3分類したことは有名である。

(13)　発語行為　　→　　発語内行為　　→　　発語媒介行為
　　　(locutionary act)　(illocutionary act)　(perlocutionary act)

　発語行為とは、音声として発話された発話に、言語学的な意味を与えたものである。例えば指示詞があればその指示対象を特定し、意味が複数ある単語が含まれていればその曖昧性を解消して意味論的な意味を付与することである。いいかえれば真偽判定が可能な命題 p の表明のことである。これが本

書で「命題の使われ方の指示」と呼んだり「発話の力」と呼んでいるものと合わさって発語内行為が遂行される（M (HA (SA (p)), HA (p))ということになる）。そしてその結果聞き手に何らかの影響をもたらそうとすることが発語媒介行為である。発語媒介行為は、本書で話者が聞き手に引き起こそうと意図した反応にあたる。

そしてAustinはその発語媒介行為を(14)のように説明している。

(14)　Saying something will often, or even normally, produce certain consequential effects upon the feelings, thoughts, or actions of the audience, or of the speaker, or of other persons: and it may be done with the design, intention, or purpose of producing them.　（Austin 1962: 101）
何かを言うことは、多くの場合というよりは、むしろ通常の場合、聴き手、話し手、またはそれ以外の人物の感情、思考、行為に対して結果としての効果を生ずることがある。さらにその結果を生ぜしめるという計画(design)、意図(intention)、目的(purpose)を伴って発音を行うということも可能である。　（『言語と行為』坂本百大訳, p.175）

(14)の中の、thoughts（思考）は命題の共有、actions（行為）は命題的な事柄の遂行（命令に従う、質問に答える）等のことである。これと並んでAustinは、聞き手の感情(feelings)に影響を与えることを発語媒介行為の1つに含めている。

さらにAustin (1962: 102)はannoy（悩ます）をそうした行為の1つとして紹介している。(14)でAustinがわざわざ「さらにその結果を生ぜしめるという計画、意図、目的を伴って」(it may be done with the design, intention, or purpose of producing them)と断っている。(9)で「ケーキを買ってきたよ」という発話で、父が子供たちを『嬉しいと感じる』ように父が意図し計画するようなことがありえるということを十分に意識している。（ただしこの点とR-intentionは微妙な関係になる。9.5節で詳しく検討する。）

Austinは、発語媒介行為を発話の目的からみて、2次的であるとか付属物であると考えてはいなかったと思われる。しかし、心理的な効果の意図

は、これ以降の発話行為理論に引き継がれることはなく、理論の説明の射程から外れていくことになる。(Tomasello 2008: 87 は、要求 (requesting) と情報通知 (informing) に加えて、sharing (感情の共有) をコミュニケーションの主目的に加えている。Stankiewicz 1964: 240、Arndt and Janney 1991: 529 が emotive communication と呼ぶ行為も心理的な発話媒介行為と同様の概念である。)

　Searle (1969) は Austin の発話行為理論を引き継いで体系化した研究と目されている。Austin (1962) とは違い、著作全体を通じて一貫した姿勢で発話行為理論を提示し、その意味で発話行為理論の浸透に大きく貢献した。しかし Searle は、発話媒介行為を発話行為理論の理論的構築物から外していく。Searle (1969: 46) は、その理由を、発話媒介行為を伴わない発話内行為があるからだとしている。例えば Hello と挨拶した場合、挨拶された側は単にそれを理解するだけで何ら聞き手に変化を起こさない、と議論されている。

　筆者はこの議論を性急だと考える。Grice の街路で知り合いを無視する例を思い出してみよう。無視する代わりに Hello と話しかければ、聞き手は distressed, indignant, humiliated な気持ちにはならなかったであろう。知り合いに普通の仕方で挨拶することは、(命題的な効果はもちろんないが)『話し手が聞き手にこれまで通りの良好な関係を継続しよう』といった心理的な効果を生むと考えられる (そうでなければ無視したことで否定的な感情が生まれることを説明できない)。

　Searle (そして後に Searle と共同研究をする Vanderveken) が発話媒介行為を発話行為理論から除外するもう1つの理由は (こちらの理由は一部もっともであると思われるが)、発話媒介行為が言語的に慣習化されていないからであるとしている。例えば聞き手をいら立たせたり (annoy)、激昂させたり (exasperate)、面白がらせたり (amuse) するように言語が慣習化されていることはありえないとしている (Searle and Vanderveken 1985: 12、Vanderveken 1990: 69)。

　Searle (そして Vanderveken) は、発話行為理論を意味論の一分野 (つまりコード化された意味を扱う理論) だととらえているので (Murray and Starr 2021 も参照のこと)、発話の意味内容から心理的な影響が生まれる (9) のよ

うな例は発語行為理論の中で説明する必要がないと考えている。

確かに言語に慣習的に組み込まれた意味だけを扱うように理論を限定し、その仕組みを考えるという方策はありうるし、むしろそのような限定からどこまで言語の仕組みを解明できるのか突き詰めることは大切な視点である。しかし、これまでいくつか例をみてきたように、単語自体の中に話者が聞き手に心理的な影響を及ぼすよう慣習化されている例がある。例えば丁寧語の「ます」や罵倒語の bastard、bitch、fucking/freaking などがその例である。

したがって、言語に慣習的に組み込まれた意味だけを扱うにしても、話者が聞き手に期待する心理的な影響を理論の射程から完全に外すことはできない。4.5節でみるように、言語のコード化された意味を究明するのが主眼である形式意味論の立場から、心理的な影響を考慮に入れた研究が進められているのは興味深いことである。

発語行為理論以外の Grice 以降の語用論の研究には、neo-Gricean と呼ばれる研究者たちが進める主に GCI（一般的な会話の推意）を対象とした研究と post-Gricean と呼ばれる研究者たちが進める関連性理論がある。どちらの研究もその中心は命題的な情報のやり取りで、本書で中心的に論じている心理的な効果はほとんど議論されない。

neo-Gricean の代表的な研究は Horn (1984) と Levinson (2000) である。このうち特に Levinson の関心は、発話から what is said を導く過程でも Grice 的な格率が働いていることを示すことにあった（本書の表記では、命題 p が発話場面［　］に埋め込まれることによってより限定的な命題 P へと派生される過程のことである）。Levinson がこの過程を重視するのは、この説明が一般的に考えられている、意味論の後に語用論的な推論が関与するという意味派生のモデルを根本から覆すことになるからである (Bach 1994、Chierchia 2004、Carston 2002、Recanati 2004、Horn 2009 等も参照のこと)。

意味論的な意味（発話の真理条件的な意味）を導く過程に語用論的な推論がかかわることになると、推論の結果派生された対象からさらに推論的に語用論的な意味を導くことになってしまう (Levinson はこの状況を Gricean circle (Grice の循環) と呼んでいる)。

このような問題意識から Levinson は、p から P を導く過程が①②から③

④を導く過程とは別だと考える（言葉で説明すると煩瑣になるので、本書の記述法を使っている）。p から P を導く仕組みは、発見法（heuristics）と呼ばれ、3 つの原理（Q 原理、I 原理、M 原理）で具体化される（Q、I、M はそれぞれ quantity、informativeness、manner の頭文字である）。

　Levinson のこうした問題意識からすれば当然のことであるが、Levinson の原理は発話の（真偽判断が可能な）命題の派生に対して働くように意図されている。それが一番明瞭にわかるのは M 原理（概ね、「目立つ表現は目立つ状況を伝える」といった趣旨の原理）の定義で、その中には外延（denotation）という用語が使われている（Levinson 2000: 136–137）。外延とは真理条件的意味を定義したり、命題の真偽を判断する世界のあり様のことで、ここには心理的な影響の期待が入る余地がない。

　Levinson の 3 原理は、PCI（③④）を導くような原理とは別に必要な原理として提案されている（Levinson 2000: 22）。これに対して Horn (1984) は、2 つの原理（Q 原理と R 原理）で機能する（Q と R はそれぞれ、quantity、relation の頭文字である）。Horn は Levinson とは違い、この 2 つの原理を Grice の 4 つの格率を整理統合する企て（reductionist program（Horn 1984: 12））として提示している（他に PCI を導く原理が独立にあることを前提としていない）。

　Horn (1984: 22–23) は、Levinson の M 原理の役割を「語用論的分業（the division of pragmatic labor）」という、Q 原理と R 原理の相互作用に担わせる。ここで Horn は（Levinson と同じく）外延（denotation ではなく extension という用語を使っているが同趣旨）という用語でその機能を説明している。neo-Gricean の主要な原理の定義に、このように真理条件的な用語が使われているからといって、neo-Gricean の研究の立場として心理的な効果を除外する意図があるとはいえないと思うが、少なくても提供されている仕組みからは心理的な効果を説明する余地がない（平田 2018: 72–73 に多少の議論がある）。

　これに対して、post-Gricean の関連性理論（Sperber and Wilson 1986/1995、Blakemore 1987, 1992、Carston 2002 など）は、心理的な効果を理論が説明する対象から明確に除外している。（関連性理論では、弱い推意（weak implicature）

という概念で心理的な効果が説明される。Sperber and Wilson 1986/1995: 223–224、Carston 2002: 356、Yus 2017: 68 などを参照のこと。発話が明確な推意を持たず、無数の(open)推意を生む場合があるという趣旨の分析は、Grice 1975: 58, 1989: 40 ですでに示唆されている)。聞き手は発話から自分にとって納得がいく労力を費やしながら関連性のある情報を得ていく、というのが関連性理論の発話理解の概略である。そして労力に見合った情報が得られなくなったと聞き手が判断すれば、聞き手はその時点で発話の意味を考えるのをやめると想定されている(収集される情報量と費やされる労力との間の費用対効果を考えた理論である)。

関連性理論が考える情報は命題に限られる。話者が発話から得た情報は「認知効果(文脈効果)」と呼ばれ、これは命題と命題との相互作用から生まれると定義される(Sperber and Wilson 1986/1995: 109)。したがって心理的な効果のような(非命題的な)現象は、意図的に説明の対象から外されていることになる(この点は、関連性理論内でも異論があることを後で紹介する)。Clark (2013: 305) の言い方を借りれば、「関連性理論は人間の思考が真理条件的な解釈で説明することができると仮定している (Relevance theory assumes that our thoughts can be explained in terms of truth-conditional interpretations)」ということになる(感情は勘案されていない)。

Montague (1973) に代表される形式意味論的な研究では、言うまでもなく外延として定義できないような心理的な効果は理論の中に入る余地がない。「ケーキを買ってきたよ」という発話であれば、モデル(今話題にしている世界)の中で「買う」の外延に「父」と「ケーキ」の組み合わせが含まれていれば発話の命題は真となり、含まれていなければ偽となる。(形式意味論的なアプローチと心理的な効果については第 4 章でさらに検討する。)

Bach and Harnish (1979) は、Grice の協調の原理を発語行為理論と整合性を取りながら融合させた研究で、徹底的に両者の利点を生かした意味算出のモデルが提案されている。具体的な詳細は違うが、本書の第 1 部で提示している意味算出のモデルは、Bach and Harnish のモデルも参考にしている。(より正確にいえば、Bach and Harnish も本書も、Grice の非自然的な意味を協調の原理と関係付けながら、意味算出のモデルを構築する試みをしている。

Bach and Harnish がこの点に言及しないのが不思議である。）

そして Bach and Harnish（1979: 82）は、本書で心理的な効果と呼んでいる効果をもたらそうとする発語行為（発語媒介行為）の例も挙げている。

(15) 発話：He cleaves to the principle.（cleave to で主義などを守る、という意味）
効果：（難しい単語を使って）印象づける（impress）
(16) 発話：Religion is the opium of the people.（宗教は違法ドラッグだ）
効果：発話内容で聞き手を侮辱する（offend）
(17) 「聞き手を侮辱し、喧嘩を売る」発話によって
効果：いら立たせる（irritate）

「印象づける（impress）」「侮辱する（offend）」「いら立たせる（irritate）」などは、本書で問題にしている心理的効果の典型である。Bach and Harnish は発語行為スキーマと呼ばれる、発話から意味が生まれていく過程をたどる仕組みを提案している（Bach and Harnish（1979: 76–81）で全体の概略が示されている）。しかし残念ながら、発語行為スキーマの中に(15)–(17)で例示したような心理的な効果が、どのような過程を経て生まれるのかは詳述されていない。((16)や(17)の例が、Grice の(5)の、街頭で相手にわかるように無視することで相手を不快にする例に酷似していることに注意されたい。両者の違いは、感情を引き起こそうとして使われた手段が、Grice の(5)の例の場合非言語的で、Bach and Harnish の例(16)–(17)の場合は言語的であるということだけである。）

ここまでは、他の主要な意味論・語用論の枠組みが話者が聞き手に期待する心理的な効果を、意識的であるにせよ無意識的であるにせよ理論の中で説明を試みていないことを概観した。また Grice とは違って、他の枠組みでは心理的な効果を説明しうるような仕組みや概念も提案されていないことをみてきた。

しかし、発話が持つ心理的な効果に関心を持つ研究者が皆無なわけではもちろんない。その例として Pilkington（2010）、Piskorska（2016）、Larson

(2018)を紹介する。この3つの論文はすべて関連性理論の枠組みの中で書かれている。先にも紹介したように、関連性理論は理論で扱う対象を命題に限定している。特に語用論的な推論を経て導かれる推意もすべてが命題で、その命題によって認知効果（文脈効果）が得られることになる。

この（かなり厳しい）限定からこれから紹介する3つの論文の着想が生まれている。関連性理論以外の語用論理論は、論じられている対象が真偽判断が可能な命題的なことであるのか、あるいはもっと緩やかな形で「意味」や「推意」を語っているのか曖昧なことが多い。neo-Gricean が命題的な内容を対象としている証左として Levinson の M 原理と Horn の語用論的分業を検証したのは、Levinson にしても Horn にしても命題的な内容だけを問題としているのか、そうではないのか不明瞭なままに議論が進んでいくからである。とりわけ Horn (1984: 16) では、2人称単数代名詞の使い分け（フランス語の vous（敬称）と tu（親称）の使い分けや、ドイツ語の Sie（敬称）と du（親称）の使い分け）が論じられていて、これは命題的な情報であるのか定かではない（Horn 2009: 19 では、推意が会話の推意であれ慣習的な推意であれ命題だ (implicatures—whether conventional or conversational—are propositions) とされている）。

これに対し、命題間の相互作用だけによって発話の効果が得られると関連性理論が厳密に考えることで、逆にそこからどうしてもはみ出すように思われる発話の効果がみえてくる。これからみる3つの研究のいずれもが関連性理論でいう認知効果（文脈効果）に、心理的な効果を認めるべきであるという趣旨で一致している（Yus 2017, 2018、Wharton and Strey 2019 も同じ趣旨の研究である）。

Pilkington (2010) は、隠喩の解釈を命題的な推意に還元しきることはできず、現象的な状態 (phenomenal state) に言及しないわけにはいかないと主張する。現象的な状態の例として「嬉しい (happy)」「がっかりしている (depressed)」「疲れている (tired)」などが挙げられていて、これは本書で心理的な効果と呼んでいるものと同等とみなすことができる。（第5章では、質の格率違反による発話の場合、M（①②）の本来意図していた聞き手に期待する命題的な効果が取り消され、その代わりにこれが心理的な効果を生むと

いう分析を示す。これは Pilkington 2010 の考えを、Grice の発展的な枠組みで具体化したものとみなせる。隠喩に関しては Davidson 1978, 1992 も、偽となる本来の命題の非命題的な効果を強調した論考である。）

　Piskorska (2016) は、Austin (1962) に依拠して、発話から聞き手に起こる変化（すなわち発語媒介効果 (perlocutionary effects) が命題的なものには限定されないと論じる。

(18)　The Swiss franc has gone down by 5cents.（スイスフランの為替レートが 5 セント下落した） 　　　　　　　　　　　　　　（Piskorska 2016: 290)

　(18)の命題内容を(認知効果として)受け入れた聞き手が、さらに大喜びしたり (overjoy)、がっかりする (disappointed) ということもあり得るし、その感情状態 (affective state) が、命題的なものに還元することはできないと議論されている（「ケーキを買ってきたよ」の例文と同じ趣旨である）。

　Larson (2018) も同様の観点から、心理的な効果を認知効果（文脈効果）とするよう、提案している。Larson は、命題的な認知効果と心理的な認知効果が独立している例を挙げ、心理的な認知効果が命題的な認知効果とは別であって、心理的な認知効果を命題的な認知効果と独立に認めるべきであるという主張をしている (Larson 2018: 87)。

　ここではテレビ番組での会話を使いながら Larson の主張を確認していく。以下では、映画やテレビ番組から多くの会話を資料として用いて、説明や分析を展開する。これは本書の大切な方針なので、具体例をみる前に、フィクションからの会話を言語分析に用いることについて、多少の議論をしておこう。

　かつては、映画やテレビ番組を含め、フィクションの言語は人工的で言語分析には向かないとされることもあった。しかし今では逆に、フィクションの言語を積極的に評価する方向性も生まれている (Norrick and Bubel 2005、Spitz 2005、Piazza 2006、Alvarez-Pereyre 2011、Jucker 2015、Jucker and Locher 2017: 4–5、Dynel 2015, 2017 など)。フィクションの言語は、製作者によって綿密に推敲され、細部にわたって十分な考慮が重ねられた結果なの

で、日常の言語のダイナミックな用法がやや誇張された形で提示されていることになる。逆の見方をすると、フィクションの言語にはそれだけ明瞭な形で言語の使用例が集められているということにもなる (Norrick and Bubel 2005: 163、Alvarez-Pereyre 2011: 66 などの議論を参照のこと)。

　言語資料が映画やテレビ番組から採用されていると、読者がそのデータを直接確認したり、またデータをさらに引用して分析していく上でも好都合である。またフィクションの資料では、発話が話の自然な流れの中に埋め込まれているので、ある言語表現が用いられたコンテクストをはっきりと特定し、話者の発話意図をかなり正確につかむこともできる。本書で扱うデータには、個人レベルでの言語習慣も考慮しなければ発話の真意がつかめないようなものも含まれる。より自然に使われた言語データという視点からは言語コーパスの利用価値が高いが、個人レベルでの言語習慣などを考慮するには、むしろ毎週放映されるようなテレビ番組の方が好都合な場合もある。

　以上のことを念頭に、(19) の例で Larson の論点を確認していこう。

(19)　Paul: Kids, Cate, (a)I've got some disappointing news. We're gonna have to do some belt tightening, and (b)I don't think that we can go to the cabin at the lake this year.

　　　—everyone in silence—

　　　Paul: I said (c)I don't think we can go to the cabin at the lake this year.
　　　Kerry: No, Dad.
　　　Bridget: It's terrible.
　　　Rory: Nuts.
　　　Paul: Guys, (d)you're really gonna have to work on your fake disappointment.
　　　　　　　　(00:35-, "Good moms gone wild," *8 Simple Rules*, Season 1.)

　(19) は *8 Simple Rules* というアメリカの situation comedy (笑いが期待され

る場面で笑いが音声効果として入るテレビドラマ)からの会話で、父(Paul)が、2人の娘(KerryとBridget)と息子(Rory)に話しかけている場面である。

Paulは(19a)で「これからみんなをがっかりさせる知らせがある(I've got some disappointing news)」と前置きをした上で、(19b)で「今年の夏は湖の近くの小屋に(休暇を過ごしに)行けない(I don't think we can go to the cabin at the lake this year)」と告げている。

Paulは明瞭に発音しているし、子供たちもちゃんと父親の話を真面目に聞いているので、この発話の命題的な意図は間違いなく伝わっている。しかし、子供たちがなんの反応も示さないので、Paulは(19c)で(19b)と全く同じ発話を繰り返している。子供たちは2回目のPaulの発話の後口々に残念さを表現している(No, Dad、It's terrible、Nuts)。しかし子供たちの反応は明らかに芝居で、Paulもそのことにもちろん気が付き、(19d)で「もっと上手に失望した振りができるように頑張らないと」と言っている。

(19c)の発話から、(20)のような命題が前提推意として生まれる。関連性理論の前提推意は、本書での標準推意にあたる。

(20) a. 子供たちは毎年夏休みに湖の小屋に遊びに行くのを楽しみにしている
 b. 子供たちの楽しみの一部として家族で時間を過ごせることが含まれる
 c. 楽しみがなくなれば、人は残念に思う
 d. 残念さは、楽しみにしていたことを裏付ける
 e. Paulは子供たちの残念な様子から家族の絆を確かめようとしている

そしてこのような前提推意(標準推意)をもとに、子供たちは(21)のような帰結推意(本書の表記ではp'ということになる)を引き出すであろう。

(21) 父は子供たちの残念な様子がみたい

(21)の推意をもとに子供たちは「嘘のがっかり」をして、父をからかっている。しかし子供たちががっかりしていないことはPaulにも明らかである。命題的に誰かが誰かを「がっかりさせよう」としていて、その意図が伝わっていたとしても実際に聞き手ががっかりするとは限らない（Griceの(1iii)の、on the basis ofとas a result ofの違いに関する議論を思い出されたい）。命題的にいえばPaulは(19c)の発話で、子供たちに意図した認知効果をもたらしているといえる。

しかし実際にPaulが意図したのはそのような命題的な効果ではなく、実際に「子供たちががっかりする」（心理的な反応を示す）ことなので、Paulの意図は遂げられていない。命題的な理解と心理的な反応が合致しないことがあることがわかる。このような説明が成立するには、命題的な認知効果に加え、心理的な認知効果が認められなければならない、というのがLarson (2018)の主張である。((19)のような例は、6.4節で詳しく分析する。)

以上みてきたように、話者が聞き手に期待する心理的な影響を語用論の中で議論するべきだとする研究は少ないながら存在する。こうした批判にもかかわらず、関連性理論が命題的な情報伝達に限定して理論を構築することも、それ自体は正しい方向性の1つだと筆者は考える。今の例で、命題的な理解と心理的な反応が合致していなかった。2.1節の注3で、丁寧さを心理的に表す「ます」が、「聞き手への尊敬の念の否定を意味する命題」の中で使われても矛盾を引き起こさないことをみた。

(22) 私はあなたを尊敬しません．

したがって、心理的な効果と命題的な効果は（どこかで接点があるとしても）脳内で別々のモジュールで計算されていると考えることは十分理にかなったことである。(Bertuccelli Papi 2001: 272に同様の指摘がある。van Berkum 2018: 646-647の議論も参照のこと。)[12] そしてそれぞれを別の現象として理解していこうという方針は、確かに1つの合理的な立場であろう。本書で追究している方向性は、言葉の重要な機能の1つとして心理的な効果の期待がある、ということで、その立場と、命題的な効果と心理的な効果が

独立した情報処理であるという立場は相容れないものではない (Portner, Pak and Zanuttini 2019: 18 では、この2つの部門の調整機能とみなせる仕組みが提案されている)。

3.3　非自然的な意味と発話の力

　これまでは話者が聞き手に引き起こそうと期待する心理的な効果が、Grice の想定する非自然的な意味の1つであると考えられることをみてきた。この節では、発話の力(命題の使われ方の指示、あるいは M と SA/HA の組み合わせ)と非自然的な意味の関係を考察していく。

　3.3.1 節では、まず非自然的な意味に発話の力が入ることをみる (2つ目の追加内容である)。次の 3.3.2 節では、さらに限定的に what is said 中にも発話の力が入るかを考える (Grice の理論が発語行為理論の内容を内包しているかの検証となる)。あわせて、より詳細な非自然的な意味の定義の中に、聞き手(そして話者の)命題態度が織り込まれていることを確認する。what is said の中に発話の力が入るということは、発話の力自体が格率の遵守の対象となることを意味する。そして発話の力(と命題内容)が一見したところの格率の違反を犯す場合、ここから推意が生まれることになる。

3.3.1　発話の力が非自然的な意味であること

　(2)でみたように、通常非自然的な意味は発話の命題と推意で構成され、発話の命題も、そこから生まれる推意も命題からなると理解されている。本書の表記では、p(発話の命題)、P(より限定的な命題)、p'(推意のうちの命題部分)がこれらに該当する。本書ではこれらに加え、発話の力(M(HA(SA(p)), HA(p))のうちの、M と HA/SA の組み合わせ部分)も非自然的な意味の一部であると考えている。この 3.3.1 節ではまずこの考えが Grice の非自然的な意味の定義から自然に導かれることを確認する。また発話の力が、必ずしも命題的な内容を持たないことがあることもみる。

　はじめに、(1)の非自然的な意味の定義に戻って、発話の力が非自然的な意味の一部であるかどうかを考えてみよう。

(1) nonnatural meaning
"*U* meant something by uttering *x*" is true iff, for some audience *A*, *U* uttered *x* intending:
(i) *A* to produce a particular response *r*
(ii) *A* to think (recognize) that *U* intends (i)
(iii) *A* to fulfill (i) on the basis of his fulfillment of (ii)

(Grice 1969: 151, 1989: 92)

「Uはxを発話することで何ごとかを意味した」が真であるのは、ある受け手Aに関して、Uが次のことを意図しながらxを発話した場合であり、その場合に限られる。
(i) Aが特定の反応rを示すこと
(ii) AがUは(i)を意図していると思う（認識する）こと
(iii) Aが(ii)の実現を踏まえて(i)を実現すること

（『論理と会話』p.139）

　この定義は、「非自然的な意味」（名詞）の定義ではなく、「非自然的に意味する」（動詞）の定義であった。「非自然的な意味」に当たるのは、定義の中の something（何ごとか）である。そしてその something は、x という発話によって (1i) – (1iii) を話者が意図することで達成される。今 R-intention/M-intention の定義に関係する (1ii) と (1iii) は考えず、(1i) の部分に集中する。(1i) は「A（聞き手）が特定の反応 r を示すこと」を U（話者）が意図することである。
　M (HA (SA (p)), HA (p)) という発話の形式の中で、p は伝えたい命題内容で、M と HA/SA の組み合わせがその命題の使い方の指示なのであった（話者の命題態度を信じることを通じて、聞き手も同じ命題態度を抱くよう意図する、ということになる）。命題態度 HA/SA と意味すること M の組み合わせから、陳述 (assertive)、疑問 (interrogative)、命令 (imperative) という発話の力が生み出されるのであった (2.2 節)。
　陳述は相手に命題内容を信じさせようという意図で、疑問は命題内容の真偽を話者に伝えるような意図、そして命令は命題内容を実現させるよう聞き

手に要求する意図として理解した。これらのことを (1) の定義と突き合わせてみると、(i) の「A が特定の反応 r を示すこと」が聞き手に期待された命題態度と命題内容 (HA (SA (p)), HA (p)) に当たり、M が定義の主文にある intending (意図して) の部分に相当することがわかる。したがって間違いなく発話の力 (M と HA/SA の組み合わせ) も「非自然的に意味する」ことの 1 例で、something (非自然的意味) の一部であることになる (Wharton 2002: 3.3.1 に、同様の指摘がある)。

　Strawson (1964) は、Austin (1962) の発語行為理論が、Grice の非自然的な意味によって補完される可能性を指摘した論文である。Strawson が問題にするのは、the ice over there is very thin (向こう側の氷は薄い) という発話が、「警告」(warning) の発話の力を持つことがあるという事実である。発話に使われた単語のどの 1 つをみても、慣習的に警告の力を持つとは考えられない。にもかかわらず、この発話を警告として使うことはできるだろう。

　Strawson は、Grice の非自然的な意味の「聞き手に引き起こそうと意図した反応」から、その発話の力を引き出せると議論している。話者がこの発話で聞き手に引き起こそうと意図している反応は、「氷の薄さに注意する」ことであると考えられるからだ。この説明は、Grice の非自然的な意味に備わる「聞き手にある反応を引き起こすように」意図することの部分を、発話の力として解釈し、利用していることになる (Geurts 2019: 14 に同じ指摘がある)。

　ここまで、定義の細部と発話の力、および命題との関係を突き合わせて検討した。しかし、非自然的な意味 (非自然的に意味すること) の本質は、聞き手に何らかの影響を与えることを意図することにある (Neale 1992: 515)。今一度 1.1 節で考えた「冷蔵庫にビールが 3 本入っている」写真の例を思い起こそう (今は M-intention のことは考えず、発話の力と p の関係に集中する)。命題とは静的な写真のことで、それ自体では何もしない。「写真を人にみせる」という行為 (M) の部分があって、はじめて聞き手 (受け手) に (命題態度を抱くという) 影響を与えることができる。したがって発話の力は、(詳しく定義と突き合わせるまでもなく) 非自然的な意味の一部である。

　また 2.1 節の辞書の例文 John got the second place in the competition も、命

題ではあるが、辞書のこの部分を執筆した人は、辞書を使っている人にその命題内容を伝えようとしているのではない(辞書の例文には、発話の力が備わっていない)。こうして考えると、言語的な非自然的意味を考えるうえで、発話の力は中心的な役割を担っていることがわかる。「何かの影響を与える」には言語要素を使って話者が聞き手に働きかけなければならない。そして働きかけは、M(HA(SA(p)),SA(p))のうちのM(とHA/SAの組み合わせ)が担っているのであるから、発話の力は非自然的な意味を成立させる駆動力として機能していることになる。

　2.3節で心理的な反応を引き起こすよう期待された単語として「ます」を例に議論した。「ます」を「ます^M」のように分析し、話者が聞き手に『話者が丁寧だと感じる』よう、心理的な反応を期待する語彙であると分析した。命題的な発話の場合、発話の力は(話者の命題態度の表明の形で)ある程度文法化されていて、発話の命題部分と発話の力に分けて考えることができたのであった。(1)の定義から考えると、「ます」のような単語は、話者が聞き手に期待する反応rとそれを引き起こそうとする意図(発話の力)が1つの単語の中で分かちがたく結びついている例と考えることができる。(「ます」のような感情表出的な意味を持つ表現は、第4章で再び詳しく取り上げる。)

　多くの挨拶表現や感嘆表現には、「ます」のように聞き手に期待する反応rとそれを引き起こそうとする意図(発話の力)が分かちがたく単語の中に含み込まれている。英語のHello/Hiのような挨拶や、日本語の「こんにちは」や「やあ」には命題的な情報が入っていない。

　しかしこれらの表現を発話することで、かすかに『挨拶によって良好な関係を確認し維持しよう』(命題的に表現するしかないが、これはあくまでも心理的な反応であることに留意されたい)といった話者の聞き手に期待する気持ちが察知される。また、そのような気持ちを聞き手に喚起しようという働きかけの意図が、心理的な期待と分かちがたく表現の中に込められている。そして働きかけの意図は(1)のintending(意図して)の部分に該当するので、心理的な反応の期待とその意図が非自然的な意味となる。

　Searle(1969: 30)は、Hurrah(応援の「フレー」)やOuch(痛い！)をそのような単語(命題は含んでいないが発話の力がある単語)として挙げている。

先に、会議の後に同僚の男性に向かって Excuse me, madam と発話する例 (Grice 1989: 362) をみた。会議中男性は、感情的になって自分の主張をしたり、気まぐれな態度をみせたりし続けた (provided a sustained exhibition of temperamental perversity and caprice)。そこで Excuse me, madam と発話することで、その男性がプリマドンナのように振る舞っていた (he has been behaving like a prima donna) という趣旨を伝えるが、発話自体が文字通りそう伝えているのではないと Grice は分析している。

　この分析を本書の枠組みで解釈すれば、Excuse me, madam は、非命題的で心理的な反応を聞き手に期待する発話と考えることができるであろう (話者は発話によって聞き手に不快感を伝えることで、聞き手に申し訳ない気持ちになってほしいと思っているのであり、「プリマドンナのように振る舞っていた」という命題を伝えたいわけではないだろう)。そしてとりわけ発話の後半にある呼びかけ madam に、発話の力 (あるいは非自然的に意味する意図) と聞き手に期待する反応 (ここでは侮辱の意図) が分かちがたく一体化しているといえる。

　このような表現の1つとして、アメリカ英語では呼びかけ語の dude が興味深い使われ方をする。dude は名詞として使われる場合「男性」とか「気取った男」という意味である。しかしこれを呼びかけ語として (単独で非自然的な意味を表すように) 使うと『今のあなたの立ち居振る舞いは適切ではないので恥じよ』といった意味が伝わる。

　(23) は、*2 Broke Girls* という situation comedy からの会話である。Max と Caroline は仲の良い女友達同士で、今 (いろいろな事情から) Max のベッドで一緒に寝ようとしている。

(23)　Max:　　Fine, get in then.
　　　Caroline: What is that? Potato chips.
　　　Max:　　I sleep-eat.
　　　Caroline: Cool ranch and bacon?
　　　Max:　　<u>Dude</u>, they're delicious.
　　　　　　　(07:30-, "And the break-up scene," *2 Broke Girls*, Season 1.)

Max のベットのシーツの中から、Cool ranch and bacon という名前のポテトチップの袋を Caroline がみつけ、それを（不適切だというニュアンスで）指摘した場面である。Max は、「おいしいんだから（they're delicious）」と発話するに先立って、Dude と発話し、概ね『そんな目でみて私を軽蔑することを恥じてほしい』といった心理的な反応を Caroline に引き起こそうとしている（英語の呼びかけ語については第 8 章で詳しく取り上げる）。指示名詞として使う場合、dude は指示対象が男性の場合が普通であるが、このように『相手の行動を咎める』効果を期待する呼びかけ語としての使用の場合、女性に対しても用いられる。

以上のように、発話の力は、「非自然的に意味する」行為において、聞き手に反応を引き起こす話者の意図として機能することをみてきた。発話が命題的である場合には、伝える内容（命題）と発話の力（非自然的に意味する意図 M と命題態度 HA/SA の組み合わせ）が独立しているが、聞き手の心理的な反応を期待する言語要素の場合、発話の力（非自然的に意味する意図 M）と意図している心理的な反応が分かちがたく単語の中にコード化されていた。

3.3.2 発話の力、命題態度、そして what is said

3.3.1 節では、発話の力（M と HA/SA の組み合わせと感情表出的な表現の M 部分）が、非自然的な意味の一部であることを確認した。続いて、発話の力が what is said の一部であるかどうかをみていく。その際、Grice（1968: 230–231, 1989: 123）で提示されたより詳細な非自然的な意味の定義を検証する（詳細な定義を十分に理解するために、直感に訴えるより簡単な定義の吟味から議論を始めている）。そして what is said によって伝わる内容が、命題だけではなく発話の力（命題を信じるとか、実現を望むといった命題に対する心理的態度を聞き手に引き起こす意図）も含むことをみていく。

はじめに what is said と発話の力の関係を考えてみよう。(2) の、標準的な Grice の意味分類を確認しておく。

（2） 標準的な Grice の非自然的な意味の分類
    a. what is said
    b. 推意
        i. PCI（特殊化された会話の推意）
        ii. GCI（一般化された会話の推意）
        iii. CI（慣習的意味）

　Grice は、発話によって伝わる非自然的な意味全体が (2) のような要素で構成されているとした (Grice 1978: 113, 1989: 41 は、これを意味作用全体 (total signification) と呼ぶ)。そして通常、what is said、PCI、GCI は命題として理解されているのであった。(3.2 節で、話者が聞き手に期待する心理的な反応も非自然的な意味に加わることをみた。CI については第 4 章で詳しく論じる。)

　3.3.1 節では、「非自然的に意味する」ことの定義に照らし合わせて、発話の力 (M と HA/SA の組み合わせ) が、非自然的な意味の原動力となっていることを確認した。ここではさらに what is said の定義を吟味して、発話の力が（推意の一部ではなく）より限定的な概念である what is said の一部であることを確認する。what is said に何かが属する、という場合 2 つの意味がある。1 つはもちろん、what is said で何かが伝われば、それが意味作用全体の中で「中心的な意味 (central meaning)」であるということになる (Grice 1989: 88、Grice 1969 にはない部分)。もう 1 つは、もし発話の力も what is said の一部であるとすれば、（発話の命題内容からだけではなく）発話の力と命題の組み合わせからも格率の違反による推意が生まれる可能性があることになる。

　Grice が what is said という用語をわざわざ使い、「命題」といった広く使われている用語を使わなかった理由をはじめに考えてみよう。協調の原理の提案で知られる Grice (1975) と Grice (1989: Chapter 2) で、Grice は、真偽判断が可能な陳述文だけを例文として挙げている。これが、広く Grice の what is said という概念が真理条件的な命題であると受け止められている理由であると思われる。しかし Grice はこの論文 (Grice 1989: Chapter 2 は

Grice 1975 の再録である）で、what is said が命題内容だけを指すわけではないことを2つの例で説明している。

1つ目は、様態の格率違反によって推意が生まれることを主張する部分である。

(24) Miss X produced a series of sounds that corresponded closely with the score of "Home Sweet Home."
(25) Miss X's performance suffered from some hideous defect.
（Grice 1975: 55, 1989: 25）

(24) の「X夫人は Home Sweet Home の楽譜にかなり近いような一連の音を出した」(Miss X produced a series of sounds that corresponded closely with the score of "Home Sweet Home") と発話することで、(25) の「X夫人の歌唱には大きな欠陥があった」(Miss X's performance suffered from some hideous defect) ことを推意させる。そしてその理由は様態の格率（普通の言い方をせよ）に違反しているからだと説明される。「Home Sweet Home の楽譜にかなり近いような一連の音を出した」というのはいかにも冗長で不自然であるので、X夫人は実際に「Home Sweet Home を歌った」のであろう。しかし、それを長々しく間接的な表現を使い様態の格率を破って表現することで、X夫人の歌唱に甚だしい欠陥があったことが推意として伝えられている。

この説明で、「X夫人は Home Sweet Home の楽譜にかなり近いような一連の音を出した」という発話の命題が「X夫人が Home Sweet Home を歌った」という発話の命題と同じだと Grice が考えているのか、そうではないと考えているのか今一つはっきりしない（厳密にいえば別の命題であろう）。しかし後の論文で Grice は、「what is said が提示された形も said の内容だ」(the manner in which what is said has been said) (Grice 1978: 115, 1989: 43) という言い方で様態の格率について説明している。この言い方から判断すると、Grice は Home Sweet Home の例で、発話の命題内容ではなく命題内容の「示され方」だけを問題にしようとしていると考えられる（Rett 2020: 58 は、(24) と Miss X Sang "Home Sweet Home" を真理条件的には同じ意味だと判断し

ている)。

　Grice は、別のもう1カ所で様態に関係する例を挙げている。こちらの方がより命題内容と独立して様態だけが問題になることがあることが明瞭である。

(26)　a.　Harold Wilson is a great man.
　　　b.　The British Prime Minister is a great man.

(Grice 1975: 44, 1989: 25)

　今、Harold Wilson といっても、The British Prime Minister といっても、聞き手は同じ人物を指すことが明らかだと考えてみる。すると(26a)のように「Harold Wilson は立派な人だ」といっても、(26b)のように「イギリスの首相は立派な人だ」といっても命題の意味は変わらない。しかしどちらを使うかによって、推意が生まれることがあるだろう。命題内容が同じ発話から推意が生まれるのであるから、様態の格率がその推意を生み出す源になるだろう。(このように、同じ指示対象を持つ名詞を入れ替えても、命題全体の真理条件的な意味が同じになることを「ライプニッツの法則」という。ライプニッツの法則は、7.1節でさらに詳しく議論する。)[13]

　このように Grice 自身で、少なくとも発話の命題に加えて(同じ命題の)命題の提示の仕方が what is said の一部になるとしている(最終的には(6)の定義の、発話 x が持つ特徴 f が、命題内容や発話の様態などをまとめる概念になる)。

　では、今問題にしている発話の力はどうであろうか。Geurts (2010: 15) は、「文ではなく発語行為が推意を担う」(it is the speech act, not the sentence, that carries the implicature) としている。ここで、文というのは命題のことで、発語行為とは発話の力と命題の組み合わせのことである。そしてこの組み合わせから推意が生まれる、ということは発話の力も what is said の一部であると Geurts は考えていることになる。(他に say の内容に発話の力まで入れて考える見方は、Strawson 1964: 449、Schiffer 1972: 92、Dascal 1977: 312–313、Davis 1998: 5、Bach 2001: 41、Recanati 2004: 19 などにある。)

Searle (1975a, 1979) は、間接発話行為という考え方を浸透させたことで有名な論文である (Grice 1975 と同じ論文集に収められている)。間接発話行為とは、ある発話 X を行うことで、間接的に Y という行為の達成を目指すような発語行為のことである。Searle が代表例として挙げるのが (27) である。

(27)　学生 A: Let's go to the movies tonight.
　　　学生 B: I have to study for an exam.　　　　　　(Searle 1975a: 61)

「映画に行こう」(Let's go to the movies tonight) と誘う学生 A に対して、学生 B が「テスト勉強しなければいけない」(I have to study for an exam) と返答している。学生 B の返答は、そのままでは誘いを断ったことにはならないが、推意として「行かない」という話者の意志を伝えるであろう。
　Searle はこのような例として依頼を意味する Y の代わりに、様々な言語形式の X が使えると指摘している。次がそのうちの 2 つである。

(28)　a.　Can you pass the salt?　(塩を取ることができますか)
　　　b.　Would you be willing to write a letter of recommendation for me?
　　　　　(推薦状を書いて下さるお気持ちはありますか)
　　　　　　　　　　　　　　　　　　　　　　　　　　(Searle 1975a: 65)

　それぞれ文字通りの訳をつけているが、これらの疑問文の発話から話者は「塩を取って下さい」「推薦状を書いて下さい」という依頼をしていると解釈できる。
　Searle (1975a: 61) は、このように発話 X から、間接的な行為 Y を引き出すには、Grice (1961, 1975, 1978, 1989) の協調の原理のような仕組みが必要であるとしている。(28) の例は、疑問文の例なので、その形式は命題 p ではなく命題と発話の力の組み合わせ M (HA (SA (p)), HA (p)) である。どちらの例も文字通りの意味では関係性の格率を違反しているだろう。「塩を取る」というのは普通難しいことではないので、その能力を問いただすことに意味がない。また推薦状を書く意思が仮にあったとしても、実際に書いてく

れなければ意味がない。そこで聞き手は、話者が聞き手にもたらそうとしている反応 r の内容を推論して「塩を取って下さい」とか「推薦状を書いて下さい」という推意 Y を理解する。

　この説明が成立するには、格率が遵守されているかを確認する単位が命題の p 単体ではなく、発話の力と命題の組み合わせでなければならないことになる。いいかえれば、Searle (1975a, 1979) の議論は、発話の力が what is said の一部であることを前提に成立しているのである。(27) の学生 B のような陳述文の場合、発話の力ではなく命題から推意が生まれていると考えることも可能かもしれない（ここまで読んできた読者にとっては、これがあまり説得力のある議論ではないと気が付くだろう。「伝えようとしている」ことがない写真のような命題から、一体どうやって話者の意図が導けるというのだ）。しかし、疑問文のような形式からも推意が生まれるのであれば、推意を生むのは命題ではなく命題と発話の力の組み合わせであるといえる。

　では続いて Grice 自身の定義から、発話の力（M と HA/SA の組み合わせ）が what is said の一部となることを確認していこう。Grice の定義を吟味するに先立って、Grice の議論の進め方を（歴史的な経緯も踏まえながら）概観してみよう（三木 2022: 186–187 を参考にしている）。Grice は非自然的な意味を Grice (1957) ではじめて提唱した。その後 Grice (1961) で、協調の原理の着想が示され、1967 年に Harvard 大学で行った有名な William James Lecture で、非自然的な意味と協調の原理を結び付けることが試みられた（Neale 1992: 510）。(Grice 1961 の協調の原理の着想を説明している部分 (Grice 1961: 126–132) は、この論文が再録されている Grice 1989 で省略されているので、原典にあたる必要がある。省略されている部分に重要な論考が含まれている。)

　Grice (1975, 1989: Chapter 2) では、協調の原理の働き方が説明される。その際、what is said の概念の定義が棚上げにされたまま議論が進む。Grice は、what is said の概念が、Grice (1957) で提示された非自然的意味から定義することができると考えている。Grice (1969, 1989: Chapter 5) では、Grice (1957) での非自然的意味を（主に Grice 1957 に対する批判に応える形で）精密化していく (what is said の議論はほとんど出てこない)。そして Grice (1968,

1989: Chapter 6) で、非自然的な意味の中の、話者が聞き手に引き起こそうと意図した反応 r から遡って発話 x の意味論的な意味 (what is said) を定義する筋道を提示した。

　Grice (1989: Chapter 5) の冒頭には、そのもとの論文である Grice (1969) には入っていない節 (1. Saying and Meaning) が入れられ、そこで Grice は、非自然的な意味と what is said (あるいは「非自然的に意味する」と say) の関係を示唆している。(29) がそのうちの 1 つである。

(29)　I want to say that (1) "*U* (utterer) said that *p*" entails (2) "*U* did something *x* by which *U* meant *p*."[14]　　　　　　(Grice 1989: 87)
　　　私としては、(1)「U (話者) は p と言った」は (2)「U は何ごとか x を行い、そうすることで U は p ということを意味した」を伴立すると言いたい。　　　　　　　　　　　　　　　　　　(『論理と会話』p.130)

　(29) の定義が言っているのは、「話者が said (言語的に何かを言った)」場合、「非自然的にそれを意味した」ことになる、ということである。say する、ということは、非自然的に意味することの真部分集合になるのである。

　(29) で Grice は p という表現を使っていて、これはもちろん proposition (命題) を想起させる。Grice はこのようないい回しを便宜的に使っていることに注意しなければならない (すなわち、say の内容が命題に限られると考えているわけではない)。それは上で考えた様態の格率の議論からも明らかである。Grice はこのことをことあるごとに注意喚起している。

(30)　Alleged counterexamples are best seen as attempts to raise trouble, not for the suggested analysis for "*U* means *something* by uttering *x*," but for this analysis when supplemented by the kind of detail just mentioned, so as to offer an outline of an account of "By uttering *x*, *U* means (meant) that..."
　　　　　　　　　　　　　　　　　　　　(Grice 1969: 166, 1989: 106)
　　　私の分析に対して挙げられた種々の反例は、「U が x を発話することで何ごとかを意味する」の分析に対するものというより、右に触れた

ような細部を補って拡充された「Uがxを発話することで……ということを意味する(した)」の分析に向けられたとみるのが適当である。

(『論理と会話』pp.160–161)

(30)でGriceは、sayあるいは非自然的に意味するという概念の議論に(that節を用いることで)命題的な言い回しをする理由の1つとして、Griceの批判者たちの想定に合わせるためだとしている。このことは心理的な反応の期待を非自然的な意味から引き出そうという本書の最重要課題に極めて重要な意味を持つので、確認している(心理的な反応の期待が、Griceの非自然的な意味から除外されているわけではない)。

(30)に続けてGriceは(31)のように付け加える(これもGrice 1969には入っていない部分である)。

(31)　We want doing *x* to be a linguistic act …　　　(Grice 1989: 87)
　　　われわれとしては、xを行うことが、言語的な行為であってほしい
(『論理と会話』p.131)

(31)は、言語的な行為xを行うことで非自然的に何かを意味することが、say(そしてwhat is said)の必要条件であることを示唆している。(ただし、言語的な行為も推意を生むのであるから、言語的な行為から伝わる非自然的意味をそのままwhat is saidと考えるわけにはいかないことに注意されたい。この点は後でもう一度考えることにする。)また、(31)から、Griceのsayという行為が、単に陳述だけではなく、疑問や命令といった別の命題態度からなる発話や、命題が関与しない言語行為が含まれていることが意識されていることがわかる[15]。

Grice (1969, 1989: Chapter 5)の最終部分とGrice (1968, 1989: Chapter 6)のはじめに、上でみた(1)と(6)の組み合わせをさらに厳密にした「非自然的に意味する」の定義が示されている。その際Griceは、話者が聞き手に期待する反応についてかなり厳密に考えている。定義は複雑なのでその定義を吟味するに先立って、Griceがその定義に至る経過を説明した部分を検討してお

こう（この辺りの議論をしている際、Grice はもっぱら言語的な非自然的意味を考えていると思われる）。

(32) Since, when *U* does intend, by uttering *x*, to promote in *A* the belief that *p*, it is standardly requisite that *A* should (and should be intended to) think that *U* thinks that *p* (otherwise *A* will not think that *p*), why not make the *direct* intended effect not that *A* should think that *p*, but that *A* should think that *U* thinks that *p*? In many but not all cases, *U* will intend *A* to pass, from thinking that *U* thinks that *p*, to thinking that *p* himself ("informing" cases). 　　　　　(Grice 1969: 171, 1989: 110)

U が x を発話することで A のうちに p という信念を生じさせようとしているときには、U が p と思っていると A が思っていることが通常は求められ（また意図され）ている（そうでなければ A が p と思うことはあるまい）。ならば、直接に意図されている効果は《A が p と思うこと》ではなく《U が p と思っていると A が思うこと》だと考えてもいいのではないか。たしかに、すべてのではないが多くの場合に、U は A が《U は p と思っている》と思うことから彼自身《p だ》と思うことへと移っていくことを意図しているだろう（「情報を与える」事例）。　　　　　　　　　　　　　（『論理と会話』p.169）

(32) で言われているのは、（陳述的な）発話を行うことで、話者は単に「聞き手に何かを信じさせること」を意図しているだけではない、ということである。そうではなくて、まず話者は聞き手に「話者自身があることを信じている」ということを信じさせ、その結果「聞き手自身も同じことを信じる」ように意図しているということである。

ビールの例に戻ろう。「冷蔵庫にビールが 3 本入っている」と発話したとする。(32) の考え方によれば、これはまず話者自身の信念の吐露で、これ（話者の信念）を聞き手と共有しようとする。そしてその結果、聞き手も自分で「冷蔵庫にビールが 3 本入っている」と信じるように話者は意図している、と解釈される。

これを踏まえたうえで、(33) のこの考えを取り入れた非自然的に意味する、の定義を検討していこう[16]。

(33) "By (when) uttering x U meant that $*_\psi p$" = df. "(∃A) (U uttered x M-intending [i] that A should think U to ψ that p and [in some cases only, depending on the identification of $*_\psi p$] [ii] that A should, via the fulfillment of [i], himself ψ that p." (Grice 1968: 230–231, 1989: 123)
「x を発話することで(発話するとき)U は $*_\psi p$ を意味した」= df.「(∃A) (U は x を発話するさいに、[i] U が p ということを ψ していると A が思うこと、および [$*_\psi p$ に何が代入されるかに応じて、ある種の場合にかぎって] [ii] A が (i) を充たすことを介して彼自身 p ということを ψ することを M-意図していた)」。 (『論理と会話』p.189)

大変複雑な定義なので、ゆっくりと理解していこう。まず「$*_\psi$」という記号について、「ここでは $*_\psi$ は叙法標識であり、複数ある命題態度のうちの 1 つの命題態度 ψ と関係づけるための補助記号である」($*_\psi$ is a mood marker, an auxiliary correlated with the propositional attitude ψ from a given range of propositional attitudes) とされている (「ψ」はギリシャ文字でプサイと読む)。命題態度というのは、ある命題があったとして、その命題を信じているのか、その実現を望んでいるのか、それに疑義を持っているのかという命題に対する姿勢のことである (本書の表記では HA/SA のことになる)。命題態度の種類によって [ii] 部分が関与する場合としない場合があり、それを 1 つの定義の中で収めるために (33) の定義で「$*_\psi$」を使っている。「『$*_\psi$』で、多数命題態度があるうちの特定の 1 つに関して」という意味になる。そして選ばれた「$*_\psi$」によって [ii] が働く場合と、そうではない場合とに分けられることになる。(「df.」は定義 (definition) の略号である。)

次は「∃A」を考えよう。「∃」は論理記号の存在量化子で、A は聞き手 (audience) の略号なので、これで全体は「ある聞き手 A がいるとして」と読める。後は読んだ通りであるが、[$*_\psi p$ に何が代入されるかに応じて、ある種の場合にかぎって] ([in some cases only, depending on the identification of

$*_\psi$p])の部分はとりあえず無視して、常に[ii]も成立すると考えよう。すると（命題内容を信じるという命題態度ψの場合）[i]は「話者が何かを信じていることを」聞き手に信じさせようとする反応で、[ii]がそれを通じて聞き手自身も「その内容」を信じさせようとする反応で、そのどちらをもM-intendしてxを発話するとき、話者は非自然的に何ごとかを意味したことになる。

　定義のややこしさに足をすくわれてはならない。言っていることはごく単純で、「冷蔵庫にビールが3本入っている」と発話することが、非自然的な意味になるのは、話者が次の2つのことをM-intendしたときだ（上で議論したように、発話による情報伝達は普通M-intendとなるので、単に「意図したときだ」と解釈して問題ない）。[i]「話者が冷蔵庫にビールが3本入っていると信じていること」を聞き手に信じさせる。[ii] そのことによって聞き手にも「冷蔵庫にビールが3本入っていること」を信じさせる。（Krifka 2024: 55 もほぼ同様の考え方をしている。Krifka は、[i]が意味論的で[ii]が語用論的であると考えているように解釈できる。）

　(33)の定義についてはまだ検討すべきことが残っているが、今はこの小節の本題に戻って、発話の力が what is said の一部となるかをこの定義をもとに検討していこう。Grice は、(33)を非自然的意味の定義として提示している。そこで、(29)の、sayの「xを行うことが、言語的な行為であってほしい」という条件を(33)に組み入れてみる。

(34) "By (when) doing linguistic act x U meant that $*_\psi$p"= df. "($\exists$A) (U uttered x M-intending [i] that A should think U to ψ that p and [in some cases only, depending on the identification of $*_\psi$p] [ii] that A should, via the fulfillment of [i], himself ψ that p."
「ある言語的な行為xをすることで（するとき）Uは$*_\psi$pを意味した」= df.「($\exists$A) (Uはxを発話するさいに、[i] UがpというとをψしているとAが思うこと、および[$*_\psi$p]に何が代入されるかに応じて、ある種の場合にかぎって）」[ii] Aが(i)を充たすことを介して彼自身pということをψすることをM-意図していた）」。

(34)の定義では、[i] と [ii] という反応を引き起こす意図（発話の力）が言語的な行為 x と関係づけられている。しかし言語的な行為によって引き起こされる反応には、（命題的な内容に限って言えば）what is said によって伝えられる場合と推意によって伝えられる場合とがあった。したがって発話の力が what is said の一部であることを確認するには、発話の力と言語的な行為 x との関係を確認する必要がある。ここで再び(6)で示した発話 x と、x によって話者が聞き手に引き起こそうと意図した反応の関係を思い出してみよう。

（6）　Ranges of variables;
　　　　f:　features of utterances
　　　　r:　responses
　　　　c:　modes of correlation (such as iconic, associative, conventional)
　　　　　　　　　　　　　　　　　　　　　（Grice 1969: 163, 1989: 103）
　　　変項の定義域：
　　　　f:　発話の特徴
　　　　r:　反応
　　　　c:　相関の様態（例えばイコン的、連想的、慣習的）
　　　　　　　　　　　　　　　　　　　　　　　　　（『論理と会話』p.157）

　(6)の要点は、発話 x に聞き手に期待する反応 r を引き起こす特徴 f が含まれていて、f と r が 3 種類の別の関係 c を持つことであった。そして c が「慣習的な場合」に f が what is said の一部となり、「連想的な場合」に f が推意の一部となるのであった（イコン的は、心理的な推意と f との関係だと考えた）。

　ここで問題にしている発話の力（M と HA/SA の組み合わせ）の場合を考えてみよう。例えば疑問の発話 Are you busy? であれば、話者は「聞き手が忙しいかを話者に告げる期待」の命題態度を聞き手に抱かせ、それを通じて「聞き手自身が忙しいかを話者に伝える期待（意図）」の命題態度を聞き手に抱かせようとすることになる。今、この 2 つの命題態度の伝達は、発話 Are you busy? が疑問文という文法的形式(すなわち慣習的形式)を取っていることから伝わっている。発話xの特徴である疑問の文法形式と、意図された命題態度rが慣習的な関係cで結び付けられているので、発話の力はまぎれもなくwhat is saidの一部ということになる。

命令文や陳述文でも同じで、発話の持つ文法形式によって命題態度が聞き手に伝わることになり、文法形式は聞き手に期待する反応rと慣習的なつながりを持つ特徴fとなるので、命令文や陳述文の命題態度(それぞれ、命題内容の遂行と命題内容の受容の態度ということになる)の伝達はwhat is saidの一部ということになる。

2.4節で推意によって命題的な意味が伝わる場合を(35)のように一般的に表示することにした。

(35)　M(①② F ③④)「 」「 」

(35)は、what is saidによって伝わる命題態度①②に加え、what is saidには格率の違反という特徴Fがあって、これをてがかりに推意部分である③④が伝達されると考えた。(大文字のFは、what is saidが持つ格率の違反で、fは発話xが持つ特徴一般を言い表すように使い分けている。Fはfの1例ということになる。逆にfがFの一部とする方がわかりやすいかもしれないが、Griceの(6)の表記に合わせる形にしている。)そして推意である③④も発話の力(MとHA/SAの組み合わせ)と命題から成立していた。推意の持つ発話の力(そして命題内容)は、明らかに発話xとその特徴fと慣習的な関係を持っていない。

例えば、Can you pass the salt? と疑問形を使って、命令の態度(Please) pass me the saltを伝えることができるだろう。この場合、推意③④の命題態度rは、発話の特徴f(この場合は関係性の格率の違反F)と連想的な関係となり、what is saidの一部ではないということになる。

ここで、(33)でGriceが使っている命題態度 $*_\psi p$ と、2.2節で解説した発話の力との関係をまとめておこう。

(36) 発話の力と命題態度 $*_\psi p$ の相関
    a.   発話の力：陳述（assertive）
         命題態度：信じる
    b.   発話の力：疑問（interrogative）
         命題態度：命題内容の実現
    c.   発話の力：命令（imperative）
         命題態度：命題内容の実現

　陳述の発話の力には、「信じる」という命題態度が対応し、疑問と命令の発話の力に対する命題態度は「命題内容の実現」という命題態度が対応している。疑問とは「聞き手に質問に答えるよう」命令することになるので、命題態度は命令の場合と同じになる。(Bach and Harnish 1979: 41、Searle 1975b, 1979 の分類も参照のこと。また、Levinson 1983: 241, note 10 は、Grice 1973 の未刊行論文において、Grice が、発話の力が、want 〜、believe 〜 という 2 つの命題態度から分類が可能であればよいと考えていることを指摘している。疑問が命令の 1 種のであるという分析は、Frege 1918 にみられる。)[17]

　次に、(33) の $[*_\psi p$ に何が代入されるかに応じて、ある種の場合にかぎって］（[in some cases only, depending on the identification of $*_\psi p$]）の部分を検討しよう。Grice がこの部分を使って説明したいことは、話者が聞き手に必ずしも発話の命題を信じさせようとはしていない発話がある、という事実である。例えば、口頭試問で受験者の知識を確認しようとして、「徳川幕府は何年に成立しましたか」と受験者に尋ねたとする。受験者が「徳川幕府は 1603 年に成立しました」と発話したとしても、受験者は試験官に「徳川幕府が 1603 年に成立した」と信じさせようとしているわけではない（試験官は答えを知っているから尋ねているはずである）。

　この受験生のような発話を Grice は表出的（exhibitive）(Grice 1968: 230, 1969: 172, 1989: 111, 123) とし、このような場合には、[ii] が M-intend されないと考えている（López 2023 も、話者が聞き手に発話内容を信じさせようとはしていない陳述発話を詳しく分析している）。受験生と試験官とのやり

取りが純粋なコミュニケーション行為であるかどうか、疑問が残るが、例えば感嘆文などは、表出的といえるかもしれない。What a cold person you are! であれば、話者はその命題内容を必ずしも聞き手と共有しようとはしていないかもしれない（それでも心理的な反応を期待しているということはありそうだが）。しかし、多くの場合、［i］も［ii］も話者は意図していると考えられる (Grice (1969: 171, 1989: 110))。質問には答えてもらいたいし、命令は実行してもらいたいし、陳述すれば命題内容を信じてほしい。第1部で提示した意味解釈のモデルでは、Griceの但し書き部分を考慮していない。

(33)のように、発話で話者がはじめに意図することが、命題内容を伝えることではなく、「話者が命題内容を信じていること」を伝える（あるいは聞き手がそう信じるように意図する）ことだと考えると(37)のような（一見不思議な）発話も理解することができる[18]。

(37) Angie: Know what we call people who say those things?
　　　Alan: My family?
　　　Angie: We call them damaged. They need to hurt others to feel better about themselves.
　　　Alan: Exactly, the reason I don't feel better about myself...is I'm not good enough at hurting them back.
　　　Angie: Oh, no, <u>you don't wanna do that</u>.
　　　Alan: Yeah, I kind of do.
　　　　　　(18:30-, "If my hole could talk," *Two and a Half Men*, Season 5.)

(37)は *Two and a Half Men* という situation comedy からの会話である。心理学者のAngieと中年男性のAlanとの会話である。家族のみんなにいつもからかわれていることを嘆くAlanに対して、Angieは「そういう人は他人を傷つけることで、憂さ晴らしをしている」(They need to hurt others to feel better about themselves) と慰める。これに対しAlanは、「自分は傷つけ返すのが得意ではないから、憂さ晴らしができない」(the reason I don't feel better about myself...is I'm not good enough at hurting them back) と応答する。Angie

は Alan をなだめて、「あなたはそんなことはしたくない」(you don't wanna do that)と諫めている。

　下線部の you don't wanna do that というのは、一見不思議な表現である。「したくない」(don't wanna)かどうかというのは、本来聞き手(この場合は Alan)にしかわからないはずである。そして Angie も、発話時点で Alan が仕返しをしたいのかどうかわかっていない(Alan は直後に「いや、まあ、したいんだけど」(Yeah, I kind of do)と返している)。だから話者が「知っている知識(命題)」を聞き手に知らせようとしている、という(一般的に自然に想定されるであろう)理解では、不思議な発話に感じられるはずである。しかしこの発話は(全く自然というまではいかないにしても)それほど違和感がない。

　しかし(33)のように、話者がまず聞き手に期待することが「自分が知っている知識(命題)を聞き手に知らせる」ことではなく「自分がある命題を信じていることを聞き手に信じさせる」ことだと考えると、(37)の Angie の発話は不自然ではない。Angie が Alan に信じるよう期待しているのは、「Alan が仕返しをしたくないと思っている」ことではなく、「そのように Angie が信じている」ことになるからである。他人の願望自体を話者は直接知ることができないが、他人の願望に関する信念を持つことはできる。

　2.5 節で GCI(一般化された会話の推意)を議論した最後の部分で、質の格率もその遵守によって一般的な会話の推意を生むかどうかを問題にした。今、非自然的に say する、を理解したところで、この問題を検討していこう。おなじみの(38)の発話で考えてみる。

(38)　冷蔵庫にビールが 3 本入っている．

　(38)の発話の命題内容が質の格率(「正しいと思っていることを言え」)を守っていると想定すると、話者が「冷蔵庫にビールが 3 本入っていると信じていること」が GCI として生まれることになる。

　しかし Grice (1978: 114, 1989: 42)はこれが推意であることを否定する(Huang 2014: 33 はこのような話者の「信じている」部分を GCI として扱っ

ている)。普通命題を発話すれば、その命題と、命題が真であることを話者が信じることとの間に何らかのつながりがある。しかし話者の信念部分は推意ではないと Grice は言う。Grice はその理由をこの部分では説明せずに、「このつながりがどのようなものであるかという点は、後で直接法の機能について論じるときに明らかになると私は期待している」(『論理と会話』p.62) (The nature of the connection will, I hope, become apparent when I say something about the function of the indicative mood.) (Grice 1978: 114, 1989: 42)とする。

(33)の非自然的に意味する、の定義に立ち返ってみると、なぜ「信じている」部分が推意ではないかがわかる。(33)の定義によると、話者の聞き手に対する期待は(陳述文の場合)「話者の命題に対する信念」を通じて聞き手自身が同じ信念を抱くことにある。つまり話者が命題を「信じている」という部分が、非自然的に意味することの一部になっているのである。あるいは「信じている」部分は(推意ではなく)非自然的な意味の一部であるといえる。

2.5 節で、語用論的な意味は直後に取り消すことができることをみた。しかし発話から伝わる「信じている」という部分を否定することができない。

(39) 冷蔵庫にビールが 3 本入っている．#だけど私は冷蔵庫にビールが 3 本入っているとは信じていない．

(39)の 2 つ目の発話で、話者の先行発話に対する信念である「冷蔵庫にビールが 3 本入っていると信じている」をそのまま否定するとかなり不自然に聞こえる。この点からも「発話内容を信じている」部分は、推意というよりも what is said に近い側に属していることがわかる。

上で発話の力(M と HS/SA の組み合わせ)も what is said の一部であり、発話の力と命題の組み合わせが、格率違反から推意を生むことをみた。一般的な理解では、発話の命題 p が what is said とみなされているが、発話の力が what is said でなければ、発話の力を伴った発話から推意が生まれることが説明できないのであった。(2)で概観したように、一般的には推意も命題であると考えられている。しかし、推意も命題単体ではなく、発話の力と命

題（p'）の組み合わせでなければならない（そして聞き手に引き起こすように話者が意図したことが命題態度と命題の組み合わせでなければならない）。

　このことは、(33) の非自然的な意味の定義を考えてみればわかる。非自然的に言語的な行為を行う場合、それは話者自身の命題態度を通じて遂行されるように定義されている。このことは、発話そのものが持つ命題の場合でも、推意として伝わる場合でも（(33) の定義から考えれば）同じである。聞き手はまず話者の命題とその命題に対する命題態度を信じるように促される。そしてその信念に基づいて、聞き手自身も同じ命題態度を持つように聞き手に期待されることになる。これは命題自体ではなく、発話の力の機能である。発話そのものが持つ命題の伝達と、推意による命題の伝達との違いは、(6c) の変項の定義域の中の相関の様態の違いに還元される。発話の命題と命題態度は、聞き手に期待する反応 r と慣習的（conventional）に関係づけられる。推意の命題と命題態度は r と連想的（associative）に関係づけられる、ということになる。

　推意の伝達の場合にも発話の力の反応の期待が必要なことは、推意での発話の力が陳述以外になる場合があることではっきりと理解することができる。2.4 節では「冷蔵庫にビールが 3 本入っている」という発話から（状況が整えば）「ビールを冷蔵庫から取ってきてくれ」という推意が生まれることをみた。この場合、推意の発話の力は命令（依頼）で、聞き手に持つように促された命題態度は命題内容の実現になる。

　あるいは門限を超えて帰宅した娘に父親が「遅かったじゃないか」と陳述の発話をして、「今までどこで何をしていたんだ」と娘に推意させようとすることがあるだろう。この場合、推意の発話の力は疑問（詰問）で、聞き手に持つよう期待されている命題態度は、命題内容の実現となる。

　以上、この小節では、発話の力（M と HA/SA の組み合わせ）が what is said の一部であると考えられること、そして話者が聞き手に期待するのは、命題内容の共有そのものだけではなく、命題態度の共有であることを確認した[19]。

　一般的に what is said が命題 p であるように扱われるのは、協調の原理を導入した Grice (1975, 1989: Chapter 2) での例がすべて陳述文（発話の力を形

態的に命題部分から分離するのが困難な場合)であったことが理由の1つだろう。また、Grice (1989: Prolegomena) で、ある種の文のおかしさを説明するのにあたって発語行為理論を提唱する Austin や Searle に対して距離を置く態度を示していて、Grice 自身が発語行為理論の道具立てをそのまま自分の理論的構築物に持ち込むのを意図的に避けていた、とみることもできるかもしれない。

しかし Grice (1989: 362) 自身も、第4章で議論する CI (慣習的推意) と what is said の関係を、what is said が「一階の発語行為 (ground floor speech act)」で CI を「高次の発語行為 (higher-order speech act)」と呼んでいる (Grice 1968: 229, 1989: 121–122 では、「中心的な発語行為」(central speech-act) と「付随的な発語行為」(the speech-act of adding) という用語を使って同じ趣旨の説明をしている)。

Grice が Austin や Searle の発語行為理論に精通していなかったはずはないので、Grice が what is said が(少なくとも)命題と発話の力でできていると認識していたことは間違いないと思われる (2.2節の議論を思い出されたい)。両者の違いは発語行為を構成的な規則 (constitutive rule) (Grice 1989: 19) と考えるのか、非自然的に意味すること(語用論的な意味伝達過程)と考えるのか、という点である(構成的規則とは、統語論的、意味論的に言語システムに組み込まれた規則、といった意味で使われている)。Grice が一貫して発語行為理論の用語を使わないのは、発語行為が非自然的な意味の1例であって、構成的な意味規則(だけ)ではないと考えていたからであろう (Grice 1989: 19–20)[20]。

ここで一度これまでの Grice の意味の分類をまとめておこう。(暫定的なまとめである。最終的な形は4.6節で再び提示する。本書で一般的な Grice の理解に追加した部分を下線で示している。)

(40)　意味の分類まとめ
　　　意味：{自然的意味、非自然的意味}
　　　非自然的意味：{非言語的意味、言語的意味}
　　　言語的非自然的意味：{what is said、推意、<u>心理的な反応の期待</u>}

what is said：{発話の力、発話の命題、発話の様態、感情表出的表現}

　まず、意味全体が自然的な意味と非自然的な意味に分けられる。非自然的な意味には拍手のような非言語的なものと、言語的なものがあった。どちらの場合にも心理的な反応の期待も含まれる。そして言語的な非自然的意味が、what is said と推意に分けられ、ここに心理的な反応の期待が付け加えられている。言語的な非自然的意味全体を Grice（1978: 113, 1989: 41）は、意味作用全体（total signification）と呼ぶのであった。

　また what is said には、発話の力（M と HA/SA の組み合わせ）、命題（p）、発話の様態が入れられている。心理的な反応の期待を促す日本語の丁寧語「です・ます」や英語の卑称 bastard や bitch などのような感情表出的表現が what is said の一部に含められている。

　しかし、このような感情表出的表現は、CI（慣習的推意）として「推意」に分類されることもある。次の章では、感情表出的表現も含め、Grice（とその後の研究）で CI と分類されている現象（言語要素）を取り上げる。そして本書で、感情表出的表現を CI とは別の現象として（what is said の一部として）記述していく理由を説明する。

注
1　発疹と麻疹が Grice（1957: 377, 1989: 213）で使われた有名な例である。ここでは、Grice の主旨を損なわないように配慮しながら、別の例で説明している。
2　三木（2019: 14）は、ここから「話し手の意味の公共性」（話し手が何かを意味し、聞き手がそれを理解したならば、話し手は自分の意味したことを引き受けねばならない）が成立するとしている。Recanati（2004: 14）も同様の示唆をしている。
3　この箇所（Grice 1989: 87）は Grice（1969）の論文が再録された章からの引用である。しかしもとの論文である Grice（1969）には当該部分がない（つまり、Grice 1989 の編集時点で追加されている内容である）。
4　本書の番号の振り方と一貫性が保てるように、定義中の番号の振り方を変更している。内容には一切影響しない。以下同様である。
5　R-intend の概念を厳密にとらえると、無限後退（infinite regress）に陥るという指摘

がStrawson (1964: 446–447)、Schiffer (1972: 17–27) でなされている。Bach (2012: 54–55) はそういった厳格な解釈ではなく、R-intend を「想定」(presume) するだけで十分であるとしている。Sperber and Wilson (1986/1995: 60–64)、は「互いに明白にする」(mutually manifest) という概念を代替として提案している。三木 (2019) はこの問題に正面から取り組んだ重要な論考である。

6 通常非自然的意味の定義のこの部分にはほとんど関心が払われず、something = what is meant/said が当然のことのように仮定されて議論が進められている。Stalnaker (2014: 40, note 10) がこの点を指摘している。

7 Neale (1992: 548) は、次のような類の例に基づいて (1iii) の条件が不要であるとしている。「私はキーキー声 (squeaky voice) で話せる」とキーキー声で発話したとする。すると、発話の内容ではなく、発話の様態だけから「キーキー声で話せる」ことが伝わるので、(1iii) の条件を入れると、(不都合なことに) この発話が非自然的な意味を持たなくなってしまう。Schiffer (1972: 43–48)、Sperber and Wilson (1986/1995: 29, 50–54)、三木 (2022: 150–151) も参照のこと。

8 Sperber and Wilson (1986/1995: 1.10)、Wharton (2009: Chapter 2) は、(1iii) の条件が満たされなくても (1i) と (1ii) が満たされる伝達行為を意図明示的推論的伝達行為 (ostensive-inferential communication) と呼び、語用論的概念として積極的に評価している。

9 2.6 節で標準推意 (standard implicature) の考え方を紹介した。SI は Grice (1975: 51, 1989: 32) の概念であるが (名称は Levinson 1983: 104 から採用している)、一般的にあまり推意の区分に入れられない。しかし、発話全体から心理的な反応の期待が生まれる場合などの説明で、本書では重要な役割がある。

10 McDowell (2006)、Buchanan (2013)、Sullivan (2023) などの一連の研究が命題の確かさ (specificity) の観点からこの主張に異論を唱えている。

11 話者自身の命題態度①を信じることによって、聞き手も同じ命題態度②を持つ、という間接的な部分は省略して記述している。

12 モジュールとは、脳内での機能的役割分担のことと理解すればよい。Fodor (1983)、Carston (2002: 7–8)、Clark (2013: 91–97)、Sperber and Wilson (2002) などを参照のこと。

13 同じ命題が様々な言語形式によって表現できることに関しては、Searle (1969: 22–23)、Birner (2013: Chapter 7) の議論が参考になる。

14 Bach (2001: 18, 2012: 67) は、この考えを否定し退けている。Bach (1994, 1999, 2001) といった重要な論考はすべて「say が mean を伴立する」という仮定を退けたうえで理解する必要がある。Horn (2009: 23) も Bach のこの立場を支持している。

15 Bach (2001: 41) は、Grice の say が広く発話の力を表す動詞一般を表すと理解している。Davis (1998: 5) も参照されたい。

16 (33) は非自然的な意味の定義の 1 つであるが、定義が命題的なやり取りに限定されているようにみえる。しかしこれまでみてきたように、Grice は、聞き手に期待する反応 r を命題的なものに限定していない。Schiffer (1972: 14) は、このような Grice の

命題的な定義に対し、例えば聞き手を侮辱する (feeling humiliated) 場合はどうなるのか、と疑問を呈している。
17 Hanks (2018) は、Searle (1975b, 1979) の分類を批判した上で、非命題的な発語行為も含めた発話の力の分類を示している。
18 学習院大学 2020 年度卒業の北條紗里さんの観察による。
19 会話の中での発話の機能を Grice のように、話者の非自然的に意味する意図や、命題態度ではなく、話者の発話命題に対するコミットメントという点から説明する立場もある (Brandom 1994、Geurts 2019、三木 2019、López 2023)。一度発話をすれば、話者が自動的にその内容に対して社会的な責務を負う、というのがコミットメントの基本的立場である。Stalnaker (1974, 1978, 1999, 2002, 2008, 2014) が提唱する共通基盤 (common ground) は、Grice の非自然的な意味を前提としながらも、基本的に同じ形で機能すると考えられる。共通基盤については 4.1 節で詳しく取り上げる。
20 Stalnaker (1974: 205–206, 2002: 702, 2014: Chapter 2) は、同様の視点から共通基盤 (common ground) の Grice 的な分析 (意味論的ではなく語用論的な分析) を支持している。

第 4 章　CI と心理的な効果

　この章では CI と呼ばれる現象を、Grice の考えを出発点として詳しく考えていく。CI は Grice が提案した概念の中でも最も異論が多いものの 1 つである。CI という概念自体が神話(myth)である、とする研究まである(Bach 1999)。多様な CI の現象や理論をすべて取り上げることは不可能である反面、CI は意味論・語用論的に Potts (2005) 以降盛んに議論されてきた重要な概念なので、多少研究の歴史も踏まえてじっくりと考えていくことにする。最後に、感情表出的表現が CI を生み出す要素とは別のもの (すなわち what is said の一部) として扱う本書の立場を明らかにする。

4.1　Grice の考えた CI

　Grice は、CI をはじめ PCI (特殊化された会話の推意)、GCI (一般的な会話の推意) の着想を Grice (1961) の論文ではじめて提示した (Neale 1992: 510、三木 2022: 186)。この論文が Grice (1989) の 15 章に再録された際、Grice (1961) で推意について議論していた Section 3 が手短にまとめられ (Grice 1975, 1989: Chapter 2 と内容が重なることに配慮したと思われる)、Grice の研究で一番流布している出版物である Grice (1989) にその部分が収められていない。このことが CI の概念が様々に解釈される原因の 1 つになっているだろう (例えば、CI を前提 (presupposition) だとする Karttunen and Peters 1979 の論文には Grice 1961 が参考文献目録に入っていない)。Grice (1961) には、Grice (1975, 1989: Chapter 2) をはじめ、Grice が他では議論し

ていない Grice の CI に対する立場が明確にされている。
　では、Grice (1961) の CI の考え方をみていこう。Grice は、格率や協調の原理とは関係なく、発話に使われた言葉そのものから何かが推論される場合があると指摘する。直接その例をみる前に、格率や協調の原理が発話内容との関係から推意を生む場合をもう一度みておこう。2.4 節で、(41) のような例を考えた。

(41)　A:　How about going out for a drink tonight?
　　　B:　I have a date tonight.

　同僚から飲みに誘われた B は、(41B) のように発話することで (関係性の格率違反によって)「飲みにはいかない」という推意を PCI として伝えるのであった。この場合、(41B) の実際の発話の中に「飲みに行かない」という意味を表す単語が入っているのではないことは明らかだ (推意のてがかりは、関係性の格率の違反 F である)。
　また、2.5 節で、(42) の発話から「ビールの数はきっちり 3 本である」という意味が GCI として推意されることをみた。

(42)　冷蔵庫にビールが 3 本入っている．

　「適切な量だけ言え」という量の格率から、普通話者は「知っている限りで最大の情報」を聞き手にあたえるように期待されている。この格率を話者が守っているという想定から、(42) の発話のビールの数が「きっかり 3 本」であるという推意が生まれるのであった。しかし実際に冷蔵庫に入っているビールの数が、4 本でも 5 本でも、3 本以上入っている限り (42) の命題は真となるので、「3 本」という単語に「きっかり 3 本」という意味が命題内容として含まれているのではない。
　このような PCI や GCI とは違い、単語そのものから発話では言われていない内容が伝わる場合がある。Grice (1961) は、(43) や (44) のような例を使ってこれを説明する (Grice 1989 では割愛されている部分である)。

(43) a. Smith has left off beating his wife.（スミスは妻を殴るのをやめた）
　　 b. Smith has been beating his wife.（スミスは妻を殴っていた）
(44) a. She was poor but she was honest.（彼女は貧しかったが正直だった）
　　 b. There is some contrast between poverty and honest.（貧しさと正直さには何らかの対比がある）
　　　　　　　　　　　　　　　　　　　　　　　　　（Grice 1961: 127）

　(43a) の Smith has left off beating his wife（スミスは妻を殴るのをやめた）からは、(43b) の Smith has been beating his wife（スミスは妻を殴っていた）という意味が想起される。(44a) の She was poor but she was honest（彼女は貧しかったが正直だった）からは、話者が (44b) の There is some contrast between poverty and honest（貧しさと正直さには何らかの対比がある）と考えていることがわかる。
　(43) や (44) の場合、格率や協調の原理ではなく、発話（あるいは使われている表現）自体から別の意味が伝わっているように思える（(43a) では恐らく left off によって、(44b) では but によって発話自体の命題とは別の意味が伝わるということになるだろう）。さらに Grice は、(43) と (44) では「伝わっている別の意味」の性質が異なるという。(43) は前提 (presupposition) の例で、(44) が慣習的推意 (CI) の例ということになる（慣習的推意という用語は、Grice 1975, 1978, 1989 ではじめて使われることになる）。
　この2つは、発話の時点で聞き手が二次的な意味をあらかじめ了解している必要があるかどうか、という点で区別される。「スミスが妻を殴るのをやめる」という趣旨の内容の (43a) の発話は、話者も聞き手も「それよりも前にスミスが妻を殴っていた」という (43b) の内容を了解していない場合ぎこちなくなる。これに対し、but を用いた (44a) の発話は、聞き手が (44b) で示されたような、貧しさと正直さに対比があることをあらかじめ知っている必要は全くない。
　また、(43a) の場合、(43b) が成立していないと（つまりスミスが妻を殴っていなかった場合）、発話が真であるとか偽であるとかいうことはできないと感じられる。これに対し、(44a) の場合、(44b) が成立していない場合（つまり聞き手が正直さと貧しさに対比がないと思っている場合）でも、実際

She was poor であり she was honest が成立していれば、発話の命題は真だといいたくなる。

　このようにある単語の使用から生まれる意味のうち、発話の命題の真偽に影響を与えないような意味で、なおかつ（発話前から聞き手が知っているのではなく）発話時点で聞き手に伝わる意味（今の例の場合には but によって伝わる意味）を Grice (1975, 1989: Chapter 2) は CI と呼んだ[1]。

　したがって Grice (1961) は、はじめから CI の概念が前提と対比される概念であり、前提とは違う種類の意味であると認識していたことになる[2]。Grice (1961) は、(43) の説明で、(43b) を前提の例として挙げ、これが成立することが (43a) の真偽を判断するための必要条件 (necessary condition) であるとしている（あるいは、そのような可能性がある、としている）。Grice はこの部分で共通基盤 (common ground、以降 CG と呼ぶ) という用語を使っていないが、CG は (43) と (44) の違いや、以下の議論でとても有用な概念であり、なおかつ（一般的にはあまり知られていないが）Grice が恐らく初めて使った概念なので、CG の説明をはじめにしておこう。

　CG は、Stalnaker (1974, 1978) が提唱した概念として紹介されることが多い。まず Stalnaker の CG と前提の考え方をみておこう。

(45)　A proposition is presupposed if the speaker is disposed to act as if he assumes or believes that the proposition is true and as if he assumes or believes that his audience assumes or believes that it is true as well. Presuppositions are what is taken by the speaker to be the common ground of the participants in the conversation, what is treated as their common knowledge or mutual knowledge.　　(Stalnaker 1978: 321)
ある命題が前提とされている場合、話者はその命題が正しいと信じているか、そう仮定しているように振る舞う気持ちになっていることになる。また聞き手もその命題が正しいと信じているか仮定していることを、話者は信じているか仮定しているように振る舞う気持ちになっていることになる。前提とは、会話の参加者の共通基盤であり、共通の知識、あるいは共有している知識だと会話の参加者に扱われている

事柄である。

(45)によると、CGとは、会話の参加者が共有している知識だと受け取っている事柄ということになる。(CGと同じ、あるいは類似の概念が多くの研究者によって提案されている。common knowledge (Lewis 1969)、mutual knowledge (Schiffer 1972)、mutually shared background information (Searle 1975a: 60–61)、mutual cognitive beliefs (Bach and Harnish 1979)など。)

もう少し具体的に説明しよう。普通会話の参加者は、会話を全くの白紙状態から始めるのではない。例えば筆者と筆者の妻とでは、これまでともに経験したり、話の中から共有したり、あるいは会話の起こっている場面で妻と筆者が互いに了解しているとみなしてよいようなことを前提に話をしている。

筆者は月曜を休肝日にしている。そのことを知っているのは恐らく私と妻だけである。月曜の昼に辛いことがあって、私が妻に「今日は NA やめておこうかな」などと発話することができる(NA とは non-alcohol の略で、お酒を飲まない日という意味で使っている)。この発話がぎこちなくないのは、私も妻も「月曜日は NA である」という前提があるからである。そしてこの前提が、私と妻の CG(共通の、あるいは共有している知識だと扱われている事柄)に入っている。したがって CG とは、会話の参加者が当然視している事柄すべてであると考えることができる。

CG は、会話の参加者が変わればその都度変わることになる。例えば教室で学生に対して話をする場合、「来週のテストは中止にします」と発話するようなことがあるだろう。もちろん「来週にテストが予定されている」という前提が、筆者と学生との間で前提とされ、これが私と学生の間の CG に入っているからこそこの発話は不自然にならない。

2 つの例の発話を逆転させて、筆者が妻に「来週のテストは中止します」と告げたり、授業中に「今日は NA やめておこうかな」などと発話しても意味をなさない(必要な前提が CG にないのであれば)。(今は、感情表出的な表現のことは考慮から外すが、前提や CG 以外に「します」と「おこうかな」の部分も逆転した発話の場合、不自然になる。)

はじめに述べたように、CG は、Stalnaker (1974, 1978) が提唱した概念として紹介されることが多い（前提 (presupposition) の方は、Strawson 1950, 1952 がよく言及される）。しかし Stalnaker (1978: 321, note 8, 2002: 701, note 1) で、Grice が 1967 年に Harvard 大学で行った、William James Lectures でこの概念を使っていることを注記している (Stalnaker 2014: 35 では、CG の考え方が Grice の協調の原理や非自然的な意味に基盤があるとしている)。Grice 自身も、Grice (1981: 190, 1989: 65, 274) で CG の概念を用いている。Grice は、CG にある事柄は「（真偽が）問題とされる可能性がないこと」(not something that is likely to be challenged)、だとしている。

ここで、会話参加者の CG を楕円で表現すると、前提である (43b) は (46) の発話前の楕円の中にある命題として理解できる。

(46) 前提

o: Smith has been beating his wife
p: Smith has left off beating his wife

発話の前の CG1 には、すでに Smith has been beating his wife という命題 o があって、発話後に発話内容の命題である p (Smith has left off beating his wife) が CG2 に加えられている（発話前と発話後の CG の違いを数字で表示している）。（「非自然的に意味する」の定義から考えると、話者は聞き手の CG が、CG1 から CG2 へ変化するように意図して発話した、ということになる。CG1 から CG2 への変化が実際にあったかどうかまでは「非自然的に意味する」が関与しない。この点は、4.7 節で uptake を議論する際に考える。CG と非自然的な意味は密接な関係にある。Stalnaker 2014: Chapter 2 を参照のこと。）

これに対し、CI の場合には、発話前に（発話内容が自然になるために）必要な命題が存在しない（もちろん、その他の多様な命題が CG にあるが、今

はその部分を考えないでおく)。再び CG を楕円で示すと、(44b) の意味解釈は (47) のように表現することができる。

(47) CI

p: she was poor and she was honest(彼女は貧しく正直だった)
p': there is some contrast between poverty and honest(貧しさと正直さには何らかの対比がある)

　(46) と違い、(47) では、発話前に特定の前提が必要とされていないので、楕円の中は空である。(前提と区別するために) but がもたらす推意を p' として示している。右の楕円では、発話後に、発話の命題である p (she was poor and she was honest) と推意 p' (there is some contrast between poverty and honest) が、発話と同時に CG に追加され、CG1 が CG2 へと更新される形になっている (Neale 1999: 63, 2001: 164 の議論も参照されたい)。そして発話の命題 p から、CI を導く言語要素である but を削除し、(便宜的に) and で置き換えている。Grice は、発話の真偽に影響を与えない but のような言語要素を what is said から外して、推意の領域に位置づけるのである (以下で Grice が CI をこれとは別のとらえ方をしていくこともみる)。

　この考えによると she was poor but she was honest という発話は、she was poor and she was honest という what is said の p の部分と、but から想起される推意の p' の部分とで成立していることになる。but は but 自身が推意なのではなく (この部分が CI の議論を複雑にする部分である)、推意を生み出す「操作子」のように機能していることがわかる (Bach 1999: 348、Potts 2005: 40)。but は語彙的に p' を生み出すような指示的な意味を持っている (すなわち意味的な操作を語彙化している) のである。

　今 CI である p' と発話 (but を含む) との関係を (6) の相関から考えてみる。

（6） Ranges of variables;
　　　f: features of utterances
　　　r: responses
　　　c: modes of correlation (such as iconic, associative, conventional)
　　　　　　　　　　　　　　　　　　（Grice 1969: 163, 1989: 103）
　　変項の定義域：
　　　f: 発話の特徴
　　　r: 反応
　　　c: 相関の様態（例えばイコン的、連想的、慣習的）
　　　　　　　　　　　　　　　　　　　　　　（『論理と会話』p.157）

　話者は p' を聞き手に信じてもらおうとしていて、これが反応 r ということになる。そしてこの推意が少なくとも発話の特徴（すなわち but を含んでいること）から導かれるので、f と r を結ぶ相関の様態 c は慣習的（conventional）なものとなる。それでも p' が推意（と考えるので）、こうした現象を CI と Grice は呼ぶのである。(47) の p から but を除外して and で置き換えているのは、but が what is said の一部ではなく推意（CI）を生み出しているという Grice の説明を反映させている。
　これに対し (41B) の「飲みに行かない」という PCI や、(42) の「きっかり3本」は、同じ推意でも発話の内容と格率の相互作用から連想的に導かれるので、相関の様態 c は連想的となり、CI と区別されることになる。通常 PCI、GCI は推意の内容のことを指す。したがって、but のような単語は CI そのものではなく、CI を生み出す操作子と呼ぶ方が混乱がない。そして生み出される推意そのものは、CI の操作子を含んでいる発話とそのコンテクストから推論される。この意味では CI にも、PCI のようなコンテクスト依存性がある (Neale 2001: 157–158, 161)。
　前提に関して、もう1つ語用論的に重要な現象があるので追加して考えておく。先に前提の場合、前提を聞き手も了解していないと発話がぎこちなくなることをみた。しかし、時として話者は、前提が CG にあることが必要な表現を、前提が CG にないことを承知の上で（すなわち聞き手が前提の内

容を知らないことを承知の上で)意図的に使うことがある。

　例えば、最近ハワイに行ってきて、それを友達に伝えたいとする。しかし「ハワイに行ってきた」とそのまま言うのは自慢しているように聞こえて恥ずかしい。そこで「ハワイからの帰りの飛行機は混んでいた」と発話する。話者がハワイからの帰りの飛行機に乗っているためには、話者がハワイに行ったことが前提となる。しかし友達はそのことを知らない。それを承知の上で、「ハワイからの帰りの飛行機は混んでいた」という発話をする。この発話とCGを一貫させるために聞き手は、(本来CGにはない)「話者がハワイに行った」という命題をCGの中にあるかのように受け入れるしかない。このように、共有されていない前提を受け入れる行為を前提の調停 (presupposition accommodation) という (Strawson 1971、Stalnaker 1974、Lewis 1979)。

　「ハワイからの帰りの飛行機は混んでいた」の命題に、「話者がハワイに行った」という命題が含まれているわけではないが、「ハワイからの帰りの飛行機」に話者が乗っているためには、話者がハワイに行ったのでなければならない。(「ハワイからの帰りの飛行機は混んでいた」という発話で、「話者がハワイに行った」を前提の調停で伝えるのは、嫌味な感じにもなるかもしれない。)

　GriceがCIの操作子の例として挙げている表現はごくわずかである。参照の便のために、(48) にCIの例と、それらが言及されている場所を示しておく。

(48)　GriceがCIの操作子として提案した言語表現
　　　but: 1961: 126–132, 1978: 117, 1989: 46, 88
　　　therefore: 1975: 44–45, 1968: 227–228, 1989: 25, 120–121, 362
　　　on the other hand: 1989: 361–362
　　　moreover: 1968: 228, 1989: 121
　　　so: 1989: 362

　Griceは、CIを論じるとき、what is saidからCIを独立させることを中心

的な目的としている。大雑把な言い方をすれば、but から導かれる意味は、話者がその発話で陳述したことではない、と考えようとしているのである。

　どうしてそのように考えるのか、Grice 自身の言葉から探ってみよう。

(49)　He is an Englishman; he is, therefore, brave.
(50)　...I do not want to say that my utterance of this sentence would be, STRIUCTLY SPEAKING, false should the consequence in question fail to hold. So SOME implicatures are conventional, unlike the one with which I introduced this discussion of implicature.（強調は Grice のもの）
(Grice 1975: 44–45, 1989: 25–26)
私によるこの文の発話は問題の帰結関係が成り立たないときには厳密には偽になる、というふうには私は言いたくない。だから、含みについての議論の最初に挙げた例とは違って、いくつかの含みは慣習的である。　　　　　　　　　　　　　　　　　　　（『論理と会話』p.36）
(Grice 1961: 127 の、Grice 1989: Chapter 15 からは省かれている部分に、(49)の例文に関して同趣旨の説明がされている。)

　(49)の発話の therefore が、CI の操作子である。そして A therefore B という発話があるとき、普通「A の帰結として B」である、という意味が伝わる。しかし、この推論が間違っていたとしても、つまり、A と B に因果関係がなく、A と B とがそれぞれが独自に正しい場合、発話全体の意味が偽だとは言いたくない、と Grice は考えている。(49)の例でいえば、「彼がイギリス人」で「彼が勇敢であれ」ば、「彼が勇敢である理由がイギリス人であるから」という部分が正しくなくても、(49)の命題を偽だとは言いたくない、ということである。

　この記述から、Grice が、CI によって伝わる意味が発話そのものから伝わる意味とは違う（すなわち推意だ）と考えた理由がわかる。一般に推意の真偽は、発話の命題の真偽に影響を及ぼさないからである。例えば(41)の会話で、B が、I have a date tonight と発話し「今日は飲みに行けない」と聞き手に推意させたとする。しかしその後、その推意を打ち消して But one beer wouldn't hurt（ビール1杯くらいならいいや）と発話して、推意を打ち消したとしても、もとの発話の命題である I have a date tonight が打ち消されるわけではない（(49)の、「彼がイギリス人である」という命題と「彼が勇敢である」という命題が真であることが、CI が持つ両者の相関関係の真偽に影響されないことと並行関係になる）。

　ここまでの説明は、Grice の CI の標準的な説明である。しかし Grice の CI に関する議論をさらに詳細に検討していくと、Grice は、CI がもたらす文脈上の効果が、発話の命題や他の種類の推意が文脈上にもたらす効果とは性質が異なると考えたように受け取れる箇所がみつかる。この点を以下で詳しく検討していく。

　まず Grice は CI に関連して、中心的意味（central meaning）という概念を導入する。

(51)　I want here to introduce some such idea as that of "central meaning."
　　　　　　　　　　　　　　　（Grice 1989: 88、Grice 1969 にはない部分）
　　　ここで「中心的意味」なる概念を導入したい。（『論理と会話』p.132）

(51)で、Grice は、「中心的に意味した」という概念を導入し、これを用いて発話から伝わる命題的内容（つまり中心的に意味した事柄）と CI として伝わる内容を区別しようとしている。

　そして中心的意味ではない方の意味作用（つまり CI）が、中心的な発語行為とは別の発語行為であるという考え方に傾いていく。

(52)　...for example, the meaning of "moreover" would be linked with the speech-act of adding, the performance of which would require the performance of one or another of the central speech-acts.
　　　　　　　　　　　　　　　　　　　　（Grice 1968: 229, 1989: 122）
　　　例えば、「そのうえ」の意味は付け加えるという言語行為と結び付けられるだろうが、付け加える行為を行うためには何らかの中心的な言語行為が行われなければならないのである。　（『論理と会話』p.187）

(52)で Grice は、CI（この場合 moreover）の発話での貢献が「付け加える」という、中心的な言語行為に依存した発話行為（訳では言語行為となっているが、同じ意味である）であるとしている。(52)の説明では、依然として CI が「追加的」情報を与えているということになるので、基本的に(47)で示した理解（CI が追加的な推意としての命題 p' ととらえる考え方）でよさそうに思える。

しかし Grice (1989: 362) は、この考えを(53)のように発展させていく（Grice 1989 の最終章「回顧的あとがき」(Retrospective Epilogue) からの抜粋である）。

(53) 　...as he is performing these speech-acts he is also performing a higher-order speech-act of commenting in a certain way on the lower-order speech-acts. 　　　　　　　　　　　　　　　(Grice 1989: 362)
　　　彼はそれらの言明を行うのと同時に、より低次の言語行為に一定の仕方でコメントを加えるというより高次の言語行為を行っている。
　　　　　　　　　　　　　　　　　　　　　　（『論理と会話』p.314）

Grice (1989) には、主に Grice が過去に発表してきた論文が（これまでもみてきたように手が加えられた上で）再録されている。しかし最終章の「回顧的あとがき」は、この本の出版で初めて公開された内容で、その意味でGrice の発展的な考えが示されていると考えてよいだろう（しばしば回顧的あとがきの内容は、前半部分と首尾一貫しないことがある）。

(53)の these speech-acts は、中心的言語行為で、Grice はこれを低次の発話行為 (lower-order speech-acts) であるとしている（「低次」というのは「基本的」という意味で、否定的なニュアンスではない）。そして CI は高次の発話行為 (higher-order speech-act) として低次の言語行為にコメントをする機能であるとしている。(53)の説明では、CI の意味機能が、単に中心的な言語行為に追加される言語行為であるだけではなく、中心的な言語行為とは次元が異なる言語行為であるとされている。

Grice はこれ以上の説明を与えることなく議論を終えている。ここではこ

の「次元の違い」に関して2つの説明の可能性を、CGを利用して示しておく。1つ目の可能性は、CIが「低次の発語行為にコメントする」という機能を積極的なCGへの貢献とは考えない、という見方である。

(54) CI
　　　発話：A but B
　　　CGの変化

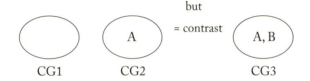

　(54)で、話者がA but Bと発話したとしよう。まずAと発話した時点で、Aが（聞き手がこれを受け入れれば）CGに加えられる。これがCG2で表示されている。そして話者はBと続ける前にbutと発話する。するとbutは、次に発話するBの内容とAの内容に対象（contrast）があることを聞き手に知らせ、Bの内容をある程度予測させる。そして聞き手の了解があれば、最終的にBもCGに追加される。最終的にCGは、CG3のように、AとBの命題を新たに含むことになる。（関連性理論の「手続き的意味」(procedural meaning)による説明も同じ趣旨であると思われる。Blakemore (1987, 1989, 1992, 2002)を参照されたい。Wharton (2009: 60)が、(54)のような解釈でのCIと手続き的意味の考えの関係を指摘している。）

　この説明によると、発話後のCG3にはbutによるCGへの貢献が記録されていない。つまり、butはBという命題の提示に当たって、その内容に話者が一時的なコメントを加えたのであって、聞き手の同意を求めてCGを変化させるように提案しているのではない、という理解になる。(53)で示された次元の違いが、この説明ではCGへの貢献の違いとしてとらえられている。

　2つ目の可能性は、CGをよりきめ細かくモデル化する方策である。これまでCGを概ね、会話参加者が異論を唱えることなく進行する会話の中で

当然視されている命題の集合と考えてきた。しかし、会話を続ける上で、必ずしも会話参加者全員が同意している命題だけで会話がうまく進むとは限らない。

「雪男が存在する」というトピックで2人が会話をしている場面を考えてみよう。1人は雪男が存在すると信じていて、もう1人は存在しないと信じているとしよう。お互いに証拠や根拠を出し合って、何とか相手の考えを撤回させようとしている。この場合「雪男が存在する」という命題はCGにない。一方の話者だけがこの命題を信じていて、他方が信じていないからである。しかし「雪男が存在するか」という議論は、お互いが別の信念を抱いていることを知っていなければ成立しないだろう。

ということは、会話の成立には「会話参加者の(全員ではなく)一部だけが信じていて、かつそのことを会話参加者全員が知っている」命題というものがあるということになる。そのような命題の集合は談話的責務(discourse commitment)と呼ばれる(Gunlogson 2001、Farkas and Bruce 2010、Rett 2021)。談話的責務はDCと表記していく。

A but Bという発話の場合、AとBをCGに加える際、必ずしも2つの命題の対比命題((47)のp')が真でなくてもよいとGriceが考えていたことをみた。それでも(53)によれば、話者はAとBとの関係について高次の立場からコメントしていることになるという。だとすると、このコメントの命題は話者と聞き手との間で共有されるCGにではなく、話者だけが信じていて、かつそのことを聞き手が知っている話者のDCへと追加されるという考え方が可能である。

これは(55)のように表記できるだろう。

(55) CI

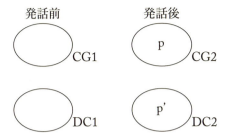

p: she was poor and she was honest（彼女は貧しく正直だった）
p': there is some contrast between poverty and honest（貧しさと正直さには何らかの対比がある）

　(55)では、上に CG の変化が、下に（話者の）DC の変化が示してある。この DC を利用した考えによると、A と B に対比があるという命題が、発話後に聞き手の DC2 に加えられている（もちろん発話の命題 p は GC2 に加えられている）。(54)との違いは、(55)では A と B との対比が、話者が 2 つの命題を提示する際の遂行的（performative）な提示の仕方ではなく、独立した命題として（CG ではないにせよ）DC に記録されているということである。p' は話者の DC に追加されただけなので、聞き手は p' の真偽とは独立に p の命題内容を評価し CG に加えることができる。この方策によっても、p と p' の次元の違いをとらえることができるだろう。
　but や moreover が会話の中で果たす役割が、少なくても通常の発話の推意とは異なっているのは確かであると思われる。例えば I had only ten dollars but bought the hot dog という発話を聞いて、その後どんなものであれ but が会話の中で果たした貢献（前の命題と後ろの命題の対象性）を聞き手がはっきり記憶しているとは考えにくい。これは、PCI と比べてみると明らかである。(41B)の、I have a date tonight という発話の推意「飲みに行かない」は、この情報こそが A にとって関連性が高く、B が推意を取り消さない限り 2 人の CG に推意の命題が加えられることは明白である。これに対し、CI の操作子がもたらす命題（あるいは発語行為）は、会話の中で重要性が低く、Grice が(51)-(53)でとらえようとしているのは、こうした CI の 2 次的な側

面だと理解してよいだろう。

　本書では、Griceの「非自然的な意味」(話者が聞き手に期待する効果)をCGの変更にかかわる部分で考えていきたいので、Griceの意味でのCIの役割は限定的となる。しかしCIという概念は、Bach (1999)、Potts (2005) らの研究で大きく取り上げられ、現時点で意味論・語用論の概略を理解する上で欠かせない。

　次節では、Bach (1999) が、CIを神話 (myth) と呼び、CIが言語学的に有効な概念ではないと考えたことを紹介する。その後Potts (2005) の研究を紹介し、感情表出的表現とCIの関係の議論へと進むこととする。

4.2　Bach (1999)：CI は神話 (myth) である

　上でも触れたようにBach (1999) はCIという概念で説明される現象が、推意ではないとして退ける。Bach は、Grice および他の研究者がCIの操作子だとする言語要素を2つに分け、それぞれ推意とは別の説明を与える。1つ目は「いわゆるCI装置」(alleged conventional implicature devices) とBach が呼ぶ言語要素である(以下、Bach にならってACIDs と呼ぶ)。(56) がその例である。

(56) ACIDs
　　a.　adverbs (副詞)：already, also, only, still, too, yet
　　b.　connectives (接続詞)：<u>but</u>, nevertheless, <u>so</u>, <u>therefore</u>
　　c.　implicative verbs (含意的な動詞)：bother, continue, manage, stop
　　d.　subordinating conjunctions (従属接続詞)：although, despite, even though
　　　　　　　　　　　　　　　　　　　　　　　　　　(Bach 1999: 333)

　GriceがCIの操作子として挙げたbut、so、thereforeがACIDsに入れられている(下線で示してある)。そして(43a) の leave off (やめる) とほぼ同じ意味である stop が、含意的な動詞 (implicative verbs) の1つとして入れられている。含意的な動詞とは、その動詞が直接いい表すことの他に2次的な命

題を伝えるような動詞のことである((43)の例を参照のこと)。

　ここから Bach は、Grice の CI を、(ある種の)前提として理解していることがわかる。そして ACIDs を保持操作子(preservative operator)と呼ぶ(Bach 1999: 352)。理由は、これらの言語要素が、もとの命題を保持したまま、2つ目の命題を作り出すように機能するからである((43)もその1例である)。ここでは、Bach (1999: 352–353)で与えられた説明をみてみよう。

(57)　Cal is *still* on the phone. (Cal はまだ電話をしている)
(58)　a.　Cal is on the phone. (Cal は電話をしている)
　　　b.　Cal has been on the phone. (Cal は今まで電話をしていた)

　(57)の still が保持操作子で、ここから (58a) の命題を保持したまま、2つめの命題(58b)が派生されている(このように1つの発話が複数の命題を持ってもよいとする考えについては、他に Neale 1999, 2001 を参照のこと)。

　この説明は基本的に Grice の(44)の CI の説明と同じである。Bach が保持操作子から生まれた2つ目の命題を、なぜ推意と呼ばずに2つ目の発話の命題として扱うかというと、ACIDs が、間接引用テスト(indirect quotation test)(以下 Bach にならって IQ テストと呼ぶ)を通過するからだとされている。IQ テストとは、誰かの発話を間接引用の形で従属節に埋め込むことが可能かどうかのテストである。ACIDs はこの操作が可能である。

(59)　a.　She was poor but she was honest.
　　　b.　Jack said that she was poor but that she was honest.
(60)　a.　She stopped drinking.
　　　b.　Jack said that she stopped drinking.

　(59a)の but は、そのまま間接引用の(59b)で従属節中に現れ、(60a)の含意的な動詞 stopped は、(60b)の間接引用部分に問題なく埋め込まれている。Bach は「間接引用の that 節は、引用されている発話の what is said を特定する」('that'-clause in an indirect quotation specifies what is said in the utterance being reported)としている。what is said の中に含まれるということは、同時に but や stopped がもたらす意味効果が推意ではない、ということを意味することになる[3]。

この議論がどこまで説得力があるのか筆者には判断ができない。というのも、もし間接引用に現れることが what is said の一部であることの証拠であるとしたら、ごく普通の PCI も what is said の一部ということになってしまわないだろうか。

これを(41B)の PCI で考えてみよう。

(41)　A:　How about going out for a drink tonight?
　　　B:　I have a date tonight.
(61)　B said he had a date that night.

(41B)の発話で、飲みに行くことを断られた A が、のち別の C から「ところであの日、B と飲みに行ったの」と尋ねられたとしよう。A は(61)のように、B said that he had a date that night と発話して、B の意図が「(デートだから)飲みに行かない」と断られたことを報告することができるだろう。そしてこの推意は、もちろん A が意図した推意ではなく、B が意図した推意を A が報告しているだけであろう。(Recanati 2004: 15 は、Bach の IQ テストを「かなり怪しい」(most objectionable)と批判している。)

ここではこの問題に結論は出さずに、CI の操作子の候補として挙げられることがあるが、やはり Bach (1999) が CI ではないとして退ける 2 つ目の言語要素について検討していく。Bach (1999: 341) は、これらを発話修飾詞(utterance modifier)と呼ぶ。(62)が発話修飾詞の例である(かなり多くの例が挙げられているので、ごく一部を挙げるにとどめる)。

(62)　発話修飾詞
　　　by the way, first of all, <u>moreover</u>, <u>on the other hand</u>, in other words, frankly, needless to say

下線部は、Grice が CI の候補として挙げている言語要素である。これらの発話修飾要素は、発話の命題内容ではなく、発話の力を修飾する表現であるといえる。moreover と on other words を例にこれを確認してみよう。

(63) a. Moreover, Bill is honest.
b. In other words, Bill is a liar. （Bach 1999: 341）

moreover は、すでに言った事柄に加えて今から言う事柄を陳述する、というときに使う。(63a) であれば、すでに (Bill is smart のような) 他の何か別の発話と命題があって、それに「追加して発話すると」という意味である。発話を命題と発話の力に分けるとしたら、moreover が修飾するのは命題ではなく発話の力の方である。

同様に、in other words が (63b) で修飾しているのも、Bill is a liar という発話の命題内容ではなく、その命題を聞き手に信じさせようという発話の力の方である。例えば、先行発話に Bill is not honest があったとしよう。この発話自体も Bill が不正直であることを聞き手に信じさせようとしている発話の力がある。続く in other words は、「今の言い方に加え、別の言い方で聞き手に Bill の不正直さを信じさせようとするなら」といった形で、発話の力を修飾するように機能する。

Bach (1999: 360) は、このような要素が、2次的発話の力 (second-order illocutionary force) をコード化しているとする。上で Grice が、CI と what is said の関係を、what is said が「低次の発語行為 (lower-order speech act)」で CI を「高次の発語行為 (higher-order speech-act)」と呼んでいることを紹介した。Bach の説明は、これと同じ趣旨である。したがって発話修飾詞の Bach の説明は、上でみた (54) か (55) の Grice の説明と同じことになる (Bach は、Grice の説明そのものではなく、Grice が発話修飾詞とその意味的貢献を推意と呼ぶことに反対しているのである)。

写真の比喩を使って追加説明しておこう (やはり、写真をみせる行為では厳密な非自然的な意味が生まれないとする部分は忘れよう)。いま「冷蔵庫にビールが3本入っている」写真を妻が夫にみせる。写真が p でみせる行

為が発話の力（MとHA/SAの組み合わせ）である。そして妻は夫に人差し指で合図して「もう1枚ある」と仕草をしたうえで、「枝豆が茹で上がって皿に盛ってある」写真をみせる。人差し指の合図がBachが（そしてGriceが）考える、2次的発話の力である。

　今の状況で、1次的な情報のやり取りになっているのは2枚の写真をみせるという行為と写真である（非自然的な意味が成立するには、このみせるという行為（あるいは絵を描いてみせるという行為）が重要な役目を果たしていたことを今一度思い起こそう）。人差し指で「もう1枚ある」ということを伝える行為は、この基本的な情報のやり取りを1つ上の立場（second-orderあるいは、higher-order）で制御する役目を果たしている。これは1次的な情報のやり取りの「交通整理」のような役目で、推意とはいえない（というのがBach 1999の論点である）。

　この節ではBach (1999)の「CIは神話である」という主張を検討してきた。GriceがCI操作子の例として挙げた、but、therefore、soはIQテストに通るのでCIではなく、2次的な命題を生む保持操作子であると分析されていた。（GriceがCI操作子として挙げる残りの候補であるmoreoverやon the other handが含まれる）発話修飾詞は、会話のやり取りを実際の発話の外側から（あるいは上から）制御するように機能する2次的発話の力であると分析された。Griceの提案したCI操作子は、2つの種類に分けられ、それぞれが推意とは違う要素として説明され、CIという概念が神話であると論じられた。

4.3　挿入的な要素

　4.2節では、Griceの挙げるCI操作子が、実際には推意ではなく、CIという概念そのものが不要であるというBach (1999)の主張を検証した。この節と次の節では、Griceは挙げなかったが、CIを生み出していると指摘されてきた構文、言語要素を取り上げる。この節では挿入的な構文を議論し、続く4.4節では感情表出的な表現を考察する。

　Chierchia and McConnell-Ginet (2000)は、(64)の下線部のような非制限

的関係詞節が CI である可能性を示唆している。

(64) Jill, <u>who lost something on the flight from Ithaca to New York</u>, likes to travel by train.　　(Chierchia and McConnell-Ginet 2000: 351–352)

(64)の下線部分「Ithaca から New York への飛行移動中にものをなくした」(who lost something on the flight from Ithaca to New York) という命題が真であるかどうかは、主文の命題である「Jill は電車での移動が好きだ」(Jill likes to travel by train) が真であるかどうかに影響を与えない。仮に飛行移動中に何もなくしていなくても、電車での移動を Jill が好きであれば、(64)の発話の命題は真であり、そうでなければ偽である（という直感が英語話者にある）。

また(64)の下線部分の意味は、まさに用いられている言語要素の慣習的な意味から生まれているので、CI の候補となる（この場合、使われている文字通りの意味が推意となるので CI 操作子ではなく、CI としてよいだろう）。

Potts (2005) も同様の理由から、as による挿入句(65a)、非制限的関係詞節(65b)（これは(64)と同様の例である）、名詞的同格句(65c)などを CI であるとしている。

(65) a. Ames was, <u>as the press reported</u>, a successful spy.
　　　b. Ames, <u>who stole from the FBI</u>, is now behind the bar.
　　　c. Ames, <u>the former spy</u>, is now behind the bars.　　(Potts 2005: 13–15)

(64)や(65)の挿入的な構文は、どれも発話時点で聞き手が内容を共有している必要はなく、前提ではないと考えられる。こうした事実から Potts は、構成的意味論に基づいて、CI の意味と主命題の意味（これは at-issue content（会話上で主に話題になっている内容）と呼ばれる）が別々に算出される巧妙な仕組みを提案している。その仕組みは、(47)で記述した CI の伝わる仕組みと整合的である。内容を名詞的同格句(65c)のものに変更して、再び CI の伝わり方と、CG の更新を概観しておこう。

(66) CI

p: Ames is now behind the bars（Ames は今刑務所に入っている）
p': Ames is the former spy（Ames は元スパイだ）

　Potts は p の意味と p' の意味を一連の手続きを経たうえで独立に計算する仕組み（the logic of conventional implicature（慣習的推意の論理））を提案する。そしてそれぞれが別の命題 p と推意命題 p'（どちらも複数でありうると Potts は仮定している）を算出する。

　Potts(2005) の理論はそこまでである。計算された命題 p と p' がどのように CG に組み入れられるかに関しては積極的な提案をしていない。しかし、Potts(2005: 54, 95) の記述から判断すると、p と p' に質的な違いはなく、(66) の CG2 のように、p' も p と同様の資格で CG に追加されるととらえられているようである（発話の計算過程として主命題と CI が独立しているが、命題が産出された後は同等の命題として扱われている）。つまり Potts(2005) が目指したのは、CI を構成的意味論の中で位置づけて、主命題とは独立の CI の命題を計算する仕組みを提示することであると理解できる。

　Potts の研究のこの部分を細かく解説しているのは、Potts の「発話の命題が、主命題と CI の命題では別の種類になる」という問題意識（志向性）が、後の感情表出的な表現の研究の道しるべになっているとみることができるからである。主命題と CI が別の種類の命題に分かれるという考えは、Potts(2005) が Karttunen and Peters(1979) から引き継いだとしている。ここまでの議論から明らかなように、CI の意味的貢献が主命題と異なるという視点は、本来 Grice に起源が求められる。しかし、この観点で Grice が言及されることはほとんどないので、以下では Karttunen and Peters(1979) や Potts(2005) とこれに続く一連の研究を、Grice の考えに関係づけながら考察していくことにする[4]。

4.4 感情表出的な表現が CI ではないこと

4.3 節では、Grice 自身が CI の候補としては挙げていなかったものの、Chierchia and McConnell-Ginet (2000) や Potts (2005) で CI であると主張された挿入的な表現を検証し、Potts の分析と Grice の分析を結びつけて議論した。最後に Potts が、普通の命題と CI から生まれる命題を何らかの意味で区別していく方向性を示したことをみた。この節では、もう 1 つの CI 操作子であるとされる、感情表出的な表現を取り上げる。こちらも Grice が CI の候補として挙げることはなかったが、後の研究で CI である可能性が追求された言語表現である (Levinson 1983: 128–129、Mey 2001: 50–52、Potts 2005: Chapter 5、McCready 2010、Gutzmann 2015, 2019、Sawada 2018)。

はじめに、どのような理由で感情表出的表現が CI 操作子であると主張されることがあるのかをみる。そして Grice 自身の CI に関する考えをもとに、本書では感情表出的な表現を CI 操作子としては扱わない理由を説明する。最後に、感情表出的な表現が命題とは違う形で聞き手に影響を与えようとしている、という新しい語用論的・意味論的な提案を紹介し、本書の立場をこの提案の中で位置づける。

感情表出的な表現とは、(すでに本書でみてきたように)日本語の敬語(「です」「ます」「召し上がる」「参る」「いらっしゃる」)や英語の卑称語(bitch、bastard)や罵倒語(fucking、damn)、フランス語やドイツ語などの 2 人称単数代名詞の使い分け(vous(敬称)と tu(親称)および Sie(敬称)と du(親称))である。これらの要素は発話の命題内容の真偽に影響を与えない。(67)が、おなじみの対比である。

(67) a. 冷蔵庫にビールが 3 本入っている.
    b. 冷蔵庫にビールが 3 本入っています.

(67a)のように「ます」をつけない場合も、(67b)のように「ます」をつけた場合でも、「冷蔵庫にビールが 3 本入って」いればどちらの命題も真になる。「ます」は発話の真偽に影響を与えない。そして「ます」によって『丁寧な

感じ』が伝わるが（心理的な効果の意図であることに注意）、これは「ます」に備わる慣習的な力（辞書的な意味）によるものなので、CI の候補となる。また、『丁寧な感じ』は発話時点で生まれるのであって、発話前に『丁寧な感じ』があるわけではないから、「ます」の意味作用は前提でもない。

　英語の damn と bitch の例もみておこう。

(68)　a.　(Clinton): The <u>damn</u> Republicans should be less partisan.

(Potts 2005: 160)

　　　 b.　(Emily): Christopher is going to get married to {Shelly/<u>the bitch</u>}.

（平田 2018: 78）

(68a) で、下線部の damn（話者の Republicans（共和党員）に対する否定的な態度）は、あってもなくても発話命題の真偽に影響を与えない。また (68b) で、Shelly と the bitch が同じ人物を指していると話者も聞き手も了解できる場合、Shelly を使っても the bitch を使っても発話命題の真偽に影響を与えない。したがってこうした感情表出的な表現は 4.1 節でみた Grice の考えた CI の候補となる。

　ここで Grice が CI の操作子をどのように考えていたかをもう一度確かめてみよう。Grice は、ある命題 p を伝える発話 u があったとき、u の中に CI 操作子 x が含まれていて、その x によって想起される y が p の真偽に影響を与えない場合、x が CI 操作子で、y が CI となる（Grice 自身は CI 操作子と CI を分けるような言い方はしていないが、議論を明瞭にするためにここでは別の扱いをしておく）。(44a) の例で当てはめると、(69) のような関係になる。

(69)　u:　She was poor but she was honest.
　　　 p:　she was poor and she was honest
　　　 x:　but
　　　 y:　there is some contrast between poverty and honest

uの中にあるCI操作子であるbutはpから除かれている。yの内容はpと独立しているので、x(but)はCI操作子の候補になる。

問題は「yが命題pの真偽に関与しない」という場合、y自身が命題であると考えるのか、そうではないのかである。Levinson (1979: 215, 1983: 128–129) は (明言をしていないものの) 命題ではなくてもよいと考えているようである。(英語の驚きを表す完投詞 oh や、挨拶の hey、フランス語の tu と vous の使い分けが例として挙げられている。これらの表現は、少なくともそのままの形で命題を表すことがない。) Mey (2001: 50–52) にも同様の記述がみられる。

Grice (1989) に再録された Grice (1975) の考察も検証してみよう。

(70)　u:　He is an Englishman; he is, therefore, brave.
　　　 p:　he is an Englishman and he is brave
　　　 x:　therefore
　　　 y:　its being the case that his being brave is a consequence of (follows from) his being an English man　　(Grice 1975: 44–45, 1989: 25)

CIである (69y) を Grice は命題として提示しているのか、それとも therefore の意味論的貢献をわかりやすくいいかえているのか不明である (Grice は (70y) をただ meaning と呼んでいる)。全く同様の記述は Grice (1968: 228, 1989: 120) にもみられる。

先に説明したように、Grice (1989) に収録される際、Grice (1961: 126–132) の論文の推意 (と前提) の説明部分が削除された。その中で Grice (1961: 127) は、(69y) に関して、「もしこの命題 ((69y)) が間違っていたとしても、つまり貧しさと正直さを対比させる理由がこの世になかったとしても」(even if the implied proposition were false, i.e. if there were no reason in the world to contrast poverty with honesty) として、(69y) に対して命題的なものが念頭にあったことを明言している (Neale 2001: 156 でも Grice の考えていた CI が命題的なものであったとの指摘がある)。

(4.2 節でもみたように) Bach は、Grice の一連の研究と理論に精通してい

る。そのBachはBach (1999: 331, 332, note 8)で、CIが命題であるとはっきりといい切って、フランス語のvousとtuの2人称単数代名詞の交替のような感情表出的な表現の持つ意味（connotation、という用語を使っている）をCIとして扱うのは間違いだとしている。

　これに呼応する形で、感情表出的な表現をCI操作子として扱う研究で、感情表出的な表現が持つ（本書の主張で言えば）心理的な効果が命題化されて（されうるものとして）理論化されることがある（Potts 2003, 2005、McCready 2010）。

(71) a.　I have to mow the damn lawn.
　　　b.　≒ I have to mow the lawn, which I hate doing.　　　（Potts 2005: 7）
(72) a.　先生がいらっしゃいました．
　　　b.　主命題：「先生が来た」
　　　c.　CI命題：「先生は尊敬されている」(the teacher is being honored)
　　　　　　　　　　　　　　　　　　　　　　　　　　　　（McCready 2010: 17）

　Potts (2005)は、(71a)のdamnの意味がwhich I hate doingと大体（approximately）いいかえが可能だとし、McCready (2010)は(72a)の「いらっしゃる」のCI部分の命題が「先生は尊敬されている」(the teacher is being honored)だとしている。

　しかしこのような扱いは、感情表出的な表現が持つ「意味」をメタ言語的に記述しているだけで（言語的ではない「意味」を言語化して記述しているだけで）、感情表出的な表現を実際に使用する際の母語話者の直感を反映しているとは言い難い（恐らくこうした問題意識から、後の研究でPotts (2007)もMcCready (2014)も感情表出的表現を非命題的に扱う理論を追究していくことになるのだと考えられる）。

　感情表出的表現を命題的に扱うことはできないという指摘は、Bach (1999: 363, note 38)、Wharton (2009: 78)、Cruse (2011: 200–201)、Hanks (2018: 5.6)、Yamada (2019: 266–267)などにみられる。Bach (1999)は、Yuck（まずい）やOuch（痛い）を(73b)や(74b)のように命題化しても「同義」(synonymous)

にはならないとしている。

(73) a. Yuck!
　　　b. ≠ That's disgusting.
(74) a. Ouch!
　　　b. ≠ That hurts.

　Yamada (2019) の例は 2.1 節ですでにみたが、本書の核心部分なので例を追加して検討しておく。

(75) a. ＊私はあなたを尊敬しないが、私はあなたを尊敬する．
　　　b. 　私はあなたを尊敬しません．　　　　　（Yamada 2019: 266）

(75a) の下線で示したように、「あなたを尊敬しない」と「あなたを尊敬する」を同じ発話内で使えば論理的矛盾になる。p かつ¬p ということはありえないからである。これに対し (75b) の一重下線部「尊敬し」と二重下線部の否定の丁寧表現「ません」は、(75a) と同じような論理的矛盾を引き起こさない。このことは感情表出的な表現を命題化して理論化すると、感情表出的な表現の性質の働きの一部を見失うことを意味するだろう。
　感情表出的な表現は、CI の操作子の候補として議論されることもある。しかし Grice (1961) の原典での記述を考慮すると、感情表出的な表現を Grice の CI の操作子とみなすことはできないのではないかと示唆した。Grice は CI を命題的なものとみていたと考えられるからである。また（この考えに従う形で）感情表出的な表現を命題的に扱うと、感情表出的な表現が本来持つ機能の一部を見逃すことになることをみた。4.5 節では、Potts (2005, 2007) の考え方とその発展的な研究を追い、感情表出的な表現の動的なとらえ方を紹介して本書の立場を明確にする。

4.5 動的意味論・動的語用論と感情表出的な表現

　Potts (2005, 2007) は、CI や感情表出的な表現の現代的な研究の出発点になっている重要な論考である (Potts は言及していないが、Neale (1999, 2001) も同じ問題意識を持つ先行研究であり、分析の方向性も Potts (2005) と合致している)。その立場や理論的意義を理解するには、(形式) 意味論的な考え方の基本を理解する必要がある。そこではじめに形式意味論とその発展である動的意味論・動的語用論の考え方を概観しておく。

　2.1 節でみたように形式意味論 (真理条件意味論) は、ある命題があったとして、それをモデル (あらかじめ定義された命題の集合) と照らし合わせて、その命題がモデルの中に入っていれば真、そうでなければ偽とする意味論である。ここではおなじみのビールの例文ではなく、(後に続く議論に合わせて) (76) の Joey helped a boy という例文で考えていこう。

(76)　Joey helped a boy.

過去時制はまた扱いが別になるので、今は時制のことは考えないことにする。すると (76) の命題の意味は、「Joey が少年を助ける」という命題がモデルにあれば真、そうでなければ偽である。

　真理条件意味論の場合、あらかじめ「世界のあり様」がモデルによって決まっている。モデルとは、命題の意味 (真偽) を判断する際に必要なので仮定される世界のあり様のことである。これはもちろん、現実の世界がモデルであっても構わない。例えば「第 2 次世界大戦は 1945 年に終わった」という命題があったとして、それを現実というモデルと照らし合わせれば真ということになる。

　今 (76) の命題は、Joey が助けた側で、助けられたのは少年である。主語と目的語を逆転させて (77) のようにすると、もちろんその意味は変わる (少年が Joey を助けた) という意味になる。

(77)　A boy helped Joey.

(76) と (77) では使われている単語は全く同じであるが、命題は違う。ということは、ある命題 p の意味は、使われている単語の意味だけではなく、発話文の内部構造を考慮して確定していく必要があるということになる。文の内部構造を考慮しながら、その命題内容 p を算出させる仕組みをはじめて本格的に提案したのが Montague (1973) である。現代的な形式意味論（真理条件意味論）は、Montague を起点として大きな発展を遂げていく。このように内部構造を考慮しながら、文中で使われている単語の構成から計算して命題全体の意味を決めていく意味論を、構成的意味論 (compositional semantics) と呼ぶ。

　構成的意味論は、Klein and Sag (1985) や Heim and Krazter (1998) などで、生成文法的な句構造や仮定、原理との調整がなされる形で発展していく。Potts (2005) の研究の大きな貢献の 1 つは、構成的意味論に基づいて、1 つの発話の中にある主命題と CI を別の命題として産出する仕組みを提供したことにある (4.3 節と 4.4 節でみたように、Potts 2005 は、挿入的要素に加え、感情表出的な要素も命題化して構成的意味の一部として処理している)。

　そして構成的に算出された主命題と CI が、モデルに照らし合わせて真であるか偽であるかを判断するというのが Potts (2005) の理論（慣習的推意の論理）の概略である。慣習的推意の論理は、この意味で静的な仕組みである。

　次に同じく Montague (1973) から発展した動的意味論 (dynamic semantics)・動的語用論 (dynamic pragmatics) の発展を概観しよう。動的意味論・動的語用論は、Kamp (1981) や Heim (1982) から始まる形式意味論的な研究の流れの 1 つで、その一番の特徴は、発話が新しい命題や外延を既存のモデルに付け加えることによって、モデル自体を更新 (update) していくと考える点である (他に Clark and Schaefer 1989、Groenendijk and Stokhof 1991、Ginzburg 1996、Veltman 1996、Krifka 2001、Gunlogson 2001、Farkas and Bruce 2010 など)。

　そして動的意味論・動的語用論では、会話参加者が真とみなしている命題の集合である共通基盤 (CG) が重要な役割を担っていく (4.1 節の議論を思い出されたい)。動的意味論・動的語用論での発話の主な機能は、構成意味論的に算出した命題の真偽を判断することではなく、算出した命題によって

モデル＝共通基盤を更新することだと考えられている (Portner 2005, 2018a, 2018b に動的意味論・動的語用論の詳しくわかりやすい紹介がある)。そして一番一般的な更新の仕方は、発話の命題を CG に追加する、という操作になる。

　動的意味論・動的語用論が魅力的なのは、構成的意味論という厳格な命題の算出法を維持しながら、日常の言語使用の直感に合致した意味理解の仕組みを提案しているところである。原初的な形式意味論 (真理条件意味論) では、モデルという形で先に「世界のあり様」が決められていて、命題の真偽を判断するという形になっていた。まるで歴史の試験のように、発話 (文) という質問が出され、それを構成意味論的に計算して「教科書に書いてあること＝モデル」と照らし合わせ、採点するような形になっている。

　これに対し、CG の更新という考え方では、新たな情報が次々と CG に付け加えられていくことになる。これはまさしく我々が日常言語で行っていることであろう。CG、という考え方が Stalnaker (1978) が広めたことを 4.1 節でみた。そしてその概念が、1967 年に Grice が行った William James Lectures で使われたと Stalnaker が追記しているのであった。したがって、非自然的な意味の定義が、動的意味論・動的語用論の基本的な考えにとても近いのは当然なのである (ただし Stalnaker を除くと、CG の考え方が Grice に由来していることが言及されることはほとんどない)。

　非自然的な意味の核心は「話者の命題態度を信じることによって、聞き手も同じ命題態度を持つように意図する」という部分であった。これは、「ある発話が行うのは、その命題内容を CG に加えるように提案することだ」という動的意味論・動的語用論の中心的な考えとほとんど変わらない (Poesio and Traum 1998、Farkas and Bruce 2010: 92)。話者が信じることを聞き手が信じれば、それは「お互いが真であるとみなしている命題」(CG に追加された命題) ということになるからである。このように動的意味論・動的語用論は、Grice の非自然的な意味と大きく重なり、また両者に歴史的派生関係が認められるのである[5]。

　Potts (2005) は、構成的意味論の仕組みを使って、主命題と CI を独立に産出するような仕組みを作った。しかし 4.4 節の最後にみたように、感情表出

的な表現を命題的に扱うことには問題がある。おそらく Potts もそのことは気が付いていたと思われる。Potts and Kawahara (2004)、Potts (2007) では、Potts (2005) で CI 操作子の 1 つとして命題的に扱われていた感情表出的な表現を、非命題的に扱う分析が示されている。その際、Potts and Kawahara (2004) や Potts (2007) は動的意味論・動的語用論の手法 (すなわち非自然的な意味の発展型) を取り入れていく。

　簡単にその仕組みを紹介しておこう。発話参加者は、会話を進めることで命題的に CG の更新をしていく。コンテクストには、CG とは別に会話参加者ごとの感情表出的指標 (expressive index) があると仮定される (これは、非命題的情報である)。感情表出的指標とは、会話参加者の 1 人 1 人が他の会話参加者 (あるいは会話に参加していない、会話参加者の共通の知人) に対して持つ、感情表出的な評価 (expressive level) の記録のことである。そして、感情表出的な表現が使われるたびに、「人対人」で表される感情表出的指標が更新されていく。

　例えば話者対聞き手の場合、これまでずっと「です・ます」調で話者が聞き手に話しかけていたとしよう。この場合感情的な評価は否定 (尊重) の方に振れていることになる (Potts 2007 では主に「好き嫌い」の評価が論じられているが、他の評価基準がありうることも示唆されている (Potts 2007: 186)。ところがあるときから、同じ話者が聞き手に「です・ます」なしの発話も混ぜるようにする。するとこの 2 人の間の感情表出的な評価がやや肯定的 (親しい) 方向に振れる。そして話者と聞き手以外もこの 2 人の間の評価が、否定 (尊重) から肯定 (親近感) の方に振れたことが感情表出的指標に記載され、コンテクストの中で会話参加者の間で共有されることになる。

　Potts and Kawahara (2004) や Potts (2007) のこのような感情表出的な表現の扱いは、Potts (2005) で提示された主命題と CI の分離のような考えの延長だととらえてよいだろう。Potts and Kawahara (2004) や Potts (2007) は、感情表出的な表現の非命題的な効果をとらえるために、動的意味論・動的語用論の CG の考えを応用し、会話参加者の命題的な記録と並ぶ形で、感情表出的な記録である感情表出的指標を設定することを提案していると考えられる。(Gutzmann 2015: 15–20 は Potts 2005 の仕組みを発展させ、感情表

出的な表現の意味を「使う場所の適切性」(when it can be felicitously uttered)の条件としてとらえる。Kaplan 1999: 15–17、Diaz-Legaspe, Liu and Stainton 2020: 166 も参照のこと。)

　これらの研究を踏襲し洗練する形で、McCready (2014)、Portner et al. (2019)、Yamada (2019)らは、感情表出的な表現の意味的な貢献を、発話の命題的な貢献(CG の更新)とは別の次元でとらえている。これら一連の研究が明らかにしたのは、会話の中で感情表出的な表現が命題的なやり取りとは別の意味的貢献をしている、という点だ。しかしこれらの研究は、日本語の丁寧語「です・ます」やフランス語の vous と tu の交替のような、言語のシステムの中に組み込まれた現象(語彙意味論的な現象)を研究対象としている。

　また、この立場の研究で共通しているのは、感情表出的な評価を数値的に記録していくだけで、実際話者が聞き手に与えようとしている心理的な反応を直接記述しようとしているわけではない(本書で『』で表現している部分である)。第 3 部では、「発話では、命題的なやり取りに加え、感情的な(心理的な)やり取りも重要な要因となる」という問題意識をこれら一連の研究と共有しながら、コンテクストの中で生まれる語用論的な心理的やり取りを考察していく。

4.6　Grice の意味区分のまとめ

　ここまでの議論をまとめた上で、(40)で示した意味の分類を(言語的な意味にしぼって)整理し直しておこう。(2)の標準的な Grice の意味区分から順次考えていく。

(2)　標準的な Grice の非自然的な意味の分類
　　a.　what is said
　　b.　推意
　　　i.　PCI (特殊化された会話の推意)
　　　ii.　GCI (一般化された会話の推意)

iii. CI（慣習的意味 = conventional implicature）

　what is said そして推意である PCI と GCI は通常命題であると考えられているのであった。第1部では、これに加えて、心理的な反応の期待と発話の力（M と HA/SA の組み合わせ）も非自然的な意味に組み込んで考えていた。

　心理的な反応の期待には、感情表出的表現から直接伝わる期待と命題から生まれる間接的心理的反応の期待（心理的推意）との2種類があった。（van Berkum 2018: 657, 661 も心理言語学的な立場から、「心理的な反応の期待」とここで呼んでいる発話の効果が、感情表出的な表現による場合と命題的な内容による場合があると論じている。van Berkum 2018: 654 の提案する「感情的言語理解モデル」（Affective Language Comprehension model）は、本書で提案している仕組みとかなりの部分で重なっている。しかし、Grice の非自然的な意味には言及がない。）

　第2部では、まず心理的反応の期待が非自然的意味の一部と考えられることを確認した。そして発話の力（M と HA/SA の組み合わせ）が、非自然的な意味であるだけではなく what is said の一部と考えられることを、Grice の非自然的な意味の定義を吟味することで確かめた。さらに Grice が CI の意味的な貢献が「高次的」であるという点で、通常の発話の命題や推意とは性質が違うと考えていたことをみた。

　では心理的な反応の期待は、Grice の意味区分でどのように分類されるのであろうか。心理的な反応の期待も言語的発話（Grice は utterance という用語を言語以外にも非自然的な意味を生み出すすべての活動に対して使っている）から生まれるのであるから、これを「非自然的意味」とするだけでは不十分である（(2)の区分の中に組み込めることが望ましい）。

　心理的な反応の期待は、命題的な反応の期待とは違い、論理的ではない。命題の場合、世界のあり様（あるいはモデル）と突き合わせて真であるとか偽であるとか判断することができる。これに対し、「ます」という単語の使用や「ケーキを買ってきたよ」という発話で伝えられる内容（聞き手に期待する反応）は、感情的、心理的あるいは社会的な内容であり、命題のように論理的な内容とは対照をなす。この性質の違う2種類の反応の期待をどのよう

にGriceの語用論の中で理解していけばよいだろうか。

この点に関してもGrice自身の言葉にてがかりがある。

(78) There are, of course, all sorts of other maxims (aesthetic, social, or moral in character), such as "Be polite," that are also normally observed by participants in talk exchanges, and these may also generate non-conventional implicatures. The conversational maxims, however, and the conversational implicatures connected with them, are specially connected (I hope) with the particular purposes that talk (and so, talk exchange) is adapted to serve and primarily employed to serve.

(Grice 1975: 47, 1989: 28)

もちろん、たとえば「礼儀正しくしなさい」のように、言葉のやり取りをする人々のあいだで通常守られている格率には他にも多種多様なものがあり（審美的、社会的、道徳的等の性格の）、それらもまた非慣習的な含みを創出するかもしれない。しかし、（私の希望的観測では）、会話の格率は、それとつながりを持つ会話の含みともども、話すこと（ひいては話し合うこと）にふさわしい（そしてまた、何よりそのためにこそわれわれが話したり話し合ったりするのであるところの）特定の目的と特別なつながりを持つ。　（『論理と会話』pp.39–40）

(78)でGriceは、まず、慣習的推意(CI)以外を生み出す格率には、会話の格率(conversational maxim)以外もあると言っている。会話の格率とは、2.4節でみた、質、量、関係性、様態の4つの格率のことを指している。Griceはこの他にも、審美的、社会的、道徳的(aesthetic, social, or moral)な格率もあって、（その一見したところの違反によって）推意が生まれる可能性を示唆している。

Griceはこの推意をnon-conventional implicatures（非慣習的推意）と特徴づけているが、この推意は、会話の格率以外から生まれるので、non-conversational implicature（非会話的推意）であるともいえる (Levinson 1983: 131、Neale 1992: 524、Green 2007: 100、Petrus 2010: 8、Birner 2013, 73、

Haugh 2015: 60–63)。ここで、非会話的な格率から非会話的な推意が生まれるということは、発話の中に非会話的(審美的、社会的、道徳的)な内容が含まれていることを意味している(この点はGriceの当該箇所で触れられていない)。

　これは会話の格率のことを考えるとすぐにわかる。ある発話があって「量、質、関係性、様態」が守られているかを確認するためにはwhat is saidの中に「量、質、関係性、様態」がなければならない。非会話の格率が存在してその内容が守られているのか確認するためには、what is saidの中に、非会話的(審美的、社会的、道徳的)な内容がなければならない。

　今、非会話的な格率とそれが生み出す推意については(今後の大きな検討課題として)棚上げにして、非会話的内容について考えてみよう。非会話的、という場合、発話の持つ審美的、社会的、道徳的な内容のことになる。したがって非会話的な内容は、非論理的で非命題的な内容と考えることができるだろう。本書で解明を試みている心理的な反応の期待は、非論理的で非命題的な内容なのであった。したがって、心理的な反応の期待は非会話的内容の1つとして位置づけることが可能であろう。

　「非会話的」という言い回しは、Griceの会話の格率(conversational maxims)や会話の推意(conversational implicatures)ではないという意味で使われる。(しかしBirner 2013: 73が指摘するように、この概念の有用性を積極的に認めて応用されることは、ほとんどない。他にGreen 2007: 100–101、Haugh 2015: 60も参照されたい。)しかし、(Griceの意味での)会話的な内容を論理的で命題的な内容ととらえ、(再びGriceの意味での)非会話的な内容を非論理的で非命題的な内容ととらえ直すことができるだろう。

　以上を加味すると(79)のような意味区分が可能となる(非明示的な部分は第1部での記号を使うと煩雑になるため、名称のみを記載している)[6]。

(79)　明示的に伝えられる内容　　　　　　非明示的に伝えられる内容
　　　＝ what is said　　　　　　　　　　＝ 推意
　　　命題的：$M(HA(SA(p)), HA(p))$　　命題的：PCI、GCI、(SI)
　　　非命題的：item^M＋様態　　　　　　非命題的：心理的推意

明示的に伝えられる内容(what is said)には命題的なもの(M(HA(SA(p)),HA(p)))と非命題的なもの($item^M$)に分けられる。2.3節でみたように、「ます」のような語彙的に話者の聞き手に期待する心理的な反応の期待がコード化されている場合、反応の期待rと発話の特徴fは、慣習的となるのであった。したがって「ます」の意味的貢献は明らかに明示的に伝えられる内容の一部で、(79)ではこれが非命題的な what is said の中に分類されている。

　(79)の分類では、「様態」も非命題的な what is said に区分されている。発話の命題内容が同じでも、命題の提示の仕方(単語の選び方など)で意味(推意)が生まれる。しかし様態自体は命題内容ではないので、非命題的な what is said という区分がふさわしい。様態の格率違反は第7章での議論で重要な役割を果たす。

　Potts(2005)以降、多くの研究で語彙的な感情表出的表現($item^M$)はCI操作子として命題的に分析されてきた。しかし4.4節でみたように感情表出的表現を命題的に扱うことは、感情表出的表現の意味的効果を記述する上で不十分である。また4.5節で、感情表出的な表現の意味を、非命題的なCGの(あるいはコンテクスト上に想定される話者同士の心理的情報の)更新の提案と考える分析を紹介した。この考え方は、(79)で$item^M$を「推意」ではなく非命題的な what is said と分類することで取り入れられている。

　(79)の分析の新しい点は、語彙的感情表出的表現を非命題的 what is said として、明示的に伝えられる内容として位置づけたところである。そしてこの分類は、Grice(1975, 1989: Chapter 2)の示唆する「非会話的(non-conversational)」内容を具体化したものである。この分類で感情表出的な表現の明示的な意味的貢献がすっきりとした形でGriceの理論に収まることになる(Griceの考えを修正したのではなく、具体化していることに注意)。

　また、ある言語要素が what is said の一部であるということは、それが明示的な言語行為であるという側面と、格率の遵守の検証対象になるという側面がある。このことは、感情表出的な表現が、さらに格率の違反によって推意を生むことを予測する。感情表出的表現が、本来語彙的にコード化された聞き手に期待する反応からはずれた反応を(特定の文脈の中で)聞き手に期待することがあることは、7.5節でみていく。

命題的な what is said には発話の力（M と HA/SA の組み合わせ）が入っている。これは、3.3 節での議論の反映である。2.7 節で、発話の命題内容から生まれる心理的な反応の期待（間接的心理的反応の期待）が、(79) では非命題的な推意（心理的推意）として区分されている。2.7 節の議論でも、間接的心理的反応の期待がある種の推意として区分できることは、間接的心理的反応の期待が SI として派生されると分析することで予見させていた。また、3.2.1 節では、発話から生まれる心理的反応の期待 r と発話の特徴 f の関係をイコン的と考えた。反応の期待 r と発話の特徴 f が慣習的な場合にだけ、f が明示的内容（what is said）に含まれると考えられるので、この点でも間接的心理的反応の期待は、非明示的に伝わる内容として区分するのが適切である。

しかし、感情表出的な表現が持つ意味内容を除くと、(what is said の内容に並んで) 推意の内容も命題 (的) であると一般には考えられている (Gazdar 1979: 38、Sperber and Wilson 1986/1995: 109、Neale 2001: 153、Carston 2002: 336)。この点でも (79) のように、Grice の非会話的推意 (非命題的推意) という区分を理論的に位置づけて心理的推意を非命題的に扱うようにすれば意味の分類が明瞭になる。意味は、明示的に伝わるか非明示的に伝わるかという基準と、命題的であるか非命題的であるかという基準から 4 つの区分に綺麗に整理できることになる。

以上この節では、本書で提案している心理的反応の期待と発話の力が、再解釈された Grice の枠組みの中でどのように意味的に区分されるのかを検討した。次の節では、本書で Grice の理論に追加して考えているあと 1 つの概念である uptake について検討し、第 2 部を締めくくる。

4.7　命題的な uptake と心理的な uptake

2.8 節のまとめの最後の部分で、話者が聞き手に期待する反応（命題的「」なものと心理的なもの『』）が実際に聞き手に了解されたことを uptake という記号で示していくことにした。

(80) a. 命題的効果
　　　　話者側の期待（非自然的意味）　　　聞き手側
　　　　M(①②)「」　　　　　　　　　　　uptake(①②)「」
　　b. 心理的効果
　　　　話者側　　　　　　　　　　　　　聞き手側
　　　　item^M『』　　　　　　　　　　　uptake(item^M)『』
　　c. 間接的心理的効果（心理的推意）[7]
　　　　話者側　　　　　　　　　　　　　聞き手側
　　　　[M(①②)]『』　　　　　　　　　　uptake([M(①②)])『』

　(80a)の（話者の聞き手に対する）命題的な反応の期待に対応して、実際に聞き手がそれを了解した場合、uptake(①②)「」のように表記することにした（「」には具体的な命題と命題態度が入る）。感情表出的な表現による心理的な反応の期待の場合には、(80b)の期待 item^M『』に対して、uptake(item^M)『』が聞き手による反応の期待の理解となる。(80c)は、命題的な内容から心理的な反応の期待とその uptake を表記したものである。命題的なやり取りなので、uptake の対象は [M(①②)]（発話と発話の力がコンテクストの中で SI として生み出す心理的反応の期待）になる。

　(1i) で Grice は、「特定の反応 r を示すこと」を話者が聞き手に期待することが非自然的に何ごとかを意味する条件にしている。ここで提案している uptake の考えは、Grice の考え方を少しだけはみ出している。Grice の定義では、聞き手側の反応が非自然的な意味に関与していないからである。この章でこれまでみてきた「一般的に理解されている Grice の理論とは違うが、本書ではそう仮定する」部分は、Grice の非自然的な意味の解釈から Grice の意図を曲げることなく導ける内容である（と筆者は信じる）。これに対し、uptake の考えは、Grice がほのめかしはしたものの、具体化はしなかった概念である。(Grice 1989: 21 は uptake のような考え方とその応用が、非自然的な意味や協調の原理の副産物（by-product）として生まれることを期待している、と言っている。この点は、6.3 節で詳しく検討する。)

　そこでこの節では、uptake という概念を Grice の枠組みに組み込むことの

正当性を動機づける。そして、Grice がなぜ uptake のような概念を Grice の意味論・語用論の中で用いなかったかを考察する。

uptake というのは、発語行為理論の中で Austin (1962: 116) が用いた概念である。これまでに、Grice の意味論・語用論は命題的な発話内容を中心に理解されてきたことをたびたび指摘してきた。しかし、3.3.2 節でみたように、Grice は詳細な非自然的な意味の定義において、発話の力を「非自然的に意味する」行為の中に含み込んでいるのであった（Grice の意味論・語用論は発語行為理論の仕組みを内包している、といえる）。Austin の発語行為理論の概略を (13) でみたが、これを uptake というステップを加えてもう一度確認しておく。

(81)
　　　発語行為　　→　発語内行為　　→ uptake →　　発語媒介行為
　　　(locutionary act)　(illocutionary act)　　　　　　(perlocutionary act)

発語行為が発話の命題を確定する行為で、発語内行為が発話の命題内容の使われ方の指示（発話の力）を確定し、実行する行為であった。そして、発語内行為の意図が聞き手に受け入れられることを Austin は uptake と呼ぶ (Austin 1962: 117)。本書の記載法では、M (①②) によって意図された聞き手の反応を、実際に聞き手が了解したときにそれが uptake ということになる。さらに uptake された内容が聞き手に実行されれば、それが発語媒介行為の完遂ということになる（Grice 及び本書の枠組みでは、これは聞き手が話者に期待された反応 r を示すことにあたる）。このように発語行為理論の uptake という概念を Grice の仕組みに持ち込むことは、全く無理がないと思われる。

例えば、「窓を開けろ」と命令したとする。話者が聞き手に期待する反応 r は、「聞き手が窓を開ける気持ちになる」ということだ（発語行為理論で言えば、命令という行為になる）。そして実際に話者がその意図を了解すれば、それが uptake である。発語行為理論の発語媒介行為は、聞き手が話者の意図を了解して、実際に窓を開ける（話者側からみれば、聞き手に窓を開けさ

せる）行為になる。（このような形で Grice の非自然的な意味と Austin の発語行為理論を組み合わせる可能性は、すでに Strawson 1964: 449 で指摘されている。）

uptake は、話者が聞き手に期待する反応を聞き手が了解するところまでで成立すると考える（Strawson 1964: 447、Austin 1962: 116、Bach and Harnish 1979: Section 1.5、Recanati 2004: 3、Plunze 2010: 236、Bach 2012: 53）。例えば、「冷蔵庫にビールが 3 本入っている」と聞いても、聞き手はその命題内容を信じないかもしれない。そうだとするとこのコンテクストで CG は更新されない。それでも、話者の意図が聞き手に伝わっているので、これをもって一応コミュニケーションが成立したと考える（反対の立場として、Kemmerling 2001: 80、Murray and Starr 2018、López 2023: 21 などがある）。

このことは心理的な反応の期待の場合、より重要な意味を持つ。「ケーキを買ってきたよ」といって、聞き手を喜ばせようとしても、聞き手がお腹いっぱいであったり、ダイエット中であるなどの理由から嬉しいと感じないということは大いにありうる。それでも、話者が聞き手を喜ばせようとしていることがわかれば、一応コミュニケーションは成立しているだろう。（聞き手本人も「嬉しいと感じるかどうか」は、自分の意志でコントロールできない。嬉しいと感じることを含めて心理的な反応は、条件が整った瞬間に「訪れる」もので、この部分はコミュニケーションの成立条件から一度外す意味があると思われる。）[8]

Grice の非自然的意味の定義については（uptake のような条件が非自然的意味に入っていないことなどに関して）、Strawson (1964: 446–449)、Searle (1969: 2.6) など様々な批判があって、Grice (1989: 351–352) がこれに応えている。しかし、根本的に議論はかみ合っておらず、Grice は (82) のようにこれを表現している。

(82) And in any case his position hardly seems satisfactory when we see that it involves attributing to speakers an intention which is specified in terms of the very notion of meaning which is being analyzed (or in terms of a dangerously close relative of that notion). Circularity seems to be blatantly

abroad.　　　　　　　　　（Grice 1989: 352、下線は筆者による）
またいずれにしろ、反論者の立場が満足のいくものでないことは次の点からも明らかである。つまり、反論者の立場は、分析されている当の意味の概念を用いて（あるいはほとんどそれに等しい概念を用いて）特定される意図を話し手に帰属させるのである。<u>ここには明らかな循環があると思われる。</u>

（『論理と会話』pp.300–301、下線は筆者による）

1行目の his position とは、Strawson (1964: 446–449) の「uptake のような、聞き手側の視点に立った成功条件が「意味する」ことの定義には必要だ」という立場をさしている。

　ここで Grice が言いたいのは次のようなことである。Grice は、話者が聞き手に期待する反応から、非自然的な意味を定義しようとしている。そして非自然的な意味の中から（推意のような）言語表現自体から生まれるのではない意味を確定し、これを排除していくことによって、言語表現自体の意味論的な意味（Grice の用語では無時間的意味（timeless meaning））を確定しようとしている（特に Grice 1968, 1989: Chapter 7）[9]。しかし、uptake のような形で聞き手が了解した意味が話者の意図（意味）だ、といういい方をすれば、意味論的な意味が先にあって、それが uptake されたときに非自然的な意味が生まれるといわなければならないことになる（特に Searle 1969: 44–45 の辺りの議論を参照されたい）。非自然的な意味から意味論的な意味を定義しようとしているのに、先に意味論的な意味が確定されていると想定しなければならない。これは明らかな循環である。

　このような齟齬が生じるのは、Grice が「非自然的な意味」の探究で目指していること（の一部）と、Strawson や Searle が説明しようとしていることが違うからである。Grice は、話者の聞き手に期待した反応（すなわち非自然的な意味）から最終的には意味論的意味（what is said）を導こうとしているのに対して、Strawson や Searle は、意味論的な意味を前提として、語用論的な発語行為（非自然的な意味）を理解しようとしているのである（Chapman 2005: 78–80）[10]。

Grice も、協調の原理と格率で語用論的な意味の生まれ方を議論する場合、言語の意味論的な意味を前提とせざるをえない。

(83)　In the sense in which I am using the word *say*, I intend what someone has said to be closely related to the conventional meaning of the words (the sentence) he has uttered.　　　　　　　　(Grice 1975: 44, 1989: 25)
　　　私が用いているいみで「言う」を理解するときには、ある人が言った事柄とは、その人が発話した語(文)の慣習的な意味と密接に関係を持つはずのものである。　　　　　　　　　　　　　　(『論理と会話』p.35)

　(83)は協調の原理を導入するのに先立って、Grice が say の意味を説明している箇所である。ここで Grice は「語(文)の慣習的な意味」(the conventional meaning of the words (the sentence))という表現を使っている。
　Grice (1981, 1989: Chapter 17) は、確定記述表現の意味(the king of France という表現が、「フランスに王様がいる」という存在事実を前提としていること)が GCI であって、確定表現の意味論的な意味ではないとの議論を展開している。(Grice 1981: 187, 1989: 270 は、GCI ではなく、ただ会話の推意(conversational implicature)としているが、正確には GCI だと思われる。この点に関しては、Chapman 2005: 124 を参照のこと。)その際 Grice は、定冠詞(the)が「それが修飾する名詞(king)の唯一的存在を意味論的な意味として持つ」という Russell (1905)で提示された the の意味論的意味(慣習的意味)を前提に、存在事実の前提を推意として分析している。こうした議論をする場合、Grice も語(や文)の慣習的意味を出発点としている。
　しかし、非自然的な意味の定義に立ち戻って考えると、非自然的な意味((1)の定義の something)は話者の、聞き手に意図した反応の期待から逆算的に定義されることがわかる。したがって、このように協調の原理の理論と非自然的意味を突き合わせると矛盾が生じるのである[11]。
　このことは Grice の企て全体を否定するものでは全くない。Grice が非自然的意味を問題にするときには、哲学者・言語学者が言葉の慣習的意味(無時間的意味(timeless meaning))の確定をする際の手続きの話をしている[12]。

こちらは、具体的な 1 つ 1 つの会話の中で意味を考える語用論とは直接関係がない。話者意図から遡って慣習的な語の意味を定義するのは意味論的で専門的な作業である。あるいは、多くの発話から慣習的な意味が生まれる過程を Grice は記述していると解釈することもできる (Cosenza 2001: Section 3、Loar 2001: 104)。Grice は、具体的な発話場面で話者意図からその都度言語の慣習的意味が決まると主張しているのではないのである。

これに対し、言葉の慣習的な意味を前提に、協調の原理と格率から話者の意図を探るという行為は、具体的な会話の意味作用の説明の企てである(この際、話者の意図は発話場面でその都度決まるであろう)。そして(言語学者や哲学者でなくても)聞き手は発話から伝わる意味を理解することができる (Recanati 2004: 14 の「意識的に利用可能 (consciously available)」という見方は、このことを指している)。こちらは意味論的ではなく語用論的な作業である。(このように意味の探究を使い分ける立場は、Grice 1989: 350–351 で表明されている。)

したがって、Strawson や Searle の Grice の非自然的な意味の定義の企てに対する批判は、Grice の意味論的な取り組みに対して語用論的な観点から行われていて、この点で両者がかみ合っていないのである。そして協調の原理を語用論的な企てと理解し、非自然的意味の探究の目標の一部を意味論的な試みと理解すれば、Grice の理論の一貫性が保たれると同時により深い洞察が得られる(と筆者は期待している)。Avramides (1989: 20–21) が reciprocal analysis (相互作用的分析) と呼ぶのはこの立場である。

本書の取り組みは、Searle や Strawson、そして協調の原理を論じる際の Grice と同じ語用論的な問題意識なので uptake の考えを取り入れる。筆者の自覚する限り、本書の分析手段として、明らかに Grice 的ではないのはこの部分だけである。(Grice も Grice 1989: Chapter 1 で、uptake のような概念を用いた分析の有用性を示唆している。6.3 節で uptake という概念を用いた分析をする際に、再びこの点に触れる。)

第 2 部では第 1 部で提示した Grice の理論に基づいた語用論的意味とその生まれ方の記述法の中で、Grice の理論の標準的な理解から逸脱しているようにみえる 3 つの仮定を検証してきた。その 3 つとは、①心理的な反応の

期待②発話の力（MとHA/SAの組み合わせ）③uptakeであった。①と②は、Griceの非自然的に意味することの定義を吟味することで無理なく引きだせる（あるいは非自然的に意味することの定義にすでに組み込まれている）ことをみた。

①の、心理的な反応を聞き手に期待する表現の1つである感情表出的な表現は、Griceの3つの推意の下位区分であるCIとみなされることもある。しかし、その考えは支持できず、感情表出的な表現は非命題的なwhat is saidの一部であると考えた。また、もう1つの心理的な反応の期待である間接的な心理的反応の期待を、非命題的な推意と分類した。こうした非命題的な意味内容の分類がGrice（1975, 1989: Chapter 2）で示唆されている、非会話の格率（non-conversational maxims）という概念から自然と引き出せると主張した。③のuptakeは、Griceの構想からは外れている考え方であるものの、Griceの（意味論的企てではなく）語用論的な取り組みの中で自然に理解することが可能であるとした。

第3部では、第1部で導入した語用論的意味理解の仕組みを用いて、具体的な言語現象の分析を示していく。適宜第2部で触れたような理論的側面にも注意を払っていくことにする。第3部で示す言語現象の分析は、第1部で示した仕組みの応用のほんの一例である。Griceの理論の（とりわけ非自然的に意味するという概念の）潜在的な可能性を示すことを第一の目標とする。

注

1 CIのような概念は、「Färbung/coloring（彩）」という用語でFrege（1892）によってはじめに提唱されたとしばしば指摘される（Bach 1999: 329–339、Neale 1999: Section2, 2001: Section 2）。

2 (i)は前提の例としてよく使われる（Russel 1905、Strawson 1950）。
　　(i) The king of France is bald.
　(i)の命題内容が真であるのか偽であるのか判別するには、「フランスに王様がいる」という命題が真である必要がある。Strawson（1950）はこの命題を前提と考えたが、Grice（1981, 1989: Chapter 17）はこれをGCIとして説明している。4.7節でこの話題を再び取り上げる。

3 この議論が成立するには、Grice の仮定 (29) の、"U (utterer) said that p" entails "U did something x by which U meant p." を棚上げにする必要があるとしている (Bach 2001: 17, 2012: 67)。
4 Potts (2005) に先んじて、Neale (1999/2001) が Potts (2005) とほぼ同じ趣旨の CI の分析を提案している。Neale (1999: 53, 2001: 153) は、提案している分析が (53) の Grice (1989: 362) の観察に基づいているとしている。
5 Krifka (2019: 73–75) は、Stalnaker (1978)、Bach and Harnish (1979)、そして Farkas and Bruce (2010) を関連する一連の研究であるとみなしている。
6 Hirata (2023a: 4.3) でこの考えの方の一部を提示している。
7 7.3 節で対立する表現から心理的効果（心理的推意）を生む場合を、M ({A^F, B}) 『』のように表記する提案をする。
8 Murray and Starr (2018) は、uptake 以降の CG での情報の処理、区分のされ方も、発話理解の仕組みの解明に重要な役割を果たすとしている。Farkas and Bruce (2010)、Murray (2010, 2014)、AnderBois, Brasoveanu and Henderson (2015)、Rett (2021)、López (2023) も参照のこと。
9 Chapman (2005: 63) の言い方では、「慣習的な意味が人間の心理をもとに定義される」(conventional meaning is to be defined in terms of psychology) ことになる。
10 Strawson (1964: 447) では、聞き手とのコミュニケーションの成功 (succeed (ed) in communicating with A) という表現で、Grice の定義の不備を指摘している。このことから、Strawson が語用論的な会話の成立という文脈で非自然的意味を議論していることがわかる。三木 (2019: 40–41) にも関係する議論がある。
11 Neale (1992: 511) は、Grice が協調の原理の議論をする際に、話者意図に基づいた意味（非自然的意味）の説明を無視するか、明確に否定している (ignore or explicitly reject) としている。
12 非自然的な意味の定義の中の something の内容を、意味論的に解明しようとする試みの場合に限定した議論である。意味論的意味を前提に、協調の原理と格率を利用して非自然的な意味作用を考えるような場合には、非自然的な意味を語用論的に利用しているといえる。

第3部

個別現象

　第1部では、Grice の考えに依拠しながら語用論的な意味と語用論的な意味を生み出す仕組みを、なるべく明示的な形で表示する手立てを導入した。その際、「感情表出的な意味・心理的な反応の期待」「発話の力（M と HA/SA の組み合わせ）」「話者が意図した効果を聞き手が了解したか否かを示す uptake」という3つの考え方を、Grice の広く理解されている意味理論に追加した。第2部ではこの3つの追加が、主に Grice の非自然的な意味という概念から自然に引き出すことが可能であることを、Grice の著作を詳細に検討することで明らかにした。

　第3部では、第1部で提示した語用論的意味を生み出す仕組みを利用して、個別の言語現象を記述していく。とりわけ心理的な反応の期待という、非命題的な発話の側面を中心に扱う。非命題的な発話の意味は、日常の会話の中でごく自然に、そして広く使われているが、この発話の側面が意味論・語用論で正面から体系的に論じられることはほとんどない (Caffi and Janney 1994: 326、van Berkum 2018: 645)。この空白を Grice の理論を利用することで埋めるのが本書の目的の1つである。

　提示するのは、筆者が現時点で当該現象を説明するために最も適切であると考えている分析である。しかし、当然不備や間違いはあるに違いないし、より広範なデータを扱うには不十分であることもあるだろう。そうした際に、第1部で提示した仕組みと表示法が、提示された分析の至らなさを特定する上で役立ってくれればと切に願っている。

　第3部では章ごとに別の言語現象が扱われている。第1部の記述の仕組みがわかれば、各章を独立して理解できるように工夫している。個別の章で論じている言語現象に関心がある読者は、第1部と各章で展開される議論で内容を理解するとよい。また、説明の中で使われている考え方の詳細や理論的背景は、適宜第2部の関連する箇所で補うと理解が深まる。

第 5 章　質の格率違反と心理的反応の期待

　この章では、質の格率の違反と心理的な反応の期待の関係を論じていく。5.1 節では、第 1 部で導入した表記法を用いながら、質の格率違反から心理的な反応の期待が生まれる過程を記述する。5.2 節では、5.1 節の分析と他の理論の分析を比較し、本書での分析の理論的立場を確認する。

5.1　標準推意としての心理的反応の期待

　2.4 節では、質の格率の違反によって発話が推意を生む場合、格率違反という発話の特徴 F が推意の派生に加えて、発話そのものが本来は引き起こすはずであった聞き手に期待する命題的反応を取り消す機能があると考えた。大げさ表現の例「もうその話は 100 回聞いたよ」でこれを思い出してみよう。

（1）　A:　俺は東大を卒業したんだ．
　　　B:　もうその話は 100 回聞いたよ．
（2）　M(①②F③④)「Bが、Aからその話を 100 回聞いたと A が信じる」「Bが、A からその話をもう一度する必要がない位の回数で聞いたことがあると A が信じる」

　質の格率違反 F によって推意③④が生まれ、これによって聞き手に期待する命題的な反応の期待「Bが、A からその話をもう一度する必要がない位

の回数で聞いたことがあるとAが信じる」が生まれている。そして質の格率違反なので、発話自体から期待される命題的な反応の期待である①②が、取り消し線によって撤回されている。話者は、聞き手に本当にその話を100回聞いたと信じてほしいと意図しているわけではないことが明らかだからである。

　しかしこの説明では、発話そのものが話者が聞き手に期待する反応に直接関与しないことになってしまう。またもし聞き手が、話者が期待する反応を推意から知ることができるのであれば、なぜ話者ははじめから推意となるはずの内容を発話として選ばなかったのか説明できない。what is said（あるいはM（①②））のレベルで格率が一見違反されていたとしても、推意のレベルでは協調の原理自体が守られている、という働き方が協調の原理と格率の相互作用の核心である。しかしこの説明では推意のレベルで量の格率が破られているようにみえる。推意が聞き手に伝わった瞬間に発話自体が必要なかったようにみえるからだ（著者の知る限り、この点に言及している先行研究は存在しない）。

　質の格率以外の格率の違反の場合には、発話そのものの命題的な反応の期待に加えて推意によって生み出される命題的な反応の期待が生まれることで、格率の一時的な違反が相殺されることになる。しかし質の格率の違反の場合は、「ただ不要なステップ」を踏み、その不要なステップを相殺する効果が得られていないようにみえる。

　ここでもう一度これまでに使った質の格率違反によって推意が生まれるとした発話の内容を検証してみよう。(1B)の「もうその話は100回聞いたよ」という発話は、少なくとも聞き手を驚かせる内容である。聞き手は「そんな多いはずないが、そう言いたくなってしまうのだな」と、話者がこの発話によって命題的な反応に加え、心理的な反応も聞き手に期待していると受け止めるのではないだろうか。そして話者もそのような聞き手の反応を意図して、明らかに偽とわかるような発話をしていると考えられるのではないだろうか。

　そのほかの質の格率違反の発話例もみてみる。

(3) a. Caroline is an angel. (metaphor)
　　b. I am not completely happy about the result. (meiosis)
　　c. This is great. (irony)

　隠喩の (3a) は、大げさ表現と同じように考えることができるだろう。Caroline が天使だという命題は、驚くべき命題であり、その直接の効果はやはり心理的なものだと考えられる。(3b) は、控えめ表現の例である。話者がある結果に対して大いに失望していることが明らかな場面で、not completely happy とそれを表現している。この発話の命題内容が額面通りに聞き手に受け入れられることを話者は期待していないであろう。しかし用いられた表現を実際の気持ちよりも控えめにすることによって、話者は聞き手に自らの感情を抑えていることを感じさせることができるだろう。結果にはとても不満であるが、それを正面から表現しないだけの理性と慎みは失っていない、ということを非命題的(心理的)に表現していると考えられる。

　(3c) の This is great は、話者も聞き手も全く状況がよくないことが明瞭な場面で用いられると皮肉表現になる。皮肉表現の特徴の 1 つは、肯定的な内容の発話によって否定的な内容を伝えるところにある。発話自体の肯定的な内容は、当然聞き手に信じてもらうように意図されていない。(推意によって)否定的なことを伝えているのに、発話内容自体は肯定的な内容にすることで、話者自身は否定的な内容に直接関与することなく済ませることができる。否定的な内容はあくまでも推意であって、話者がその内容に全面的な責任を負うものではない。否定的な内容を推意として聞き手が想起したとしたら、その否定的な内容の責任の一部は聞き手にあることになる。

　すると話者は、自分が全面的に責任を負う発話内容自体では否定的なことを言わずに、推意によって否定的な命題内容を聞き手に信じさせることができる。そして聞き手に信じさせようとは意図していない発話自体は(否定的な推意とは正反対に)肯定的な内容のため、話者が一見肯定的な態度を取っていると聞き手に感じさせることができる(あるいはそのような態度を取っているのだ、とみせかけることができる)。

　この説明が成立するためには、質の格率違反による発話に2つの話者の意

図が備わっていると考える必要がある。1つは発話の質の格率違反によって生み出された推意(真となる命題的な情報)の伝達の意図である(これは今までの説明通りである)。2つ目は、発話の命題と発話の力から心理的な反応を聞き手に期待することである。

2つの意図を別々に考えていく。まず、(1B)の「もうその話は100回聞いたよ」を検討する。100回、というといかにも嘘だ。いくら自慢話が好きな人でも同じ相手に向かって100回同じ話をするというのはありそうもない。では、これを(4)のように100回を3回に変更するとどうだろうか。

(4) u: もうその話は3回聞いた.
　　 a. [M(①②)] ③④ 1 ③④ 2 ③④ 3
　　　　 p: もうその話は3回聞いた
　　　　 p'1: 同じ話を繰り返す必要はない
　　　　 p'2: 話者は同じ話を聞き手に3回したことを覚えていない
　　　　 p'3: 同じ話を何回も聞くのは苦痛である
　　 b. [M(①②)]『同じ話を繰り返して申し訳ない気持ちになる』

発話が「もうその話は3回聞いた」であっても、話者は「もうその話は100回聞いたよ」と発話したときと同様、聞き手に(話し手に対して不快な感じを与えて)申し訳ない気持ちになるといった間接的心理的反応を期待するだろう。この期待は、この発話が発話場面で持つ「同じ話を繰り返す必要はない」「話者は同じ話を聞き手に3回したことを覚えていない」「同じ話を何回も聞くのは苦痛である」といったSI(標準推意)を背景に生み出されることになる。(4a)が命題的SIの導出過程で、これを背景に間接的心理的反応の期待『同じ話を繰り返して申し訳ない気持ちになる』というSIが発話場面で生まれることになる。この過程を(4b)に示している。心理的な反応の期待なので、内容は『』の中に入れて示している。

この過程は、2.7節でみた、「冷蔵庫にビールが3本入っている」という発話から関連する命題的SIを通じて『嬉しく感じる』という心理的反応を引き出す過程と同じである。「3回聞いた」の発話の場合は、本当に3回同

じ話を同じ人に話す、ということは十分に可能なので、命題的な反応の期待は取り消されずこの意味解釈はここで終了する。

　ここで、(2) で示した質の格率違反による推意の派生の過程をもう一度検証してみよう。質の格率の違反による推意派生は、推意の派生とともに発話命題が本来意図しているはずの命題的反応を取り消す機能が備わっているのであった。

（２）　M(①②F③④)「Bが、Aからその話を100回聞いたとAが信じる」「Bが、Aからその話をもう一度する必要がない位の回数で聞いたことがあるとAが信じる」

（５）　a.　［M(①②)］③④ 1 ③④ 2 ③④ 3
　　　　　　p:　もうその話は100回聞いた
　　　　　　p'1: 同じ話を繰り返す必要はない
　　　　　　p'2: 話者は同じ話を聞き手に何度もしたことを覚えていない
　　　　　　p'3: 同じ話を何回も聞くのは苦痛である
　　　　b.　［M(①②)］『同じ話を繰り返して申し訳ない気持ちになる』

　はじめに、(2) の M(①②F③④) で、質の格率の違反により推意が生まれること、そして質の格率の違反により、発話自体が持つ命題的な反応の期待が取り消されることが示されている。生まれる推意は、「Bが、Aからその話をもう一度する必要がない位の回数で聞いたことがある」である。これに続いて、発話から命題的SIが生まれる過程である［M(①②)］③④ 1 ③④ 2 ③④ 3 が、(5a) に示されている。想定されるSIの内容が、p'1〜p'3 として挙げられている。そしてこうした命題的SIを背景に生まれる間接的心理的効果の期待である、『同じ話を繰り返して申し訳ない気持ちになる』が導出されている（これは(5b)に示している）[1]。(Carston and Wearing 2015: 85 は、提示された事実に対する評価要素(evaluation of the state of affairs)という用語で同様の事実を記述している。関連性理論の論考なので、これを認知効果とはしていない。認知効果は命題に限られるからである。関連性理論と心理的な効果については 3.2.2 節の議論を参照のこと。）

(2)と(5)の分析では、発話が聞き手に期待する反応の導出に2回貢献している。1回目は命題的な反応の期待の導出への貢献で、2回目はSIを通じた心理的反応の期待の導出への貢献である。発話が、聞き手に心理的な反応を引き起こすように期待すると考えることで、上で指摘した問題が解決されている。発話自体の持つ命題的な反応の期待は取り消されているものの、心理的な反応の期待が、発話の命題内容から直接に生み出されている。発話自体が聞き手に期待する反応に直接的に貢献するので、推意の時点で発話を評価しても量の格率違反にはならない。

さらにこの分析では、「100回聞いた」としたときでも「3回聞いた」としたときでも、話者が聞き手に憤りを感じ取ってほしいという意図を持っていることが一貫した形でとらえることができている。分析を表示していくと複雑なことが起こっているようにみえるかもしれない。しかし、私たちが何かを大げさにいう場合、「相手を驚かせる」ことと「事実を伝える」ということの2つの行為を同時に行っているという素朴な観察を可視化した結果であると理解すれば、複雑さがみかけにすぎないことがわかる。

続けて(3a)の隠喩の例を概略的に分析してみよう。

（6）　u：　Caroline is an angel.（metaphor）
　　　　a．　M（①②-F③④ 1）「~~Caroline が天使であると信じる~~」「Caroline が優しくて思いやりのある人物であると信じる」
　　　　b．　［M（①②）］『好意的な印象を持つ』

Caroline is an angel という発話の命題自体は明らかに偽なので、質の格率違反によって発話自体の命題内容が取り消され、推意として命題的効果「Caroline は優しくて思いやりがあると信じる」が派生されている。しかし、Caroline が天使である、という命題内容は明らかに聞き手に好意的な印象を与えるだろう。したがって、（表示では省略しているが、この発話の命題的SIを背景として）『好意的な印象を持つ』が間接的心理的な期待（＝心理的推意）として生まれている。

an angel という明らかに命題が偽となるような表現の代わりに、a very

kind, considerate woman としても（an angel 程ではないにせよ）発話命題は、聞き手に好意的な心理的効果をもたらすであろう。また話者はそのことを意図することがあるだろう。その場合は、（実際に Caroline が a very kind, considerate woman であると話者と聞き手が判断していれば）発話命題は真となり、推意は生まれない。そして発話の命題的な効果も撤回されずに聞き手に期待されることになる。

次に(3b)の控えめ表現(meiosis)の例を検証してみよう。

(7) u: I am not completely happy about the result. （meiosis）
a. M(①②F③④1)「結果に完全には満足していないと信じる」「結果には大変不満であると信じる」
b. ［M(①②)］『話者の平穏な心を感じる』

not completely happy と表現する場合、not は completely を否定しているので、完全ではないにせよある程度 happy であるという意味になるだろう（Horn scale のようなものを想定してこれよりも詳細な分析をする必要があるかもしれないが、ここでは質の格率違反と心理的推意の理解に集中したいので、この解釈をとっておく）。そして話者が完全ではなくても少なくても幸福であると明言する場合、話者の平穏な心のありようを聞き手に感じさせるだろう（not completely happy という表現は控えめ表現としてかなり定着しているので、否定的な意味が推意であることが意識しにくい点に注意)[2]。したがって、(7b)のように、聞き手に期待する心理的推意が『話者の平穏な心を感じる』となる。

控えめ表現は、実際よりも事態を軽めに表現する言葉の使い方である。それが聞き手にわかるということは、質の格率の意図的な違反が聞き手に了解されるということである。(3b)の発話でいえば、話者は本当に「完全には満足していない（少なくとも満足している）」のではないし、そのことを話者は聞き手に命題的に伝えようとしているのでもない。むしろ、話者は結果に大いに不満を感じているのである。したがって、控えめに表現された事柄による命題的な反応の期待は取り消され、代わりに心理的な反応の期待を SI と

して生むことになる。発話の内容が心理的推意を生むと考えるので、やはり推意の段階で発話を評価しても量の格率は遵守されていることになる。

　最後に(3c)の皮肉の意味を分析しよう。

（8）　u:　This is great.
　　　a.　M (①②-F③④)「最高だ」「最悪だ」
　　　b.　[M (①②)]『話者の幸福を感じる』

質の格率違反により命題的推意「最悪だ」が派生されている。同時に、発話の命題的効果の期待である「最高だ」が撤回されている。その代わり、発話の命題が『話者の幸福を感じる』を聞き手に期待する心理的な効果として生んでいる。

　多くの皮肉表現では、話者が命題的に伝えようとしていることが明確だ。有名な例は It's a lovely day である。雨や風がひどく、最悪な天候のときにこの文を発話すれば、おそらく話者は It's a hideous day といった命題的な意味を推意として伝えようとしているであろう。発話自体の命題的な効果は、質の格率違反によって取り消される。

　ここで説明が終わるなら、発話自体が聞き手に期待する反応を直接生み出さず、推意の段階で振り返って発話の内容を検証してみると、量の格率に違反することになる。推意によって命題的な反応の意図が伝わるなら、なぜそもそもその推意を発話して直接推意から生まれる命題的な効果を意図しなかったのか説明できない。

　しかし発話自体が、心理的反応の期待を間接的に生むと考えると、この問題が解決する。発話自体の命題が偽であるとしても、発話だけが話者が聞き手に期待する反応を知るためのてがかりである点をもう一度思い出そう。皮肉表現が、一方では比較的明瞭な命題的伝達を行いながら、話者の強い感情を伝えるという二重性を、命題的に期待された(否定的)効果と心理的に期待された(肯定的)効果を分けることでうまく説明することができる (Culpeper and Haugh 2014: 228 に同様の指摘がある)。命題的には否定的なことを伝えながら、心理的には肯定的な反応を期待する(ふりをする)という矛盾から、

皮肉表現の強い否定性が生まれていると考えられる[3]。

皮肉には、この章でみたよりもはるかに複雑で、多様な例がある。今提示した分析ではうまくいかない例ももちろんたくさんある。それでも、ここで提示した仕組みは、どの部分がうまくいってどの部分がうまくいかないかを検証するてがかりとなるだろう。語用論的意味は複雑で近寄りがたい。だからこそ1つ1つ丁寧に考えていく必要がある。

5.2 質の格率違反と語用論の諸理論

質の格率違反で推意が生まれる場合、5.1節で議論したように what is said (M(①②)) が心理的な効果を聞き手に与えるように機能する。このように考えない場合、推意のレベルで量の格率を違反してしまうのであった（推意だけを伝えたいのであれば、推意となる内容をそもそも発話すればよかったことになる）。心理的反応の期待を仮定せずに、質の格率違反によって what is said (M(①②)) から普通は意図される命題的反応の期待が単に取り消されると考えると、第2部で検討した非自然的な意味に関しても不都合が生じる。この後、Grice 以外の語用論理論が質の格率違反をどのように扱っているかをみていくが、どの理論も基本的に今から説明するこの不都合を解決するために提案されている。

3.3.2 節で、「話者が say（言語的に何かを言った）」場合、「非自然的にそれを意味した」ことになると Grice が考えていたことを確認した（第2部の (29) に示している）。はじめに考えたように、非自然的に何かが意味された場合、話者が聞き手に期待する何らかの反応がなければならない。話者が聞き手に期待する反応は、（本書の考えでは）心理的な反応と命題的な反応の2種類がある。今、質の格率違反をしている発話から命題的反応の期待が取り消されると、（心理的な反応の期待を考えないのであれば）質の格率違反をしている発話の what is said (M(①②)) から、話者が聞き手に期待する反応が全くないということになってしまう。すると質の格率の違反をしている発話に、what is said がないということになってしまう（say が非自然的に何かを意味したことにならなくなる）[4]。

Griceもこの問題にもちろん気が付いていて、質の格率違反の場合、M（①②）が say（言った）ではなく as if to say（言ったふり）であるとしている（Grice 1975: 53, 1989: 26）。しかし、言語的に非自然的に意味するという場合、say の場合と as if to say の場合の2通りがあるということになってしまう。

こうしたことから、質の格率違反は、多くの研究者の関心を集め、また（質の格率の説明の不備を補うべく）多くの対案が提案されてきた。以下では、その代表的な考え方を紹介した上で、上で展開した心理的反応の期待による解決案を理論的に動機づけていく。

はじめは Grice 自身による対案を考える。Grice（1989: Retrospective Epilogue）には、Grice（1975, 1989: Chapter 2）とは違う分析が、質の格率違反の（少なくとも一部の）例に対し提案されている（他の研究者の対案も基本的にこのGrice 自身の対案と同じ方向性になる）。以下で Grice（1989: Retrospective Epilogue）を「回顧的あとがき」と呼んでいく。

回顧的あとがきの解決法は、単語の慣習的な意味以外の意味も say の一部と考えようというものである。Grice（1989: 361）は、普通の意味での say と、回顧的あとがきでの拡張された say を統合するために dictive（言表性）という用語を用いている（言表性については、3.2.2 節も参照されたい）。この考えによると隠喩の（9a）の例は（9b）の内容を say したことになるという。

(9) a. He's just an evangelist.（彼はただの説教者だ）
　　 b. He is a sanctimonious, hypocritical, racist, reactionary, money-grubber.（彼は信心深げなふりをしているだけで、偽善的で人種差別的で反動的でけちだ）

(Grice 1989: 361、『論理と会話』p.313)

(9a) の evangelist という単語は、慣習的な意味として sanctimonious, hypocritical, racist, reactionary, money-grubber を意味しないが、それでもこの発話の中ではこの意味として使われていると考えることになる（したがって (9a) の what is said（M（①②））が (9b) であるということになる）。そして、このことは、Grice（1975, 1989: Chapter 2）で質の格率違反と、そこから生まれ

る推意で説明していた現象が、推意ではなく what is said（M（①②）として説明されることを意味する（Allott 2010: 62 にも同様の指摘がある）。(9) の例でいえば、(9a) によって話者が聞き手に期待する命題的な反応は (9b) の「彼は信心深げなふりをしているだけで、偽善的で人種差別的で反動的でけちだと信じること」となる。

　この説明の核心は、文脈によって慣習的な意味ではないことを単語に意味させるように話者が意図していて、そのことを聞き手も理解できる場合、その意味を推意ではなく言表的な (dictive) 意味だと考えようということである（Recanati 2004: 19 も同趣旨の提案をしている）。

　(10) のような例から、この説明には一応の説得力があることがわかる。

(10)　a.　There is a <u>rectangle</u> of lawn at the back.
　　　b.　The steak is <u>raw</u>.
　　　c.　Mary is a <u>bulldozer</u>.　　　　　　　　（Carston 2002: 328）

　(10a) の rectangle（四角い）芝を、本当に数学的に厳密な意味で長方形をした芝という意味に解釈する聞き手はいないだろうし、話者もそれを意図して発話することはないだろう。日常で数学的な用語（丸、直線、並行、直角など）を使うほぼすべての場合に、そのコンテクストで期待されるだけの大まかな意味を持つのであって、数学的に厳密な意味を話者は意図しないだろう。

　だからといって、そうした例の場合に、聞き手がまず文字通りの意味を了解して、文字通りの（厳密な）意味解釈が質の格率を違反していることから、その文脈にふさわしいような程度の解釈をいちいち推意として計算しているとは考えにくい。だから、(10a) の rectangle が「大体において長方形をしている」という意味を（単語の意味が緩められて）言表的な内容として伝えていると考えるわけである。

　同様に (10b) の「ステーキが生だ」という場合も（本当に全く加熱されていないという意味を話者が伝えたい場合もあるだろうが）、普通は食べるに十分な程度加熱されていない、という慣習的な意味を少し緩めた意味を言表的に伝えている（そしてその意味こそが (10b) の what is said（M（①②）の内容

だ)ということになる)。こうした言表性の考えを広げていくと(10c)のような、Mary is a bulldozer という隠喩の解釈を言表的にとらえることができるということになる。

　以上が回顧的あとがきによる Grice 自身の質の格率違反の問題点の解決法であった。この考え方は、他の研究者たちによって様々な形で取り入れられていく。回顧的あとがきの方策は、「非慣習的でも聞き手に無理なく伝わる単語の意味」を what is said (M(①②)) に含み込むという解決である。Bach (1994) は、逆に慣習的な意味としての what is said (M(①②)) の概念を維持した上で、回顧的あとがきで言表性によってとらえられた非慣習的意味を含む発話の意味を潜在意(implic*i*ture)と名付けた。(impliciture は、implicature の a を i で置き換えた Bach の造語である。慣習的な意味ではないが、推意とまではいえないような意味を言い表すための造語である。)

　Sperber and Wilson による関連性理論では、はじめ質の格率違反による発話に、ほぼ Grice (1975, 1989: Chapter 2) と同じ説明を与えていた。質の格率違反の発話は、その推意の伝達が主眼であって、関連性理論での表出命題 (proposition expressed) (≒ what is said (M(①②))) が、聞き手に伝わらないと説明されていた (Sperber and Wilson 1986/1995: 231–243)。

　しかし、その後 Carston (2002: 336) によって、この説明の不備が指摘される。関連性理論では、表出命題 (proposition expressed) (≒ what is said (M(①②))) が、認知効果 (cognitive effect) や文脈効果 (contextual effect) と呼ばれる発話の受容に積極的な役割がなければいけないとされている (Sperber and Wilson 1986/1995: 109)。しかし質の格率の違反をしている発話の命題内容が聞き手に伝わらないと考えると、この関連性理論の土台ともいえる発話解釈の過程に例外を設けなければいけないことになる (Grice の say と as if to say の議論と並行している)。

　そこで Carston (2002: 322–334) は、アドホック概念 (ad hoc concept) という考え方を導入する。アドホック概念とは、基本的に回顧的あとがきの言表性と同じ役割になる (Wharton 2002: 244 もアドホック概念と dictive が同じ発想だとしている)。例えば(10a)の例で考えると、(10a)で rectangle が意味すると考えられる「大体において長方形をしている」という意味で使われて

いることを単語の右にアスタリスクを付け、rectangle がアドホック概念(その文脈での単語の意味)として使われていることを示す。

(11) a. There is a rectangle* of lawn at the back.
　　 b. The steak is raw*.
　　 c. Mary is a bulldozer*.

(10b, c)についても同様に考え、(11b, c)のように単語の意味が拡張されていることがアスタリスクで示されることになる。

　こうすると、Grice (1975, 1989: Chapter 2)で推意として説明されていた事例が回顧的あとがきでは what is said (M(①②))となったように、推意として説明されていた事例が表出命題(proposition expressed)として説明されることになる。そして表出命題は、他の普通の発話と同じように聞き手に伝わる内容だと考えれば、質の格率違反にみえる例でも例外的な扱いは必要なくなる[5]。

　このように、質の格率違反の発話がもたらす問題点は、単語の持つ慣習的な意味を拡張して考えたり、what is said (= M(①②))と推意との間に別の解釈レベルを用いる等の方策によって解決が試みられてきた。しかし筆者には、どの解決も質の違反の発話の本質をとらえていないように思える。

　以下ではこれを隠喩の例で考えてみたい。

(12) a. The ATM swallowed my credit card.
　　 b. The ATM swallowed my credit card, chewed it up and spat it out.
　　　　　　　　　　　　　　　　　　　　　(Recanati 2004: 76–77)

Recanati (2004)は、(12a)の swallow が、swallow の持つ慣習的意味(生き物が何かを口から体内に入れる)からは外れる意味を持つものの、質の格率違反をすることで推意を生んでいると分析する必要はないという(言表性やアドホック概念による説明が可能であるという主張である)。ATMにクレジットカードを入れて、それが出てこなくなった、という真理条件的な意味は

swallow の慣習的な (辞書的な) 意味ではない。それでもこの意味を、この発話で使われている単語の組み合わせから十分聞き手が想起することが可能であるから、(12a) のような例を推意として扱う必要はないかもしれない。(Grice の言表性と同様の説明として Gibbs (1994, 2002) がある。Gibbs は、実験的なデータをもとに、「文字通りの文全体の意味が理解されてから、質の格率違反によって推意が生まれる」という標準的な Grice の説明を退けている。他に Giora (1997, 1999) も参照されたい。)

しかし (12b) のように、chewed it up and spat it out と続けて発話すると、発話全体がやはり強く隠喩として受け取られ、Recanati (2004) はこれを言表性とかアドホック概念で片付けるわけにはいかなくなるとしている。筆者も (12a) や (11a, b) のような例を言表性やアドホック概念などで説明し、推意という概念に頼る必要がないという主張には同意する。しかし、(12b) や、固定化していない創造的な隠喩の場合、やはり私たちは「何か特別な感じ」を感知するので、その説明が必要だと考える。

そしてもちろん、その答は 5.1 節で提案した、what is said (= M (①②)) が標準推意として心理的推意を生むという分析である。発話が心理的推意 (話者が聞き手に期待する心理的な反応) を生むという考え方は、質の格率違反の発話の説明のためだけにあるのではなく、発話一般に仮定できる非自然的意味である (大げさ表現の議論の際の、3 回と 100 回の類似を思い出されたい)。

少なくとも隠喩を含むような発話の解釈に、本書での心理的推意 (命題内容から聞き手に期待する心理的な反応) のような見方が必要なことは、Pilkington (2000, 2010) や Davidson (1978, 1992) で指摘されている (3.2.2 節の議論も参照のこと)。とりわけ、Davidson (1992: 300–301) は、隠喩を含む発話に第 1 意味 (first meaning) と第 2 意味 (second meaning) という 2 つの順序だてられる意味が関与しているとする。

(13)　Davidson (1992) の隠喩論と本書での隠喩の分析の対応
　　　Davidson の呼び名　　本書での表示
　　　第 1 意味　　　　　　　[M (①②)]：『心理的推意』

第2意味　　　　　　　M (①②-F ③④)「発話の命題」「推意の命題」

　Davidson の第1意味とは、隠喩表現を含む発話の文字通りの意味のことである。Mary is a bulldozer という発話なら「Mary がブルドーザーである」という意味そのものである。Davidson (1978) は、このような発話の役割を様々な形で特徴づけている。

(14)　a.　隠喩表現は文字通りの意味が一義的な役割を担っている
　　　　　　　　　　　　　　　　　　　　　　　　（Davidson 1978: 32）
　　　b.　隠喩表現の役割が主に考え（命題的な内容）を伝えることだと考えるのは誤りである　　　　　　　（Davidson 1978: 32, 46）
　　　c.　隠喩表現は譬えられている対象と譬えている対象の類似点に聞き手の注意を向ける「行為」である　　（Davidson 1978: 33–34）
　　　d.　隠喩表現は、新しさ (novelty) や驚き (surprise) を聞き手に認識させる行為である　　　　　　　　（Davidson 1978: 38）
　　　e.　隠喩表現は、音楽や絵画と同じ効果を聞き手に与える
　　　　　　　　　　　　　　　　　　　　　　　（Davidson 1978: 38, 47）

　Davidson の隠喩理論は、「隠喩は譬える対象と譬えられる対象の類似点に聞き手の注意を向け、それによって聞き手に驚きなどの心理的な影響をもたらす行為である」と要約されるだろう。
　Davidson (1978) では、隠喩表現が命題的な意味 ((13) の第2意味) を伝えることも否定していた。しかし、Davidson (1992: 300, note 4) では、この立場を緩め、命題的な意味を第2意味とする理論を提案している。(13) に示したように、この Davidson (1992) の隠喩に対する考え方は、この節で提唱してきた隠喩に対する考え方とほぼ合致している。Davidson の第1意味が、命題内容から聞き手に伝わる心理的推意に対応し、第2意味が質の格率違反から伝わる推意の命題的な内容に対応する。
　隠喩の理論には、何らかの形で（明らかに偽となる）文字通りの発話の命題を真となる命題（あるいは推意）へと変換する命題的な立場 (Grice 1975, 1989:

Chapter 2、Searle 1979、Sperber and Wilson 1986/1995、Carston 2002 など）と、Davidson (1978) のような、文字通りの発話の非命題的な効果に着目する立場とがある。

　命題的な立場は、とりわけ発話の隠喩部分が論理演算子のスコープに入ることから支持される。

(15)　a.　If Mary is a bulldozer, she'll be ideal on the committee.

(Carston 2002: 338)

　　　b.　Caroline is not an angel.

(15a) では、bulldozer が if 節の中に埋め込まれ、bulldozer の真理条件的な内容 (if 節の命題的な内容) が、論理的推論の対象となっている。Mary の積極性や、他の人の意見に左右されずに仕事をする、等の (現実的な) 命題内容に bulldozer が変換されない限り、(Mary がブルドーザーでないことは明らかなので) if 節の内容が常に偽になってしまう。また if 節の内容として、その明白に偽である文字通りの命題を話者が想定しているのではないことも明らかだ。

　同様に (15b) でも、これを文字通り「Caroline は天使ではない」と解釈したとしたら、それは話者が表現したい命題内容ではない。もちろん Caroline は天使ではないだろう。しかし、(15b) の話者はそれが言いたいのではない。話者は、angel によって (例えば)「どんなことでも喜んで引き受けてくれる人物である」といった内容を意味し、Caroline がそのような人物ではないと言いたいのであろう。したがって、隠喩表現を含む発話は、何らかの形で現実的な (真となる) 命題へと変換する必要があることがわかる。

　しかし、その反面、(現実的な命題となる) 第2意味だけを隠喩の意味だと考えてしまうなら、(とりわけ創造的な) 隠喩の持つ効果をとらえることができないだろう。Davidson (1992) は、恐らくこうした考えから Davidson (1978) の立場を緩め、本書と同じように隠喩の発話の解釈を2段階に分ける方策を提唱したと思われる。

　Davies (1982–1983: 82) も、命題的な隠喩論と非命題的な隠喩論（とりわけ

Davidson 1978）を分けた上で、両者が排他的なものではないと示唆している（Davies 1982–1983 は Davidson 1992 よりも以前の論考なので、Davidson が後に Davies に沿った考えに立場を変えていることを議論していない）。Davies（1982–1983: 82）は、Davidson の第 1 意味が主となるような創造的な隠喩から、第 1 意味がほとんど関与しないような「死んだ隠喩」（dead metaphor）まで幅があるということを示唆している。

　本書の分析はこの考え方を容易に取り込める。第 1 意味が強い発話では、より強い心理的な反応の期待（心理的推意）が生まれ、ありきたりの隠喩であれば［M（①②）］から生まれる心理的な期待がほとんどないことになる。質の格率違反による命題的な推意と、what is said（= M（①②））から生まれる心理的推意を組み合わせて説明することで、様々な創造性の度合いの隠喩表現を柔軟に扱うことが可能である。

　さらに、（次の章でさらに詳しくみるように）心理的推意は、質の格率に違反した発話からだけではなく、話者が R-intend する限りにおいて普通の発話からも生まれる。Davies（1982–1983: 75）は、Davidson（1978）の非命題的な隠喩論を動機づける目的で、(16) の例を挙げている。

(16)　Malcom is a thief.

　(16) の発話は、もちろん聞き手に命題的な内容（Malcom が盗人である）の共有を促すだろう。しかしこれに加え、他の命題態度（例えば、Malcom は信用できない）や非命題的な態度（Malcom に対し悪い印象を持つ）、さらに Malcom に対する一般的なイメージといった様々な影響を聞き手にもたらす、としている（だから隠喩的な発話が非命題的なメッセージを伝えると分析しても、隠喩的な発話を例外的に扱うことにはならないという趣旨である）。

　ここまでの議論をまとめておこう。2.4 節では、質の格率違反によって推意が生まれる場合、通常 what is said（=M（①②））によって話者が聞き手に引き起こそうとする命題的な反応の期待が取り消されると分析した。明らかに偽とわかる内容の命題を、話者が聞き手と共有しようとしているとは考えら

れないからである。

　しかし、もし(質の格率を違反している発話の)命題的な反応の期待が取り消されるだけなら、推意が聞き手に伝わった時点で発話全体が量の格率違反を犯すことになる。推意だけを伝えたいのであれば、そもそも推意自体をwhat is said(=M(①②))として発話する方が効率的だからである。さらに、何ごとかをsayするということは、非自然的に意味することだ、と定義される。しかし、もし発話の文字通りの命題の伝達の意図が取り消されてしまうだけなら、質の格率違反によって推意を生む発話が、非自然的な意味を持たなくなってしまう。発話の内容が、聞き手に期待する反応を持たなくなるからである。

　こうした困難を克服するため、この章では質の格率違反をしている発話のwhat is said(=M(①②))が、心理的反応の期待(本書ではこれも非自然的な意味と考えている)をSI(標準推意)として生むと分析した。この分析により、量の格率違反と非自然的な意味という2つの問題点が同時に克服された。

　質の格率違反となる発話の分析には、Grice自身の対案を含め様々な理論が提案されている。この章で提示した分析は、質の格率違反の発話の理解に、非命題的と命題的という2つの側面があると考える点でDavidson(1992)の考えに最も近いことを指摘した。また、発話の命題自体が非命題的な反応の期待を持つという考え方は、質の格率違反の発話に限定されたことではなく、その意味でこの章で提案した分析は一般的な原則に基づいていると主張した。

注
1　2020年学習院大学卒業の郷間加南子さんは、大げさ表現の理解にポライトネスが関与していると主張していた。第9章でみるようにポライトネスは、心理的反応の期待と密接に関係している。
2　控え表現は、皮肉のような使われ方をすることが多い。Grice(1975: 53, 1989: 34)が挙げる(i)も、控え表現であると同時に皮肉でもある。

(i)(暴れまわって家具を壊した人物について)

　　He was a little intoxicated.(彼はちょっと酔っぱらっていたね)
3　2022年度学習院大学卒業の川嶋美穂さんは、さらに細かく、[M(①②)] がもたらす心理的反応の期待と、推意である [M(③④)] がもたらす心理的反応の期待の落差から、皮肉が生まれるという議論を卒業論文で展開した。今後この方向を追求すれば、さらに複雑な皮肉の例の解明につながるかもしれない。
4　Garmendia(2023: 190–191) に関係する議論がある。
5　Carston(2002) の説明と回顧的あとがきの説明の並行性は明らかであり、Carston(2002: 330–331) も回顧的あとがきに言及している。

第6章　不成功の発話[1]

Chomsky (1957: 15) は (1) と (2) の対比から、(1) は (意味をなさない文であるが) 統語的な違反を犯していないと主張した。

（1）　Colorless green ideas sleep furiously.
（2）　*Furiously sleep ideas green colorless.

(1) は、意味的にはわけがわからない文であるが、NP V adv (名詞句 - 動詞 - 副詞) という英語の基本的な文のパターンに合致していて、統語的組み合わせとしては文法的であるとされる。これに対し (2) は、英語のどの文のパターンにも合致しておらず、統語的に非文であるとされる。
　(1) と同じ品詞の単語を連続させても、(3) のように組み合わせれば、意味的にも容認可能な文となる。

（3）　Colorful small birds sing joyfully.

(1) と (3) は、単語と単語のつながり (collocation) の点で違いがある (意味論的には選択制限 (selectional restriction) が満たされているかどうかの差、ということになる)。例えば green idea という句で考えてみると、green という色を表す形容詞が、idea という色 (あるいは具体的な形) を持たない名詞を修飾していて、意味をなさない。また sleep furiously では、furiously (猛烈に) という副詞が sleep という積極的な活動ではない意味の動詞を形容してい

て、これも不適切である。これに対し、(3) の small birds（小さな鳥）や sing joyfully（楽しそうにさえずる）は適切な意味が理解できる単語同士のつながりになる。

次に(4)の発話の意味を考えてみよう。

(4)　Ich　wisse,　dass　ich　Schmerzen　habe.
　　　I　　know　that　I　　pain　　　have

(Wittgenstein 1953: paragraph 246)

(4)は(普通)不自然な発話になる。痛みという感覚は、その痛みを持つ当人は当然知覚できるのであるから、それを I know の目的節とした(4)は、通常不自然に聞こえる。

(4)の不自然さは、(1)とは異なる。(1)の場合、どんなコンテクストの中でも自然な発話となることはない。これに対し、(4)は、適切なコンテクストを与えると自然な発話となる。例えば、話者が何らかの感覚異常の病気で苦しんでいるとしよう。すると(例えば)本来あるはずの痛みが感じられないけれども、知識として痛みがあるはずだとわかっている、といった意味で(4)を自然に発話できるだろう。(1)の不自然さは意味論的で、(特別なコンテクストを考えない場合の)(4)の不自然さは語用論的であるといえるだろう。

この章では、(特別なコンテクストを考えない場合の)(4)のような発話を不成功の発話と呼んでいく。そして不成功の発話の説明として Searle (1969)（そして Searle and Vanderveken 1985）の適切性条件(felicity condition)による説明を退け、2.8 節で提案した uptake という概念を用いた説明が必要であると主張する。Grice (1989: Chapter 1) で示された、Grice の意味論・語用論理論の方向性を紹介しながら、4.7 節で議論した uptake という概念を Grice の理論の中で仮定することの正当性も同時に示していく。

6.1　準備条件(preparatory condition)による説明

本書では、発話によって(命題的な)非自然的な意味を伝える過程を(5)の

ように表示することにしている。

（5） M(HA(SA(p)), HA(p))「 」

　(5)の表示で話者は、話者自身の（命題と）命題態度(SA(p))を聞き手に知らせることによって(HA(SA(p)))、聞き手にも同じ（命題と）命題態度(HA(p))を持つように非自然的に意味する(M)ことを表している。「 」内には、その結果として、話者が聞き手に期待する具体的な（命題と）命題態度が入ることになる。
　2.2節で紹介したように、Searle(1969)は、命題態度とそれを知らせようとする意図(MとSA/HAの組み合わせ)を発話の力Fとして表示した（本書でFという記号は、格率の違反を表すために使っているので混乱しないようにしたい)。Searleの表記では(5)が単にF(p)と表記されることになる。以下の議論でこの差が問題となることはないので、表記の一貫性を優先させ、Searleの主張も(5)のような表記で説明していくことにする。
　Searle(1969: 31)、Grice(1989: 3)は、(5)のような表示に、命題pの中に使われている単語αを加えて、(6)のような表示法を用いる。

（6） M(HA(SA(p(α))), HA(p(α)))「 」

　(5)のSA(p)とHA(p)の中の命題pの中に、その命題で使われている単語にαが含まれていることをp(α)と表記している。例えば、(4)の発話では、αがknowとなって、pはI know that I have pain、そしてこの陳述文を使って聞き手と命題態度を共有しようとする意図がMとSA/HAの組み合わせ、という具合に指定することができる。
　Searle(1966)は、日常言語学派(ordinary language philosophy)の言語観に異議を唱えた論文である（そしてAustinの発語行為理論を受け継いだSearleのその後の研究もその延長上にあるとみなせる)。(Malcom 1949、Wittgenstein 1953、Benjamin 1956、Austin 1957、Ryle 1969などの) 日常言語学派の研究者たちは、ある単語αが発話の中（あるいは命題pの中）にあっ

て、発話全体が不自然となる場合、その理由を単語αの使用条件に求める。単語にはそれぞれそれが自然に使われるための条件があって、その条件が満たされなければその単語を含む発話が不自然になるという。(より正確には、その条件が満たされなければ、発話の真偽を問うことができないとされる。Searle 1966: 44 に日常言語学派の研究者の論点が簡潔に紹介されている。)

(4)の発話の場合、know という単語の使用条件として、「know の対象(目的語・目的節の内容)が自明なことであってはならない」といった条件が付けられることになる。((1)のような、単語のつながりの条件に語用論的な条件も入れてしまうという考え方である。単語の選択制限に語用論的な条件を入れているともいえる。)この考え方は、「言葉の意味は言葉の使用である」、という日常言語学派の言語観の反映とみることができる。

Searle (1966, 1969) は、(4)のような発話の不成功の原因を単語αの使用条件に求めるこのような説明を退け、その代わりに発話の力と命題 p との関係による説明を提案する。Searle が拠り所とするのは、(7)のような発話の不自然さである。

(7) The man at the next table is not lightening his cigarette with a $20 bill.
(Searle 1966: 45)

(7)の「隣のテーブルにいる人は、20 ドル紙幣で煙草に火をつけているのではない」という発話内容は、(4)の「私は自分(の身体)に痛みがあると知っている」という発話内容と同じく(自明のことを言語化しているという意味で)不自然である。普通紙幣は煙草の火をつけるのに用いないからである。

Searle の論点は、日常言語学派の哲学者が問題とするような特殊な語((4)の know の他に、remember、voluntary、free will、等が例として挙げられている)以外にも、ごく一般的な単語や表現でも、通常は発話が不自然となることがあるという事実である((7)の例には、そもそも(4)の発話の know にあたるような、使用の条件を規定できるような単語αが特定できないようにみえる)。(7)の不自然さは、特定の単語αではなく、(普通の状況では言語

化するまでもない)「隣のテーブルにいる人は、20ドル紙幣で煙草に火をつけているのではない」という命題pを、聞き手に信じさせようとしている(発話の力を行使している)点に原因があると考えるべきだ、という。

　Searle (1969) は、Austin (1962) で素描が描かれた発語行為理論をより厳密な形で理論体系にまとめ上げた論考である。Searle (1969) によれば、発語行為(pと発話の力Fの組み合わせ)には、適切性条件(felicity condition)があって、その条件が満たされない場合、その発語行為は不適切になると主張した。そして、(4)や(7)のような陳述の発話の準備条件(preparatory condition)として(8)を提案している。

(8)　It is not obvious to both S and H that H knows (does not need to be reminded of, etc.) p.　　　　　　　　　　　　(Searle 1969: 66)
　　　S: 話者　　H: 聞き手　　p: 命題内容
　　　Hがpを知っている(あるいは、あえてそのことを思い出させる必要がないなど)ということは、SとHにとって自明ではない。
　　　　　　　　　　　　　　　　　　　　　　　　(『言語行為』p.124)[2]

　準備条件とは、適切性条件の1つで、ある発話が適切になるためにあらかじめ満たされていなければならない条件である。(4)や(7)のような陳述の場合、(8)のように、その内容をすでに聞き手が知っていることが明らかであってはならない(いいかえれば、内容が聞き手に新しい情報でなければならない)ことが準備条件として設定されている。(7)の、「隣のテーブルにいる人は、20ドル紙幣で煙草に火をつけているのではない」という内容は、恐らく聞き手もすでに知っているか、当然視している内容なので、(8)の準備条件に違反し、不適切な発話と判断されることになる。
　この説明によると、不成功の発話の理由が特定の単語αではなく、発話の命題内容pと発話の力(陳述)の関係に求められることになる。重要なのは、この説明が(4)の不成功の発話にもそのまま適用されるということである。「私は自分(の身体)に痛みがあると知っている」という命題は、話者にとっても聞き手にとっても、すでに聞き手が了解していることが(通常は)明ら

かな内容なので、これを陳述すると(8)の準備条件に違反してしまう。したがって、(4)が不成功であることを、特定の単語 α（この場合は know）の使用法に関する条件とするのではなく、一般的な p と発話の力の関係に原因を求めることができることになる。

(8)の準備条件は、(7)の不適切性（不成功であること）を説明するためにいずれにせよ必要である。そしてこの条件が(4)の不適切性も説明するのであれば、こうした類の不成功の発話が一般的に準備条件(8)で説明できるはずだ、というのが Searle (1966, 1969) の主張の概略の（一部）である。

この節では、Searle による日常言語学派に対する反論をみた。次の節では、準備条件(8)によっては説明されない不成功の発話の例を挙げ、本書の(Grice の非自然的意味を発展させた) uptake による説明へとつなげていく。

6.2 心理的に不成功の発話

2.7節では、発話の命題内容によって、話者が聞き手に心理的な反応を期待することがあることをみた（間接的心理的反応、あるいは心理的推意と呼ぶことにしている内容である）。例えば「冷蔵庫にビールが3本入っている」という発話から、『嬉しく感じる』という反応を聞き手に期待する場合があるだろう。このことを本書では、(9b)のように表示している。

(9)　a.　u: 冷蔵庫にビールが3本入っている．
　　　b.　［M(①②)］『嬉しいと感じる』
　　　c.　M(①②)「冷蔵庫にビールが3本入っていると信じる」

そしてこの発話はもちろん命題的な反応の期待も持つので、これは(9c)のように表示されることになる。「」と『』によって心理的な反応の期待と命題的な反応の期待が区別されている。

心理的な反応の期待は、すべての状況が整った場面で、発話を最後のピースとして発話状況というジグソーパズルに埋め込んで完成するように生まれると考えた。発話状況が整っていることは、発話の持つ SI (標準推意)とし

て命題的に話者と聞き手で共有されるのであった。発話の命題内容と標準推意とが協働して、心理的反応の期待がSIの1つ（心理的推意）として生み出されると考えた。(10)が(9b)が生まれるための命題的なSIの例である。

(10)　［M(①②)］③④1③④2③④3
　　　p:　冷蔵庫にビールが3本入っている
　　　p'1:　ビールを開け、飲む権利（あるいは可能性）が聞き手にある
　　　p'2:　ビールを飲むタイミングである（午前中などではない）
　　　p'3:　聞き手がビール（ないしはアルコール飲料）が好きである

SIは命題的なものも心理的なものも、その発話が発話場面に埋め込まれることで生まれるので、発話（M(①②)）を［　］に入れて、(9b)や(10)のように表示した。

　この節では、［M(①②)］『』で表現される心理的推意が重要な役割を果たす例を、テレビ番組の会話から引用する。そして心理的な推意に関しても不成功の発話の例がみられることを指摘する。心理的に不成功の発話が、Searleの(8)の準備条件を違反しないことを確認し、次の節のuptakeで提案する代替案につなげていく。

　はじめにみるのは、心理的に成功している発話である（次の節で、発話のuptakeを不成功、成功（非成就）、成就の3種類に分けていく）。

(11)　April: So, I was just at the Grind and I thought you might want an iced mocha with extra, extra whipped cream.
　　　Leslie: Oh, my. Thank you so much, April. Wow!
　　　April: You're welcome. Oh, by the way, completely unrelated, I just signed up for the Miss Pawnee Beauty Pageant.
　　　Leslie: That's wonderful.
　　　　　　　　(01:30-, "Beauty pageant," *Parks and Recreation*, Season 2.)

　(11)は *Parks and Recreations* という、市の公園管理部で働く人たちを題材と

したテレビドラマからの会話である。April がインターンとして働く大学生で、Leslie が課長である。今 April はコーヒーショップ(the Grind)に立ち寄って、Leslie のためにアイスモカを買ってきている。アイスモカを Leslie に渡しながら下線部のように、I thought you might want an iced mocha with extra, extra whipped cream と発話している。

April は日頃、Leslie の過度に前向きな姿勢に批判的である(April は現代的な大学生として描かれている)。しかしこの場面では、友好的な笑顔で Leslie のオフィスにやってきてモカを手渡している。そして Leslie も、その好意を素直に受け止め "Oh, my. Thank you so much, April. Wow!" と応えている。

下線部の発話は、(i) April が心理的に Leslie を喜ばせようとしている、(ii) そしてそのことを April は Leslie に伝えようとしている、(iii) Leslie はそれを理解している、(iv) Leslie は実際に(April が意図した通り)喜んでいる。したがって(11)の下線部は、非自然的な意味の定義に合致していて、成功している心理的推意の例文と考えることができる((お父さんが子供たちに対して)「ケーキを買ってきたよ」と発話する場合と同じ類の発話と考えられる)。

その後、April は by the way, completely unrelated と、頼みごとを切り出す。もちろんこれは嘘で(といっても明白な嘘なので、April は Leslie を本気でだます意図はないと思われる)、April は Leslie をいい気持ちにさせた上で頼みごとを引き受けてもらう準備をしたのである。(ポジティブ・ストラテジーを使っていることになる。この点は、9.5 節で再び取り上げる。)

1.2 節のケーキの例と同じように、April は買ってきたアイスモカを Leslie に手渡しているのであるから、April の Leslie に期待する反応は心理的なものが主で、命題的な内容がそれほど重要ではない(アイスモカを買ってきたことは、渡されたアイスモカから明らかである)。(11)は典型的な、(命題的にも心理的にも)成功した発話である((11)の発話は、推意として「だから買ってきた」があり、こちらも発話内容とほぼ同じ心理的反応の期待を持っているが、今はこの点を考えない)。

次の例(12)でも、話者(Chandler)が聞き手(Rachel)に心理的な影響をもたらそうとしていて(心理的推意を伝えようとしていて)、聞き手はそれを了解

している。その点で、(12)は(11)と似ている。

(12) Rachel: (answering an extension call) (angrily) What?
Chandler: (in a serious, businesslike tone) Rachel, could I see you for a moment?
(Rachel goes into talk to Chandler.)
Chandler: Okay, here's the situation. The keys to the cuffs are on the back of the door. Could you be a doll and grab them and scoot on over and unlock me? And on a totally different subject, that is a lovely pantsuit.
Rachel: You promised you would break up with her!
(10:30-, "The one with the cuffs," *Friends*, Season 4.)

　場面が複雑なので、少し詳しく説明していこう。場面はRachelの（この場面では登場しないがJoannaという）上司のオフィスである。RachelはChandlerがJoannaと付き合っていることが仕事に差し障るので（RachelとChandlerは親しい友人同士である）、Chandlerに交際をやめるよう約束を取り付けている。しかし、Chandlerは気が弱く、Joannaのオフィスを訪れても別れを切り出せない。それどころか、（性的な遊戯の一環として）下着姿にされ、手錠で机につながれてしまう（Joannaは仕事の用事でChandlerをそのままにしてオフィスを出て行ってしまう）。Chandlerは、オフィスの外にRachelがいることを知っているため、内線でRachelを呼び出している、という場面である。
　ChandlerはRachelに手錠を外してくれるように頼んでいる。しかし、RachelはChandlerが約束を破ったばかりか、下着姿で机につながれている姿をみて、すべての事情を瞬時に把握する。Chandlerは、手錠を外すようにRachelにお願いした直後、下線のようにthat is a lovely pantsuitと発話している。
　この場面で、Rachelのスーツに関する発話の命題内容自体は、全く前後の会話とかみ合わない。しかし、Rachelが怒っているのは明らかなので、Chandlerの発話のポイントは、Rachelのスーツが可愛いという命題内容を

Rachel に伝えることではなく、その発話によって Rachel の怒りをなだめようとしていることだと思われる。Chandler の下線部の発話は、命題的な効果だけではなく、それに心理的な効果も期待した発話であると考えられる。

(12)の例では、(i) Chandler は Rachel の機嫌を取ろうとしている、(ii) そしてそのことを Chandler は Rachel に伝えようとしている（この部分はやや問題が残るが、このような点は9.5節でさらに議論する）、(iii) Rachel はそれを理解している、(iv) Rachel は Chandler の意図に反して機嫌がよくなっていない。(12)の例では(11)の例と違い、話者(Chandler)が意図した心理的反応を聞き手(Rachel)は示していない。しかし、機嫌を取ろうという意図自体は Rachel が理解しているので、その点で成功した発話とみなせる。(12)の Chandler の発話を「成功」と表現することに違和感を覚える読者もいると思うが、次にみる(13)や(14)の例と比較するとその理由がわかるだろう。

(13)は、*How I Met Your Mother* という situation comedy からの会話である。

(13)　Ted: You guys are lucky you came here with an architect. (a)<u>Empire State Building fun fact number one</u>: When construction began on March 17, 1930, (b)<u>the framework rose at a rate of four and a half stories per week</u>.

　　　—everyone in silence—

　　　(c)<u>Four and a half stories per week</u>.

　　　—all nodding—

　　　Ted: (d)<u>Four and a half stories per week</u>.
　　　All: (e)<u>Oh, wow...</u>
　　　Ted: (f)<u>There it is, there it is.</u> Come on. These are fun facts, guys, let's have fun with them.
　　　　　(05:20-, "First time in New York," *How I Met Your Mother*, Season 2.)

この場面で Ted は、友人たちを Empire State Building に連れてきて、案内して回っている。建築家である Ted は、Empire State Building についていろいろな知識を持っているので、それを友人たちに披歴している。

(13a)で Ted はまず、Empire State Building fun fact number one のように、これから Ted が伝えようとしている内容に心理的推意があることを示唆している（fun fact の部分に、Ted が友人達に期待する心理的効果の期待が予告されている）。これに続いて Ted は(13b)のように、the framework rose at a rate of four and a half stories per week「(建築時に)毎週 4 階半のペースで骨組みが作られていった」と発話する。Ted の発話は明瞭であるし、内容に理解が困難な部分もない。

しかし、友人たちから何の反応もないと、Ted は(13c)のように、(13b)の主要な（心理的反応の期待をする上で鍵となる）部分を繰り返す。今度は、友人たちがうなずいていることから、(13b, c)の、Ted が友人たちに期待する命題的な効果が生まれていることがわかる。それでも、Ted は(13d)のように再び発話の鍵となる部分を繰り返し、最後に友人たちは Ted の心理的な効果の期待に気が付いて、(13e)のように感心したふりをする。Ted が命題的な反応の期待に加えて、心理的な反応の期待も意図していたことは、(13f)で Ted が友人たちがみせた（偽ではあるが）感嘆の声に、There it is, there it is「そう来なくっちゃ」と反応していることからも明らかである。

(11)や(12)の例と同様、命題的な意図に関しては、(13b)も成功の発話とみることができる。しかし(13b)の心理的反応の期待は、聞き手（友人達）に伝わっていない。(13b)では、(i) Ted は友人たちを驚かせようとしている、(ii)((13a)に示唆されているように)Ted は驚かせようとしていることも友人に伝えようとしている、(iii) 友人たちはその意図に気が付いていない、(iv) 友人たちは驚いていない。

(13b)は、Ted の友人たちを驚かせようという意図を友人たちが理解していないという点で、(12)とは違い、不成功の発話であるといえる。また、(13b)が不成功に終わっていることは、話者自身の Ted も十分意識しており、その結果として(13c, d)のように（部分的ではあるものの）同じ発話内容を繰り返している。

(13b) の不成功の発話は、Searle の提案する準備条件 (8) で説明ができない。準備条件 (8) によれば、陳述の発話では話者にとって新しい命題内容を発話しなければいけないとされる。(13b) の発話で、建築家ではない友人たちが (13b) の命題内容をあらかじめ知っているとは考えられない（少なくとも知っていることが自明ではない）。そして命題内容自体が伝わっていることも明らかである（みんな (13c) の繰り返しのあとにうなずいている）。それにもかかわらず、Ted は同じ発話内容を繰り返し、友人たちが偽の驚きをみせてはじめて、発話の（心理的な）目的が達成されたと感じたと解釈できる。

次にみる (14) も、話者（再び *Friends* の Chandler であるが）が意図した命題的な反応の期待を聞き手（Phoebe と Ross）が了解しているものの、心理的な反応の期待が不成功に終わっている例である（(13) と (14) では違いがあるが、この点は後に触れる）。

(14)　Chandler: (entering) Okay. You were right. I'm in love with Joey's girlfriend.
Phoebe: What?!
Ross: Are you serious?
Phoebe: Well, how-how-how is that possible? You barely know her!
Chandler: I don't know. I can't － I just, I can't get her out of my head. Y'know? I mean, (a)<u>I'm a very bad person. I'm a very, very bad person. I'm a horrible person</u>.

(He waits for a reaction, when he doesn't get one.)

(b)<u>No you're not Chandler! We still love you Chandler!</u>
　　　　　(13:15-, "The one with Joey's new girlfriend," *Friends*, Season 4.)

(14) も場面の説明が必要である。Chandler には Joey という親友がいる。今 Chandler は Joey のガールフレンドを好きになってしまっている。そのことを友人である Phoebe と Ross に伝えている。Chandler は、自分の親友

を裏切るような感情に苦しんでいる。そしてそのことを下線部 (14a) のように、I'm a very bad person. I'm a very, very bad person. I'm a horrible person と友人たちに告げている。

Chandler はそう発話した後に、黙って友人たちからの反応を待っている。しかし、何の反応も得られないと、続いて No you're not Chandler! We still love you Chandler! と、友達に期待した反応を自らがして、自分の発話が不成功に終わったことを表現している。(14a) も、Chandler の発話は明瞭で、また命題内容も明確である。友人たちが Chandler の発話の命題的な反応の期待を理解できないとは考えられない。しかし、それだけが Chandler が友達に期待した反応ではない。

Chandler 自身が、友達に成り代わって行った発話 No you're not Chandler! We still love you Chandler! から、Chandler は (14a) によって友達の同情という反応を期待していたことがわかる。同情の期待も明らかに話者が聞き手に期待することがある心理的な反応である（その詳細は後に分析する）。そしてその目的を果たせず、Chandler は思い余って、同情の結果として友達がするはずであったような発話を自分からしていると分析できる。

したがって (14a) は、(13b) と同じく、命題的には成功の発話であるが、心理的には不成功の発話であるといえる。(14) では、(i) Chandler は友達に同情してもらおうとしている、(ii) Chandler は同情してもらおうとしていることも友達に伝えようとしている（反応を期待しているわけなので）、(iii) 友達はその意図に気が付いていない、(iv) 友人たちは同情していない。

また、I'm a very bad person. I'm a very, very bad person. I'm a horrible person の命題内容は、聞き手（友達）にとって自明な内容ではなく、Searle の準備条件 (8) を満たしているといえる。それでも、話者 (Chandler) 自身が発話を不成功だと評価している。同情してもらおうとしている意図を友達が理解していないからである。(13b) と並んで (14a) は、準備条件では説明ができない不成功の発話の例である。

この節では、心理的な反応の期待（心理的推意）を伝える発話の具体例をみた。確かに私たちは発話によって、聞き手に心理的な反応を期待することがある。そしてその反応の期待を R-intend している（心理的な反応を期待し

ていることも聞き手に知らせようとしている）場合もある。それでも聞き手が心理的な反応の期待を感知していない場合、発話は不成功に終わる。心理的な反応の期待を聞き手が感知していなくても、命題的な反応の期待が満たされる（命題内容が伝わる）ことがある。そうした発話は、Searle の準備条件 (8) を満たすが、話者に不成功の発話と判断されることを指摘した。次の節では、Grice (1989: Prolegomena) で提示されている、Grice の協調の原理を提案するに至った経緯を説明するとともに、(4.7 節で展開した議論に加え) uptake という概念を Grice の枠組みの中に導入することの正当性を示していく。

6.3　Grice (1989: Prolegomena) と uptake の条件

　Grice (1989: Prolegomena) には、Grice が協調の原理や非自然的意味を提案する際の理論的背景が述べられている。その中で日常言語学派と Searle の論争が、協調の原理や一連の論考とどのような関係になるかが説明されている (Dascal 1994 が Searle と Grice の立場の差を詳しく分析している)。Grice の意味論・語用論の全体像を把握するてがかりが、Grice (1989: Prolegomena) にある。

　Grice は、まず日常言語学派と Searle の理論を比較して、(15) のように言う。

(15)　I am, of course, in sympathy with the general character of Searle's method of dealing with the linguistic phenomena which have provided A-philosophers with their material. In particular, I, like Searle, would wish to make the explanation of the linguistic inappropriateness, which the A-philosophers have seized on, independently of any appeal to special semantic features of particular words. But I am not entirely happy about the details of his position.　　　　　　　　　　　　(Grice 1989: 15)

　　もちろん、私は、一般的な性格の点では、A 哲学者たちに題材を提供した言語現象についてのサールの扱い方に共感を持っている。私は

サール同様、A 哲学者たちが取り上げた言語的不適切性を説明すると
きに、特定の語に特有の意味論的特色を引き合いに出すことはしたく
ないと望んでいる。だがサールの立場の細部にいたるまで完全に申し
分のないものだとは思わない。　　　　　　（『論理と会話』p.18）

引用中の A 哲学者というのは、Searle が議論している、Malcom (1949)、
Wittgenstein (1953)、Benjamin (1956)、Austin (1957)、Ryle (1969) などの
日常言語学派の研究者たちのことである。ここで Grice は、A 哲学者の特定
の語彙による不成功の発話の説明よりも、Searle のより一般的な（準備条件
による）説明が望ましいとしている。その上で、Searle の分析の詳細には賛
成していない。

　Grice (1989: Prolegomena) は、Searle の (8) のような準備条件を (16a) のよ
うに特徴づけ、そして、協調の原理や非自然的な意味が、その考えの延長上
にある ((16b)) としている。

(16) 　a. 　an utterance or remark to the effect that p will be inappropriate if it is
　　　　　 pointless　　　　　　　　　　　　　　　　　　（Grice 1989: 19）
　　　　　 p という内容の発話あるいは発言が不適切であるのは、それが的
　　　　　 外れである場合であり　　　　　　　　　　　（『論理と会話』p.24）
　　 b. 　much of what I have to say can be looked upon as a development and
　　　　　 extension of the idea contained in it.　　　　　　（Grice 1989: 19）
　　　　　 私が提示すべき論点のほとんどは、このテーゼの中に含まれてい
　　　　　 る着想を展開し拡張したものとみなされてよい
　　　　　　　　　　　　　　　　　　　　　　　　　　（『論理と会話』p.24）

　(16a) では、発話が（発話が行われたコンテクストで）的外れな場合、不適
切になるとされている。そして (16b) では、Grice (1989) の意味論・語用論
がこの着想の発展形だとしている。Grice の意味論・語用論は Searle の準備
条件とそもそも深いつながりがあったことがわかる。
　しかし、(15) でみたように、Grice は Searle の理論の詳細には同意してい

ない、その理由を Grice は(17)のように説明する。

(17) My impression is that Searle (like Austin) thinks of speech-acts of the illocutionary sort as conventional acts, the nature of which is to be explained by a specification of the constitutive rules which govern each act, and on which the possibility of performing the act at all depends.
(Grice 1989: 19)
私の印象では、サールは(オースティンのように)発語内的な種類の言語行為のことを慣習的な行為だと考えており、しかもその種の言語行為の本性を説明するために、各々の行為を支配し、かつ当の行為がそもそも可能であるための基礎になっている構成的規則を特定しなければならないと考えている。　　　　(『論理と会話』pp.24–25)

(17)でいう「構成的規則」というのは、統語的・意味的な言語内で慣習化されコード化された規則のことである。Searle の準備条件(8)は、陳述という発語行為の準備条件として提案されており、これは言語内部の規則として提案されていることになる。Grice はこの部分で Searle に同意できないという。では、Grice はどう考えているのか。
　(16a)のような事実を Grice は、(18)のような形で説明すべきだとしている。

(18) the inappropriateness of remarks which failed to satisfy such putative rules might be consequential upon other features which remarks characteristically have, together perhaps with some general principles governing communication or even rational behavior as such
(Grice 1989: 20)
右に想定されている規則を充たさない発言が不適切だとしても、ことによればその不適切性は、発言がそれとして持っている他の特色からの、そしてまたおそらく、伝達ひいては合理的行動そのものを支配している何かもっと一般的な原理からの、副次的な結果かもしれないの

である。　　　　　　　　　　　　　　　（『論理と会話』p.25）

(18)の、「右に想定されている規則」とは、(8)のような発語行為に対し想定された準備条件のようなものをさす。(18)の主旨は、(16a)のように、発話が的外れな場合、その理由を（陳述という発語行為に対する準備条件のような）言語内の規則にではなく、（協調の原理や非自然的な意味のような）一般的な原理や行動の合理性に求めるべきだ、ということである。いいかえれば、準備条件のような、発話に対する言語的な条件に代わって、言語内規則の外側で働く（Grice 1989 が提案しようとする）一般的な原理があって、その1つの表れとして、準備条件をとらえるべきだ、と Grice は提案しているのである。

しかし、Grice (1989) で具体的に「一般的な原理」が提案されることはなかった。だから、Grice の意味論・語用論には(4)や(7)のような不成功の発話を説明する手立てがない。その理由が、(19)として示されている。

(19)　I shall, however, now turn to a direct consideration of such general principles, with a focus on their capacity for generating implications and suggestions rather than on their utility for explaining the specimens of inappropriateness which have interested A-philosophers; it will be my hope that their utility for this last purpose might emerge as a byproduct of their philosophical utility in other directions.　　（Grice 1989: 20–21）
だが、私が次に取り組むのはそのような一般的原理を直接に考察する仕事である。その中で、私はそれらの原理が A 哲学者の関心を引いた不適切な言語使用例を説明するうえで役立つかというよりもむしろ、それらの原理からいろいろな含意や示唆が生み出される可能性のほうに焦点を置くことにしたい。この原理は他の領域における哲学的効用からの副産物として、不適切な言語使用例を説明する上でも有効性を発揮するのではないかと私は期待している。
　　　　　　　　　　　　　　　　　　　　　（『論理と会話』p.26）

Grice は、(16a) のような事実の観察から出発して、(19) のように、不成功の発話の直接の説明ではなく、発話が生み出す推意の理論を提示した。(16a) の観察と (とりわけ) 協調の原理との関係は、三木 (2022: 55–56) の「会話的推意の理論とは、真である発話が、それにもかかわらず不適切になる仕組みを説明する理論なのである」という指摘に集約される[3]。

　x という発話を想定して、Grice の (19) の立場と、本書の試みを具体的に考えておこう。話者が x と発話する。そして x が、一見不成功の発話となる。x が格率を違反しているのである。それでも話者が協調の原理自体は守っていると想定される場合に、推意 y が想起されるのであった。そして y が想起されると、聞き手は話者がなぜ一見格率を違反する発話をしたのか理解でき、x と y の全体で評価すると、協調の原理が守られることになるのであった。

　ここで、(4) や (7) に戻って考えてみよう。特にコンテクストが与えられなければ、(4) の「私は自分 (の身体) に痛みがあると知っている」や (7) の「隣のテーブルにいる人は、20 ドル紙幣で煙草に火をつけているのではない」という発話内容から、ただちに想起される推意 y がない。Grice が (19) で宣言しているのは、Grice (1989) で y が生まれる過程を示す一般原理を提示することに焦点をあて、想起できる推意 y がない場合がその一般原理の「副産物として」説明されることを期待する、ということである。

　推意 y が生まれない場合の制約を Grice は提示していない。そして今みたように、Grice はそれを試みていない。しかし、Grice の提示する意味論・語用論が、推意 y が生まれない場合 (さらに広いとらえ方をするなら不成功の発話一般) を説明する潜在的な力を内包している可能性が (19) で示唆されている。本書では、この潜在的な力を、Grice のもう一つの理論的柱である非自然的な意味から引き出そうとしている。6.4 節では、2.8 節で導入した uptake という概念に制約事項をつけることで、Grice の枠組みで不成功の発話の説明を試みる。

6.4 uptake 条件と不成功の発話

　この節では、2.8節で導入した uptake という概念を利用して不成功の発話の説明をしていく。Wittgenstein の (4) や Searle の (7) の例だけではなく、6.2節で挙げた、Searle の準備条件 (8) では説明ができない心理的に不成功の発話の (13) と (14) も uptake による説明が可能であることを示す。

　まず、uptake という概念を確認しておこう。発話が非自然的に何かを意味するには、話者が聞き手に反応の期待を持つことが必要であった。そして (20a) と (20b, c) のように、反応の期待には命題的なものと心理的なものとがあった。心理的な反応の期待には、感情表出的な発話に使われた単語自体から期待が生まれる場合 (20b) と、発話自体の SI（標準推意）として生まれる場合 (20c) とがあった。

(20) 　a.　　命題的な反応

　　　　　　話者側　　　　　　聞き手側
　　　　　　M (①②)「」　　　uptake (①②)「」
　　　b.　(感情表出的表現による) 心理的な反応

　　　　　　話者側　　　　　　聞き手側
　　　　　　$item^M$『』　　　uptake ($item^M$)『』
　　　c.　間接的心理的効果 (＝心理的推意)

　　　　　　話者側　　　　　　聞き手側
　　　　　　[M (①②)]『』　　uptake ([M (①②)])『』

そして、反応の期待を聞き手が了解することを uptake と呼んだ。それぞれ、uptake は「聞き手側」の方に示してある。

　2.8節では、uptake を「聞き手が話者が期待する反応の内容を了解するまで」のこととした（実際に聞き手が、期待通りの反応を示したかどうかまでは問わないと考えた）。ここで、uptake という考えをさらに精密に場合分けして考えてみよう。(4.7節で詳しくみたように、Grice 自身は「非自然的に意味する」という定義の中に uptake のような概念を入れていない。したがっ

て、以下で uptake という概念をどのように用いても、Grice の非自然的な意味の本質に影響がないことに注意されたい。)

　まず話者が、聞き手に r という反応を聞き手に期待して発話をしたとする。この時点で、(意図が R-intend であれば)話者が非自然的に何かを意味したことになる。このあと聞き手には 5 通りの反応がありうる。まず、聞き手に期待された反応 r を、発話に何らかの不手際があり聞き手が了解しない場合である。不手際は((2)のように)統語的な場合や((1)のように)意味的な場合があるだろう。また、聞き手が発話に含まれる表現の文字通りの意味がわからなければ、反応 r を理解することができず、この場合も聞き手は反応 r を了解しないだろう。この場合は、話者が聞き手の言語知識を誤って見積もったといえる。このような場合、聞き手が言語的に期待された反応 r を了解しないが、以下の議論ではこの場合を除外して考えることとする(このような場合は、不成功が語用論的とはいえないからである)。

　言語的に聞き手が期待された反応 r を了解しない場合を除くと、あと 4 通りの聞き手の反応がありうる。1 つ目は、話者が聞き手に期待する反応 r (とそのてがかり)を聞き手が見逃している場合である。言語的な不成功の発話とは違い、この場合は聞き手が十分話者と話者の意図に注意を払っていないことで聞き手が r を了解しないことになる。この場合を non-uptake と呼んでいくことにする。

　2 つ目は、発話の内容が、Grice の (16) の「的はずれ」(pointless) にあたる場合である。的はずれな発話は、協調の原理の量の格率(適切な量だけ言え)の違反、あるいは関係性の格率(関連があることを言え)の違反で、かつ推意が聞き手に想起されない場合として理解することができる(格率とその働き方については、2.5 節の議論を思い出されたい)。例えば「冷蔵庫にビールが 3 本入っている」と発話して、聞き手がすでにそのことを知っていて(この場合量の格率を違反していることになる)かつ、この発話から推意が想起されない場合や、発話の内容が量の格率に違反していなくても(すなわち聞き手にとって新しい情報でも)その後に推意が計算できないような場合(この場合は関係性の格率に違反していることになる)がこれにあたる。これは、聞き手が(発話の内容から)話者が聞き手に最終的に意図する反応 r を了解で

きない場合といいかえることができる。これを、空虚な (vacuous) uptake と呼び、v-uptake と表示していくことにする。

　3つ目は、話者が聞き手に期待する反応 r を聞き手が了解し、かつ聞き手自身はその期待された反応を示さない場合である。「冷蔵庫にビールが3本入っている」と聞いて、例えば聞き手自身がさっきそのうちの1本を飲んでしまっていたなら、聞き手は話者が正しい情報を持たないと判断し、その発話の命題内容を信じる、という話者が聞き手に期待した反応 r を示さないかもしれない。それでも話者は聞き手に、期待する反応 r の内容自体は正しく伝えたので、この場合を成功 (successful) の uptake と呼び、表示は s-uptake とする。

　最後の反応は、話者が聞き手に期待した反応 r を聞き手が正しく了解し、なおかつ聞き手が話者が期待した通りの反応を示す場合で、これを成就した (fulfilled) uptake (表示は f-uptake とする) と呼んでいく。(言語的に不成功の場合を除き)4つの種類の uptake は、(21)のようにまとめられる[4]。

(21)　non-uptake：話者が聞き手に期待する反応 r を聞き手が見逃している場合

　　　v-uptake　：発話が量、あるいは関係性の格率に違反していながら聞き手が推意を想起できない場合 (話者が聞き手に期待する最終的な反応 r を聞き手が計算できない場合)

　　　s-uptake　：話者が聞き手に期待する反応 r を聞き手が了解しているが、聞き手が期待された r を示さない場合

　　　f-uptake　：話者が聞き手に期待する反応 r を聞き手が了解し、かつ聞き手が期待された r を示す場合

　そして、発話の成功条件として、(22)を提案する。

(22)　発話の成功条件
　　　発話は次の2つの条件を満たさなければならない (満たさない場合、発話は不成功に終わる)

    a. non-uptake を含まない
    b. 発話の解釈が v-uptake だけで終わらない

　(22) は 2 つの (互いに別の) 条件から成立しているようにみえるかもしれない。しかし、どちらも「発話の成功には、話者が聞き手に期待する反応 r を聞き手が了解することが必要である」という素朴な条件の具体化に過ぎない。もし発話の解釈に (22a) の non-uptake が含まれれば、当然話者が聞き手に意図した r が聞き手に了解されないことになる。また (22b) のように発話の解釈が v-uptake で終わると、聞き手は自分に話者が期待する反応 r がわからないことになる。(後で Searle の (8) と (22) の成功条件の理論的違いを考察する。)

　上で扱った例を、(21) の uptake の分類と (22) の発話の成功条件から順番に検証していこう。まず、Wittgenstein の例 (4) から考える。

(4)　Ich　wisse,　dass　ich　Schmerzen　habe.
　　　I　know　that　I　pain　　　　have
　　　　　　　　　　　　　　(Wittgenstein 1953: paragraph 246)
(23)　M (①② F)　v-uptake (①② F)

この例の場合、特別なコンテクストがなければ、推意が生まれず、聞き手は「自明な」命題内容を信じることしかできないので、v-uptake の例となる ((4) は、量あるいは関係性の格率に違反していながら推意が想起できない例である)。(23) で示したように、この発話の uptake が、v-uptake だけで終わっているので、(4) は発話の成功条件 (22b) を満たさず、不成功の発話になる。①②は関係性の格率に違反しているので F が表記されているが、ここから推意が生まれないので v-uptake に終わるのである。

　先に議論したように、(4) も、話者が何らかの感覚異常の病気で苦しんでいて、本来あるはずの痛みが感じられないけれども、知識として痛みがあるはずだとわかっている、といった場合は不自然な発話 (不成功の発話) とはならない。この場合、命題的 uptake が (聞き手がその内容を理解し、信じれ

ば）f-uptake となるので、(22)を満たして成功の発話と判断されることになる。

　Searle の(7)にも全く同様の説明が可能である。

(7)　The man at the next table is not lightening his cigarette with a $20 bill.
（Searle 1966: 45）

特別なコンテクストを与えない限り、(7)の発話は不自然である。「隣のテーブルにいる人は、20ドル紙幣で煙草に火をつけているのではない」という発話内容は、自明であり発話するに値しないだろう((16)の Grice の「的外れ」(pointless)にあたる)。その場合、(7)の uptake が v-uptake だけとなり、(7)は(22b)の条件を満たさず、不成功となる。

　Searle(1966: 45)は、テキサスに石油業者の社交クラブがあって、そこでは20ドル紙幣で煙草に火をつけることが規則になっている、といった文脈でなら(7)が自然な発話となるという。その場合、(7)の命題内容が、聞き手にとって自明ではなくなるので、uptake が v-uptake から少なくとも s-uptake となるので成功の発話となる。

　(一見)質や関係性の格率に違反した発話でも、コンテクストから適切に推意が導かれれば、その発話解釈が v-uptake ではなく、s-/f-uptake となる。2.4節では、「冷蔵庫にビールが3本入っている」という発話が、枝豆が茹で上がった、暑い夏の夕方に仕事を終えてくつろいでいる妻が夫に向かって発話をしたとするなら、聞き手に「冷蔵庫からビールを取ってくる気になる」ように意図する発話だと解釈できると考えた。(24)がこの解釈の表示となる。

(24)　M（①②F③④）　s-/f-uptake（①②F③④）「冷蔵庫にビールが3本入っていると信じる」「冷蔵庫からビールを取ってくる気になる」

　s-/f-uptake の右には、②の反応の意図と④の反応の意図をこの順番で「」内に示してある。(24)には non-uptake も v-uptake も含まれず、(22)のどちらの基準も満たされて、(25)が成功の発話と判断される。

続いて、(11)の April の発話を分析する((11)の下線部部分だけを再掲している)。

(11) April: I thought you might want an iced mocha with extra, extra whipped cream.

(11)の発話で April は、命題的な反応の期待と心理的な反応の期待の両方を持っているのであった。

(25) M(①②)　f-uptake(①②)「話者が、聞き手がたくさんホイップクリームをかけたアイスモカがほしいと思ったと信じる」
　　　［M(①②)］　f-uptake([M(①②)])『喜ぶ』

そしてそのどちらも満たされていることが(25)の f-uptake によって示されている(Leslie は喜んでアイスモカを受け取っている)。(22)の条件をどちらも満たしているので、(11)は成功の発話である。
　続けて(12)の Chandler の発話を考えていこう(下線部分だけ再掲している)。

(12) Chandler: that is a lovely pantsuit
(26) M(①②)　f-uptake(①②)「聞き手のパンツスーツが素敵だと信じる」
　　　［M(①②)］　s-uptake([①②])『喜ぶ』

(12)の発話では、(11)と同じように聞き手(Rachel)が、話者(Chandler)が(12)の発話によって期待している命題的な反応も、心理的な反応も了解しているのであった。しかし、Rachel は、心理的な反応『喜ぶ』を了解しているものの、Chandler に対する怒りは収まらず、決して喜んでいない。したがって(26)で Rachel の心理的反応の期待に対する uptake は、(了解はしているが、反応を示さない)s-uptake となっている。(26)も、(22)の条件を満たしていて成功の発話である。しかし話者の期待が実現していないので、成

就した uptake (f-uptake) にはならない。

　発話の理解 (uptake) は、聞き手が話者の意図を了解するまでで一区切りがあると多くの研究者が考えていることを 4.7 節で紹介した。反応 r を聞き手が示していない場合でも、聞き手が r を了解していれば s-uptake の例で、成功した発話とみなすのは、これが根拠になっている。それでも、f-uptake の成就した発話と s-uptake までの発話を区別していくことは必要なので、uptake を (21) のように細分化している。

　4.1 節で、ある発話から伝わる命題内容が聞き手に受け入れられると (つまり f-uptake されると)、その命題が話者と聞き手がともに当然視している命題の集合である CG (共通基盤) に加えられると考えた。しかし聞き手の評価が f-uptake ではなく s-uptake だと、この CG の更新が起こらない。f-uptake と s-uptake の区別も、会話の情報処理の流れを分析する上でどうしても必要な区別である。

　続いて、Searle の準備条件 (8) では説明ができなかった、心理的不成功の発話である (13) と (14) をみていこう。はじめは (13) の Ted の発話からである。

(13)　Ted: You guys are lucky you came here with an architect. (a)<u>Empire State Building fun fact number one</u>: When construction began on March 17, 1930, (b)<u>the framework rose at a rate of four and a half stories per week.</u>

　　　—everyone in silence—

　　　(c)<u>Four and a half stories per week.</u>

　　　—all nodding—

　　　Ted: (d)<u>Four and a half stories per week.</u>
　　　All: (e)<u>Oh, wow...</u>
　　　Ted: (f)<u>There it is, there it is.</u> Come on. These are fun facts, guys, let's have

fun with them.

(13b, c)の Ted の発話で、友達は命題的な内容を完全に了解している様子なのであった(友達はうなずいている)。それに対し心理的な反応の期待については、(13d)で Ted が 3 回目の繰り返しをするまで、友達が気が付かない。
　(13b)(そして(13c))の発話は、(27)のように分析できる。

(13)　b. Ted: the framework rose at a rate of four and a half stories per week
(27)　M(①②)　　f-uptake(①②)「(建築時に)毎週 4 階半のペースで骨組みが作られていったと信じる」
　　　［M(①②)］　non-uptake([M(①②)])『驚く』

(13b, c)で、Ted の友達は Ted の命題的な内容を理解しているので(そして Ted が建築家であることから、その内容を信じない理由がないので)、命題的な非自然的意味 M(①②)に対して、f-uptake としている。
　これに対し、(13d)で Ted が同じ発話内容を 3 回繰り返すまで友達は Ted の『驚く』という心理的反応の期待に気が付いていないので、この心理的推意は non-uptake になる。non-uptake が聞き手の発話の評価の一部にあるので、(13b, c)は(22a)の基準を満たさず、不成功の発話となる。
　(13d)で Ted が 3 回目に(部分的に)同じ内容の発話を繰り返すと、友達は(13e)のように感心したふりをする(スクリプトではふりであることはわからないが、ふりである)。あくまでも感心したふり、であるが、それでも(13d)は(13b, c)と違い、友達は Ted の心理的効果の意図に気が付いている。同時に、友達は本当に感心し、驚いたわけではないので、評価は s-uptake となる。

(13)　d. Ted: (the framework rose at a rate of) four and a half stories per week
(28)　M(①②)　　f-uptake(①②)「(建築時に)毎週 4 階半のペースで骨組みが作られていったと信じる」
　　　［M(①②)］　s-uptake([M(①②)])『驚く』

(28)は、(27)と違って non-uptake が含まれていないので成功の発話と評価されることになる。Ted も、もちろん友達の驚きがふりであることを了解しているが((13f)の後に Come on(もっと興奮してよ)と友達に催促している)、それでも(13f)で There it is, there it is(そう来なくっちゃ)、と発話して、(13d)の心理的推意の意図を(限定的ではあるが)成功と評価している(これを s-uptake と呼ぶことにある程度の正当性があることがわかる)。(3.2.2 節の例(19)も、(13)と並行した分析が可能である。)

　(14a)で、Chandler は、友達の同情を買いたいのであった。この発話の評価は(29)のように表示できる(命題的な反応の意図の内容は簡略化している)。

(14)　a. I'm a very bad person. I'm a very, very bad person. I'm a horrible person.
(29)　M(①②)　f-uptake(①②)「Chandler がとても悪い人間であると信じる」
　　　[M(①②)]　non-uptake([M(①②)])『(Chandler を)かわいそうに思う』

Chandler の発話は、明瞭で、命題内容もあいまいな点がなく、Ross と Phoebe は、(14a)の命題内容を f-uptake している。しかし発話から SI として Chandler が意図している心理的な反応の期待『(Chandler を)かわいそうに思う』に Ross も Phoebe も気が付いていない(Chandler が、Ross や Phoebe の反応を空しく待っていることからそれがわかる)。したがって心理的推意は non-uptake となり、発話の評価に non-uptake が含まれているので、(14a)も(13b, c)と同様に不成功の発話となる。

　(13b, c)と(14a)は、話者が聞き手に意図した心理的反応の期待を聞き手が了解していない(non-uptake)ので、不成功の発話であるという点で一致している。しかし、心理的な反応の期待を伝えるうえで用いようとしている手段に微細な(しかし重要な)違いもあるように思われる。(13b, c)の場合、Ted は命題的な内容を友達に信じさせることによって((建築時に)毎週4階半のペースで骨組みが作られていったと信じることによって)、友達を驚

かせようとしている。(14a) の場合も、同じように分析してよいだろうか。Chandler は、友達に「Chandler がとても悪い人間であると信じる」ことで、Chandler を『かわいそうに思う』ことを期待しているだろうか。

　Chandler の (14a) は、いわゆる「自虐」と呼ばれる行為である。自虐が分析の対象として取り上げられることはあまりないが、自虐も語用論的にかなり興味深い現象である。どうやって人は自虐をすることで聞き手の同情を期待することができるだろうか。単に Ross と Phoebe が、Chandler が彼らに期待する命題的な反応「Chandler がとても悪い人間であると信じる」を示したとしても、Ross と Phoebe は Chandler に同情しないかもしれない[5]。私たちは、自分たちが知っている人の中で「悪い人間だ」と評価している人が何人か(何人も)いるだろう。しかし、そうした人たちに対して、普通それだけの事実では同情の気持ちを持たないだろう。

　では、どのような場合に私たちは人に同情の気持ちを持つようになるだろうか。その1つは、恐らく「自分で自分を低く評価している」人に対する場合だろう。Chandler が (14a) の発話でどうして、(実現されないにしても)友達の同情を買うように期待できるのかというと、友達は「Chandler がとても悪い人間であると信じる」ことを期待するに先立って、「Chandler 自身が自分をとても悪い人間だと信じている」ように友達に期待するからだと考えられる。自分で自分を肯定できないことが心理的に苦しいことは、誰しも経験上わかっている。自虐とは、この聞き手の感じ方を利用した意思伝達の手段だと考えることができるだろう。

　今一度、Grice の命題的な発話の伝わり方を思い出してみよう。

(30) 　M (HA (SA (p)), HA (p))「」
　　　 M (①②)「」

2.2 節でみたように、Grice は、発話によって話者はまず、話者自身の持つ命題態度とその内容 (SA (p)) を聞き手に信じてもらおうとする (HA (SA (p)))。そしてそれを通じて、聞き手も話者と同じ命題と命題態度を持つ (HA (p)) よう期待するのであった。(詳細が重要ではない場合)前者を①、

後者を②と簡素化して表記することにしていた。

　すると、Ted の (13b, c) の場合、友達は友達自身が命題内容を信じること(つまり②)で Ted の『おどろかせる』という心理的推意を了解するように期待されているのに対して、(14a) の Chandler の場合、Chandler 自身の信念(つまり①)を Ross と Phoebe が信じることによって、『かわいそうに思う』という心理的推意を了解するように期待されている。ここに微細な(しかし重要な)差が存在する。

　この違いを (31) のように表示することもできる。

(31) 　a.　Ted の心理的推意の期待
　　　　　[M(①②)]　s-uptake([M(①②)])『驚かせる』
　　　b.　Chandler の心理的推意の期待
　　　　　[M(①②)]　non-uptake([M(①②)])『(Chandler を)かわいそうに思う』

(31a) の Ted の心理的推意の期待の場合、その主な期待のもとは、友達が抱く命題的態度②なので、こちらに下線を引いている。逆に Chandler が意図した心理的反応の期待は、Chandler 自身の命題と命題態度を Ross と Phoebe が信じることにより生まれるので、(31b)のように①に下線が引かれている。

　この分析が、本当に自虐による心理的推意と通常の心理的推意を区別する最善の手立てなのか、さらに慎重な検討が必要なことはいうまでもない。しかし、語用論的な意味とそれが生み出される過程を明示的に表記することで、少なくとも問題の所在点を明確にすることができていれば幸いである。

　最後に、Searle の準備条件 (8) と本書で提案している発話の成功条件 (22) を、理論的な視点から比較しておく。Searle (1969)(そして Searle and Vanderbeken 1985) は、準備条件を含め発話の適切性の条件を言語の constitutive rule (構成的な規則)と考えていた。

　これに対し、Grice は、(少なくとも陳述発話の)準備条件のような制約が、「伝達ひいては合理的行動そのものを支配している何かもっと一般的な原理」(some general principles governing communication or even rational behavior) の 1

例として扱おうとしているのであった。この点から(22)をみてみると、(22)は、uptake(聞き手の、話者が聞き手に期待した反応 r の了解)に関する条件なのであった。そして、聞き手に期待された反応 r は、非自然的意味が成立するための条件なのであった。Grice は非自然的な意味が、言語に限らず広く人間の理性に根差していると考えている。したがって確かに(22)は、より一般的な原理(非自然的な意味)の観点からの、構成的な規則としての準備条件(8)に対する対案となっているのである。

次の節では、英語に心理的反応の期待を聞き手に予告するための固定表現があることをみる。心理的反応の期待は言語的な具体性に乏しいので、心理的反応の期待の言語的な表れを確認しておく。

6.5 心理的な反応の期待の予告表現

ここでもう一度、心理的反応の期待(心理的推意)が生み出される一般的な過程を考察してみよう((21)の uptake の詳細は省いている)。

(32) 間接的心理的効果(＝心理的推意)

話者側	聞き手側
M (①②)「」	uptake (①②)「」
命題的 SI：[M (①②)]「」「」	命題的 uptake ([M (①②)])「」「」
心理的 SI：[M (①②)]『』	心理的 uptake ([M (①②)])『』

ある発話 M (①②)を話者がする。すると通常話者は、①で話者自身の命題態度と命題内容を聞き手に知らせ、そのことを通じて②で聞き手に同じ命題態度と命題内容を抱くように期待する。命題的な発話 M (①②)は、様々な命題的 SI(標準推意)を持つのであった。そしてそうした命題的 SI と発話そのものから伝わる命題全体が、その発話場面で心理的な反応の期待としてSI が生むのであった(発話がジグソーパズルの最後の 1 ピースとなる)。

この説明によると、心理的な推意の期待が大きくコンテクストに依存していることがわかる。そもそも命題的 SI 自体、発話がコンテクストに埋め込

まれることにより生まれる（M（①②）を［ ］に入れてこれを表示している）。この命題的 SI にさらに依存する心理的 SI は、命題的 SI にも増して「本当に聞き手に伝わるのか」あるいは「本当に話者が意図しているのか」心もとない。

　2.3 節でみたように、心理的な反応の期待は、命題から伝わる心理的 SI の他に、感情表出的な単語の選択からも生まれるのであった（この後第 7 章と第 8 章で単語レベルの語彙選択によっても心理的推意が生まれる例をみる）。日本語の丁寧語の「ます」や英語の卑称語（bitch、bastard）や罵り語（fucking、damn）、フランス語やドイツ語などの 2 人称単数代名詞の使い分け（vous（敬称）と tu（親称）および Sie（敬称）と du（親称））などが、単語にコード化されている意味から心理的な反応の期待を伝えるのであった。このような場合に比べても、心理的 SI はやはり言語的な具体性に乏しい。したがって、心理的 SI が言語的に有効な概念であることを確認していくことは重要である。

　英語には、この点で興味深い固定的な表現がある。まず(33)の例（*Two and a Half Men* という sitcom からの引用である）をみてみよう。

(33)　Charlie: So (a)guess what. I'm gonna transform my life and get the intimacy I deserve.
　　　Alan: (i)Fantastic. You work on that while I go back to the mall with taterhead.
　　　Charlie: Not only that, I met the author and she's amazing.
　　　Alan: The woman you dumped us for?
　　　Charlie: Yeah, (b)know what she told me?
　　　Alan: (ii)No idea.
　　　Charlie: She told me that my fear of being hurt keeps me from feeling anything at all. It's like I'm living in an emotional prison that I built myself.
　　　Alan: (iii)How about that? You abandoned us.
　　　Charlie: I know, but (c)get this. I'm not just a prisoner, I'm the warden.

Alan: We had to take two buses and walk a mile on the Pacific Coast Highway...

(06:45-, "If my hole could talk," *Two and a Half Men*, Season 5.)

　(33)は、中年の兄弟(Charlieが兄でAlanが弟)の会話である。この会話に先立って、Charlieは、Alan(とAlanの息子)を本屋まで車で連れて行っている。Charlieは、人間関係の構築で問題を抱えていて、何か役に立つような本を探している。啓蒙書の売り場で、偶然ある啓蒙書の著者の女性に出会い、CharlieはAlanとAlanの息子を見捨てて、その女性とどこかへ行ってしまう。Alanと息子は、バスを乗り継ぎ、長い道を歩いて帰宅しなければならず(3人は同居している)、当然のことながら怒り心頭に燃えている。一方Charlieは、著者の女性に大いに啓蒙され、自分の興奮をAlanと共有しようと(Alanも一緒に興奮してもらおうと)している。

　(33a)のguess what(これから何を言おうとしているかあててごらん)、(33b)のknow what (she told me)((彼女が教えてくれたことが)何だかわかるかな)そして(33c)のget this(これから自分が言うことを心して聞け)は、どれも話者が聞き手に心理的推意を含む発話をする予告として機能する定型表現である。guess whatと発話して、話者は本気で聞き手に話の内容を予測させようとしていることはほとんどない(むしろ、予測できないような驚くべき内容の発話をする前に、聞き手に心の準備をさせるような場面で用いる)。know whatは、定型として普通はyou know what (it is)？のように用いて、やはりguess whatと同じ機能を果たす((33b)では、少しこの定型を応用した使われ方になっている)。またget thisも、驚くべき内容の発話の前に(心理的推意がある発話の前に)聞き手にあらかじめそれを知らせるように働く。

　これらの表現は、一方で聞き手に心理的反応の効果を準備させる定型句である。しかし他方で、伝わりにくい(s-/f-uptakeしにくい)心理的推意の伝達の意図をあらかじめ聞き手に予告して、伝わりやすくするようにも機能する(むしろ後者の機能が主であるように思える)。

　この場面でCharlieは繰り返しこの定型句を用いることで、Alanに自分

の興奮を共有してもらおうとしている。Alan の方では、(33i) の Fantastic（素晴らしい）、(33ii) の No idea（さっぱりわからない）そして (33iii) の How about that（びっくりだね）と（最大限の皮肉を込めて）応答している。このことから Alan が、Charlie の発話が心理的推意を含んでいることを、Charlie の発話や予告の定型句をてがかりに承知していることがわかる。しかし、会話の最後まで Alan の怒りは収まらず、Charlie の意図した心理的推意が s-uptake にとどまっている（それでも、Charlie の心理的効果の意図が伝わっているので Charlie の発話は (22) の条件を満たし、成功の発話と区分されることになる）。

(33) のような定型句が存在するということは、発話内容によって心理的な反応の期待をすることがよくあること、そして心理的な反応の期待を伝えるのが (SI に頼るしかないので) 難しいことを示していると解釈できる。

この節では、（心理的反応の期待も含め）不成功の発話を Grice の非自然的意味と、Grice (1989: Prolegomena) で示されている協調の原理の理論的位置づけを発展させることで説明を試みた。その際、2.8 節で提案した uptake という概念を精密化し、uptake に基づいた条件を設けることで、発話の成功を評価する基準を提案した。uptake による発話の評価は、Searle (1969) で提案された準備条件では説明ができない心理的推意の不成功の発話も説明できるのであった。uptake による解決法は、Grice の非自然的意味に基づいた一般的な会話の原理からの発話の評価である。心理的推意を聞き手にあらかじめ知らせる定型句を紹介し、そのような定型句の存在が、心理的推意という話者の意図が確かなものであることを示していると結論した。

注
1 本章の内容は、Hirata (2023c) の内容を本書で展開している理論的枠組みに合致させ、修正発展させたものである。
2 坂本百大・土屋俊訳『言語行為』から訳文を引用している。
3 Stalnaker (1974: 206) にも、動詞 know の意味に関して関係する議論がみられる。
4 Hirata (2023c: 53) で提案した、the Uptake Condition を精密化している。

5 2019 年学習院大学卒業の東澤知輝さんとの議論から得られた観察である。

第7章　単語レベルでの格率の違反と心理的推意[1]

　2.4節では、発話全体の様態の格率の違反から命題的なPCI（特殊化された会話の推意）が生まれる例をみた。

（1）a.　Bernadette is as tall as Howard.
　　　b.　Bernadette is as short as Howard.
（2）M（①② F ③④）「BernadetteとHowardは同じ背の高さだと信じる」「Howardは背が低く、Bernadetteも背が低いと信じる」

　普通、背の高さを比べる場合、(1a)のように高さ(tall)で表現し、真理条件的な意味が変わらなくても(1b)のように低さ(short)で表現すると様態の格率（普通の言い方をせよ）に違反することになる。その違反F（発話の特徴）によって推意③④が生まれ、（この推意から）話者が聞き手に期待する命題的な反応が、「Howardは背が低く、Bernadetteも背が低いと信じる」となる。
　(1b)のような例の場合、（背の高さの表現方法という）発話全体の様態の不自然さから命題的な推意が生まれている。しかし協調の原理の格率は、このように発話全体の格率違反から命題的な推意を生むだけではなく、単語（あるいは発話に含まれる一部の表現）だけからも格率違反によって推意を生む。そして生み出される推意が、非命題的（心理的推意）となることがある。
　ある格率違反が、命題全体（あるいは発話全体）に関係しているのか、それとも発話に使われている表現の一部に関するものなのか、実は見分けが難し

い。(1b) のような場合の推意も、short という単語から生まれる推意だといえないこともない (Levinson 2000: 196 に同じ趣旨の指摘がある)。しかし、以下で説明する「ライプニッツの法則」が成立する言語環境では、一定の言語表現が発話の命題 (真理条件) に関与することがなく、明確に命題を構成する部分的表現が格率違反によって心理的推意を生む。この節では、ライプニッツの法則が働く環境で、格率の違反から心理的な推意が生まれる例をみていく。

7.1　指示表現とライプニッツの法則

　ライプニッツの法則は、指示表現の真理条件的な振る舞いに関する一般化の1つである。指示表現とは、言語外の特定の事物を指し示す名詞 (あるいは代名詞) のことである。(3) で指示表現の例をみてみよう。

(3)　a.　They are my friends. (近くにいる人を指しながら)
　　　b.　My mother is a doctor.

下線部のうち、They と My mother はそれぞれ言語外 (現実世界) の特定の人物を指示する指示表現 (referential expression) である。これに対して my friends と a doctor は名詞句ではあるが、何か特定のものを指しているわけではなく、指示表現ではない。(3a) の my friends は、They が自分の友達であることを今この発話で聞き手に知らせるように使われていて、They で指示されている人たちを指示しようとしているわけではない。同じことは (3b) の a doctor にもいえる。((3) の my friends や a doctor のような例は、述語的 (predicative) な名詞句の用法と呼ばれる)。

　指示表現には「ライプニッツの法則」として知られる法則が適用できる (ライプニッツの法則については、Cann 1993: 263、Huang 2014: 230 も参照されたい)。ライプニッツの法則とは、ある指示表現があったとして、その指示表現を別の指示表現に置き換えても文全体の真理条件的な意味が変わらないことをいう。

例えば、(3a)で、話者がThey で指示しようとしている人がJoey and Chandler であるとしよう。そして聞き手がThey を使ってもJoey and Chandler を使っても、指示されている人物たちを特定できると想定してみよう。すると(3a)を(4a)のように替えても文全体の真理条件的な意味が変わらない。

(4) a. Joey and Chandler are my friends. (＝(3a))
　　 b. She is a doctor. (＝(3b))

(3a)も(4a)もJoeyとChandlerが話者の友達であれば、発話の命題は真であり、そうでなければ偽である。あるいは(3b)の発話で、My mother で指示された人物が会話参加者のみえるところにいる場合、My mother を(4b)のように代名詞She に代えても(3b)と全く同じ真理条件の意味を持つ文となる。その人物が医者であれば命題は真で、医者でなければ偽である。

これに対し、指示表現ではない名詞は、いうまでもなく別の単語に代えれば文全体の真理条件的な意味が変わる。(5a)のように、(3a)のmy friends の代わりにmy students を使えば、仮にどちらも本当のことであったとしても別の命題になる。つまりThey で話者が指示する人たちが話者の友達でもあり、話者が教えている学生でもあるとしても、2つの文は別々の意味を持つ。

(5) a. They are my students. (≠(3a))
　　 b. My mother is a vegetarian. (≠(3b))

同様に、(3b)のdoctor を、(5b)のようにvegetarian にすると意味が変わる。話者の母親が医者でありなおかつ菜食主義者であるとしても、指示表現ではない単語を入れ替えれば文の意味は変わる。

　ライプニッツの法則が成立している言語環境では、聞き手の心理的な反応を促すように意図された指示表現(感情表出的な表現)が用いられることがある[2]。

（6） a. Gabe had an argument with Christie/Gabriel.
　　　b. Gabe had an argument with that bitch/that bastard.

話者も聞き手もある人物を (6a) のように Christie/Gabriel という指示表現によっても、(6b) のように that bitch/that bastard という指示表現によっても特定できると想定してみよう。すると(6a)と(6b)の間でライプニッツの法則が成立し、どちらも同じ真理条件的な意味を持つ文となる。Gabe という人物が、Christie/Gabriel かあるいは that bitch/that bastard で指示されている人物と口論したのであれば、発話の命題が真となり、していないのであれば偽となる。

　(6a)と(6b)が意味論的な意味が同じであるとしても、もちろん語用論的な意味は異なる。that bitch/that bastard によって、話者が Christie/Gabriel を指示する場合、話者は指示対象に対して否定的な感情を抱いていることを表明し、その気持ちを聞き手に知らせようとしているだろう。したがって bitch/bastard は、「話者が指示対象に対して否定的な気持ちを持っていることを聞き手に知らせる」といった、心理的な効果の意図が備わった単語であると考えることができる（発話が独り言でない限り、話者は単に指示対象に対する否定的な気持ちを表現しているだけではなく、その気持ちを聞き手に知らせようとしているだろう）。

　2.3 節で導入した表記法によれば、bitch と bastard は(7)のようにその意味を表示することができる。

（7） bitch^M/bastard^M『話者が指示対象に否定的な気持ちを持っていることを受け止める』

話者が聞き手に引き起こそうとした具体的な心理的効果は、『話者が指示対象に否定的な気持ちを持っていることを受け止める』としてある。心理的な反応なので、内容を言語的に表現することが難しいが、差しあたってこのように表記しておく。大切なのは、bitch/bastard が聞き手の（命題的ではなく）心理的反応を期待するような意味を持つ単語であると認識することである。

(7) は、bitch/bastard を丁寧語の「ます」と同様に分析していることになる。bitch/bastard を「ます」と同様に考えることは、bitch/bastard が「ます」と同じように命題的な発話の力（SA/HA と M の組み合わせ）とは独立の発話の力を持つことからも確認できる。2.3節で「ます」が、主節の発話の力が陳述である場合にも、疑問である場合にも、また命令である場合でも用いられることをみた。これと同じように、bitch/bastard は、(6b)のような陳述に加え、(8a)のような疑問文や(8b)のような命令文の発話でも用いることができる。

(8)　a.　Did Gabe have an argument with that bitch/that bastard?
　　　b.　Go get that bitch/that bastard.

　そして、どの発話の中にあっても、『話者が指示対象に対して否定的な気持ちを持っていることを受け止める』という、発話の主命題の使われ方とは独立した反応を bitch/bastard が聞き手に促していることがわかる。さらに、「ます」が丁寧さとそれを聞き手に知らせようとする発話の力を同時に備えた単語であったのと同様に、bitch/bastard も話者の否定的な気持ちとそれを知らせようとする発話の力が単語の中に同時に備わっている。
　しかし両者に違いもある。「ます」の場合、「ます」と発話の他の部分（命題とその使われ方の指示）とを切り離すことができる。

(9)　a.　冷蔵庫にビールが3本入っています.
　　　b.　冷蔵庫にビールが3本入っている.

(9b)は、(9a)から「ます」という丁寧部分をそのまま取り除いた表現である（(9a)で、現在時制が「ます」の形態の一部として表れているが、これは(9b)の「いる」に引き継がれている）。これに対して、bitch/bastard の場合に、これらの単語は主命題の一部であるので、主命題から取り除いてしまうことはできない。したがって(6b)や(8)の that bitch や that bastard は、発話の主命題に貢献する役割と心理的な反応を意図した役割とで二重の役目を果たし

ていることになる（McCready 2010、Gutzmann 2015、Diaz-Legaspe, Liu and Stainton 2020 に詳しい研究がある）。

これらのことを勘案すると、(6b) の発話の意味は (10) のように表示できる。

(10) 　u: Gabe had an argument with that bitch/that bastard.
　　　M (HA (SA (p)), HA (p))「Gabe が Christie/Gabriel と口論したと信じる」
　　　p: Gabe had an argument with Christie/Gabriel
　　　that bitch^M/that bastard^M『話者が指示対象に持っている否定的な気持ちを受け止める』

M (HA (SA (p)), HA (p)) の命題内の操作対象は、（便宜的に）実際の指示対象である Christie/Gabriel で表記している。この発話意味解釈とは独立に、that bitch/that bastard で心理的な反応が意図されていることが that bitch^M/that bastard^M によって示されている。話者が聞き手に期待する反応は心理的なので『』内に入れて、『話者が指示対象に持っている否定的な気持ちを受け止める』としている。

今みたライプニッツの法則の利用による心理的反応の例では、語彙そのものの中に話者が聞き手に期待する心理的な反応（評価）が備わっていた。bitch/bastard は、使われるたびごとに聞き手に対する心理的な反応を促すように意図されるので、その意味は「ます」の場合と同じように、語用論的な意味が「単語や文法形式に備わっている場合」に区分される。

次の節では、ライプニッツの法則が機能している環境で、指示表現の選択から心理的な推意が生まれる場合（少し意外な単語や発話文の選択から推意が生まれる場合）があると主張していく。その際に様態の格率が中心的な役割を担う。その後、指示的な感情表出的な表現の意味と、様態の格率違反による指示表現からの推意との関係を再び議論する。感情表出的な表現も質の格率違反によって、心理的推意を生むことがあることをみて節を締めくくる。

7.2 指示表現と先行研究

形式意味論的な区分では、指示表現が変項、定項、定名詞表現に分けられる。

(11) a. 変項
       I, you, it, he, she, we, they, ...
    b. 定項
       Leonard, Sheldon, Penny, Howard, Raj, ...
    c. 定名詞表現
       the guy, the cute girl, the man drinking martini, ...

(11a)の変項とは、(代名詞に代表される)コンテクストによって指示対象が変わる名詞のことである。he という代名詞なら、同じ会話の中でも、その都度話者と聞き手が了解できる範囲で指示対象が(例えば Leonard と Sheldon、Howard のように)変わっていく。

(11b)の定項とは、固有名詞のことで、発話場面(あるいは話者と聞き手の CG(共通基盤)の中)で指示対象が決まっている名詞である。(11c)の定名詞表現は、発話のコンテクストの中で、聞き手が指示対象を特定するのに十分な言語的記述によって指示対象を特定する名詞表現である。感情表出的な表現も、(11c)の定名詞表現の1つである。例えば、the bitch とか、the bastard は、少なくとも話者が評価する聞き手の特徴(好ましくない性格)を表すので、これが聞き手に指示対象を特定するてがかりを与える。

ライプニッツの法則が成立している場面では、聞き手が了解する限りどの指示表現を使っても発話命題の真偽に影響を及ぼさない。ということは、指示表現の選択が純粋に語用論的な要因に左右されていることになる。Prince (1981)、Ariel (1988, 1990)、Hawkins (1991)、Gundel et al. (1993) らは、どのような語用論的な要因から指示表現が会話の中で選択されるかを追究した考察である。

例えば Gundel et al. (1993) は、Givenness Hierarchy という階層を発話場面

で利用可能な指示表現の集合に仮定し、Grice の量の格率の遵守から発話場面での指示表現の選択を説明する。また Ariel (1988, 1990) は、利用可能な指示表現の中から、聞き手が了解できる限りにおいて一番情報量が少ない（したがって聞き手に余計な負担をかけない）表現が選ばれるべきであるとの主張をしている。

　これらの研究は、ある指示対象に対して、発話時点で最も適切な指示表現があるという直感を説明しようとしている。以下で無標 (default) という用語（概念）を多用するが、Gundel, Hedberg and Zacharski (1993) や Ariel (1988, 1990) の研究は、発話場面でのある指示対象に対する無標の指示表現の特定の研究と理解することができる。

　無標ではない指示表現が使われた際、発話全体が不自然となる (infelicitous) とどちらの研究も指摘している。

(12) 　M: 　These. Do these go in here or there?
　　　 L: 　These?　　　　　　　(Gundel, Hedberg and Zacharski 1993: 292)
(13) 　Geraldine Ferraro has been an active Democrat for quite a few years. But she/??Geraldine Ferraro ran for Vice-President only in 1984.
　　　　　　　　　　　　　　　　　　　　　　　　　　　　（Arial 1988: 69)

Gundel, Hedberg and Zacharski (1993) の (12) の例では、M の発話の these の内容を L が理解できていない。these という変項（代名詞）だけでは、L が these の指示対象を特定するには不十分なためである。

　Arial (1988) の (13) の例では、話者が一度 Geraldine Ferraro とある人物を指示して、後続する発話で再び（代名詞などを使わず）Geraldine Ferraro で同じ人物を指示すると不自然になるという。これらの研究では、コンテクストの中で使用可能な指示表現の中から、どれが一番自然（無標）となるかということを究明しようとしている。

　ライプニッツの法則と指示表現の選択によって、話者と指示対象との心理的距離が表現されることがあることが、主に this と that の対比の点から指摘されてきた (Robin Lakoff 1974、Lyons 1977: 677, 1995: 310–311、Caffi and

Janney 1994: 356、Bertuccelli Papi 2001: 276、Swan 2005: 583–584、Huang 2014: 219–220、Sidnell and Enfield 2017: 234 など)。

(14) a. Now tell me about this new boyfriend of yours. (acceptance or interest)
　　 b. I don't like that new boyfriend of yours. (dislike or rejection)
　　　　　　　　　　　　　　　　　　　　　　　　　　　(Swan 2005: 583–584)

　(14a) の this new boyfriend of yours は、(14b) の that new boyfriend of yours に比べ、話者が指示対象 (new boyfriend) に対し、受け入れや関心 (acceptance or interest) の気持ちがあることを示すという。逆に that new boyfriend of yours の選択は、聞き手に話者が指示対象を嫌っていたり、受け入れていないこと (dislike or rejection) を伝える、と Swan (2005) は観察している。(14b) は「話者が new boyfriend を好きではない」という命題内容なので、(親近感を示す) this を使うのはやや不自然かもしれないが、(14a) ならば this を that と置き換えることで命題的な情報とは別に this が親近感、that が距離感を示していることがわかるだろう。

　本書の考えでは、このような語彙の選択によって、話者は聞き手に話者の指示対象に対する態度を知らせようとしている (広い意味で心理的な影響を与えようとしている) と解釈できる。new boyfriend を this で指示しても that で指示しても命題的な意味が変わらない (ライプニッツの法則が機能している) ので、その選択で伝わるのは、話者が聞き手に期待する心理的な反応だと理解される。

　引用した研究者たちは、主に this/that のような組み合わせによる説明 (this が心理的な近さを表し、that が遠さを表す) をしている。また、こうした使い分けが、多かれ少なかれ this/that の意味論的な意味の差に起因すると考えているようである (Huang 2014: 219 が一番明確である)。本書の用語でいえば、そうした分析は、this/that を bitch/bastard と同じく感情表出的な意味を持つ単語とみなしていることになる。

　しかし同時に、指示表現の選択による心理的意味の伝達がコンテクストに

依存している場合があることも指摘されている。Lyons (1977: 677) は、指示表現から心理的な意味が伝わる場合、その指示表現の選択が有標 (marked) であるとしている。以下では、この点を協調の原理に基づいて追究していく。また、対比は常に（恐らく意味論的な対比表現と考えられる）this/that のような組み合わせだけではないこともみていく。

(15)は、2008年のアメリカ大統領選挙の討論会での発話である。

(15) You know who voted for it, might never know. That one. You know who voted against it? Me. （Sidnell and Enfield 2017: 234)

当時民主党の大統領候補が Barak Obama 氏で、共和党は John McCain 氏が候補であった。(15)は、ある法案の賛否について McCain 氏が聴衆に指摘した発話である。

その法案に Obama 氏が賛成し、McCain 氏は反対したという趣旨の発話であるが、その中で McCain 氏は、壇上でともに討論していた Obama 氏のことを That one という表現で指示している。この指示表現によって McCain 氏は、Obama 氏から心理的距離を取っている（侮辱している）ことになるだろう。この場合、Obama 氏は、McCain 氏の近くにいるので、This one と指示することもできたはずである。しかし、仮に This one で Obama 氏を指示したとしても、(That one よりはややよいかもしれないが)侮辱的な響きは残るだろう。

どうしてなのかといえば、このような公の討論会で、対立候補を指示する無標の指示表現が、Senator Obama とか Mr. Obama とか他に想起されるからである。このことは、「（選択可能な）対立する指示表現」が、コンテクストに依存する語用論的な要因によって決まることを意味する。(Sidnell and Enfield 2017: 236 は、指示表現から生まれる感情表出的な意味が推論によるものだ（つまり、語用論的なものだ）としている。Geurts 2010: 35 にも類例がみられる。Geurts の例と議論はこの後検討する。)

(15)の That one が持つ語用論的な効果は (8b) の that bitch/that bastard と並行的である。しかし (8b) の that bitch/that bastard の場合、単語そのものに

聞き手に期待された心理的な反応とその反応を引き起こそうとする力が備わっているのであった。これに対し、(15) の That one という表現そのものには、そのどちらも備わっていないように思える³。

同じ表現であっても、対立するような指示表現が直ちに想起されない場合、感情表出的な意味が生まれない。

(16)　This bag is heavier than that one.

(16) は、話者から近いところと遠いところに置いてある 2 つのバッグの重さを陳述した発話であるが、that one に代わるより自然な指示表現が想起されず、感情表出的な意味が生まれていない。

さらに、指示表現の対立によって生まれる意味自体もコンテクストに依存する。一見 this/that という対立から、that が常に心理的な距離（否定的な感情）を表すように思えるかもしれない。しかし Robin Lakoff (1974: 351–352) は、that の使用によって親密感 (camaraderie) が表現されることがあるとしている。

(17)　How is {your/that} throat?

(17) が、喉を傷めている患者に向かって、医者が具合を尋ねている発話だとする。まず、この場合 throat は患者の喉なので、this throat は使えないであろう (this/that で対立しているのではない)。この場合、throat は患者の喉なので、恐らく your throat が無標の選択となるだろう。

しかし、医者が that を用いることで、患者と医者が心理的に共通の関心事を持っていることが示される、と Robin Lakoff は観察している。that を用いると (心理的に) 医者と患者が、患者の喉という指示対象に対して同じような距離を取っていることが表現されるからである。この場合に your throat で指示すると、医者が患者の心理的領域から外れて、「他人事」のように聞こえてしまうのである。(17) の例から、指示表現の対立による感情表出が、対立する指示表現の組み合わせだけではなく、そこから伝わる意味自体もコ

ンテクストに依存する語用論的な現象であることがわかる。

3.3.2 節で、Grice 自身が挙げる次の例を紹介した。

(18) 　{Harold Wilson/The British Prime Minister} is a great man.

（Grice 1975: 44, 1989: 25）

(18) の、Harold Wilson と The British Prime Minister が同じ人物を指示すると話者も聞き手もわかる場合、そのどちらを選択するかで生まれる推意が協調の原理から説明される、と Grice は議論しているのであった。(18) もライプニッツの法則が成立している言語環境で、なおかつ Grice が対立する指示表現から生まれる意味を、協調の原理によって説明が可能だとみていた例になる。以下でさらに多様な具体例をみていく。

次の節では、対立する指示表現が、様態の格率の違反によって聞き手に心理的反応の期待をすることがあるという分析を提示する。第 6 章で考察した発話の内容から心理的な反応の期待が生まれる場合、発話で使われている語彙自体から心理的な反応の期待が生まれるわけではないので、心理的な反応の期待のことを心理的推意とも呼んだ。指示表現の対立によって生まれる聞き手に対する期待も、心理的反応の期待が語彙自体に備わっているわけではないので、こちらも心理的推意とも呼んでいく。心理的推意は、言語的な具体性に乏しいので、理論的分析に先立って、(対立する指示表現から生まれる) 聞き手に期待する反応に心理的実態があるということを具体例で確かめておく。

(19) と (20) は、*Hannah Montana* という若者向けの situation comedy からの会話である (本書の冒頭でも紹介した situation comedy である)。

(19) 　Robby: There he is! I just heard you on J-Bad! Yee, doggies! <u>Me and my boy</u> are gonna sit courtside at a playoff game! Can you believe this is happening?

(07:50-, "You are so sue-able to me," *Hannah Montana*, Season 2.)

(20) 　Thor: I get it. You want me to lie. Mr. Stewart, is it okay if I lie in your

house?
Jackson: All right, fine. I invited Thor first, but then <u>you went all "my boy" on me</u>, and he brought over that basketball death cake. I gained five pounds just looking at the thing!

(16:17-, "You are so sue-able to me," *Hannah Montana*, Season 2.)

(19)で、Robby（父親）は外出中 J-Bad というラジオ番組で、息子（Jackson）が、バスケットボールのプレイオフのチケットに当たったと知る。チケットはペアなので、Robby は当然 Jackson が自分を連れて行くと思い込み、家に帰るや、Jackson に向かって(19)のように喜びを伝える。

下線部 Me and my boy は、Robby と Jackson を指示している。今 Jackson は Robby の目の前にいるのに、Robby は敢えて you ではなく my boy という指示表現で Jackson を指示している（あるいは指示表現全体として、無標と思われる You and me/We の代わりに敢えて有標である Me and my boy を使っていると思われる）。一方 Jackson は（(20)の会話に登場する）Thor という友達をプレイオフに誘ってしまっている。(19)の発話の後、Robby があまりにもプレイオフを楽しみにしているので、父親に本当のこと（Thor をもう誘ってしまっているので、Robby を連れていけないこと）を言い出せない。そして（本当は不可能であるが）Robby もプレイオフに誘ってしまう。

(20)は、そのことが Robby にばれてしまい、言い訳をしている場面である。ここで Jackson は、嘘をついて誘ってしまった理由の1つとして、下線部の発話 you went all "my boy" on me（自分のことを「私の愛しい少年」と呼んでプレッシャーをかけた）を挙げている。(19)で you ではなく、my boy という指示表現を使ったことで、それを on me した（自分に対してプレッシャーをかけた）と Jackson は説明している。(19)と(20)の例は、対立する指示表現から、確かに話者が聞き手に期待する心理的反応（心理的推意）が生まれていることがわかる。my boy on me という表現は、さらにその効果が命題的なものではなく心理的なものであるということを示していることも注意しておきたい。

7.3 様態の格率と対立する指示表現

7.1 節では、ライプニッツの法則を説明し、7.2 節では、対立する指示表現から心理的な推意が生まれるという現象の先行研究を紹介した。先行研究では、ライプニッツの法則が成立している言語環境での語用論的な部分（コンテクストに依存する部分）への着目が不十分であることを指摘した。

7.1 節では、ライプニッツの法則が成立している言語環境で(bitch やbastard といった) 感情表出的な表現が用いられた際の心理的反応の期待の分析をした。この節では、その分析を協調の原理と結びつけながら、対立する指示表現から生まれる心理的推意の説明を試みる。

7.1 節では、(6b)の発話を(10)のように分析した。

（ 6 ） b. Gabe had an argument with that bitch/that bastard.

（10） u: Gabe had an argument with that bitch/that bastard.
M (HA (SA (p)) , HA (p))「Gabe が Christie/Gabriel と口論したと信じる」
p: Gabe had an argument with Christie/Gabriel
that bitch^M/that bastard^M『話者が指示対象に持っている否定的な気持ちを受け止める』

what is said の一部となる命題 p では、発話の中で使われている感情表出的表現である that bitch/that bastard がその指示対象である Christie/Gabriel に置き換えられている。(発話の命題的な内容に対する発話の力と感情表出的な表現による発話の力を、別々の力としてとらえている。この点は後に議論する。)

そして命題的な反応の期待は「Gabe が Christie/Gabriel と口論したと信じる」となって、感情表出的表現がこの部分には関与しない。感情表出的な表現は、その表現の中に指示対象に対する話者の否定的な評価が備わっているので、that bitch^M/that bastard^M としてこれを表示している。聞き手に意図された反応は、『話者が指示対象に持っている否定的な気持ちを受け止める』

としている。

　この分析をまず、(15) の That one に応用して考えていこう。(15) の例のポイントは、((14) のような this/that という意味論的な対立が明確なペアとは違い) 想定される対立表現がコンテクストに依存している点であった。想定される対立表現である Mr. Obama や、Senator Obama は、大統領選の討論会という場面に特定的なのであり、これを意味論的に扱うことはできない。そして期待された Mr. Obama とか、Senator Obama ではなく、より相手との距離が感じられる That one を使うことで、Obama 氏を侮蔑的に表現している。

　したがって That one は有標な指示表現で、協調の原理で言えば様態の格率(普通の言い方をせよ)に違反していることになる。無標の(期待された)表現は Mr. Obama/Senator Obama である。この事実を以下では、(21) のように表現していくことにする。

(21)　{That one^F, Mr. Obama/Senator Obama}

(21) では、{ } の中に、この場面で使うことができるであろう指示表現である That one と Mr. Obama/Senator Obama が入れられ、これらが集合をなしていることが表記されている。さらにこの集合の中で(15)で選ばれている指示表現が That one であり、かつ That one が有標表現である (様態の格率に違反している) ことが右上付き表示の F によって That one^F のように表記されている。

　そしてこの(一見した)格率違反が、感情表出的表現である bitch/bastard と同じ機能を果たしていることから、(21) という対立全体を感情表出的な表現と同じようにとらえて、その意味を(22)のように記載していくことにする ((15)で議論している発話全体の分析を表示している)。

(22)　u: That one.
　　　M(HA(SA(p)), HA(p))「Obama 氏がその法案に賛成したと信じる」
　　　p: Mr. Obama (voted for it)

M({That one^F, Mr. Obama/Senator Obama})『話者が指示対象に持っている否定的な気持ちを受け止める』

発話 u は That one で、動詞句が省略されているが、p では動詞句部分を補い、かつ That one を無標と思われる Mr. Obama で置き換えている。(21) の格率違反全体（有標表現が指示表現として選ばれていること）を、非自然的に意味する意図 M ( ) の中に入れて、このことによって指示表現の対立から心理的な推意が生まれていることが表示されている。心理的な反応の期待を、bitch/bastard と同じく『話者が指示対象に持っている否定的な気持ちを受け止める』としている（心理的な反応の期待なので、正確に言語化することはできない）。

(22) の分析で、(21) の対立から心理的な推意が生まれるという部分が核心である。(15) と同じ that one が用いられた (16) の例、This bag is heavier than that one からは、全く心理的な推意が生まれない。これは (16) で、that one に対立するような指示表現が想起されない無標な表現だからである（敢えてそれを表記すると、単独の集合で右上付きのFのない {that one} となるだろう）。

対立する指示表現から生まれる心理的推意は、(23) のような形で一般的に表現することができる。

(23)　M({A^F, B})『』

{ } に対立する指示表現 A と B が集合として表現され、A が有標な選択であることが右上付き表示の F で示されている。推意は心理的なので、後に続く効果の期待は『』で表現されている。そして対比自体を話者が意図しているので、これ全体が非自然的に意味するという M ( ) の対象になっている。

(17) の例も、(23) を用いた分析が可能だろう。

(24)　u: How is that throat?
　　　M(HA(SA(p)), HA(p))「喉の調子はどうか伝える」

p: How is your (the patient's) throat?

M ({that throat^F, your throat})『聞き手と同じ立場で喉の様子を心配していると感じる』

(17)の場合、対立は your throat と that throat で、無標が your throat なので、心理的推意の原動力が {that throat^F, your throat} である。この例の場合、that throat が your throat と対立することから、医者が患者と同じ視点で喉の心配をしているという気持ちが伝わるのであった。your throat とすると、医者の発話が他人事のように聞こえてしまうのである。

that（＋名詞）が意味論的な意味として「心理的距離」という意味を持つという分析をすると、(24)のような例を説明できない。ここでは、心理的な距離が問題なのではなく、視点の取り方が問題で、かつその視点の取り方で肯定的な心理的推意が伝わるのである。対立する指示表現から生まれる心理的推意は、様態の違反として説明するのが適切で、また生まれる心理的推意もコンテクストに依存した PCI（特殊化された会話の推意）なのである。

(19)の Me and my boy are gonna sit courtside at a playoff game! の Robby の発話の指示表現 Me and my boy は、You and I か We が無標表現として想起されるので、その心理的推意は(25)のように表現できる（命題部分は省略している）。

(25) M ({Me and my boy^F, You and I/We})『話者が聞き手に愛情を持っていると感じる』

聞き手（Jackson）に期待される心理的推意は『話者が聞き手に愛情を持っていると感じる』である。

7.4 指示表現の対立から生まれる心理的推意の具体例

前の節では、対立する指示表現から心理的な推意が生まれる例を、協調の

原理と格率が単語レベルでも適用されると仮定して説明を試みた。対立する指示表現のうち、有標表現が様態の格率を違反し、そのことが心理的推意を生み出す原動力になると考えた。対立する指示表現は意味論的・固定的なものではなく、また生み出される心理的推意もコンテクストに依存するのであった。

この節では、対立する指示表現の組み合わせや、そこから生み出される推意の内容が、コンテクストに大きく依存する例をさらにみる。そして指示表現の対立から生まれる心理的推意が語用論的な性格であることを確認していく。

はじめの例は、*Another Cinderella Story* という映画からの会話である。Mary と Tami は仲の良い女子高生で、Tami が Tami の車で Mary を学校まで送っていく場面である。

(26) 　Mary: Tami, you should really get (a)this thing fixed.
　　　Tami: (b)Thing? Don't hurt her feelings or she'll break down for good. We have to respect the Great pumpkin. （6:30-, *Another Cinderella Story*.）

車からは変な音がして、車の調子が悪いことが明白である。Mary は、それを心配して、you should really get this thing fixed と Tami に忠告している。2人が話題にしているのは Tami の車であることが明らかなので、この Mary の発話内の thing は、様態の格率に違反している。this car で指示するのがはるかに自然だからである。そしてその対立（{thing^F, car}）から概ね『この車は車という名称に値しないと評価していると感じる』といった心理的推意が Tami に伝わっている。

確かに心理的推意が thing から伝わっていることは、(26b) で Tami が Mary のその指示表現をとがめていることからもわかる。また（もちろん比喩的ではあるが）Don't hurt her feelings（彼女（車のことである）の機嫌を損なわないで）と、付け加えている。

Geurts (2010) は、同様の例 (27) を挙げている。

(27) What's this thing (clock) doing on the mantlepiece? （Geurts 2010: 35）

(27)の thing は clock のことで、thing を指示表現として選ぶことで話者の無関心 (indifference) を表していると Geurts は分析している。Geurts は、本書と違い、様態ではなく量の格率の遵守から GCI（一般化された会話の推意）として (27) の例を説明している。確かに、<clock, thing> や <car, thing> という scale があって、thing を使うことで clock や car とまではいえない、という話者の指示対象に対する低い評価が表現されているという分析も可能だろう。thing は、clock や car に比べて指示対象への具体性に乏しく、そのことから話者の指示対象への評価が決まる、と考えるのである。

2.5 節では、(28) のような GCI の類例をみた。

(28) a. Charlie ate some of the apples. (not all)
　　　b. Alan often drives to school. (not always)

(28a) では some という単語の選択が <all, some> という scale から、(28b) では often という単語の選択が <always, often> という scale から、それぞれ not all、not always という推意が生まれるのであった（もし all や always であったなら、そう表現すればよかったのに、敢えて scale 上で下の単語を選択をしたことから、scale 上の上の単語で表現される事態ではない、という意味が推意される）。同じように (27) でも、thing という単語の選択が <clock, thing> という scale から（話者の評価として）not a clock という（否定的な）推意を生むと説明できる。

Geurts は (27) の例を、通常の scale の説明ではうまくいかない例として挙げている。まず、(27) の場合、not a clock という推意は心理的なものになる。というのも、実際に指示されている対象は clock だからである。本書の表現でいえば、推意は心理的で命題的ではないといえる。また、Geurts (2010: 35) は、(27) のような推意が、「予測されるよりも一般的な (more general than might be expected)」表現が選ばれた場合に生まれるとしている。こちらも、「通常は伝わる」推意という GCI の概念から外れて、PCI のような

性質といえる。「予測されるよりも一般的」という条件は、格率の遵守ではなくむしろ格率の違反が思い起こされる。

この他にも (27) のような例の推意が、GCI ではなく PCI だと考える理由がある。(29) の例で考えてみよう。

(29) Stephanie: Are you feeling it?
Max: I think I am.
Stephanie: Alright, blow that horn, cat. [Max plays trombone tunelessly] Wow!
That was just like before, but braver.
Max: I know! <u>This thing</u> really is super-magic. But you'd better keep it safe till I need it. Thanks, Aunt Stephanie.

(02:30-, "Mad Max," *Fuller House*, Season 1.)

(29) は、*Fuller House* という (日本でも有名な situation comedy である *Full House* を引き継いだ) situation comedy の会話である。小学生の Max がトランペットの練習をしているが、なかなかうまくなれず叔母の Stephanie に相談している。Stephanie は、Max に super-magic scarf だと紹介してスカーフを渡す (この部分は (29) に含まれていない)。

Max はそのスカーフを巻いて再びトランペットを吹く。(大して上手に吹けたわけではないが、自信がついて) Max は、スカーフのことを下線部のように This thing で指示している。ここでは、恐らく無標の指示表現が This scarf だと思われるので、様態の格率違反と考えれば {this thing^F, this scarf} によって、scale で考えるなら <scarf, thing> によって推意が生まれるだろう。

しかし (26) や (27) とは違い、(29) で Max がスカーフのことを否定的に評価しているとは考えられない。むしろ、スカーフを巻くことで、自信がついたことの驚きから、例えば『ただのスカーフとは思えず驚嘆している気持ちを共有する』といった肯定的な心理的反応の期待を伝えていると解釈すべきだろう (心理的な推意なので、言語化するのが難しいが、推意が否定的ではなく肯定的だという部分がポイントである)。

そうだとすると、同じ this thing でも、否定的な心理的反応の期待の場合もあれば、肯定的な心理的反応の期待の場合もあり、その違いが場面場面で想定されている SI の違いから生まれることになる。対立する指示表現から生まれる推意は、少なくとも GCI ではなく PCI といえるだろう。

さらに、対立する指示表現から心理的反応の期待が生まれていながら、対立を量に還元するのが難しいような（様態の差で考える方が適切な）例がある。

(30) Max: Whatever that is, it does not belong in this diner. It belongs in a show on Bravo.
Han: But she blonde, hair so shiny, good for business.
(04:10-, "And how they met," *2 Broke Girls*, Season 1.)

(30) は *2 Broke Girls* という大人向けの situation comedy から採っている。Max はレストランの定員で、Han はその経営者である。新しい店員 (Caroline) がやってきて、エプロンを付けて接客に出た直後の Max と Han の会話である。

Caroline は、金髪で派手なメイク、派手な服を身に付けていて、およそレストラン (diner という区分の安価なレストラン) で働くにふさわしくない (Caroline の言動からも、甘やかされて育ったことがみて取れる)。Caroline と働かなければならなくなる Max は、これにいら立って Whatever that is, it does not belong in this diner と発話する。下線部の that は Caroline のことである。心理的推意を生み出しているのは、that であるが、ここでは she が無標の表現だろう (Whatever も Whoever でないと本当はおかしい)。

この例の場合、she も that も指示代名詞なので、量で差をつけるのは難しいだろう。また、感覚としても適切な人称代名詞 she があるにもかかわらず、指示代名詞 that を使っている部分で、Max が Caroline の人格を否定的にとらえて言語化していることがわかる。量というよりも質の対比なので、{that^F, she} という様態の格率違反の説明がより適切に思える。

<A, B> という scale が想定される場合、GCI を生むのは scale の中で下位

に位置する B が用いられた場合で、その推意は「話者の知る限り A は成立していない」となる。scale の中で上位に位置する A の使用からは、(論理的な scale ではとりわけ) A が B の内容を伴立 (entail) するので、推意は生まれない。<all, some> や <always, often> という scale であれば、all ならば some が自動的に成立するし、always ならもちろん often であるので、scale で上位にある表現からは推意が生まれない。

しかし対立する指示表現の場合、scale としてとらえた場合の「より詳しい」表現 (すなわち <A, B> の A) からも推意が生まれることがある。

(31)　Will: Grace.
　　　Grace: Will.
　　　Will: (a)You and I need to talk.
　　　Grace: I disagree. I think (b)you and I need to talk.
　　　Will: What are you doing here, Grace?
　　　　　(15:30-, "Eleven years later," *Will and Grace, the Revival*, Season 1.)

Will and Grace, the Revival という situation comedy からの会話 (31) では、Will と Grace がともに 2 人のことを You (you) と I で指示している。2 人とも別々の理由で Oval Office (大統領執務室) を訪れている。そしてその思いがけない場所で 2 人が出会った際の会話である。

Will も Grace も、相手が自分の政治的信条に反する振る舞いをしていることを知っている。そして 2 人とも自分は政治的信条に反する振る舞いをしているとは思っていない (お互いに相手だけに非があると信じている)。この場面でまず Will が、You and I need to talk と発話する。今部屋には Will と Grace しかいないので、この場面で 2 人を指示するとしたら We が無標であろう。Will は敢えて You and I と 2 人を指示していることになる (対立は {you and I^F, we} となる)。そしてここから、『あなたが話で重要な役割を担う (非難される) と感じる』といった心理的な推意が Grace に伝わっている。

(31) では続いて Grace が、全く同じ発話形式の (28b) を用いて言い返している。しかし、Grace は、それに先立って I disagree (その提案には賛成でき

ない）としている。Willの(31a)も、Graceの(31b)も、(WillとGraceが話をする必要があるという) 真理条件が完全に一致する同じ命題である。しかし(31a)のYou and IでのYouが指示するのはGraceで、逆に(31b)のyou and Iで先行するyouが指示するのはWillなので、それぞれこの様態の違いから、相手を責めるような心理的推意が生まれているのである。

You (you) and I と we を、量 (詳しさ) の点で評価するなら、you and I の方が情報量が多く、<A, B> では上位のAとなるはずである。だからscale的な評価をするなら、You (you) and I から we との対立で推意が生まれないはずである。しかし(31)に推意があることは明らかなので ((31a)と(31b)では真理条件的な意味が完全に一致している)、少なくとも(31)のような場合には、{you and I^F, we} という様態の格率違反による対立表現の説明が適切であるといえる。

量の格率とscaleではなく、様態の格率の説明がより適切な例をもう1つみておく。

(32)　Lorelai: I wanted to give this back to you. [offering Rachel's sweatshirt]
　　　Luke: Oh no, you bought it.
　　　Lorelai: I know but it's yours and I didn't know.
　　　Luke: You didn't know?
　　　Lorelai: About the former owner (Rachel).
　　　Luke: Oh.　　　(42:25-, "Concert interrupts," *Gilmore Girls*, Season 1.)

(32)は *Gilmore Girls* というドラマからの、LorelaiとLukeの会話である。2人は、付き合ったりはしていないものの、明らかにお互いのことを意識している。

この会話の前に、Lorelaiが着ていたトレーナーのことで2人の間で言い争いがあった。Lorelaiはバザーでトレーナーを買って着ていたのであるが、Lukeがそれをみとがめて、返せ、という（トレーナーはLukeが寄付したのである）。事情が全くわからないLorelaiは、もちろんそれを拒否して言い争いに発展した。後に、そのトレーナーが、Lukeのかつての親密な恋人

Rachel のものであったと Lorelai は知り、(32) は Lorelai が Luke に謝りに来た場面である。

　トレーナーを Luke に返そうとしながら、Lorelai は、Rachel のことを知らなかったから、喧嘩になってしまったという趣旨のことを Luke に伝えている。この時点で、Luke にとっても Lorelai にとっても、Rachel を指示する無標の表現はもちろん Rachel である。しかし Lorelai は敢えて、Rachel という(恐らく Luke にとって様々な思いを想起させる)固有名詞ではなく、the former owner (トレーナーの前の持ち主) で Rachel を指示している。

　この例の場合でも、情報量では多くなるはずの the former owner から、『Luke の気持ちが不必要に乱れないようにする』という Lorelai の心理的な反応の期待が伝わっている。この場合もやはり様態の格率による指示表現の対立 {the former owner^F, Rachel} の説明がより適切であろう。また、この場合の心理的推意は、単に肯定とか否定とかに区分できない繊細なものなので、推意自体が PCI であることも示している。

　しかし、場合によって Geurts (2010) のような、量に基づいた説明がふさわしいように思える場合もある(その場合でも推意は GCI ではなく PCI になるだろう)。指示表現の対立の場合は、本節で主張しているように様態の格率違反の説明がより優れていると差しあたって結論しておく。8.2 節では、呼びかけ語から生まれる推意について、Geurts (2010) の scale 的な説明を取り入れた分析をしていく。

7.5　感情表出的表現と対立する指示表現

　7.1 節でライプニッツの法則を説明した際、感情表出的な指示表現でも無標の指示表現と同じ指示対象を指示できる(と話者が判断した)とき、無標の指示表現に代わって感情表出的な指示表現が使われることをみた。

(6)　a.　Gabe had an argument with Christie/Gabriel.
　　　b.　Gabe had an argument with that bitch/that bastard.
(7)　bitch^M/bastard^M『話者が指示対象に否定的な気持ちを持っていること

を受け止める』

　(6a)の Christie/Gabriel の代わりに(6b)では that bitch/that bastard が指示表現として使われ、この感情表出的表現に備わった意味から心理的な反応の期待である(7)が伝わると考えた。
　7.2節〜7.4節では、使われた指示表現自体に感情表出的な意味が備わっていない場合でも、使われた指示表現が有標である場合、使うこともできたはずであるが使われなかった無標の指示表現との差から、心理的な推意が生まれると主張した。有標な指示表現から生まれる推意を、命題より下のレベルでの様態の格率の違反から生まれる推意として分析した。例えば、(26)の this thing という有標表現は、this car という無標表現と対立する。そして(33)のように、対立表現のペアが心理的推意を生み出す原動力になる。

(26)　you should really get $_{(a)}$this thing fixed
(33)　M({this thing^F, this car})『発話者がこの車は車という名称に値しないと評価していると感じていることを受け止める』

　では、感情表出的な表現と対立する指示表現のペアとでは、何が共通しているのであろうか。(7)の場合も実は対立する表現があって、それはもちろん無標の指示表現の Christie/Gabriel である。したがって(7)は(34)のような表記にすることもできる(心理的推意の内容部分は省略している)。

(34)　M({that bitch^F/that bastard^F, Christie/Gabriel})『』

　(34)では、(33)と同じように、{ }内に that bitch/that bastard が有標表現として右上付き表示のFでマークされ、右に無標の指示表現である Christie/Gabriel が記載されている。
　しかし、(34)の表記には余剰性がある。that bastard/that bitch には、有標表現との対立とは関係なく、話者が指示対象に否定的な評価をしていることが単語の意味の中にそもそも組み込まれている。そしてそのこと自体が、様

態の格率違反を常に引き起こしているといえる。この理由から、本書では感情表出的な表現を右上付き表示の M を使って (35) のように表記しているのである。

(35)　that bitch^M/that bastard^M『』

　thing のような通常の単語と、bitch/bastard のような感情表出的な単語の差は、感情表出的な表現の場合、話者が聞き手に感情的反応の期待を持つことが単語の意味の中に分かちがたく組み込まれていることである。この違いを item（単語）と M を用いると、(36) のように表記できる[4]。

(36)　通常の単語：item
　　　感情表出的な意味を持つ単語：item^M

そして、通常の単語から（単語レベルでの）推意を生むには、格率の違反 F とそれを非自然的に意味する M の力が、単語の意味論的な意味とは別に必要となるのである。
　第 7 章を締めくくる前に、もう 1 つ感情表出的な表現の性質（質の格率違反によって PCI を生む場合）をみて分析しておく。4.6 節では、(37) のように発話から伝わる意味を分類した。

(37)　明示的に伝えられる内容　　　　非明示的に伝えられる内容
　　　＝ what is said　　　　　　　　＝ 推意
　　　命題的：M (HA (SA (p)), HA (p))　命題的：PCI、GCI、(SI)
　　　非命題的：item^M＋様態　　　　非命題的：心理的推意

今問題にしている感情表出的な表現は、左の「明示的に伝えられる内容 ＝ what is said」の非命題的な内容の item^M である。対立する指示表現（M ({A*, B})）から生まれる心理的推意は、非明示的に伝えられる内容（「非命題的心理的推意」）に区分されることになる。

(37)の分類で重要なのは、感情表出的な表現を（CI（慣習的な推意）ではなく）what is said の一部と区分していることである。感情表出的な表現は、本来持つと考えられる肯定的・否定的心理的推意が逆転されて使われることがある。そして感情表出的な表現を推意ではなく what is said の一部と区分することで、肯定的・否定的心理的推意が逆転された場合を、質の格率の違反による心理的 PCI として説明することができる（Iigo 2021、平田 2023b の議論を参照されたい）。これを実例でみながら考えていこう。

感情表出的な表現の持つ肯定的な意味と否定的な意味の逆転は、Potts (2007: 177)、Geurts (2007: 211)、Blakemore (2011: 3542)、Camp (2013: 332) などで指摘されている[5]。ここでは、(38) の例でこのことを経験的に確認していこう。

(38) Emily: Lorelai, stop. Will you stop already?
　　　Lorelai: I'm leaving Mom.
　　　Emily: Why, because I'm here?
　　　Lorelai: This is a business meeting. I'm not going in there with my Mommy, especially since I left my blankie at home.
　　　　　　　　　(29:40-, "Secrets and loans," *Gilmore Girls*, Season 2.)

(38) は *Gilmore Girls* からの、Emily（母）と Lorelai（娘）の会話である。Lorelai が、銀行にローンの申し込みに行こうとすると、母親の Emily がお節介でこれを助けようとする。母親のこうした干渉にいら立った Lorelai は、申し込みをやめて帰ろうとする。そしてその理由の説明として、I'm not going in there with my Mommy と Lorelai は発話する。

通常 Mommy は、話者の指示対象（母親）への親密さを表す感情表出的な指示表現だと考えられる。しかしこの場面では、銀行取引という社会人としての公の場に（悪い意味で甘えた感じで）ママと一緒には行けない、という否定的な心理的推意が Mommy から生まれている。（"Mommy" と " " の中に入れて表現してもよいところである。この表記については、3.1 節を参照されたい。）

Lorelaiの Mommyは、肯定的な意味を本来持つ感情表出的な指示表現が、質の格率の違反によって、肯定から否定に転じた心理的推意を生んでいる例である。

(39) M((Mommy^M)^F)『話者が公的な取引で母親の庇護を受けるのは恥ずかしいと感じていることを受け止める』

そもそも Mommy 自体に感情表出的な意味があるので、Mommy^M と表示している。そしてこの指示表現全体が質の格率を違反している(Lorelaiは、この瞬間母親に親密さとは逆の感情を抱いている)。この格率違反が再び右上付きFで表示され、感情表出的表現からさらに格率違反によって心理的推意『話者が公的な取引で母親の庇護を受けるのは恥ずかしいと感じていることを受け止める』が生まれている。様態ではなく質の格率違反なので、対立する表現との相対的な関係ではなく Mommy^M にFが右上付き文字で追加され、これが話者が非自然的に意味する(M( ))行為の対象として表記されている。

(40)は逆に、否定的な感情表出的指示表現から、肯定的な心理的意味が生まれている例である。

(40) Barny: Look, Lily, are you going to help me out with this or not?
Lily: I'm a kindergarten teacher. I see a confused, little kid in the corner trying to eat the lefty scissors, I gotta help <u>the poor, little bastard</u>. But only if you stop sleeping around. Deal?
Barny: Deal.

(05:35-, "Do I know you," *How I Met Your Mother*, Season 4.)

How I Met Your Mother という situation comedy からの会話(40)では、Barny が女性の友達で幼稚園の先生である Lily に助言を求めている。Lily ははじめに困っている Barny のことを a confused, little kid(混乱しているちっちゃな子)と比喩的に表現した上で、その比喩的な子供を the poor, little bastard と

いう名詞句で指示している。

　(40)で Lily は、Barny を気の毒に思い、助言する決意を Barny に伝える。bastard が通常は伝える指示対象に対する悪い感情が(38)では逆転され、むしろ優しくいたわるようなニュアンスが伝わっている(poor, little という修飾語からもこれが伺われる)。(40)の Bastard は、(39)と並行した形で(41)のように表記できるだろう。

(41)　M((bastard^M)^F)『聞き手をかわいそうに思っていると感じる』

心理的推意は、『聞き手をかわいそうに思っていると感じる』としている。
　感情表出的な表現の意味が逆転したようにみえる例は、多義性による説明(Geurts 2007: 211)や関連性理論の手続き的意味による説明(Blakemore 2011: 3543)がある(Blakemore 2019 も参照されたい)。しかしどちらの説明でも、意味の逆転があるようにみえる場合に、「当該表現が普通の意味で用いられていない」(いいかえれば格率の違反がある)という直感を説明できないと思われる(詳しくは Iigo 2021、平田 2023b の議論を参照のこと)。
　同様の分析は、本書で心理的反応の期待を語彙化している要素の代表例として使っている「です・ます」にも当てはまる。これらの語彙は4.6節の(79)で、非命題的 what is said と分類した(item^M で表示している)。これらの丁寧語によって話者が聞き手に期待する心理的反応を、これまで『話者が丁寧だと感じる』としてきた。
　しかし、慇懃無礼といういい方があるように、「です・ます」を社会的に期待されていない場面で過剰に使ったり、逆に目上の人に敢えて「です・ます」を使わずに「対等な関係」を印象付けようとするようなことがあるだろう。これらの場合は、非命題的な what is said としての item^M が、量の格率を違反している例とみることができるだろう[6]。これらの場合それぞれ、『過度に丁寧になることによって普通以上の心理的距離を感じる』、『なれなれしい言葉遣いで話者が聞き手と社会的に対等であるように感じる』といった心理的推意が格率の違反から生まれるだろう(9.4節では、ポライトネスの視点からこの問題をさらに考えていく)[7]。

この節で提示した説明は、(37)のように感情表出的な表現をwhat is saidの一部と考えることではじめて成立する。これが、4.4節で感情表出的な表現をCI（慣習的な推意）と区分しないとしたことの大きな理由の1つである。格率の違反から推意が生まれるには、その格率の違反の対象がwhat is saidの一部でなければならないからである。

この節では、ライプニッツの法則が成り立っている言語環境で、対立する指示表現から心理的推意が生まれる場合を考察した。異なる指示表現が同じ指示対象を持つ場合、どちらの指示表現を用いても発話の命題的な意味に影響を与えないという一般化がライプニッツの法則である。ライプニッツの法則が成立している言語環境では、対立する指示表現のペアのうち有標表現を用いると心理的推意が生まれる。この過程を、感情表出的な指示表現から心理的反応の期待が生まれる場合と比較しながら考察した。対立するペアのうち有標な指示表現の選択が、命題以下のレベルでの様態の格率の違反となり、これが発話の力として機能して心理的な推意を生むのであった。感情表出的表現の場合、発話の力がそもそも表現の意味として備わっているのであった。そして感情表出的表現も、質の格率の違反によって、単語のレベルで心理的PCIを生むことをみて第7章を締めくくった。

注

1 本章の内容は、平田(2018)がもとになっている。平田(2018)では、neo-Griceanの、Horn(1984, 2004)とLevinson(2000)を理論的枠組みとして考察しているが、本章ではこれをGriceの非自然的意味の中で再解釈する。
2 ライプニッツの法則が機能しない場合については、Landman(1989)の研究がある。白井(1991: 72–77)も参照されたい。
3 John McCain氏は、(15)の発話場面でObama氏に対してかなり攻撃的な態度を取っている。しかしMcCain氏は、Obama氏に対し個人的に悪意を持っていたり、侮蔑していたわけではない。ある討論会でMcCain氏の支持者の一人がObama氏を中傷するような発言をしようとした際、これを遮って、He's a decent family man, citizen that I just happen to have disagreements with on fundamental issuesと擁護した。YouTubeでも動画があるので興味ある読者は探してみてほしい。

4 本書でitem^{M}で表記している単語の意味は、Stevenson (1937: 23) が感情的意味 (emotive meaning) と呼ぶ意味と同趣旨である。Stevenson は感情的意味が「人に感情的反応を引き起こす (あるいは感情的反応に起因する)」(to produce (result from) *affective responses in people*) 意味であるとしている。Stevenson (1937: 22) はこの意味を命題的意味 (propositional meaning) と対比的に用いている。

5 Grosz et al. (2023: 910) は、絵文字も同様に意味が逆転して使われることがあることを観察している。

6 Portner et al. (2019: 18) は、このような言語行動を「コンテクストを動的に変化させる」(dynamically affects the context) と表現している。Yamada (2019: 288) は、同様の現象を質の格率違反だと示唆している。

7 Matsumoto (1988: 418, note 8) は、同様の話者の意図を implicature ではなく、implication という用語で説明している (推意を命題内容に限定して使っている)。Matsumoto (1989: 210) では、同じ概念を interactional implicature と呼んでいる。Usami (2002: 20–22) にも関係する議論がみられる。

第 8 章　呼びかけ語

　この章では、英語の呼びかけ語（vocative）を扱う。はじめに 8.1 節で英語の呼びかけ語の特徴と使い方を本書での表記法とともに説明する。その後、8.2 節では、John!、Steinbeck!、John!、Mr. Steinbeck! といった人名による呼びかけ語を論じ、8.3 節では、（傲慢な人に対して呼びかけ語として用いた場合の）Hitler! とか（深い洞察力を持った人に対して呼びかけ語として用いた場合の）Sherlock! のような、隠喩としての呼びかけ語の分析に取り組む（以下、名詞が呼びかけ語として用いられたことを明確にしたい場合、適宜「!」でこのことを示していく）。

8.1　呼びかけ語の概略

　呼びかけ語は大変興味深く、言語研究（とりわけ意味論・語用論）に貴重な洞察をもたらしてくれる。「はじめに」で紹介した Hey, Jackson! も呼びかけ語であった。呼びかけ語の難しさや面白さは、具体例で考えたほうがわかりやすい。そこで、理論的な説明に先立って、(1)の会話で使われている呼びかけ語を考察していこう。

(1)　　Kerry: Can I stay the night at Christina's?
　　　　Paul: No, be home by 11:00. Have a good time, (a)<u>Care Bear</u>.
　　　　Kerry: Don't call me Care Bear, (b)<u>Paul</u>.
　　　　Paul: Did she just call me "Paul"? Don't call me "Paul," (c)<u>missy</u>.
　　　　Kerry: Did Paul just call me "missy"?
　　　　　　　　　　(09:10-, "Trick or treehouse," *8 Simple Rules*, Season 1.)

　(1)は *8 Simple Rules* という sitcom からの会話で、今高校生の娘 Kerry が、

友達の家に泊っていいか父親である Paul に尋ねている。下線で示したように、3 回呼びかけ語が使われている。(1a) の Care Bear は、もともとクマのぬいぐるみの商標名で、Paul は Kerry のことを親愛の念を込めて Care Bear! と呼んでいる。ここで父は外泊を認めない旨を娘に伝えた後に Care Bear を用いている。Care Bear の代わりに Kerry と呼びかけても問題はないが、Kerry と呼びかけるよりも Care Bear と呼びかけた方が、より父と娘の心理的な結びつきが強調され、外泊を認めないという決定が親子愛に基づいていることを Paul は Kerry に感じさせようとしていると思われる。

　この発話に対し Kerry は、Don't call me Care Bear とその呼びかけ語に不快を示した上で、(1b) で父親を Paul と呼んでいる。(1b) の後 Paul は、部屋に居合わせたもう一人の娘である Bridget に、Did she just call me "Paul"? と確認した後、Don't call me "Paul" と、Kerry のその呼びかけ語に不快感を示している。そしてこのタイミングで父が今度は Kerry を missy（お嬢さん）と呼びかける。Kerry も Bridget に、Did Paul just call me "missy"? と確認し、この呼びかけが再び Kerry を不快にしていることがわかる。

　呼びかけ語のみかけはごく単純である。普通の命題的な発話と違い、呼びかけ語は通常内部構造を持たない。呼びかけ語単独か、あるいは発話の前後（発話の内部のこともある）に付け加えるだけである。しかしそのみかけに反して、呼びかけ語は大変複雑な働き方をする。まず呼びかけ語の特殊性を 1 つ 1 つみていこう。

　第 1 に、(1) の会話の 3 つの呼びかけ語は、どれも省略が可能である。呼びかけ語があってもなくても命題的な内容には一切差が生じない（それぞれ呼びかけ語を使わないと、それに続く会話が意味をなさないが、この点は今は考えない）。

　第 2 に、呼びかけ語は他の発話が一切ない場合でも単独で用いることができる。例えば、クラスの中で特定の誰かを指名したり、呼び出したりする際には、指名したり呼び出したりしたい人の名前を単独で呼ぶことがあるだろう。また、そのような場面でなくても、呼びかけ語を単独で使うこともできる (Hey, Jackson がその 1 例である)。(1) の例では、すべて先行する発話に追加する形で呼びかけ語が使われているが、先行する発話と呼びかけ語が論

理的・意味論的な関係を持っているわけではない。

　第3に、3つの呼びかけ語すべてが、明らかに聞き手に心理的な反応を促している。だからこそ、すべての呼びかけ語に対し、後続する発話で、それぞれ呼びかけられた側が不快感を示しているのである。

　第4に、呼びかけ語は呼びかけられた相手が、自分が呼びかけられたとわかる範囲において、どの呼びかけ語を使っても「相手の注意を喚起する」という機能が果たせるので(この点は後で再び触れる)、緩い形でライプニッツの法則が機能している。7.1節でみたように、ライプニッツの法則とは、発話内の指示詞と発話の真偽の相関関係を一般化した法則である。He is a doctor という発話の主語 He は、他に、Sheldon、The scientist、Her twin brother、That annoying jerk のように、同一人物を指示していると話者も聞き手も判断できる限りにおいてどんな指示詞を使っても発話の真偽に影響を与えないのであった。その人物が医者であれば、発話の命題は真であり、医者でなければ発話の命題は偽となる。

　同じように、例えば(1b)で Kerry は父親を、Paul と呼んでも、Father と呼んでも、Daddy と呼んでも、Kerry も Paul もその呼びかけが Paul に向けられたものであると了解できる限りにおいて「相手の注意を喚起する」という機能が果たせる。ただし、命題的な発話と違い、呼びかけは命題的な内容ではなく非自然的に意味する行為そのものなので、真偽の判断ができない(適切か適切でないか、という判断になる)。したがって、呼びかけ語では厳密な意味でのライプニッツの法則ではなく、少し緩い意味でライプニッツの法則が機能している。

　第5に、緩くライプニッツの法則が機能しているので、発話の中でどの特定の呼びかけ語が用いられるかが、純粋に語用論的な選択となる。そして特定の呼びかけ語の選択から、第3の問題である心理的な反応の期待が生まれる。(1)の3つの呼びかけ語は、すべてこの意味で意図的に選ばれた呼びかけ語で、その選択が聞き手に対する心理的な反応の期待を生んでいる[1]。

　第6に呼びかけ語自体は、真偽を判断できるような命題ではなく行為である。そしてその使い方の1つが聞き手に期待する心理的な反応の期待である。すると3.2.2節でみたように、発話の分析を命題的な内容に限定する語

用論・意味論では呼びかけ語が扱えないことになる。発話自体が命題的でなく、発話のもたらす効果も命題的ではないからである。
　ここまでの呼びかけ語の特徴をまとめると(2)のようになる。

(2)　呼びかけ語の特徴
　　　a.　省略可能な随意的言語要素である
　　　b.　単独で使われるか、発話の一部として使われた場合も発話の命題内容と論理的・意味論的な関係を持たない
　　　c.　呼びかけ語によって、聞き手に心理的な反応の期待をすることがある
　　　d.　緩い形でライプニッツの法則が成立する
　　　e.　呼びかけ語の選択は、語用論的な要因による
　　　f.　呼びかけ語は命題内容を持たない

(2)から、呼びかけ語が言語学的な分析や記述が極めて難しいということがわかる。あまりにも他の言語現象、言語要素との関係が薄い。また「呼びかけ語を発話して聞き手の注意をひく」という一見した単純さが、かえって分析のてがかりを奪う形となっていることがわかる。
　呼びかけ語に関しては、もちろん様々な先行研究がある。まず一般的な英語の呼びかけ語の記述が、Quirk et al. (1985: 773–775) や Huddleston and Pullum (2002: 532–533) などにある。どのような言語要素が呼びかけ語として使えるかは、Zwicky (1974)、Davies (1986)、Dicky (1997)、Leech (1999)、Huddleston and Pullum (2002) などによって研究されている。呼びかけ語の分類に関しては、Zwicky (1974)、Quirk et al. (1985)、Huddleston and Pullum (2002)、小田 (2010) などが詳しい。特定の場面で好まれる呼びかけ語に関しては、Brown and Ford (1972)、Ervin-Tripp (1972)、Wolfson and Manes (1980)、Davies (1986)、Straehle (1993)、McCarthy and O'Keeffe (2003)、Palacios Martínez (2018) を参照されたい。
　McCarthy and O'Keeffe (2003) は、呼びかけ語が発話内で現れる位置と、呼びかけ語の機能の相関関係について考察している。Norrick and Bubel

(2005) は抑揚 (prosody) と呼びかけ語の機能の関係に注目している。Hill (2007, 2013) は、呼びかけ語の統語的な分析の先駆的な研究である。日本語の呼びかけ語と抑揚がもたらす語用論的意味 (本書で心理的反応の効果と呼んでいる意味) は、窪薗 (2021, 2023)、Kubozono (2022) によって精力的に分析されている。小田 (2010) はポライトネスの観点からの、英語の呼びかけ語の詳細な研究である。

英語の呼びかけ語では、you idiot! のように you が呼びかけ語に先行して用いられることがある。このような表現は、評価的呼びかけ語 (evaluative vocative) (Corver 2008)、疑似呼びかけ語 (pseudo-vocative) (d'Avis and Meibauer 2013)、感情表出的小節 (expressive small clause) (Blakemore 2019)、感情表出的呼びかけ語 (expressive vocative) (Gutzmann 2019)、特定の個人に向けられた否定的な呼びかけ語 (personalized negative vocative) (Van Olmen, Andersson and Culpeper 2023) など様々な呼ばれ方をする。この表現は、様々な点で you が先行しない単独の呼びかけ語とは違う特性を持っていることが知られている。本書では、この表現を扱わないこととする。

このように呼びかけ語の研究は様々な形で行われてきたが、Grice にはじまる協調の原理や推意という視点から呼びかけ語が取り上げられることはほとんどない。呼びかけ語という言語媒体も、それによってもたらされる効果も命題的にはとらえ難いことがその主な理由であろう。

この事情を Levinson (1983: 71) は、「呼びかけ語は興味深い文法範疇であるが、十分に探究されていない」(Vocatives are an interesting grammatical category but...underexplored) としている。Leech (1999: 107) でも、「呼びかけ語は英文法で驚くほどなおざりにされている側面である」(Vocatives are a surprisingly neglected aspect of English grammar) とされている。Sonnenhauser and Noel Aziz Hanna (2013: 1) によると、「呼びかけ語は言語学研究の中で長らくなおざりにされてきた」(The vocative has long been neglected in the linguistic literature) ことになる。

推意という観点からの数少ない呼びかけ語の考察として、Grice (1989: 362)、Levinson (1983: 128–129)、Huang (2014: 181, note 9) がある。いずれも他の議論の中での短い言及で、正面から呼びかけ語に取り組んでいるわけ

ではない。Grice については、3.2.2 節ですでに触れたが、もう一度取り上げておこう。

（3）　Excuse me, <u>madam</u>.

　学科会議で、不適切な言動をした同僚に会議後、(3) のように発話したとしたら、「あなたの振る舞いはプリマドンナのようだった（人のことは考えず自分の好き勝手に振る舞っていた）」と伝えることになる、と Grice は観察している。

　3.2.2 節では、この発話により話者が聞き手に期待している反応が、Grice が例示するような命題的な意味ではなく（あるいは命題的な意味に加え）（例えば侮辱されたと感じるといった）心理的な反応であろうと議論した。Grice は (3) から伝わる意味を推意（そこで Grice は without dictiveness（言表性がない）という言い回しにしているが）としている。本書の立場では、(3) によって話者が聞き手に期待する反応が、心理的なものということになる。

　また、Grice が聞き手を男性だと考えていると仮定すると、(3) の madam は質の格率に違反していることになる（それでも聞き手が、madam という呼びかけ語によって自分が呼びかけられているとわかる限り、緩やかなライプニッツの法則が成立していることに注意）。したがって Grice の例は、呼びかけ語の隠喩的な用法であるといえる。これは 8.3 節で中心的に取り上げるテーマである。

　4.4 節でみたように、Levinson (1983: 128–129) は、however、moreover、besides のような副詞表現に加え、日本語や韓国語の敬語、そして sir、madam、mate といった英語の呼びかけ語を CI（慣習的な推意）の例として挙げている。本書では CI を命題的な内容に限定することにしているので、sir、madam、mate といった呼びかけ語で（質の格率を違反しない場合に）話者が聞き手に心理的反応を期待する場合、これらの表現を非命題的な what is said の一部と区分することになる（以下で表示法とともに詳しく分析する）。

　最後の Huang (2014: 181, note 9) の議論は、7.5 節で議論した、対立する

指示表現から推意が生まれる場合と深く関係している。対立する指示表現から推意が生まれる場合、関与する格率が量であるのか様態であるのかということが問題となるのであった。また 8.2 節で扱う、固有名詞による呼びかけ語の分析にも一部取り入れる内容である。Huang の議論は、Fillmore (1997) の観察に理論的な分析を加えたものである。

　Fillmore (1997: 119) は、Mister という呼びかけ語が、Miss という呼びかけ語と違い、無礼な (impolite) 呼びかけ語として用いられるという観察をしている。具体例で確認しておこう。

（4）　Joey: If you go to a hotel you'll be.. doing stuff. I want you right here where I can keep an eye on you.
　　　Mr. Tribbiani: You're gonna keep an eye on us?
　　　Joey: That's right, Mister! And I don't care how old you are, as long as you're under my roof you're gonna live by my rules. And that means no sleeping with your girlfriend.
　　　Ronni: Wow, he's strict.
　　　　　　　　　　　　（12:00-, "The one with the boobies, *Friends*, Season 1.)

　(4) は *Friends* からの、父親 (Mr. Tribbiani) と息子 (Joey)、そして父親の不倫相手 (Ronni) の間の会話である。父親とその不倫相手を自分のアパートに泊めることになった Joey は、2 人のこと監視する (keep an eye on) と宣言する。
　息子に監視すると宣言されて驚いた Mr. Tribbiani は、その Joey の発話内容を問い正す。たった今父親の不倫を知って憤っている Joey は、ひるむことなく That's right, Mister! と反応している。この Joey の発話のように、Mr. Tribbiani のように姓を伴わずに、単独で Mister を呼びかけ語として使うと、聞き手を咎めるようなニュアンスになることがある。しかし、一見男女の指定が異なるだけに思える Miss には、男性版である Mister が持つような丁寧にならない呼びかけの用法が存在しない。これが Fillmore の観察である。
　Huang はこれに対し、neo-Gricean の立場から分析をしている。本書での表記法では、Mister と Miss の Huang の説明を (5) のように表示することが

できる。

（5） a. 　　<sir, Mister>
　　　 b. 　　<∅, Miss>

　sir は(成人)男性一般に対する丁寧な呼びかけ語で、Mister はこれに対し、丁寧ではない方の呼びかけ語になる。すると (5a) のように sir と Mister は、「丁寧さ」という尺度で Horn scale を形成し scale で下になる Mister を呼びかけ語として選ぶと、より丁寧な sir を使わなかったことが聞き手に伝わり、これでときとして丁寧ではない、あるいは無礼な意味が伝わることになる。

　これに対して、一見 Miss に対しても、Mister の sir に当たるより丁寧な呼びかけ語 madam があって、madam と Miss で Horn scale を形成していそうにも思える(そう考えると、どうして Miss には、侮蔑的な呼びかけ語としての用法がないか不明となる)。

　しかし、madam は、呼びかけ相手が既婚であるか否かに関係なく、女性一般に対して使う丁寧な呼びかけ語である。Miss は未婚女性だけに使う呼びかけ語であるので、madam と Miss は Horn scale を形成せず、Miss には Mister に当たるような丁寧ではない、あるいは侮蔑的使われ方がない。このことは (5a) の sir と対象的に、空集合∅を用いて (5b) のように表示することができる。以上が Huang の説明である。Huang の説明は、7.5 節の指示表現の選択から生まれる心理的推意の Geurts による質の格率(Horn scale)による説明と同じである。8.2 節ではこの考え方を修正発展させて、固有名詞の意図的選択によって話者が聞き手に期待する心理的な反応を分析していく。

　具体的な分析に移る前に、呼びかけ語が会話内でもたらす効果を本書の枠組みの中でしっかりと位置づけておく。まず、呼びかけ語は、主に 2 種類の使われ方があるということが広く認められている (Zwicky 1974: 787、Quirk et al. 1985: 773)。

（6） 呼びかけ語の 2 つの機能
　　　 a. 　　call

catch the addressee's attention
b.　address
maintain or emphasize the contact between speaker and addressee
(Zwicky 1974: 787)

　日本語にすると vocative、call、address のどれもが「呼びかけ」のような表現になってしまう。そこで本書では「呼びかけ語」を具体的に呼びかけで使われた言語要素をさすことにして、その2つの機能は英語のまま (6) で定義された call、address と呼んでいくことにする。
　call というのは、話者がまだ自分が話しかけられていることを意識していない聞き手に、聞き手その人に向かって発話していることを認識させる目的で呼びかけ語を使う使い方をさす。これは日本語でもよく使う使い方である。これに対して address というのは、自分が話しかけられていることがわかっている聞き手に対し、話者と聞き手の関係を維持、あるいは強調するために呼びかけ語が用いられる場合をいう。(1) や (3) でみた呼びかけ語はどれも address に属する。
　日本語では、address として呼びかけ語を使うことがあまりなく、直訳することが難しい。例えば (1b) の、Don't call me Care Bear, Paul で、「私を Care Bear と呼ばないで」と前半部分を訳すことはできるが、これに「Paul」をつけるとかなり不自然である。日本語では、むしろ「私を Care Bear と呼ばないでちょうだい」の「ちょうだい」のように、呼びかけ語ではなく、address の機能を述語的に表現することが多い。また、call を2つに分けて「話者が聞き手の注意をひく」という機能に加え、「多くの人の中から特定の人を選び出す」という summon を第3の機能とする考え方もある (Leech 1999: 108, 2014: 172、Huddleston and Pullum 2002: 523)。
　本書では (6) の Zwicky の分類に従っておく。(6)、とりわけ (6b) はかなり抽象的でとりとめのない定義であるが、呼びかけ語の多様で繊細な機能をまとめるのには、この程度のおおまかな定義が必要である。また、すべての呼びかけ語は、多かれ少なかれ call と address の両機能を備えている (Zwicky 1974: 726、Davies 1986: 93、Leech 1999: 107–108、Norrick and Bubel 2005:

161)。特に address の場合にも、呼びかけ語で意図した聞き手が自分が呼びかけられていると気が付かなければ、address の役目も果たさないので、call と address は排他的ではなく相補的であるといえる。

　逆に call の機能が address の機能を明確に兼ねることは少ないが、(7) の Rory Joseph Hennessy! はそのような例である。

(7)　Kerry: Oh, boy. He's pinching his nose. He's mad at somebody.
　　　Bridget: Hope it's you.
　　　Paul: Rory Joseph Hennessy!
　　　Kerry: The whole name!
　　　Bridget: Oh, he's gonna get it!
　　　Rory: What? What did I do?
　　　　　　　(00:40-, "Rory's got a girlfriend," *8 Simple Rules*, Season 1.)

(7) は (1) と同じ、*8 Simple Rules* からの会話である。娘の 1 人 Kerry が、帰宅した父親 Paul の態度から父が怒っていることを察知する。もう一人の娘 Bridget は「あんたに怒っていますように」(Hope it's you) と Kerry に言う。しかし父親は、自分が怒っている相手が息子の Rory であると明確にするために Rory Joseph Hennessy! と Middle Name も含んだ完全な Full Name で呼びかける。

　父の怒りの対象は 2 人の娘 Kerry と Bridget と息子 Rory の誰かであることは明らかだ。その中から Rory を call の呼びかけ機能で特定するなら First Name の Rory だけで十分なはずである。しかし Paul が完全な Full Name で呼びかけを行っていることから、父の Rory に対する強い心理的な反応の期待『自分がしでかしたことを反省してほしい』が伝わっている。これはもちろん address としての呼びかけ語の機能であるので、address と call というのが、呼びかけ語の 2 つの独立した機能ではなく、その都度どちらに力点が置かれるかの問題であることがわかる。

　すでに指摘したように、呼びかけ語には命題的な内容がない。したがって命題的な内容を出発点とする意味論・語用論には、はじめから呼びかけ語を

分析する手立てがないということになる。では、本書で追究しているGriceの非自然的意味の観点からは、どのような扱いができるだろうか。まず、3.1節でみた、「非自然的に意味する」の定義から、考えていこう。

（8）　nonnatural meaning
　　　"U meant something by uttering x" is true iff, for some audience A, U uttered x intending:
　　　　(i)　A to produce a particular response r
　　　　(ii)　A to think (recognize) that U intends (i)
　　　　(iii)　A to fulfill (i) on the basis of his fulfillment of (ii)
　　　　　　　　　　　　　　　　　　　　　　　　(Grice 1969: 151, 1989: 92)
　　　「Uはxを発話することで何ごとかを意味した」が真であるのは、ある受け手Aに関して、Uが次のことを意図しながらxを発話した場合であり、その場合に限られる。
　　　　(i)　Aが特定の反応rを示すこと
　　　　(ii)　AがUは(i)を意図していると思う（認識する）こと
　　　　(iii)　Aが(ii)の実現を踏まえて(i)を実現すること
　　　　　　　　　　　　　　　　　　　　　　　　（『論理と会話』p.139）

　今、話者が呼びかけ語を使って話者の注意を喚起するか（call）話者が聞き手との間の社会的な関係を確認しようとした（address）とする。『注意の喚起に気づく』と『社会的な関係を確認する』という行為は、どちらも聞き手に（心理的な）反応の期待を話者が意図しているので、非自然的意味の定義の(8i)を満たす。また、呼びかけをする際話者は呼びかけ語という言語要素を使ってその行為を遂行しているのであるから、それらの行為を意図していることも聞き手に伝えようとしていることになる。呼びかけはR-intendされた行為として(8ii)も満たす。さらに、聞き手は呼びかけられているという、まさにその行為によって、話者の意図を知ることになるので、呼びかけ語の使用は(8iii)の基準も満たす。
　これまでも強調してきたように、Griceの意味論・語用論を他の理論から

際立てているのは、発話の内容ではなく、話者が聞き手に期待する反応から意味を考えようとしていることである。この考えを取ると、呼びかけ語のように命題的な内容を持たない言語要素の発話の効果も問題なく「意味」(非自然的な意味)として扱えることになる。

また、呼びかけ語自体に命題的な内容がないので、聞き手に期待される反応は心理的なもの(『注意の喚起に気付く』と『社会的な関係を確認する』)となる。『社会的な関係を確認する』という address の方の聞き手に期待する反応はややわかりにくいかもしれないが、例えば It's raining outside, honey という発話であれば、honey という address を用いることで、話者は聞き手に概ね『私たちの親密な関係を感じ取る』という反応の期待を伝えるだろう。これは命題ではなく、聞き手に感じ取ってほしいことなので、本書の表記では「」ではなく『』で反応の期待を表現することになる。

では、呼びかけ語の持つ意味は、4.6 節でまとめた本書での意味区分のどこに属することになるであろうか。発話によって話者が聞き手に反応を期待する場合(非自然的に何ごとかを意味する場合)、明示的に伝えられる内容(= what is said)と非明示的に伝えられる内容(= 推意)に区別されるのであった。では、通常呼びかけ語はそのどちらに属するであろうか。この問題がこの章の最も重要な論点になる。結論からいえば、そのどちらともなりうるということになる。

例えば、John Updike という人物と知り合いで、今たまたま通りがかった John に自分の存在を気が付いてほしくて John! と呼んだとする(call)。明示的に伝えられる内容であるか、非明示的に伝えられる内容であるかの違いは、(8) の定義の中の聞き手に期待する反応 r と、発話 x が持つ特徴 f との間の相関の様態 c によって決まるのであった。

(9) Ranges of variables;
  f: features of utterances
  r: responses
  c: modes of correlation (such as iconic, associative, conventional)
         (Grice 1969: 163, 1989: 103)

変項の定義域：
　f: 発話の特徴
　r: 反応
　c: 相関の様態（例えばイコン的、連想的、慣習的）

（『論理と会話』p.157）

　Johnという人物をJohn!という呼びかけ語で注意喚起をする場合、発話の特徴xと注意喚起という反応rの関係はもちろん慣習的（conventional）となる。呼びかけられていることを知らせるてがかりである呼びかけ語のJohnが、まさしく呼びかけられている人物を慣習的に指示するからである。この場合、Johnという呼びかけ語は明示的に伝えられる内容（＝ what is said）ということになる。

　これに対し、数学の課題を手伝ってくれた友達にThank you, Einsteinと呼びかけた例を考えてみよう。友達の名前が本当にEinsteinである場合を除くなら、通常数学が得意な友達をEinsteinと呼ぶことで『数学が得意なことを誇りに感じる』といった心理的な反応を友達に期待するだろう。しかし、この場合、Einsteinが指しているのが科学者のEinsteinではなく数学が得意な友達なので（addressが主な呼びかけ語もcallが前提になっていることを思い出そう）、Einsteinの発話の特徴fと友達に期待するrである『数学が得意なことを誇りに感じる』という反応との相関の様態はイコン的（iconic）となる（3.2.1節の議論を参照のこと）。この場合、聞き手に期待された反応は非明示的に伝えられる内容（この場合は心理的推意）ということになる。

　では、呼びかけ、という行為自体は本書で使っている非自然的に意味するMとの関係でどのように表示することができるだろうか。再び、John!という呼びかけでJohnに注意喚起する場合を考えてみよう。Johnはそれ自体呼びかけではなく単なる固有名詞である。したがってbitch^M/bastard^{M}が単語自体に『話者が指示対象に否定的な気持ちを持っていることを受け止める』という意図が備わっていたように、Johnという単語自体の中に『聞き手の注意を喚起する』という意図が備わっているわけではない。Johnは、話者がこの単語を注意喚起として用いようと発話（発音）することではじめて

call の機能を果たす。これは、陳述や命令、疑問といった形式(命題態度)を使って非自然的に意味することと並行した関係になる。この見方は、呼びかけ、という行為を1つの発語行為として理解することになる(Portner 2004, 2007a)。

　2.8節では、話者が聞き手に期待する反応を(9)のようにまとめた。

(10)　a.　命題的
　　　　　M(HA(SA(p)), HA(p))「」
　　　b.　心理的
　　　　　item^M『』

(10a)の HA/SA が、発話に使われる命題態度であった。呼びかけ語の場合、呼びかけるという行為がこの命題態度に相当するような役割を担う。そこでこの章では、呼びかけ語による非自然的な意味を(11)のように表示することにする。

(11)　呼びかけ語による非自然的な意味(非自然的に意味すること)
　　　M(V(item))『call/address』
　　　V: 呼びかけという行為
　　　item: 呼びかけに使われた表現 [2]

　M はもちろん「( )内の言語表現を使って非自然的に意味する」を意味する。呼びかけ語を発するという行為を発話による命題態度の表明と同じ形で扱い、M の中に V(item) を入れてこれを示している。V が( )の言語要素である item を使って呼びかけという行為を行うことを示している。そして item は実際に使われた呼びかけ語である。期待する反応は『call/address』によって示されている。どちらも話者が聞き手に意図する心理的な反応の期待なので「」ではなく『』によってこれを表現している。これは、呼びかけ語によって明示的に聞き手の心理的反応を期待した場合の表記である。

　(11)は呼びかけ語によって明示的に(what is said として)聞き手の反応の

期待する最も一般的な場合の表示である。呼びかけ語を用いて非明示的に聞き手の反応を期待した場合なども、適宜(11)とこれまでに導入してきた表示法を組み合わせて表示していくことにする。

　以上、8.1 節では呼びかけ語の機能と意味論的・語用論的特徴を紹介するとともに、本書での呼びかけ語の意味区分とその表示の仕方を提案した。呼びかけ語の意味は、様々な要因が複雑に絡み合いながら発話の中で微妙に変わっていく。本書で示した道具立てだけでは、とうてい呼びかけ語の機能全体を記述しつくすことはできない。しかし、一定の視点を定めてその視点から呼びかけ語を分析することで、呼びかけ語の働き方の一面を比較的明瞭に描き取ることができる。8.2 節では固有名詞という視点から、そして 8.3 節では質の格率違反(隠喩)という視点から英語の呼びかけ語を分析していく。

8.2　名前の呼びかけ語[3]

　この節では、固有名詞(名前)による呼びかけ語の選択から生まれる、話者の聞き手に期待する心理的反応を考察していく。

8.2.1　一般的な傾向と問題点

　英語の名前による呼びかけは、最も一般的な呼びかけである。用いられる形として、Full Name、(title) Family Name、First Name、Shortened First Name といった選択肢がある(以降これらを FN、FaN、FiN、SFiN と表記していく)。(12)に例を挙げる。

(12)　FN (Full Name): Raymond Barone, Rebecca Bunch, Howard Wolowitz
　　　(title) FaN (Family Name): (Mr.) Barone, (Ms.) Bunch, (Mr.) Wolowitz
　　　FiN (First Name): Raymond, Rebecca, Howard
　　　SFiN (Shortened First Name): Ray, Becks, Howie

　SFiN の場合、Raymond から、単純に mond を削って Ray と短くする場合に加え、Rebecca を Becks としたり、Howard を Howy のようにして、多少

形態と発音を変化させた形も存在し、本章ではこれらもまとめて SFiN と分類していくこととする。

　これらのうちのどの形が特定の社会的場面や対人関係の中で用いられやすいかについては、Brown and Ford（1972）や Ervin-Tripp（1972）という古典的な研究の他、ポライトネスの観点からの小田（2010）などの研究がある。また、Quirk et al.（1985: 775）、Huddleston and Pullum（2002: 523）、Leech（2014: 172–173）にも簡単な記述がある。これらの記述から一般的な傾向としていえるのは、(13)のように FN、(title) FaN、FiN、SFiN がこの順番で話者と聞き手の社会的関係の近さという基準での Horn scale を形成しているということである。

(13)　<FN, (title) FaN, FiN, SFiN>
　　　←関係が遠い　関係が近い→

この scale では、FN が一番関係が遠く、SFiN が一番関係が近くなる。
　そしてある個人同士の間では、FN から始まった呼びかけ語の使用が、人間関係が親密になるにしたがって (title) FaN、FiN あるいは SFiN へと（scale の右へと）移行すること、title なしの FaN は、軍隊や仲の良い高校生同士など特殊な社会的環境でしか用いられないことなどが観察されている。また、同名の学生が複数いるような場合、（個人を特定する目的で）自然に FN が使われる。また、昨今 FN や (title) FaN から FiN への移行はかつてよりもずっと早い段階で行われ、FiN が名前による呼びかけの最も一般的な形となっているとされている。
　以上はごく一般的な名前の呼びかけ語の傾向である。しかし実際の呼びかけ語の使用は(13)のような単純な scale でとらえきれるものではない。(13) の scale をごく単純に理解するなら、FN の使用が、常に『話者と聞き手の距離を聞き手に感じさせる』といった心理的効果の期待を生みそうである。(14)のような例の場合は、確かにこれが当てはまりそうだ。

(14)　Janice: Chandler, one of us has got to be strong.

Chandler: I understand.
Janice: Although, maybe just... one last moment of weakness... (She kisses Chandler flat on the mouth. Chandler squirms. When she's finished, he looks at her lovingly but uneasily.)
Janice: Goodbye <u>Chandler Bing</u>. (She leaves)
(18:30-, "The one where Estelle dies," *Friends*, Season 10.)

(14) は *Friends* からの Chandler と Janice の会話である。2 人はお互いにすでに別のパートナーと結婚している。2 人が不倫関係にあるわけではない。しかし、これまで親密にしてきたいきさつがあり隣近所に住むわけにはいかないと Janice が決心し、それを Chandler に告げている場面である。キスを交わした後、Janice は Goodbye Chandler Bing と、Chandler を FN で呼びかけている。そしてこの別れの場面にあって、FN を使うことで Janice は、『これまでの近しい関係を解消して距離を取ろうとしている』ことを Chandler に感じさせようとしていると理解することができる。このような場合は、(13) の scale がそのまま当てはまる場合といえるだろう。

しかし、FN が心理的な距離とは関係なく使われるように思われる場合がある。

(15) Ned: Phil! Phil! <u>Phil Connors?</u> I thought that was you! How you doing?
Phil: Thanks for watching.
Ned: Don't tell you don't remember me. I sure heck-fire remember you.
Phil: Not a chance.
Ned: Ned Ryerson! (10:30-, *Groundhog Day*.)

(15) は *Groundhog Day* という映画からの会話で、Ned と Phil という高校で同級生であった 2 人が (恐らく 20 年後くらいに) 道でばったり会うという場面である。Phil は、地方テレビの天気予報のキャスターを務めているので、Ned から呼びかけられて、Thanks for watching と、Ned が視聴者の 1 人であると解釈している。

2人は高校生のときの同級生で、旧知の仲であるが、Ned は下線部のように Phil を FN の Phil Connors でよびかけている。(15) の Chandler Bing とは違い、ここで Ned の Phil Connors からは、特段の心理的な距離や意図が感じられない。むしろ再会した友人が本当に自分がそうだと思った人物であるかの確認として FN が使われている。この点で(14)と(15)は、同じ FN でも積極的な心理的反応の期待があるかどうかという点で大きく異なっている。(14)には心理的反応の期待があるが、(15)にはそうした明確な期待がなさそうである。

すると(13)の scale が、概ね英語話者の正しい直感を反映しているとはいえ、実際の名前による呼びかけの使用を常に正確に記述するとはいえない。名前による呼びかけから心理的反応の期待が生まれる場合、(後に多くの例でみるように)場面や個人レベルの慣習に大きく依存していて、(13)のような固定化した scale ですべての例を説明することはできない。その一方で、場面や個人レベルでの慣習がわかれば、名前の呼びかけによって意図されている心理的な反応の期待がかなり正確に聞き手(呼びかけられた側)にわかる。したがって名前による呼びかけ語の意味は、場面や慣習に強く依存しながら、なおかつそこに一定の規則が働いていて、これを可視化して説明するのがこの節の目標である。

8.2.2 量と様態、そして個人レベルでの慣習

提案していく仕組みは、量と様態そして個人レベルでの慣習という3つの要因の組み合わせからなる。この順でこれらの要因を説明していこう。まず量というのは基本的に(13)の scale のことである。論理的な量ではなく、呼びかける側と呼びかけられる側との心理的距離の幅を量ととらえる。そして左に行くほど幅が広く(心理的に遠く)なり、右に行くほど幅が狭く(心理的に近く)なる。この部分は 7.4 節で議論した、対立する指示表現から生まれる推意の Geurts (2010) の説明をとり入れた形になる。

そして今みたように(13)だけでは、多彩な呼びかけの用法を十分に説明ができない。そこで考慮しなければならないのが、default(無標)とか baseline(基準)という様態に基づいた考え方である。default(あるいは unmarked)は、

近代言語学に不可欠の概念である。その起源はアリストレスにまでさかのぼる (Caffi and Janney 1994: 349)。とりわけ、プラーグ学派の Trubetzkoy や Jakobson によって、音韻的対立や形態的対立の記述で使われた概念で、その基本的発想は「有標な形式は何か有標なことがらを伝える」というものである。Grice の様態の格率もこの考え方に基づいていると理解してよいだろう。

　具体的に考えていこう。(14) の例の Chandler Bing という呼びかけ語は、単純に考えて有標である。これまで普通 Janice は Chandler を Chandler と呼びかけていたので、Chandler が無標表現である。そこで、こう分析したい。今 Janice と Chandler の慣習の中で、Janice が Chandler を呼びかける場合、Chandler が無標である。そして Chandler Bing はこれに違反している。このように考えると、この有標無標の対立は様態の格率に関係づけられそうである。これは 7.4 節の指示表現の対立の議論での一応の結論であった。

　しかし、(13) の scale をみてみると、Chandler Bing という有標表現が Chandler という無標表現に対して「より距離を取っている」ことがわかるので、この呼びかけ表現の使い分けが様態の格率だけではなく量の格率とも関係付けられているといえる。Grice の 4 つの格率がこのように交錯したり、あるいは格率が Grice の提唱する 4 つよりも多いのではないかという指摘はこれまで度々なされ、代替案が示されてきた（特に有名なのは、Leech 1983、Horn 1984、Sperber and Wilson 1986/1995 である）。

　本書ではこの問題に深入りせず、名前による呼びかけ表現を議論する際、量の格率と様態の格率を厳密に区別せずに、その都度わかりやすいと思われる格率に依拠して議論していく。恐らく一番正確な言い方は、次のようになろう。ある名前による呼びかけ表現があったとする。はじめに様態の格率によって無標か有標かが聞き手に伝えられる。その後 (13) の scale という量の格率に基づいて、話者が期待する反応が聞き手に伝わる。有標か無標かの判別はどうしても様態に頼る必要があるが、その判別が済んだ後は、scale によって話者が意図した距離感が伝わるという順番になるのである。

　<all, some> といったような純粋に量の格率による Horn scale の場合、all や some など、scale を形成する単語そのものに概念的な量の意味情報が入っている。話者の単語選択がその量に基づいているので、様態の格率に言及す

る必要がない。これに対し名前による呼びかけの場合、「選ばれなかった」他の選択肢に対しての話者と聞き手の距離感が問題になるので、まずはじめに様態を勘案する必要があるのである（(14)と(15)の対比からわかるように、そもそもFN自体に話者と聞き手の距離が内在しているわけではないことに特に注意）。

　量と様態の格率という要因に続いて、個人レベルでの慣習という要因に目を向けていこう。「普通の言い方をせよ」というのが様態の格率である。この格率でいう「普通の言い方」は、ある言語を話す人の集団の大部分の構成員にわかる場合があって、通常様態の格率でいう普通の言い方は、そのような言語レベルでの有標無標のことだと受け止められている。2.4節で議論した、(16)もそのような例の1つである。

(16)　a.　Bernadette is as tall as Howard.
　　　b.　Bernadette is as short as Howard.

　「通常」背の高さを言い表す場合、(16a)のように背の高さ（as tall as）と表現し、(16b)のように背の低さ（as short as）と表現すると有標となる（様態の格率に違反する）。そしてその格率違反から、(16b)では、Bernadetteが（そしてHowardも）背が低いという推意が生まれる。

　しかし、名前の呼びかけの場合、様々な要因によって有標か無標かが場面や個人レベルで変わっていく。普通親しい友人同士ではFiNかSFiNが無標の呼びかけ語であろう。しかし(15)のような、本人確認の場合、FNがごく一般的に用いられる。そしてこの場合FNが無標なので、特に心理的距離を話者は聞き手に伝えようとしていない。この場合は、「再会した際の本人確認」のような条件があって、その条件によって呼びかけで無標の名前の選択肢が決まるだろう。

　また(後で詳しく例を検討するが)、呼びかけの際の名前の選択には、個人レベルでの慣習も深く関与する。例えば、話者にすごく仲の良い友達がいて、通常その友達をMonというSFiNで呼びかけているとしよう。あるとき、その友達と喧嘩して、Monica!とFiNを使って呼びかけたとする。する

と恐らく友達には『いつもより心理的な距離を取っている』と感じてほしい意図が伝わるだろう。FiN は普通親しい関係で使われる、とされているが、個人レベルで SFiN が慣習的に用いられているという状況では、FiN が逆に心理的な距離感を示すことがありうる。

　このように、様態に関して何が無標（あるいは default）になるか、ということに、個人的なレベルの慣習が関与することがある。このような、個人的なレベルでの有標・無標を決める要因は、様々な名称で呼ばれてきた。Terkourafi（2001: 150–154, 2005a: 2009–212）の最小コンテクスト（minimal context）は、個人レベルでの無標表現を決める非言語的要因も含めた要因の集合とされている。Caffi and Janney（1994: 352）のコンテクスト上での期待体系（contextual anticipatory schemata）も同様の概念である。

　Gumperz（1982: 131）のコンテクスト化のてがかり（contextualization cues）は、個人レベルでの無標表現を決める要因を表す概念である。Silverstein（1976: 30–33）の非指示的指標（nonreferential indexicality）も同じ考え方である。Larson and Segal（1995: 188–193）の人物調査票（dossier）という考え方は、言語使用者がこれまでに関わった人物一人一人の（例えばどういった呼びかけ語を使ったかなどの）記録のことである。そしてこれらの考え方は、言語使用の実際が個人レベルでの過去の言語使用から生まれる慣習に左右されることをとらえようとしている。

　Taylor（2003: 86）や Evans（2019: 392）等の提唱する百科事典的知識（encyclopedic knowledge）も、言語外の知識も含めた会話参加者が共有する知識を言い表す概念である。しかし、個人レベルでの有標・無標という考え方はさらに会話参加者の過去の経験の積み上げも考慮した基準となる。

　次に、個人レベルの有標・無標となる要因を考慮しながら、名前での呼びかけによる非自然的意味の表示法を考察していこう。明示的に（what is said として）呼びかけが用いられた場合の意味は (11) を一般的な形として示した。まず、これと名前の呼びかけ語の scale である (13) を組み合わせてみる。

(17)　M (V (<FN, (title) FaN, FiN, SFiN>))『call/address』

(11)の一般的な呼びかけ語 item の部分に、名前の scale 全体が入って、名前による呼びかけ語が基本的に他の競合する呼びかけ語との関係から話者が聞き手に期待する心理的な反応の距離が決まることが表示されている。

　先にみたように、呼びかけ語は常に call と address の 2 つの機能を兼ね備えるので、(17)では、この 2 つの心理的反応の期待が『call/address』と表示されている。しかし、本章で解明したい「話者が聞き手に期待する心理的反応」は address が主なので、以下では address の心理的反応の期待を主に表示していくことにする。そして個人レベルでの有標・無標を決定する要因を { } で追加すると、(18)のような名前による呼びかけ語の意味表示が得られる。

(18)　名前の呼びかけ語評価基準
　　　　M (V (<FN, (title) FaN, FiN, SFiN>)):{a, b, c,...}『』

以降この表示を「名前の呼びかけ語評価基準」と呼んでいく。

　(18)は、名前による呼びかけ語の一般的な評価基準の規格である。有標・無標を決定する要因(以降これを評価パラメター、あるいは単にパラメターと呼んでいく)が非自然的に意味する M ( ) に続く形で { } として付け加えられ、その内容が a、b、c... として記載されている。(18)の評価基準を具体例で考えてみよう。今 Janice が Chandler を呼びかける際、2 人のこれまでの関係から Chandler が一番自然な呼びかけ語であると想定してみる。するとこの呼びかけは、(19)のような評価基準を持つことになる。

(19)　M (V (<FN, (title) FaN, **FiN**, SFiN>)):{Chandler$_{addressee}$, Janice$_{addresser}$}
　　　　『話者とのこれまでの関係を維持する』

　(19)では、無標の呼びかけ語を決める評価パラメターとして、聞き手である Chandler$_{addressee}$ と話し手である Janice$_{addresser}$ が { } に入れられ、FiN に下線が付けられている。下線は { } で指定された場面での無標の呼びかけ語が FiN であることを示している。さらに FiN はゴシック体で **FiN** と表示され、これが実際に呼びかけで使われた表現であることが示されている。下線が無

標の呼びかけ語の表示で、ゴシック体で表示された語が選ばれた呼びかけ語の表示となる。(19)のようにこれが一致していれば、無標の呼びかけ語が使われたということになる。

　無標の名前の呼びかけ語は、ごく普通の会話で頻繁に使われる。例えば、Chandler, you know what? のような具合である。呼びかけは命題ではなく行為で、かつ無標なのでその感じを日本語で表現することは難しい。日本語の「です・ます調」や「だ・である調」がふさわしい場面でふさわしい形で使われた場合に一番感じが近いだろう。例えば公の場で「です・ます調」を使うと、とりたてて丁寧に聞こえるわけではなく、話者が聞き手に期待されている程度の敬意を払っていることになる。このような場合、「です・ます調」から聞き手は特に話者が期待する心理的反応を感知しないかもしれない。名前による無標の呼びかけもほぼ同じニュアンスとなる。このことを(19)の表示では一応『話者とのこれまでの関係を維持する』としている。

　では、名前による呼びかけ語で有標表現が選ばれた場合はどのように表現できるだろうか。有標表現が用いられるということは、選ばれた呼びかけ語が外見的に様態の格率を違反すること、そして意味的に量の格率を違反することを意味する。

　(14)で、Janice は意図的に Chandler を Chandler Bing! と呼びかけたのであった。これを加味して(19)に手を加えると(20)のような評価基準が得られる。

(20)　M (V (<**FN**^{F}, (title) FaN, F̲i̲N̲, SFiN>)):{Chandler$_{addressee}$, Janice$_{addresser}$}
　　　『話者に対して心理的距離を感じる』

(14)でも、Janice が Chandler を呼びかける無標の表現は Chandler! だと想定すると、やはり有標・無標を決める個人レベルでの要因は、Chandler$_{addressee}$ と Janice$_{addresser}$ である。無標の FiN に下線が付けられているが、今度は使われた呼びかけ表現が FiN ではなく、FN であるので、こちらをゴシック体で **FN** と表示している。すると **FN** は F̲i̲N̲ に対し、通常よりも心理的距離を取っていることを Janice が Chandler に伝えようとしていることが正しく表

示される。

　また、**FN** の選択は単語の選択という点で様態の格率に違反し、かつ **FN** と FiN との差から心理的距離という点で量の格率に違反している。このことが選択された **FN** の右上付き表示の F によって表示され、この名前による呼びかけから心理的推意として聞き手に反応する期待が生まれていることがわかるようになっている。

　話者が聞き手に期待する心理的反応の期待は、さしあたり『話者に対して心理的距離を感じる』としている。しかし、心理的推意（間接的心理的反応の期待）を議論した 2.7 節でもみたように、心理的推意が生まれる場合、発話場面で話者と聞き手が共有できる SI（標準推意）がいくつも想起され、想起された SI をもとに場面での心理的推意が計算される。

　(14) の場面でいえば、「Janice と Chandler は長きにわたってお互いを意識していた」「Janice も Chandler も別のパートナーと結婚して幸せに暮らしている」「Janice と Chandler は、今後適切な距離を取るべきである」「FN には、ある種の正式さが伴われる」等である。このような SI を背景に、Janice は FN によって、Chandler が 2 人の別れを正式なものであると感じるように期待していると、より具体的に分析することができるだろう。

　Janice が Chandler を、無標の Chandler と呼ぶときと同じ分析が、(15) の Phil Connors にも適用できる。久しぶりに再会した友達同士であれば、FiN で呼び合ってもおかしくない ((15) で Ned は下線部部分の FN に先立って、FiN で 2 回 Phil に呼びかけている)。しかし (15) の FN は、呼びかけている相手を確認する目的で使われているので、Ned は Phil に特段の心理的反応の期待を持っていないであろう。これは (21) の評価基準で表すことができる。

(21)　M (V (<**FN**, (title) FaN, FiN, SFiN>)):{when reencountering a person, in identifying the person}『聞き手の特定をする』

　(21) では、when reencountering a person (再会の場面) と in identifying the person (人の特定に際して) という、この場合は個人レベルの評価パラメター

ではなく、一般的慣習として2つの場面設定を、有標・無標を判断するコンテクストのパラメーターとして { } に入れている。この場合の無標表現は FN でこれを下線で表示している。また、実際に選ばれた呼びかけ表現も FN なので、これをゴシック体でも表示している。下線とゴシックが一致しているので、この呼びかけは無標となり、特段の心理的反応の期待が生まれない。人物の特定を話者は意図しているので、(無標表現による call としての) 心理的反応の期待を『聞き手の特定をする』としている。

　この小節では、名前による呼びかけ語の使用が、量と様態の格率と関係していること、そして有標・無標の決定に場面や発話のタイミングだけではなく個人レベルでの慣習が関与していることをみた。そして本書で採用している非自然的に意味するという M ( ) の表示を、名前による呼びかけ語の使われ方に拡張して応用し、「名前の呼びかけ語評価基準」を提案した。名前による呼びかけ語の有標・無標を決定する要因を { } の集合で示し、競合する名前の呼びかけ表現を < > によって scale として表示することにした。8.2.3 節では、名前の呼びかけ語評価基準を用いて、具体的な名前による呼びかけ語の特性を詳しく分析していく。

8.2.3　名前による呼びかけ語の特性

　この小節では、8.2.2 節で導入した名前による呼びかけ語の分析法を用いて、3つの名前による呼びかけ語の特性を分析していく。1つ目は、無標表現が個人レベルでの評価パラメーターによって決まることである。2つ目は、scale 上同じ表現であっても無標表現との相対的関係から、話者が聞き手に期待する心理的距離が近くなったり遠くなったりすること、そして3つ目が、有標の呼びかけ語が格率の違反によって心理的な PCI を生むことである。最後に話者が聞き手に期待する心理的反応が聞き手によって拒否される例をみて、呼びかけがもたらす効果が、確かに非自然的な意味であることを確認して議論を締めくくる。

　では、名前による呼びかけ語の1つ目の特徴をみていこう。(22) は、*17 Again* という映画の中での会話である。

(22)　Mike: (a)Mrs. O'Donnell! How you doing?

　　　Scarlet: Hello, how are you? I'm good. How are you?

　　　Mike: Good.

　　　...

　　　Scarlet: ...And then to have twinkling lights above the whole thing...so that every night is a starry one.

　　　Mike: Heh. It's gonna be amazing, (b)Scar.

　　　Scarlet: What did you just call me?

　　　Mike: Uh...I just said, "It'll be amazing."

　　　Scarlet: You called me "Scar". (c)My husband's the only one who calls me that.

　　　...

　　　Oh. Oh. Right, got it. Okay. (d)I realize that whole lady cougar hunting...the "mothers I'd like to," you know, whatever, thing...is big with you guys, right? With you high school boys? But that's not gonna happen between me and you.　　　　　　　　　　　(50:20-, *17 Again*.)

　中年女性 Scarlet と高校生男子 Mike との少し長い会話である。映画のストーリーには、非現実的な設定がある。Mike は本当は Scarlet の夫で、謎の用務員に高校生にまで若返らされている（Scarlet はそのことを知らない）。Scarlet と（若返る前の）Mike の子供は、（若返った）Mike の友達である。

　(22) の会話で、Scarlet は Mike に庭の模様替えの計画について話している。冒頭の (22a) で、Mike は Scarlet を、Mrs. O'Donnell と title FaN で呼びかけている。友達の母親を呼びかける場合、恐らくこれは無標の呼びかけ語であろう。そして Scarlet も Mike も、その後特に抵抗なく庭の話題へと入っている（title FaN によって特別な心理的反応の期待が生まれていない）。

　ところが、Scarlet の熱心な説明に感心した Mike は、(22b) でうっかり Scarlet のことを SFiN を使って Scar と呼びかけてしまう。この呼びかけに Scarlet は激しく反応し、(22c) で「その呼びかけ語を自分に対して使うのは、夫だけだ」(My husband's the only one who calls me that) と抗議する。そして

Mike が SFiN を使った理由を、(22d) のように自分と不適切な性的関係を持とうと Mike が意図しているのだと解釈している。

　Mike の側からみると、Scarlet の (22c) の発話からわかるように、若返る前の Mike にとって SFiN の Scar は無標の呼びかけ語で、Scarlet を Scar と呼ぶことで特段の心理的反応の期待をしていないと思われる。しかしこの場面で Scarlet は、会話しているのが夫ではなく息子の友達であると認識している。もちろん Mike もそれはわかっていて、(22b) の SFiN はそのことを一瞬忘れてうっかり使ってしまったということになる。

　この例のポイントは、同じ Scar という SFiN であっても、Mike と Scarlet の関係の二重性から 2 つの別々の評価が生まれていることである。これらを名前の呼びかけ語の評価基準で表示すると (23) と (24) のようになる。

(23)　Scarlet にとっての名前の呼びかけ語評価基準
　　　M (V (<FN, (title) FaN, FiN, **SFiN**^{F}>)) :{friends of the addressee's son$_{addressers}$}『心理的に近く感じる』
(24)　(若返る前の) Mike にとっての名前の呼びかけ語評価基準
　　　M (V (<FN, (title) FaN, FiN, **SFiN**>)) :{Scarlet$_{addressee}$, (the non-rejuvenated) Mike$_{addresser}$}『話者とのこれまでの関係を維持する』

　Scarlet にとって、息子の友達が自分を呼びかける一番自然な呼びかけ語は title FaN で、(23) では (title) FaN に下線が引かれている。しかし (22b) で Mike は **SFiN** を用いているので、これをゴシックで表示している。無標の呼びかけ語に対して、関係の近さを伝える呼びかけ語が使われているので、Scarlet に対して意図された心理的反応を『心理的に近く感じる』としている (少なくとも Scarlet はそう解釈している)。また、様態と量の格率違反があるので **SFiN**^{F} としている。

　これに対し、(若返る前の) Mike にとっての評価基準は (24) のようになる。評価の評価パラメターとして呼びかけ側の Scarlet と (若返る前の) Mike が { } で指定され、SFiN を無標として下線で表示している。使われた呼びかけ語も **SFiN** なので、ゴシック体でも示している。(若返る前の) Mike に

とって SFiN は無標なので、心理的反応の期待は『話者とのこれまでの関係を維持する』となる。

　Scarlet は Scar! を (23) に基づいて評価しているので、(22c) のように柔らかく抗議し、さらに (22d) のように SFiN の呼びかけの動機を推察している。一方、一瞬のことであれ、Mike は「(若返る前の) Mike」として Scar! を評価しているので、その評価基準は (24) のようになり、特別な心理的反応を Scar に期待していないことになる。

　このように、同じ SFiN という呼びかけ語であっても、有標・無標を決めるパラメターの違いで評価が変わり、「FN は〜」、「(title) FaN は〜」、「FiN は〜」、「SFiN は〜」といった固定的な形で各々の使い方を記述し尽くすことはできない。まず { } 内のコンテクストを評価するためのパラメターに基づいて無標表現を決め、その後実際に選ばれた呼びかけ語と無標表現との scale 上の位置関係がわかってはじめて話者が聞き手に意図する反応がわかるのである。

　では、名前による呼びかけ語の 2 つ目の特徴である「話者が聞き手に示そうとする心理的距離」の逆転現象をみていこう。scale 上で同じ位置にある呼びかけ表現でも、無標表現が話者と聞き手のより遠い関係を示す表現であれば、相対的に近しい心理的反応が意図され、無標表現がより近い関係を示すような表現であれば相対的に遠い心理的反応が意図される。

　はじめに前者の例を、*That '70s Show* の (25) でみてみよう。

(25)　Hyde: You look beautiful.
　　　Jackie: My God. So do you. Do you want me to go inside and meet your...
　　　Hyde: No. Trust me, she's lovely. Let's just go, all right?
　　　Jackie: Is that for me?
　　　Hyde: Yeah. Here, I got this for you.
　　　Jackie: God, <u>Steven</u>, this is beautiful. This whole experience has taught me that I don't need Michael to go to the prom. I can go with anyone. Even you.　　　　　　(11:10-, "Prom night," *That '70s Show*, Season 1.)

(25)は、(Steven) Hyde と Jackie という（日頃はあまり仲の良くない）男女の高校生の間の会話である。この場面の前に、Jackie が誰も prom に誘ってくれずに途方に暮れていて、（本当は prom などに興味はないが）見かねた Hyde が Jackie を prom に誘う。prom に出かけようと Jackie が Hyde の家を訪れている。Hyde は用意していたコサージュ（prom などにつけていく花）を Jackie に渡す。そのタイミングで、下線部のように Jackie は Hyde を Steven! と呼びかける。

Steven Hyde が Hyde の FN なので、Steven は FiN となる。通常友人同士では FiN が無標表現として選ばれそうであるが、この sitcom ではかなり意図的な呼びかけ語の選択が行われている。Hyde と Jackie を入れて全部で6人の高校生が親しいグループを作っている。（Hyde を除く）その5人は、Steven Hyde を一貫して FiN の Steven ではなく、FaN の Hyde で呼んでいる。

(26) *That '70s Show* の Season 1 での Steven Hyde の呼びかけ

呼びかけ語	Steven	Hyde
5人の友人	1	32
大人	17	0

(26)で示したように、友人が *That '70s Show* の Season 1 で Steven Hyde を呼びかける際、33回中32回は FaN である Hyde が選ばれている（FaN をこのように使うことは稀であるが、脚本家はこれを意図的に利用しようとしていると思われる）。逆に大人の登場人物が Steven Hyde を呼びかける場合、17回すべてで Steven が用いられている。したがって、Hyde という FaN が、高校生6人にとって Steven Hyde を呼びかける無標の表現となる。

しかし33回のうち、1回だけ友人が Steven Hyde を、FiN の Steven で呼びかける場面があり、それが(25)である。このような前提があると、(25)の Jackie の FiN による呼びかけ Steven! が有標で（様態と量の格率を違反していて）、Jackie は Hyde に対して『心理的に近く感じる』と期待していることがわかる。この評価基準は(27)のようになる。

(27) M (V (<FN, (title) <u>FaN</u>, **FiN**^{F}, SFiN>)) :{Steven Hyde$_{addressee}$, Jackie$_{addresser}$}『心理的に近く感じる』

下線の <u>FaN</u> に対してゴシック体の **FiN** が scale 上より右(関係が近い側)にあるので、聞き手に期待される心理的な反応は『心理的に近く感じる』となる。

　例は省略するが、他の大人たちが Steven Hyde を Steven と呼びかけても、(26)からわかるように、それが無標の呼びかけ語となるので、特別な反応の期待が生まれない。名前の呼びかけ語の評価は、評価基準の算定根拠となる{　}内の評価パラメターによって無標が決まり、使われた呼びかけ表現は無標表現との関係から評価が決まるのである。(28)が大人たちの Steven Hyde に対する評価基準となる。

(28) M (V (<FN, (title) FaN, **<u>FiN</u>**, SFiN>)) :{Steven Hyde$_{addressee}$, adult characters$_{addresser}$}『話者とのこれまでの関係を維持する』

<u>FiN</u> が無標でもあり、選ばれる呼びかけ表現でもあるので下線とゴシック体表示が施され、心理的反応の期待が address の最も普通の期待である『話者とのこれまでの関係を維持する』となる。

　次に、逆の例、すなわち同じ FiN を使うことでより心理的な距離を聞き手に感じさせる例をみてみよう。

(29)　Bernadette: Hey. You got a minute?
　　　Howard: Not really. Visigoths are kind of up my butt right now.
　　　Bernadette: Pause the game, $_{(a)}$<u>Howard</u>.
　　　Howard: $_{(b)}$<u>Howard</u>? Uh-oh. Make room, Visigoths. 'Sup?
　　　Bernadette: We need to talk about redecorating this place.
　　　Howard: Oh, no, not this again.
　　　　　　(01:30-, "The Spock resonance" *The Big Bang Theory*, Season 9.)

The Bing Bang Theory からの (29) の会話で、妻である Bernadette が夫の Howard に家の模様替えを提案する場面である。Howard はテレビゲームをしていて話を聞く態度ではない。そこで Bernadette は、Pause the game, Howard のように発話して Howard の態度をたしなめる。下線 (29a) のように、使われている呼びかけ語は FiN の Howard である。

FiN は一般的に話者と聞き手の近しい関係を示すとされている。しかし Howard は、下線部 (29b) のように Bernadette が Howard を FiN で呼びかけたまさしくその事実から、Bernadette がこれから話そうとすることが真剣な内容であろうことを推察し、ゲームをやめている。これは、通常 Bernadette が Howard のことを SFiN で Howie と呼んでいるからである。SFiN の Howie と比べると、普通は話者と聞き手の近しい関係を示す FiN の Howard も、あらたまった響きがある。Bernadette の Howard に対する呼びかけ語の評価基準は、(30) のようになる。

(30)　M (V (<FN, (title) FaN, **FiN**^{F}, <u>SFiN</u>>)) : {Howard$_{addressee}$, Bernadette$_{addresser}$}『話者に対して心理的距離を感じる』

(30) のゴシック体で示した実際に使われた呼びかけ表現は (25) と同じ **FiN** である。しかし、(30) の場合下線で示す無標表現が (27) のような FaN ではなく <u>SFiN</u> になる。すると、FiN は有標で、しかも無標の SFiN よりも遠い話者と聞き手の関係を示す表現なので、Bernadette が Howard に与えようとする心理的な反応の期待は『話者に対して心理的距離を感じる』となる。(より正確には『あらたまって真面目に自分の話を聞く気になる』のようになるだろう。この問題は、この後有標の呼びかけ語が生む、心理的推意としての PCI を議論する際に詳しく取り上げる。)

(27) と (30) の対比から明確になるのは、やはり scale 上の特定の呼びかけ語が固定的に一定の意味 (心理的反応の期待) を持つのではなく、無標表現との相対的な関係で評価が決まるということである。そしてこの対比からわかるように、無標表現との相対的な関係から、scale 上同じ呼びかけ表現が、話者と聞き手の関係をより近しく表現することもあれば、より隔てて表現す

ることもある。さらに、名前の呼びかけ語評価基準によって、近さ・遠さが予測可能で、ここに言語的なパターンがあることがとらえられている。大切なのは、単に「コンテクストや人間関係といった評価パラメターに左右される」という観察を一歩進めて、その背後で機能する仕組みを明確に理解することである。

続いて、名前の呼びかけ語が様態と量の格率を違反し、有標表現として用いられた場合の意味を考えていこう。そのような場合、格率の違反から心理的推意が生まれているので、推意がPCI（特殊化された会話の推意）ということになる。2.6節でみたように、PCIは、発話内容（呼びかけ語の場合は、選ばれた呼びかけ語が発話内容になる）とコンテクストで想定されているSI（標準推意）との連携で生まれる。ということは、scale上同じような無標表現との対比から有標と判断された同じ呼びかけ語が、違ったニュアンスのPCIを生むという可能性がある。以下ではこれを具体例で確認する。

(14)のChandler Bing!は、JaniceのChandlerとの別れの場面で、通常よりも距離のあるFNを使うことでよい意味であらたまったニュアンスをChandlerに感じさせようとしているのであった。上ではこのことを、(20)の評価基準で表現した。(31)として再掲する。

(31)　M(V(<**FN**^{F}, (title) FaN, F<u>iN</u>, SFiN>)):{Chandler Bing$_{addressee}$, Janice$_{addresser}$}『話者に対して心理的距離を感じる』

ゴシック体で示した**FN**と下線のF<u>iN</u>の比較から、JaniceがChandlerに期待する心理的反応の期待を『話者に対して心理的距離を感じる』としている。しかし、この発話場面では様々なSIがコンテクストで想定される。2.6節でSIを、発話をコンテクストに埋め込むことで話者と聞き手との間で想起される推意と考え、発話を〔　〕に入れることでこれを表現した。

これを加味して(14)のChandler Bing!のSIを表示すると、(32)のようになるだろう。

(32)　a.　〔M(V(Chandler Bing^F))〕③④ 1 ③④ 2 ③④ 3 ③④ 4

③④ 1　JaniceとChandlerは長きにわたってお互いを意識していた
　　　③④ 2　JaniceもChandlerも別のパートナーと結婚して幸せに暮らしている
　　　③④ 3　JaniceとChandlerは、今後適切な距離を取るべきである
　　　③④ 4　（有標の）FNには、ある種の正式さが伴われる
　b.　[M（V（Chandler Bing^F））]『これまでの近しい関係を解消して距離を取ろうとしていると感じる』

　Chandler Bingという呼びかけ語を使うことで、その場面でJaniceとChandlerが想起するであろうSIが、(32)でChandler Bing^{F}を使った呼びかけ行為を[ ]で表示した場面に埋め込むことから生まれていることが示されている。(32a)ではscaleとパラメターから想定される量と様態の違反は、簡略化して右上付き文字Fで示している。そして、Chandler Bing^{F}から生まれる心理的SIが、(32a)で示したような命題的SIを前提として、(32b)のように発話が文脈[ ]に埋め込まれることによって生まれることになる。
　2.6節では、命題的な内容を非自然的に意味する例で議論したので、その際に[ ]の中にはM（①②）（話者自身の命題態度を聞き手に信じさせる意図と聞き手自身に同じ命題態度を抱かせようとする意図）を入れていた。Chandler Bingという呼びかけは非命題的であるが、場面で共有されるSIは命題的であろうから、(32)では4つの命題的SIとして③④ 1 ③④ 2 ③④ 3 ③④ 4と表示している。1〜4は推意の命題の区別のための番号で、③が間接的に話者が聞き手に信じるように期待する話者の命題態度で、④が間接的に話者が聞き手に抱くように期待する命題態度を示す。その具体的内容は、それぞれ右に列記している。
　それらの内容は「JaniceとChandlerは長きにわたってお互いを意識していた」「JaniceもChandlerも別のパートナーと結婚して幸せに暮らしている」「JaniceとChandlerは、今後適切な距離を取るべきである」「FNには、ある種の正式さが伴われる」といったSIである。これらを背景に、(『話者に対して心理的距離を感じる』よりもより特定的な)『これまでの近しい関係を解消して距離を取ろうとしていると感じる』というような心理的反応の期待

がChandler Bingから生まれていると考えることができる。

あくまでも心理的な反応の期待なので、言葉にして表現するのは難しいが、JaniceがFNを用いる意図がpositiveなものであるということが核心である。しかしFNをFiNという無標表現に対する有標表現として用いて、negativeな反応の期待を聞き手に期待することもある。(33)がその例である。

(33) Kitty: Oh, admit it, <u>Red Forman</u>. You forgot my birthday.

      (10:30-, "Kitty's birthday," *That '70s Show*, Season 3.)

That '70s Show からの Kitty の発話である。Red Forman というのは Kitty の夫で、(33)では Red が Kitty の誕生日を忘れていて、それを Kitty に咎められている。Kitty は日頃 Red を FiN である Red で呼びかけている。しかしこの場面では敢えて FN の Red Forman が選ばれている。この呼びかけから生まれる命題的 SI は(34)のようになり、その評価基準は(35)のようになるだろう。

(34) a. ［M（V（Red Forman^F））］③④1 ③④2 ③④3 ③④4
   ③④1 　妻の誕生日を夫は記憶しているべきである
   ③④2 　妻は、夫が期待に応えられない場合に咎める権利がある
   ③④3 　心理的距離を取ることは人を咎める手立ての1つである
   ③④4 　(有標の)FNは、心理的距離を表す
  b. ［M（V（Red Forman^F））］『話者に対して申し訳なく感じる』
   M（V（<**FN**^{F}, (title) FaN, <u>FiN</u>, SFiN>））:{Red Forman$_{addressee}$, Kitty$_{addresser}$}

(34a)で、Red Forman をこの場面で使うことで、Kitty と Red の間で共有され想定されているであろう SI として「妻の誕生日を夫は記憶しているべきである」「妻は、夫が期待されたことをできない場合に咎める権利がある」「心理的距離を取ることは人を咎める手立ての1つである」「(有標の)FN は、心理的距離を表す」が提示されている。これらを背景に Red は FN

を評価し、(34b) のように『話者に対して申し訳なく感じる』と Kitty が意図していることを認識するだろう。

　やはり期待は心理的推意なので、命題的な特定が難しいが、Red Forman という FN によって Kitty が Red に期待する反応が negative なものであることは確かだ。そしてこれは、(14) で Janice が Chandler Bing という FN によって Chandler に感じさせようとしている positive な反応の期待と対照的である。(14) と (33) ではどちらの場合も、無標の FiN に対して有標の FN が使われている。しかし、それぞれで話者が聞き手に期待する心理的反応の期待が、コンテクストで想定される SI によって positive ともなり negative ともなっている。有標の名前の呼びかけ語の生む聞き手への反応の期待は、コンテクストに依存してその都度変わる PCI (特殊化された会話の推意) なのである。

　最後に、話者が聞き手に期待する心理的反応が聞き手によって拒否される例をみておこう。(1) の、Care Bear、Paul、missy は (上でみたように) すべて聞き手に拒否されている。しかし、それぞれ比較の対象となる呼びかけ表現が名前同士ではない。Care Bear は Kerry との比較、Paul は Dad との比較、そして missy は再び Kerry との比較になるだろう。しかし、このように比較する呼びかけ語の性質が異なると、考慮しなければいけない要因が多くなり分析が複雑になる (あるいは追跡しきれなくなる)。そこで、名前による呼びかけ語だけで議論できる例を追加して、呼びかけ語によって話者が聞き手に意図する心理的反応の期待が、聞き手によって否定されることを確認し、これを評価基準を用いて分析しておこう。

　会話は、*The Inbetweeners* というイギリスのコメディ番組からである。

(35)　Gilbert: Have a nice evening. I'll leave you in the hands of the chairman of the organizing committee, God help you, William McKenzie.
　　　William: Thanks, $_{(a)}$Phil. Now.
　　　Gilbert: Sorry?
　　　William: Thanks for that, $_{(b)}$Phil.
　　　Gilbert: $_{(c)}$Phil?!

William: Oh. It's just cos the dance is outside of school time so I assumed…
Gilbert: Well, (d)you assumed wrong, Will. Very wrong.
William: Sorry.
Gilbert: Right, then say my name properly.
William: (e)Mr. Gilbert.

(08:20-, "Xmas party," *The Inbetweeners*, Season 1.)

　教員である Philip Gilbert が、生徒主催のダンスパーティーの責任者となった William を他の生徒に紹介している場面である。紹介された William は、感謝して Gilbert 先生を、SFiN である Phil で呼びかけている。これが下線部(35a)と(35b)である。

　Gilbert 先生は(35c)で直ちに William の SFiN の選択を咎め、(35d)で William の仮定（本書の言い方では、William の Gilbert 先生への呼びかけ語の評価基準）が間違っていると指摘する。そして William は(35e)のように、Gilbert 先生を title FaN で呼び直しさせられている。William は、Gilbert 先生を Phil と呼びかけた理由を It's just cos the dance is outside of school time so I assumed（ダンスパーティーは、学校の時間外の活動だから、(SFiN で呼びかけることが適切だと)仮定して）としている。

　ここから、William が Gilbert 先生への呼びかけ語の評価基準を(36)のように想定していたことがわかる。

(36)　M(V(<FN, (title) FaN, FiN, **SFiN**>)):{teacher$_{addressee}$, student$_{addresser}$, about out of school activity}『話者とのこれまでの関係を維持する』

teacher に student が out of school activity について話をする場合の評価基準を決める評価パラメターが { } の中に入れられている。William は、この(36)を想定し、Gilbert 先生に対し特別の心理的反応の意図を持たずに SFiN で呼びかけていると思われる。下線の無標表現とゴシック体で示した表現が一致しているので、William にとって SFiN で期待した心理的反応は、address

の一番普通の期待である『話者とのこれまでの関係を維持する』となっている。

(35c) と (35d) からわかるのは、Gilbert 先生にとって、SFiN が「なれなれしく」響くということである。そして William に say my name properly と促し、William は最終的に Gilbert 先生を (35e) のように title FaN で呼びかける。つまり同じパラメーターでコンテクストが構成されていても、Gilbert 先生にとっての評価基準は (36) ではなく、(37) のようであったことになる。

(37)　M (V (<FN, (title) FaN, FiN, SFiN^F>)) :{teacher$_{addressee}$, student$_{addresser}$, about out of school activity}『心理的に近く感じる』

(37) の基準では、使われた **SFiN** が、無標の (title) FaN よりも話者と聞き手とのより近い関係を聞き手に想起させることになる。恐らく Gilbert 先生は Gilbert 先生が William と共有しているはずだと想定している SI をもとに、『心理的に近く感じる』という心理的推意を否定的にとらえ、これを (35c) で拒絶していると解釈できるだろう。

特定の呼びかけ語を聞き手が嫌い、そのことを明示的に表現するという言語現象は本書で追究している非自然的意味の概念にとって非常に重要な意味を持つ。Grice の非自然的な意味では、意味が「話者が聞き手に期待する反応」で定義される。すると呼びかけのような、話者が聞き手に命題的な内容を伝えない場合でも、聞き手が心理的な反応の期待を話者が持っていることがわかれば、その意図が非自然的な意味になる。また、それが拒絶されることがあるということは、そこに話者が聞き手に期待する反応が確かにあるということを示していることになる。

また、呼びかけ語自体にも命題的な内容が含まれていない。しかし非自然的な意味を生み出す発話も、命題や命題態度で定義されているわけではない（そのような言い回しを Grice がするのは、命題的な議論での Grice の批判に応えている場合である）。したがって、呼びかけによる心理的反応の期待では、非命題的な発話から、非命題的な効果が生まれ、そのどちらもが、Grice の非自然的意味の定義に含まれていることになる。

本節では、名前による呼びかけ語から生まれる心理的な推意を考察した。名前による呼びかけ語は、話者と聞き手の心理的距離という観点から <FN, (title) FaN, FiN, SFiN> という scale を形成しているのであった。しかしある名前の呼びかけ語が使われた場合、その場面を構成する様々な評価パラメターから無標の呼びかけ表現が決まり、無標表現と使われた呼びかけ表現との差から話者の聞き手に期待する心理的な反応が評価されるのであった。

有標表現が敢えて選ばれた場合には、様態と量の格率違反がおこり、心理的な推意が生まれる。個々の心理的な推意は、評価基準での評価とコンテクスト上で想定されている SI との相互作用からその都度変化する PCI なのであった。次節では、呼びかけ語が質の違反によって心理的推意を生み出す場合を考察する。

8.3　呼びかけ語と質の格率違反[4]

8.2 節では、名前の呼びかけ語が、様態や量の格率違反をすることで PCI を生む仕組みを考察した。この節では、(名前以外の)呼びかけ語が質の格率違反を起こすことによって PCI を生む例を検討していく。

話者が聞き手に期待する反応が、基本的にこれまでと同じく call (聞き手の注意をひく) と address (話者と聞き手の関係を維持・強調する) の 2 つ機能を様々な度合いで兼ね備えることになる。これからみていく多くの例で address に力点があるが、どんな呼びかけ表現を使った場合でも、聞き手が自分が呼びかけられていることを認識しなければ (すなわち call の部分が成立しなければ)、address の機能を果たせないことを今一度確認しておく。

8.3.1　概念的指定と感情表出的な指定

呼びかけ語による質の格率違反という場合、命題的な発話の質の格率違反とは若干の違いがある。まずそれを理解した上で、呼びかけ語の意味 (使われる条件) を整理しておく。

(38a) と (38b) はそれぞれ、同じ名詞 waitress が指示表現として用いられた場合と、呼びかけとして用いられた場合である。

(38) a. The <u>waitress</u> was a very nice lady.
　　 b. Excuse me, <u>waitress</u>.

指示表現(38a)の場合、もし話者が the waitress で指示しようとしている人物が waitress でなければ、発話の命題が真理条件的に偽となる。これに対し呼びかけ語の(38b)の場合、もし話者が呼びかけている人が waitress でなければ、呼びかけが失敗するのであって発話の命題(そもそも呼びかけ語は命題を表さないが)が偽になるのではない。

　呼びかけ語を議論する上で、このような(waitress であれば聞き手が waitress でなければいけないといった)呼びかけ語が指定する使用状況を準真理条件と呼ぶことにする。これから議論していく、呼びかけ語が質の格率に違反する場合とは呼びかけ語が準真理条件を満たしていない場合、ということになる。

　では、呼びかけ語の準真理条件とはどのようなものだろうか。呼びかけ語の準真理条件は、話者(呼びかける側)、聞き手(呼びかけられる側)、そして感情表出的な意味(話者が聞き手に期待する心理的な反応)の3つに区別される。waitress の例では、聞き手が waitress でなければならないという準真理条件があった。waitress のような職業名を呼びかけ語として使う場合、話者が客であるという条件(準真理条件)もある(Quirk et al. 1985: 774)。例えば、レストランで働いている waitress に対し、たまたまそこに居合わせた食材の納入業社がその人物を waitress と呼ぶことはできない。

　また、mother や son のような親族関係を表す語の場合も、話者と聞き手の両方の指定が準真理条件的となる。mother で呼びかける場合、呼びかける側は呼びかけられる人物の子供でなければならないし、呼びかけられる側は呼びかける側の母親でなければならない。son の場合には、(隠喩として用いられた場合を除けば)呼びかける側が親で、呼びかけの対象がその息子という準真理条件的指定がある。

　準真理条件的指定には感情表出的な意味も含まれる(ことがある)。第1章で感情表出的な表現のはじめの例として(39a)の「ます」を挙げた。

(39) a. 冷蔵庫にビールが 3 本入っています.
　　 b. I love you, darling.

「ます」のような丁寧語は、発話の命題の真理条件から外れ(「ます」の有無は命題の真偽に影響を与えず)、その代わりに聞き手に対して『話者が丁寧だと感じる』という聞き手に対する心理的な反応の期待を伝えるのであった。同じように (39b) の呼びかけ darling も、主命題である I love you の真理条件とは独立して、聞き手におおよそ『話者が聞き手のことを愛しく思っていることを感じる』という心理的な反応の期待を聞き手に伝えるだろう。そして、もし聞き手が『話者が聞き手のことを愛しく思っていることを感じる』ことを意図せずに darling を使ったとしたら、その使用は準真理条件の違反ということになる。

　このように話者と聞き手、感情表出的な意味という 3 つの準真理条件の指定をもとに呼びかけ語を分類していくことができる。呼びかけ語として使える名詞は膨大な数に上るが、すべてがこの 3 つの条件があるかどうかで分類することができる。話者に対してと聞き手に対しての条件を「人物指定」として 1 つにまとめると、呼びかけの準真理条件は「人物指定」と「感情表出的指定」の 2 つの基準から次の 4 つのパターンに分けられることになる(例は Quirk et al. 1985: 773–774 を参考にしている)。

(40) a. 人物指定・感情表出的指定あり
　　　　 mommy, daddy, grandpa, grandma, madam, ma'am, sir, handsome...
　　 b. 人物指定あり・感情表出的指定なし
　　　　 father, aunt, waiter, waitress, driver, doctor, Prime Minister, 人名一般...
　　 c. 人物指定なし・感情表出的指定あり
　　　　 darling, honey, (my) dear, sweet-pie...
　　 d. 人物指定なし・感情表出的指定なし
　　　　 you, whoever said that(その場での人物指定)

(40a) の「人物指定・感情表出的指定あり」は、mommy、daddy、grandma

といった呼びかけ語がその例である。mommy であれば、呼びかける側が呼びかけられる対象の子供でなければならず、また呼びかけられる側は呼びかける側の母親でなければならない。この人物指定に加え、呼びかける側は呼びかけられる母親に対し、親愛の情を持っていることが mommy の適切な使われ方の条件となる。

　(40b) の「人物指定あり・感情表出的指定なし」は、father、aunt、waitress のような例で、(40a) と同じように人物指定が伴うが、感情表出的な指定がない場合である。(40c) は逆に感情表出的な指定だけがあって人物指定がない場合である。このパターンには、darling、honey、(my) dear などがあてはまる。

　(40d) の、「人物指定なし・感情表出的指定なし」という区分には、you や whoever said that を入れている。you, listen to me (おいお前、話を聞け) のような場合や、whoever said that, come out here (その発言をしたやつ、出てこい) の場合を想定している。これらの場合、その場面で聞き手が指定されるが、(40a) や (40b) の「人物指定あり」の例とは違い、何らかの聞き手が半永続的に持つ特性・特徴による指定ではないので、「人物指定なし・感情表出的指定なし」に区分している。

8.3.2　質の格率違反の具体例

　続いて質の格率違反によって、呼びかけ語から PCI (特殊化された会話の推意) が生まれる具体例をみていこう。(41) は、*Friends* からの会話で、恋人同士である Phoebe と David が話しているところに、2人の友人である Max がやってきて、Phoebe のことを Yoko と呼びかける場面である。

(41)　Phoebe: Hi, Max!
　　　Max: Yoko. (To David) I've decided to go to Minsk without you.
　　　David: Wow.
　　　Max: It won't be the same, but it'll still be Minsk. Happy New Year.
　　　Phoebe: Are you alright?
　　　David: Yeah, I'm fine, I'm fine.

(18:40-, "The one with the monkey," *Friends*, Season 1.)

　Max と David は、共同研究をしている科学者である。2 人はミンスクの研究機関に研究員として招かれることになっていた。しかし、David は Phoebe に説得されてこの申し出を断っている。二人は離れ離れになりたくないのである。
　もちろん Max はこのことに憤っていて、特に Phoebe に対して悪い感情を抱いている。その前提で Phoebe に Yoko! と呼びかけ、一人ででもミンスクへ行くことにしたと David に告げている。もちろん Phoebe は Yoko ではないので、この呼びかけは人物指定の準真理条件を違反している。しかし Max が協調の原理から外れて会話をしているとは考えられないので、Max は意図的に質の格率を違反して推意を伝えようとしていると考えられる。つまり、Yoko は隠喩的な呼びかけ語として使われているのである。では、どのような推意(あるいは反応の期待)を Max は意図しているであろうか。
　まず、命題的な発話の質の格率の違反の分析を思い出してみよう。5.1 節で Caroline is an angel のような隠喩表現を、(42)のように分析した。

(42)　u: Caroline is an angel. (metaphor)
　　a.　M (①② F ③④ 1)「~~Caroline が天使であると信じる~~」「Caroline が優しくて思いやりのある人物であると信じる」
　　b.　［M (①②)］『好意的な印象を持つ』
　　c.　［M (①②)］③④ 1 ③④ 2
　　　　p'1: 天使は優しくて思いやりがある
　　　　p'2: 優しく、思いやりがある人物は人に好まれる

質の格率違反なので、(42a)のように発話自体から普通は伝わる命題的な期待である①②とその内容が取り消されている。そして命題的な推意として③④が生まれている。
　(42b)のように、発話自体が場面に埋め込まれることによって SI として心理的反応の期待『好意的な印象を持つ』が生まれている。(42b)の心理的 SI

は、(42c)のような、(42)の発話をすることによって話者と聞き手との間で想起され共有される命題的 SI「天使は優しくて思いやりがある」「優しく、思いやりがある人物は人に好まれる」などを背景として伝えられるのであった。

呼びかけ語の場合、命題的な発話とは違い発話の内容が乏しいのでこのような分析的な説明が馴染みにくいが、以下では、なるべく命題的な説明と並行になるような分析を試みる。(43)が(41)の Yoko! の分析例である。

(43) a. M (V (~~Yoko~~^FPhoebe))『~~Yoko に話しかけていると意識する~~』
『Phoebe に話しかけていると意識する』
b. [M (V (Yoko))] ③④ 1 ③④ 2 ③④ 3 ③④ 4『自分のしたことを恥じてほしい』
c. p'1: Yoko は Ono Yoko を想定している
p'2: Ono Yoko は Beatles の末期に Beatles の仲間割れを誘発した（と一般的に考えられている）
p'3: Phoebe は Max と David の仲間割れを誘発した
p'4: 仲間割れを誘発する人物を憎むのは当然だ

(43a)で、Yoko という呼びかけが人物指定の準真理条件を違反していること（質の格率を違反していること）が右上付き文字 F で表記されている。呼びかけの場合、命題的な反応の期待ではなく、話しかけて相手にそれを意識させるという行為となる。したがって、①②という形で表記できる命題的な期待ではなく心理的な反応の期待なので、『Yoko に話しかけていると意識する』という心理的な効果の期待を記載している。しかしこの行為自体は、準真理条件的な指定の違反から取り消され、その代わり推意としての行為『Phoebe に話しかけていると意識する』が生まれている。

(43b)では、この呼びかけ語が場面に埋め込まれることによって生まれる心理的 SI『自分のしたことを恥じてほしい』が表記されている。この心理的期待を導出する際に、話者と聞き手が想起すると思われる命題的 SI が (43c)の p'1〜p'4 である。内容は、「Yoko は Ono Yoko を想定している」「Ono

Yoko は Beatles の末期に Beatles の仲間割れを誘発した (と一般的に考えられている)」「Phoebe は Max と David の仲間割れを誘発した」「仲間割れを誘発する人物を憎むのは当然だ」としている。

(41) の Yoko は、Phoebe の言動と Ono Yoko の (広く一般に信じられている) 言動の類似点をもとに Phoebe を描写するために用いられている隠喩である。そしてこのような「有名人の」隠喩的呼びかけ語を理解するには、(43c) で示したような多くの命題的 SI を話者と聞き手が想起できることが必要となる。

Ono Yoko の存在を知らないか、知っていたとしても Beatles の解散につながるような言動を行った (と信じられている) ことを知らない読者もいるかもしれない。そういった読者であれば、Max の Yoko! という呼びかけの効果はもちろん、Max が Phoebe を Yoko と呼びかける理由もわからないはずだ。また (43c) で示した SI は、Max も Phoebe ももともと知っている知識だったとしても、Max が Yoko! と発話した時点ではじめて 2 人の間で想起され意識される。このことは、発話内容によってはじめて意識に上る SI が、いかに推意を導くのに重要な役割を果たしているかを示している。

有名人のような固有名詞だけではなく、一般名詞も呼びかけ語として隠喩的に使われることがある。(44) は、*Will and Grace* という sitcom からの引用である。

(44) Will: Sweetie, Harlin's gonna be here any minute, so you should probably get dressed.
Grace: I am dressed.
Will: You're gonna wear that?
Grace: How about, "Grace, you look like crap"? － That's much more concise.
Will: No, you look fine. I just thought you'd want to meet my biggest client in something more than underwear.
Grace: This is a good dress, <u>Grandpa</u>, but I'll change if it means that much to you.

第 8 章　呼びかけ語　313

Will: No.　　　　　　（15:45-, "Head case," *Will and Grace*, Season 1.）

　Will と Grace はルームメイト同士である。Will と Grace が、Will の大切な仕事相手 Harlin を家に招いて接待しようとしている場面である。仕事から帰った Will は、Grace が肌があらわになった服で接待の準備をしているので、you should probably get dressed（（ちゃんとした）服を着た方がいいのではないか）と諭す。
　Grace は、その服が立派なドレスであると考えており、Will の価値観が古いと感じている。その説明の発話として Grace は、This is a good dress, Grandpa と発話する。Will は Grace のおじいちゃんではないので、Grandpa という呼びかけ語が人物指定の準真理条件を違反し、概ね『自分の価値観を古いと感じる』といった類の心理的推意が読み取れる。
　(41) の Yoko! の例とは違い、Grace が隠喩的呼びかけ Grandpa! で意図した心理的反応の期待を知る上で、Will と Grace がともに想起すべき SI はより一般的なものであろう。例えば、「おじいちゃんは、歳をとっている」「人は歳をとっても若いころの価値観を保持する」といった恐らく誰にでも想起できるような命題的 SI が共有されれば十分であろう。
　しかし (44) の Grandpa! には、(41) の Yoko! とは質的に違う部分もある。Grandpa という呼びかけ語は、Grandfather と違い感情表出的な準真理条件的指定がある。Grandpa も Grandfather もともに、（隠喩的な用法ではない場合）呼びかける側が呼びかけられる側の孫でなければならず、呼びかけられる側は呼びかける側の祖父でなければならないという、準真理条件的な人物指定がある。これに加え、Grandpa の場合、『話者が聞き手に近しいと感じる』といった感情表出的指定（心理的反応の期待）もコード化されている。
　(44) の Grandpa! が、人物指定の準真理条件を違反していることは明らかである（Will は Grace の祖父ではない）。では、もう一方の感情表出的指定の方はどうであろうか。判断は微妙であるが、こちらも違反していると判断してよいと思われる。というのもこの場面で Grace は、Will の、少し露出が多いだけのドレスを不適切だと考える古い価値観に異議を唱えている。だから Grace は Will に『話者が聞き手から（心理的に）離れていると感じる』

という反応を期待するはずだ。そうだとすると(44)の Grandpa! は、人物指定に加え、感情表出的指定も違反し『話者が聞き手から(心理的に)離れていると感じる』という心理的反応の期待も生み出していると思われる。

　このように呼びかけ語の感情表出的指定の違反によって、本来コード化されている心理的反応の期待とは違う心理的反応の期待が生まれることは、すでに 7.5 節の指示表現の例でみた。呼びかけ語でも、Potts (2007: 177) が bastard! の例で、Blakemore (2011: 3542) が darling! の例で同様の指摘をしている(本書とは違う形で分析されている)。ここでは、実際の使用例でこのことをさらに確認しておく。

(45)　　Alex: Hey bitches. What's up?
　　　　Kristin: Hey man.
　　　　　　　　(18:50-, "The end of the beginning," *Laguna Beach*, Season 2.)

　(45)は *Laguna Beach* という高校生を主人公とした reality show からの会話である。reality show といってももちろん演出はあるだろうが、少なくとも会話自体には偶発的な発話が使われている(台本を読み上げているのではない)。(45)は、ビーチで待ち合わせた Alex が、親友の Kristin(とその友達)に Hey bitches と挨拶している場面である。

　普通名詞として bitch は、「意地悪な女」といった意味として使い、概念的意味として「女性」がコード化されている。しかし呼びかけ語として bitch を使う場合、性別の指定が中和されて、男性であれ女性であれ、相手を卑しめる感情表出的な表現として使われる(このように、一般名詞が呼びかけ語として使われると性別の差が中和される例として、dude を 3.3.1 節でみた)。

　したがって呼びかけ語としての bitch は、人物指定の準真理条件的意味は持たず、もっぱら『屈辱感を感じる』という感情表出的な指定だけを持つ呼びかけ語ということになる。しかし(45)の bitches で Alex がそのような否定的反応の期待を一番親しい友人である Kristin(とその友達)に持っているはずがない。(45)の bitches は、純粋に感情表出的指定という準真理条件の違

反から、『親しみを感じる』といった心理的反応の期待が生まれている例と理解することができる。

8.3.3　二重の格率違反：皮肉の呼びかけ語

次に呼びかけ語が、二重に質の格率違反を起こしている例をみていく。例自体はこれまで通り、呼びかけ語の単独用法なので単純であるが、分析はかなり難しい。以下の分析は試みと理解してほしい。語用論的な意味をなるべく目にみえる形で表現する、というのが本書の大きな目的の1つであるので、以下で暫定的に提示する分析とは別の表示の分析が可能であるかも検討してみてほしい。

例は *That '70s Show* からで、Eric と Danna という恋人同士と Eric の母親である Kitty との間の会話である。

(46)　Eric: What's up?
　　　Donna: (a)We're going to lunch.
　　　Eric: We're going to lunch?
　　　Kitty: Well, actually, honey, we're going to lunch.
　　　Eric: You and I are going to lunch?
　　　Kitty: Well, no.
　　　Eric: You and Donna and I are going to lunch?
　　　Kitty: Well, almost, honey.
　　　Eric: You and Donna are going to lunch?
　　　Donna: (b)Nothing gets past you, Einstein.
　　　　　　　(03:30-, "The forgotten son," *That '70s Show*, Season 4.)

Donna と Kitty が話しているところに Eric がやってくる。Donna が (46a) のように、We're going to lunch と Eric に伝える。今この場面で We で指示することができるのは {Eric, Donna, Kitty} {Eric, Donna} {Donna, Kitty} の3つの組み合わせである。(46a) で Donna が意図しているのは、{Donna, Kitty} で、Eric はこのことを了解するまで何度も質疑応答を繰り返してい

る。

　そして最終的に We が指示しているのが Donna と Kitty であることを Eric が了解すると、(46b) のように、Donna は Eric に対し、Nothing gets past you（あなたにわからないことは何もないのね）と言い、続けて Einstein! と呼びかけている。Eric は Einstein ではないので、この呼びかけが人物指定の準真理条件を違反していることは明らかである。Donna は Eric に呼びかけているので、この call の部分は (43a) と同じように (47) のように分析することができるだろう。

(47)　M (V (Einstein^F Eric))『Einstein に話しかけていると意識する』
　　　『Eric に話しかけていると意識する』

発話の文字通りの心理的反応の期待である『Einstein に話しかけていると意識する』が質の格率違反により取り消され、推意として呼びかけの行為『Eric に話しかけていると意識する』が生まれている。
　また、ある Einstein ではない人物を Einstein と呼びかけることで話者が聞き手に期待する効果は、心理的 SI（こちらは address の機能ということになる）として (48) のように表示できるだろう。

(48)　[M (V (Einstein))]『自分の頭の良さを誇りに思う』

心理的 SI を生み出す背景となる命題的 SI は、「呼びかけられているのは Einstein ではない」とか「Einstein は優秀な科学者である」「Einstein と比較されるのは聡明な人物である」「聡明な人物は自らを誇る資格がある」などであろう。そして心理的 SI は『自分の頭の良さを誇りに思う』である。しかしこれは Donna が Eric に引き起こそうと意図している心理的反応の期待ではありえない。(46) の会話で、Eric がなかなか We が誰を指示しているのかわからなかったので、Donna は Eric の察しの悪さをからかおうとしているからである。
　つまり、(46b) の Einstein は、人物指定の準真理条件という call の点だけ

ではなく、話者が聞き手に期待している心理的反応としての SI の点でも質の格率に違反しているということになる。この部分の分析は非常に微妙であり分析が難しい。まず、次のように考えてはどうか。『自分の頭の良さを誇りに思う』という聞き手に期待する心理的反応が、Einstein! という呼びかけ語に内在する感情表出的指定だとする。すると、call としての質の格率違反に連ねる形で、(49)のような分析が可能かもしれない。

(49) M (V (Einstein^{F}Eric))
　　a.　call（人物指定）
　　『Einstein に話しかけていると意識する』
　　『Eric に話しかけていると意識する』
　　b.　address（感情表出的指定）
　　『自分の頭の良さを誇りに思う』
　　『自分の察しの悪さを恥じる』

(49b) では、(49a) の人物指定と並んで『自分の頭の良さを誇りに思う』という感情表出的指定が Einstein という呼びかけ語の質の格率違反の結果として取り消され、代わりに心理的推意として『自分の察しの悪さを恥じる』が生まれている。しかしこの分析は正しくない。Einstein! という呼びかけ自体が、呼びかけ語として常に聞き手に『自分の頭の良さを誇りに思う』という反応の期待をコード化しているわけではない。本当に Einstein という人物を Einstein! と呼びかけた場合には、決して『自分の頭の良さを誇りに思う』という反応の期待を話者は持たないはずである。

したがって『自分の頭の良さを誇りに思う』という心理的な反応の期待は、(48)で示したように、場面に埋め込まれることで、この場面で生まれている心理的 SI なのである。とりわけ命題的 SI として「呼びかけられているのは Einstein ではない」とか「Einstein は優秀な科学者である」、「Einstein と比較されるのは聡明な人物である」「聡明な人物は自らを誇る資格がある」などの命題的 SI が、『自分の頭の良さを誇りに思う』という心理的 SI の算出に不可欠なのである。そして問題は、この心理的 SI が質の格率を違反し

ているという点だ。

　表示だけで考えると、(50)が一番近い形になるだろう。

(50)　M([M(V(Einstein))]^F)
　　　『自分の頭の良さを誇りに思う』
　　　『自分の察しの悪さを恥じる』

　まず、M(V(Einstein))は、Einstein という呼びかけ語を使って人を呼びかけ、関心をひいたり、話者と聞き手の社会的関係を維持したりする意図を非自然的に意味する表示である。そしてその行為が場面 [ ] に埋め込まれて、SI が生まれる過程を示している ([M(V(Einstein))] の部分である)。

　しかし Donna は (46b) で、この心理的 SI を質の格率違反として使っている。そこで場面で共有され想起される推意 [ ] に右上付き文字 F を付け [M(V(Einstein))]^F とする。そしてこのことを Donna は意図しているので、もう一度非自然的に意味する M( ) に入れてこれを示したのが (50) である。SI としての心理的な推意が質の格率違反によって取り消され、推意の心理的 PCI として『自分の察しの悪さを恥じる』が生まれる形になっている。

　事実の記述としてはこれで大きく間違っていないと思う。問題は、「場面から生まれる心理的標準推意 SI が質の格率を違反していること」(記号でいえば M([ ]^F) 部分) を言語的に表現する手段が見当たらないということである。先にみたように、それを Einstein に帰結させることはできない。本当に賢い (Einstein ではない) 人に、nice thinking, Einstein! と発話すれば、Einstein が『自分の頭の良さを誇りに思う』を心理的 SI として伝えるであろうからである。

　Einstein から心理的 SI としてそのまま『自分の頭の良さを誇りに思う』という期待を伝える場合と、SI の違反として『自分の察しの悪さを恥じる』という期待を伝える場合では、イントネーションや顔の表情などの違いが関与しているかもしれない。もちろん (46) の例でいえば「Eric は今とても簡単なことを理解するのに大変手間取った」といった命題的 SI も関与しているだろう。さしあたってこれらの手立てが、(50) の外側の非自然的に意味す

る (M ( )) の具体的な表れであると考えておくが、より正確な分析は今後の検討課題としたい。

8.3.4 コーパスからの例

次にコーパスからの隠喩的呼びかけの例を紹介する（細かい分析は繰り返しの部分が多くなるので省略する）。隠喩の呼びかけは、テレビや映画のよく練られた会話の中でだけ使われる人工的な言語現象であるとの批判があるかもしれない。そこで、実際の言語使用例を集めたコーパスからも隠喩的呼びかけの例がみつかることを紹介して、隠喩の呼びかけが確かに日常会話の中でも使われる言語表現であることを確認しておく。

(51) は、BNC (The British National Corpus) からの若者同士の会話例である。

(51)　Melvin: Daryl was handing out the tenners I said where's my fucking, where's my tenner.
　　　Lisa: Oh yeah <pause> Juliet there I suppose.
　　　Melvin: Oh yeah.　　　　　　　　　　　　　　(BNC: KD3)

Melvin は、Daryl との会話内容を Lisa に伝えている。Melvin は、where's my fucking, where's my tenner と自分自身の発話を引用する。これに対し聞き手である Lisa が、Juliet there I suppose と返している。

Melvin は明らかに Juliet ではないから、Juliet! は呼びかけ語の人物指定の準真理条件を違反している。William Shakespeare の Romeo and Juliet では、昏睡状態から覚めた Juliet が、Where is my Romeo? と言いながら切羽詰まった様子で Romeo を探す場面がある。この場面の知識が命題的 SI となって、おおよそ『Juliet のように大げさに心配しない』といった心理的 SI の反応をLisa は Melvin に期待しているだろう[5]。あるいは、この会話がなされた頃に、the Party というポップバンドの、Where Is My Romeo という歌がヒットしていたので、こちらと関係づけて SI が想定されていたかもしれない。

(52) は、COCA (The Corpus of Contemporary American English) の手術室

での夫婦の会話である。

(52) ［During Cohen's surgery］
　　　Vieira (wife): OK, that's not really happening.
　　　Cohen (husband): Thank you, mom.
　　　Vieira: I'm trying to be helpful.　　　　　（COCA: SPOK 2014）

　手術を恐れる夫 Cohen をなだめようと、Vieira は that's not really happening（まだ手術が始まっていないから）といってなだめようとする。子供のように扱われて気分を害した Cohen は、Thank you, mom と返答している。
　Vieira は Cohen の妻であり、母ではないので、mom! という呼びかけが人物指定の準真理条件を違反していて、これも呼びかけ語の隠喩的な用法であることがわかる。Cohen が Vieira に期待する心理的な SI は『母親のように自分のことを子ども扱いしたことを申し訳なく感じる』といったものであると考えられる（いうまでもなく、この心理的 SI の導出には、Cohen と Vieira の間で共有されている多くの命題的 SI が前提となっている）。
　本章では、呼びかけ語による心理的反応の期待を、これまでに導入した記述法を発展応用させながら分析してきた。呼びかけ語による発話は、聞き手に期待する反応、そしてその反応を引き起こすために話者が使う発話も、ともに非命題的なのであった。Grice の非自然的に意味することの概念は、このどちらをもはじめから含んでいる。名前による呼びかけ語と隠喩的な呼びかけ語を例に、呼びかけ語の使用の実際を、非自然的意味の中で説明を試みた。名前による呼びかけ語には様態と質の格率が関係し、隠喩的な呼びかけ語には質の格率が関与していた。最後に、コーパスからの隠喩的な呼びかけ語の例をみて、隠喩的な呼びかけ語が、日常会話でも確かに使われることを確認して章の締めくくりとした。

注
1 Stankiewicz (1964: 243) にこの通りの指摘がすでにある。
2 ラテン語やブルガリア語では、名詞表現に「呼格」という形態素を付けることで名詞表現が呼びかけ語として使われることが表示される。日本語の「恋人よ」の「よ」も同様の形態素であると考えられる（窪薗 2023: 44）。こうした言語では、呼格がVの音声的な表現形式であるといえる。
3 本節の内容は、Hirata (2023a) の内容を本書での表記法を使って修正発展させたものである。
4 本節の内容は、Hirata (2021) の内容を本書で展開している理論的枠組みに合致させ、修正発展させたものである。
5 英文学者の高根広大氏に詳細を負っている。

第 9 章 ポライトネス理論と
心理的反応の期待

　これまでに何度かポライトネス理論に言及してきた。本書で追究している、M『』という形式で表される心理的反応の期待は、外的事実のあり様ではなく、聞き手の心のあり様に対する話者の積極的な働きかけといえる。心理的反応の期待がどのように生まれ、どのようにそれが聞き手に伝わるかをGrice の非自然的意味という概念から解き明かすことが本書の目標の 1 つである。ポライトネスとは、会話の進行の中で話者と聞き手が互いに対して抱く適切な社会的態度のことである。適切な社会的態度は、素朴に考えて外的事実のあり様ではなく、会話参加者の心のあり様であると考えられるので、ポライトネスは本書で追究しているテーマに密接に関係している。

　ポライトネスは、会話参加者がお互いに適度な敬意を持って会話を進行させるという、誰もが日ごろ実践している言語行動をとらえようとする語用論研究の一部門である。しかし、ポライトネスの言語行動を一貫した形で記述し整理するという作業は思いのほか難しい。それには様々な理由が関係している。まず、ある発話がポライトであるかどうかを判断するための要因が多岐にわたるので、常にその評価が相対的になるということがある。また、そもそもポライトネスとは何であるか、そしてポライトネスが命題や命題態度、発話の力といかなる関係にあるのか、といった根本的な問題についてもまだほとんど研究者の間でコンセンサスといえるようなものが確立されていない。

　言語と外的事実を突き合わせて意味を考える真理条件意味論は、(異論はもちろん多くあるものの) 言語の意味の一側面をとらえる 1 つの手段として

確立されているといえるだろう。これに対し、会話参加者の態度がどのように発話内容やその様態と関係し、言語の外的事実を表現する部分とどうやってつながっているのか、という問題が意味論・語用論で追究されることはあまりない。語用論の入門書をみても、ポライトネス理論は、発語行為理論や協調の原理といった語用論の主要な研究部門と、章立てとしても内容としても独立していて、そこに一貫したつながりをみることが難しい。

しかし、本書で追究している心理的反応の期待という非自然的意味が、ポライトネス理論内部での記述に一貫性を与え、またポライトネス理論と構成的意味論(形式意味論)や協調の原理との関係を理解・整理するうえでも有用であることをこの章では主張していく。

ポライトネスは複雑で近づきがたい言語現象である。そのすべてが心理的反応の期待とか、非自然的意味という概念によって記述しつくすことができるということは全くないし、本章で議論できることもポライトネスという言語現象のスケールから考えてそのごく一部である。それでも、心理的反応の期待と非自然的意味が、ポライトネスという言語現象をより大きな視点から理解する上で新たな知見をもたらしてくれることを示したい。

9.1 節では Brown and Levinson (1987) のポライトネス理論の概略とその問題点を考える。9.2 節では、心理的反応の期待という非自然的意味が、その問題をどのように解決することができるかその可能性を探る。9.3 節では、代表的なポライトネス・ストラテジーを、本書で導入してきた考え方を用いて分析する。ポライトネスという言語行動の評価の幅を 9.4 節で考察した後、非自然的意味とポライトネス理論の今後の研究の方向性を 9.5 節で論じてこの章の結論とする。

9.1 Brown and Levinson (1987) とその問題点

ポライトネス理論では、Robin Lakoff (1973)、Brown and Levinson (1978, 1987)、Leech (1983) が初期の研究としてよく挙げられる。(Brown and Levinson 1978 は論文集に収められた論文であったが、のち Brown and Levinson 1987 として出版された。ふつう Brown and Levinson のポライトネ

ス理論はこちらが言及されるので、本書でも以下では Brown and Levinson 1987 に依拠していく。)

どの研究でも、言語には通常の言語的な(情報交換的な)やり取りのほかに、社会的なやり取りの機能(ポライトネス)が備わっているという問題意識で議論が展開されている。3つの研究は Grice の協調の原理との関係の点で区別することができる。

(1)　Lakoff (1973)　　　　　　　ポライトネス理論 {協調の原理}
　　　Leech (1983)　　　　　　　　ポライトネス理論：協調の原理
　　　Brown and Levinson (1987)　協調の原理 {ポライトネス理論}

Lakoff (1973) は、3 つのポライトネス規則 (rules of politeness) を提案する。Don't impose (聞き手に負担をかけるな)、Give options (聞き手に選択肢を与えよ)、Make audience feel good (聞き手を気分良くさせよ) が、その3つである。そして協調の原理 (協力的に会話に参加せよ) は、1つ目の Don't impose の1つとして区分されている (Lakoff 1973: 303)。したがって Lakoff (1973) は、「ポライトネス理論 {協調の原理}」のように、ポライトネスの中に協調の原理を1つの構成要素として組み込む形を取っている。

これに対し、Leech (1983) のポライトネス理論は「ポライトネス理論：協調の原理」のように表現することができる。これによってポライトネス理論と協調の原理が協働するように機能し、どちらかが上位概念でどちらかが下位概念というとらえ方がされていないことを表している (Leech 1983: 4.1)。Brown and Levinson (1987) の理論は Lakoff (1973) と逆に、協調の原理の中でポライトネス理論が機能するようになっている。詳細は以下で紹介するが、Brown and Levinson は、協調の原理の命題的なやり取りの中でポライトネスを扱おうとしている[1]。

では Grice はポライトネスのような社会的な言語的機能をどのように考えていたのであろうか。4.6 節でみたように Grice は、(2) のように説明している。

（2） There are, of course, all sorts of other maxims (aesthetic, social, or moral in character), such as "Be polite," that are also normally observed by participants in talk exchanges, and these may also generate non-conventional implicatures. （Grice 1975: 47, 1989: 28）
もちろん、たとえば「礼儀正しくしなさい」のように、言葉のやり取りをする人々のあいだで通常守られている格率には他にも多種多様なものがあり（審美的、社会的、道徳的等の性格の）、それらもまた非慣習的な含みを創出するかもしれない。　（『論理と会話』pp.39-40）

(2)で Grice は、Be polite を会話の格率（conversational maxim）とは別の格率の1つの可能性として挙げている。Grice の枠組みで格率は協調の原理の下位概念として機能するので、(1)で挙げた3つの理論では、Brown and Levinson の考えが Grice に最も近いことがわかる[2]。

したがって以下では Brown and Levinson (1987) のポライトネス理論に依拠しながら、議論を進めていく。Brown and Levinson が、協調の原理の中で命題的にポライトネスを分析したのに対し、協調の原理の中で心理的反応としてポライトネスをとらえる可能性を示していくことにする。

Brown and Levinson (1987) は、協調の原理の中でポライトネス理論を構築した。まずその概略を説明しよう。Brown and Levinson の出発点は、Goffman (1967) によって確立されたフェイスという概念である。フェイスというのは、人間が普遍的に持つ基本的欲求として定義される。

（3） positive face: the want of every member that his wants be desirable to at least some others. 　（Brown and Levinson 1987: 62）
ポジティブ・フェイス：すべての構成員が持っている、自分の欲求が少なくとも何人かの他者にとって好ましいものであってほしいとの欲求[3] 　（『ポライトネス』p.80）

（4） negative face: the want of every 'competent adult member' that his actions be unimpeded by others. 　（Brown and Levinson 1987: 62）
ネガティブ・フェイス：すべての「能力のある成人構成員」(competent

adult member) が持っている、自分の行動を他者から邪魔されたくないという欲求　　　　　　　　　　　　　　（『ポライトネス』p.80）

フェイスは (3) のポジティブ・フェイスと (4) のネガティブ・フェイスがある。ポジティブ・フェイスは、周りの人に受け入れられたい、肯定されたいという欲求で、ネガティブ・フェイスは、自分の自由を奪われたくない、自分の独立を守りたい、という欲求のことである。

Brown and Levinson は、発話がこれらの (とりわけ聞き手の) フェイスを脅かす危険がある場合があるという。誰かに誘いを断られればいい気持ちはしない。「もしかして自分は嫌われているのか」と思うかもしれない。断りという行為は潜在的に相手のポジティブ・フェイスを侵害する可能性がある。また、普通命令は聞き手のネガティブ・フェイスを脅かす可能性がある行為である。「塩を取れ」と命令されれば、誰しも (少し大げさな表現になるが) 自分の尊厳を脅かされたように感じるであろう。これは、命令された側のネガティブ・フェイスが傷つけられたからである。

このように、フェイスを傷つける可能性のある行為を Brown and Levinson はフェイスを脅かす行為 (face threatening act、以下 FTA と略す) と呼んだ。命令や (誘いの) 断りといった発話は潜在的に FTA になる可能性があるということになる。そして FTA で聞き手のフェイスを侵害する可能性がある場合、発話者はその FTA によるフェイスの侵害を軽減すべく、ストラテジーを用いることになる。FTA によってフェイスの侵害を軽減する行為は、是正行為 (redressive action、以降 RA と略す) と呼ばれる (Brown and Levinson (1987: 61–70))。RA という用語については、以下で追加の議論をする。

ストラテジーとは、FTA によるフェイス侵害の軽減を目的とした言語行為で、これは大きくオンレコードで行う場合とオフレコードで行う場合とに分けることができる (紙幅の関係からやや簡略化して紹介している)。そしてオンレコードはさらにポジティブ・ポライトネスとネガティブ・ポライトネスに分けることができる。

(5) ストラテジー
　　　　オンレコードで(on record)
　　　　　　ポジティブ・ポライトネス
　　　　　　ネガティブ・ポライトネス　｜丁寧さが上がる
　　　　オフレコードで(off record)　　↓

　オンレコードで行うストラテジーとは、話者が聞き手に対して成し遂げたい行為を言語化しつつ、FTA のリスク軽減のための言語手段を用いる場合をいう。例えば、誰かに用事があって、Come here と命令することで（聞き手がその通りに従えば）目的を遂げることができる。

(6)　ポジティブ・ポライトネスの例
　　　　Come here, {mate, buddy, honey}.　　（Brown and Levinson 1987: 108）

　しかし、命令はもちろん聞き手のネガティブ・フェイスを傷つけてしまう。そこで呼びかけ語の mate、buddy、honey などをつけて、(6) のように発話したとしよう。この場合 Come here という形で、話者が聞き手に対して成し遂げたいことが言語化されているので、オンレコードでストラテジーを行使していることになる。
　そして mate、buddy、honey という表現によって、話者が聞き手に親近感を抱いていることが表現され、この発話が単に Come here と発話した場合に比べ響きがよくなっている。話者は呼びかけ語を用いることで、聞き手のポジティブ・フェイスに訴え、これを利用することで命令という FTA のフェイス侵害を緩和している。このように、聞き手のポジティブ・フェイスに訴えることで（利用することで）FTA によるフェイスの侵害を軽減する RA をポジティブ・ポライトネスと呼ぶ。
　これに対し話者が聞き手のネガティブ・フェイスに配慮する言語手段を取った場合、これをネガティブ・ポライトネスという。(7) のように、Pass the salt という命令の代わりに Can you pass the salt と疑問形を使えばより丁寧に聞こえるだろう。

（7）　ネガティブ・ポライトネスの例
　　　Can you pass the salt?　　　　　　（Brown and Levinson 1987: 133）

　pass the salt という話者が聞き手に期待する行動が言語化されているので、Can you という形式を使うこともオンレコードでストラテジーを行使したことになる。pass the salt という命令は、聞き手のネガティブ・フェイスを脅かす可能性のある FTA である。この FTA のリスクを軽減するために相手のネガティブ・フェイスに配慮して Can you という言語形式を使ったとしたら、これがネガティブ・ポライトネスということになる。
　最後のオンレコードで(off record)行うストラテジーは、話者が聞き手に対して成し遂げたいことを言語化せずに、推意としてその意図を聞き手に伝える方策である。

（8）　オフレコード・ストラテジーの例
　　　This soup's a bit bland. (Pass the salt)　　（Brown and Levinson 1987: 215）

　(8)では、話者が聞き手に塩を取ってもらうよう依頼する目的で、This soup's a bit bland（このスープは少し味が薄いね）と発話している。話者が成し遂げようとすることをストレートに表現すれば Pass the salt のように命令形となって、聞き手のネガティブ・フェイスを侵害することになる。そこで塩を取ることとは直接関係がない、This soup's a bit bland と発話し、（量と関係性の格率違反から）Pass the salt を推意させるようにしている。
　Brown and Levinson は、RA (redressive action) という用語をオンレコードで FTA を行う場合のうち、ストラテジーを用いる場合に限定する形で使っている。（本書では取り上げないが）ストラテジーを用いない場合はむき出しの (baldly) オンレコードと呼ばれ、ストラテジーが用いられた場合が RA である。しかし以下の議論では、オンレコード・ストラテジー (Brown and Levinson の RA) とオフレコード・ストラテジーをまとめて扱いたいので、これらを RA+ と表記していくことにする。RA がポジティブ・ポライトネスとネガティブ・ポライトネスで、RA+ がポジティブ・ポライトネス、ネ

ガティブ・ポライトネス、オフレコード・ストラテジーを合わせたものとなる。

(5)のストラテジーの一覧では、上からポジティブ・ポライトネス、ネガティブ・ポライトネス、オフレコードとなっているが、Brown and Levinson (1987: 75)は、この順でフェイス侵害への緩和の度合いが強くなっていくと主張されている(矢印の「丁寧さが上がる」という形でこれを表現している)。

フェイスの侵害の度合いは、(9)の式によって算出される。

(9) $W_x = D(S,H) + P(S,H) + R_x$
　　　D: social distance　　P: the power that S has over H
　　　R: the degree to which FTA x is rated an imposition in that culture
　　　　　　　　　　　　　　　　　　　　　(Brown and Levinson 1987: 76)

W_x によって、ある FTA と考えられる行為 x の深刻さ W (weightiness) を表している。これが、話者 S と聞き手 H の間の距離 D(S,H) と、話者 S の聞き手 H に対する社会的優位さ P(S,H)、そして行為 x が(話者と聞き手が所属する文化圏で)どの程度フェイスの侵害であると受け取られるかの度合い Rx の合算から計算されるようになっている。

(9)の計算によって、W_x の度合いが深刻であると話者が判断すれば、一番緩和の力が強いオフレコードのストラテジーが用いられる。逆に W_x が比較的に軽度だとみなされる場合は、ポジティブ・ポライトネスが採用されるだろう。ネガティブ・ポライトネスは中間的な度合いの W_x のための RA+ということになる。

以上が Brown and Levinson (1987) のポライトネス理論の概略である。Brown and Levinson の理論は明示的で、ポライトネスという言語現象に関する説明のための有効な道具立てを提示しているという意味で大変重要な論考である。Brown and Levinson のポライトネス理論はその後、様々な形で批判にさらされていくことになるが、批判できるということ自体が Brown and Levinson の理論がいかに理解しやすくまた具体的であるかを示しているといえる。そのことをまず断った上で、Brown and Levinson のポライトネス

理論に対して指摘されてきた問題点を整理していく。本書では、4つの点に絞って問題点を考察したい。

　1つ目は、そもそもポライトネスとは何かという問題である。Brown and Levinson (1987) は、ポライトネスがPCI (特殊化された会話の推意) である、としている。ということはポライトネスが命題的内容として規定できることになる。しかしポライトネス理論の出発点とするポジティブ・フェイス (3) とネガティブ・フェイス (4) はそれぞれ、欲求 (desire) という心理的態度として定義されている。ここに根本的な不整合があって、一体ポライトネスとは何であるか、という大問題が未解決のまま残されている。

　次に、Brown and Levinson はもっぱらポライトネス (丁寧さ) に関する言語行動を記述し、分析している。しかし日常の言語行動を観察してみると、話者が意図的にインポライト (無礼) な発話をして聞き手を (極端ないい方をすれば) 卑しめようとすることがある。例えば、英語の bitch とか bastard といった罵り表現がその代表である。しかしインポライトネスに関して、Brown and Levinson (1987) はほとんど触れていない。

　3つ目は、ポライトネスの評価の問題である。上の説明で明らかなように、Brown and Levinson の説明によると、FTA によるフェイスの侵害が心配される場合に、その深刻度に合わせる形でストラテジーが用いられることになる。すると、少なくとも理論的には、ストラテジーを用いた表現がポライトではない、ということになる。表面的な丁寧さが FTA の軽減に使われ、全体として丁寧さと FTA によるフェイスの侵害が相殺されることになる。すると、ポライトとして記述している言語行動は、丁寧とは響かないということになってしまう。しかし現実的には発話が丁寧であるとか無礼であるといった具合に幅を持って受け止められる。このことはどう考えればよいのか。

　最後の4つ目は、3つ目の点とも関係する話者と聞き手の間でのポライトネスの評価の問題である。Brown and Levinson はもっぱら話者の視点からポライトネスを分析している。話者が「どういう意図で表現を用いるか」に力点を置いてポライトネス現象を分析している。しかし言語使用において丁寧さを評価するのはむしろ聞き手側だと考えることもできる。この点は、これ

までに非自然的意味の議論で重要な役割を果たしてきた R-intention とも深く関係している。

以下の節では、これら4つの問題を取り上げ、ポライトネスが基本的に(非自然的意味としての)心理的反応の期待の一部であると提案していく。

9.2　心理的反応の期待としてのポライトネス

ポライトネスとはそもそも何であるのか、というポライトネス理論の根本問題についてまだ研究者の間で共通理解が得られているとはいえない。私たちは、会話の進行中、発話の内容や言い回しなどで聞き手の気持ちを考慮し、適切な表現を選んで使うというポライトネス的言語行動を常にとっている。ポライトネスの言語行動は私たちにとって非常に身近で、定義や説明の必要もないと感じられるかもしれない。したがって、Lakoff(1973)や Leech(1983)といった重要な論考でも、ポライトネスが何であるかとりたてて定義されずに議論が成立しているようにみえる。ポライトネスが私たちの言語直感に強く訴える部分があるからだろう。

Brown and Levinson についていえば、ポライトネスを基本的に PCI (特殊化された会話の推意)であるとしている (Brown and Levinson 1987: 5–6)。しかし、Brown and Levinson (1987: 6, 23) で、ポライトネスが GCI (一般化された会話の推意)や CI (慣習的推意)である可能性にも言及している。CI については、話が複雑になるが(詳しくは 4.4 節を参照のこと)、PCI と GCI は命題(的)であるので、Brown and Levinson がポライトネスを命題的にとらえようとしていたことがわかる。その他、ポライトネスを命題的にとらえている研究として Jary (1998)、Kallia (2004)、Padilla Curz (2007)、Ruhi (2007)、Pfister (2010) などがある。

しかし、2つのフェイスの定義からも明らかなように、そもそも FTA 自体が命題的な議論がなじまない心理的な内容である (Brown and Levinson 1987: 61 は、フェイスが感情的に投資されている (emotionally invested) と表現している)。フェイスは脅かされる(心理的影響を受ける)可能性があるのであって、聞き手に脅かされたという命題が伝わるわけではない。話者が聞

き手に命令して(聞き手のネガティブ・フェイスが侵害されて)聞き手が不快に感じたとする。聞き手は不快に感じたのであって、不快に感じたという命題を心に抱いたのではない。仮に聞き手が不快に感じたという命題を心に抱いたとしても、それは不快に感じた結果、反省的に(メタ言語的に)事実をそのように命題化したのであって、そのこと自体が不快なわけではない。命題自体は、事実の記述で感情とは直接関係がない。

　Brown and Levinson (1987) が依拠する Goffman (1967: 6) でも、「人と接触することで持つ(意識する)フェイスに対し、すぐに何らかの感情を抱くのが普通である」(A person tends to experience an immediate emotional response to the face which a contact with others allows him) とされ、フェイスの感情的(心理的)側面が強調されている。

　このような視点から、ポライトネスを発語行為理論の発語媒介行為の結果としてとらえる見方がある (Fraser and Nolen 1981、Fraser 1990、Terkourafi 2001, 2005、笹川 2016 など)。発語媒介行為という用語を使ってはいないものの、ポライトネスを聞き手に対する心理的な影響とみる論考に、Arndt and Janney (1991)、Ungerer (1997) などがある。Haugh (2007, 2015)、Culpeper (2014)、Culpeper and Haugh (2014) らはさらに踏み込んで、ポライトネスが、当該発話行為に対する聞き手側の評価であるとしている (Haugh 2015: Chapter 4 に、この問題に関する様々な見解が網羅的に紹介されている)。

　本書で心理的反応の期待と呼んでいるものの少なくとも一部は、発語媒介行為(の結果)と対応する。しかし 3.2.2 節でみたように、Austin (1962) で提案された発語媒介行為という概念は、Searle (1969)、Searle and Vanderveken (1985) そして Vanderveken (1990) といった後の発語行為理論で、理論的射程から外されていくのであった。また、Brown and Levinson を出発点にポライトネスを考えていくなら、Grice の協調の原理や非自然的意味の考えが前提となるはずである。発語媒介行為でポライトネスを議論していくと、どこかでかみ合わない部分が出てくる可能性がある。

　そこで、本書では、Arndt and Janney (1991) や Ungerer (1997) などの、ポライトネスを心理的反応、あるいは心理的態度とする立場を Grice と結び付

けて考えていくことにしたい。本書でこれまで追究してきたように、心理的反応の期待を非自然的意味の1つとして設定することで、Grice の理論に基礎を置く Brown and Levinson(1987)のポライトネス理論を、Grice の意味論・語用論の中で一貫させることができることを以下では示していく。

　はじめに、FTA によるフェイスの侵害が、本書で心理的反応の期待と呼んでいる話者意図の一部であることを論じる。これまでに本書で発話内容によって聞き手に心理的な反応の期待をする発話として、(10)や(11)の例を挙げた。

(10)　a.　（帰宅したお父さんが子供たちに）
　　　　　ケーキを買ってきたよ．
　　　b.　『嬉しいと感じる』
(11)　a.　冷蔵庫にビールが3本入っている．
　　　b.　（今日飲む分のビールがあって）『安心する』

それぞれ(b)で、『嬉しいと感じる』、（今日飲む分のビールがあって）『安心する』といった話者が聞き手に期待する心理的な反応が示されている（詳しい分析は 2.7 節を参照のこと）。

　上でみた FTA によって聞き手のフェイスを脅かす可能性がある発話である Come here と Pass the salt は、これらと同じように分析することができる[4]。

(12)　a.　Come here/Pass the salt.
　　　b.　『従属的な立場だと感じる』

普通、命令文は、緊急事態であるとか、（運動部のコーチと選手の間のような）話者が聞き手に命令するのが仕事であるといった特殊な場面を除いては使われない。しかし、敢えて RA+ を用いずに Come here とか Pass the salt といった命令形をそのまま用いれば、聞き手に『従属的な立場だと感じる』ように期待する、といった心理的な反応を意図することになるだろう（心理的な反応の期待なので、命題的に表現することが難しいことを今一度思い出

してほしい)。

　(10) や (11) と (12) で話者が意図していることの性質は同じである。私たちは会話の中で発話内容や発話の形態によって、聞き手に心理的反応の期待をすることがある。命令すれば、聞き手が自分よりも下であると感じさせることになるし、子供たちにケーキを買ってきたことを知らせれば、その目的は子供たちを喜ばせることであろう。(12) の場合、その心理的反応の期待が、聞き手のネガティブ・フェイスを侵害する可能性がある内容なので、この発話が FTA であると Brown and Levinson は分析するわけであるが、その点を除いては、(12) は、(10) や (11) と言葉の働き方の上で本質的な差がない。

　(12) の場合、子供たちはケーキを買ってもらって「自分を受け入れてもらう」といったようなポジティブ・フェイスを強化されるのだから、これもポライトネス的な言語行動であるともいえるかもしれない。しかしお父さんが子供たちにケーキを買ってくる場合、(特別な事情がなければ) ただ子供たちを喜ばせるためにケーキを買ってきて、それを伝えているのであって、ポライトネスはそれほど関係がないであろう (お父さんは子供たちのポジティブ・フェイスを意識していないだろう)。ここにはそもそも FTA が存在しない。

　(11) も同様で、ビールがあるか心配する妻に夫が「冷蔵庫にビールが3本入っている」と教えてあげる場合、そこに FTA はないし、フェイスなどという概念を使わなくても単に『安心する』という聞き手の心理的反応の期待を夫は意図しているといえば十分である。

　(12) の Pass the salt をネガティブ・ポライトネスを用いて FTA を緩和して、Can you pass the salt と発話したとしよう。この場合、Can you という言語形式が丁寧なのでポライトネスの議論をしていることになる。しかし、(12)のような「裸の」命令文を使うことで聞き手を意図的に侮辱しようとすることはあるだろう。この場合、もはやポライトネスではなく、インポライトネスの議論となる。

　ポライトネスとは逆の現象、つまり意図的に聞き手に無礼な発話をすることがあるという現象が多くの研究者によって指摘されてきた (Culpeper 1996,

2011、Watts 2003、Kallia 2004、Locher 2004、Haugh 2007, 2015、Bousfield 2008、Terkourafi 2008, 2012、Pfister 2010 など)。しかしインポライトネスの言語現象も、話者が聞き手に期待する心理的な反応の特殊な例とみなせば、Grice の非自然的意味の枠の中で一貫した形で論じることができる。

　ここまでは、ポライトネス／インポライトネスという現象が本書で M『』という形式で表現している心理的反応の期待の 1 例としてみなせることを主張してきた。9.3 節では、ポライトネス・ストラテジーとして提案されている具体例の少なくとも一部について、これまでに本書で提案してきた考え方を用いることで自然な説明が可能であることをみていく。

9.3　心理的反応の期待とストラテジーの対応

　ポライトネスを心理的反応の期待の 1 つと考えると、具体的なポライトネス・ストラテジーはどのように機能していくだろうか。この節では、代表的なポライトネス・ストラテジーを心理的な反応の期待という観点から分析していく。ポジティブ・ポライトネスの例を 2 つみた後、ネガティブ・ポライトネスとオフレコードによるストラテジーを 1 つずつ考察する。前者の 2 つと後者の 2 つはそれぞれ似たパターンとなる。

　はじめに検討するのは、ポジティブ・ポライトネスの 1 番目のストラテジーとして挙げられている Notice, attend to H (his interests, wants, needs, goods)(聞き手(の興味、欲求、要求、所有物)に、気づき、気にかけよ)の例である。

(13)　Goodness, you cut your hair! (...) By the way, I came to borrow some flour.
(Brown and Levinson 1987: 103)

　(13)の 2 つ目の発話でわかるように、話者は聞き手に小麦粉を借りに来ている。その行為(あるいは発話)は、縄張り、領分を犯す行為として聞き手のネガティブ・フェイスを脅かす FTA となる。そしてこの FTA を緩和すべく、先手を打つ形で(Goodness), you cut your hair が発話されている。

この例は、本書で追究している心理的反応の期待という非自然的意味でそのまま説明が可能である。上で議論したように、FTA によるフェイスの侵害を(潜在的な)心理的反応の期待(より正確には予測)と考え、これを『』$_P$ と表記していくことにする。右下付き文字の P によって、この心理的反応の期待がポライトネスに関係している(話者が聞き手のフェイスを意識しているとみなされる)ことを示している。
　すると (13) の後半の発話 I came to borrow some flour の心理的反応の期待は(14a)のように表記することができる。

(14) a.　［M(①②)］『縄張り、領分を犯されて不快になる』$_P$
　　 b.　［M(①②)］『話者に変化を気づいてもらって嬉しくなる』$_P$

発話 M (HA (SA (p)), HA (p)) から心理的推意を SI として生み出す過程なので、この部分は略号で①②としている。そして命題的 SI (この中に (3) や (4) のフェイスの概念が含まれると考えられる) を背景に、発話が発話場面 [ ] に埋め込まれ、心理的反応の期待(この場合予測とした方がよいであろうが)『縄張り、領分を犯されて不快になる』$_P$ が潜在的に生まれる可能性が表示されている。
　一方先行発話の (Goodness), you cut your hair からも、発話の内容から聞き手に期待する心理的反応の期待が生まれるので、(14a)と同じ形で(14b)のように表記している。生まれる心理的反応の期待は『話者に変化を気づいてもらって嬉しくなる』$_P$ となる。そして、この2つの心理的反応の期待がお互いを打ち消しあって FTA が軽減されることになる。
　発話から生まれる心理的反応の期待を命題的反応の期待とは区別しているので、(14a)と(14b)がアナログ的な計算で打ち消しあうことがうまく説明される。先にみたように Brown and Levinson (1987) は、ポライトネスを PCI や GCI といった命題的なものから説明しようとしている。これは彼らの理論が、Grice の(命題的な内容に限定された)協調の原理を基盤にしているからである。しかし(13)のような、それほど複雑ではない言語行為でも、その過程のすべてを命題的に引き出すのは至難のわざである (Brown and

Levinson (1987: 7) は、これを認め、今後の課題として扱っている）。しかし本書で主張してきたように、Grice の非自然的意味から心理的反応の期待を協調の原理の下で機能する言語活動の働きの 1 つとして想定すると、ごく簡潔な説明が可能である。

　命題的な意味論・語用論とポライトネス理論のかみ合わせの悪さは、主にポライトネスという心に関する事柄を外延で定義される構成的意味論とどこかで組み合わせなければならないところからきている。どこかで、命題的な内容は心理的な内容に翻訳されなければならない。本書の、[M(①②)]『』という、聞き手に期待する心理的反応が発話の命題的内容が発話場面に埋め込まれることで生まれるとする方針は、この翻訳の 1 つの具体例である。

　(14) の例の場合、I came to borrow some flour という後続する発話（行為）の潜在的 FTA を、先行する発話の心理的反応の期待が中和するように（RA+として）働いた。この例の場合、中和が 2 つの発話にまたがって行われていることになる。同じように FTA が RA+ によって中和される場合、同一の発話内で中和が行われることもある。(6) でみたポジティブ・ポライトネスがそのような例である。ここで、(15) として再掲して考えていく。

(15)　Come here, {mate, buddy, honey}.　　（Brown and Levinson 1987: 108）

　(15) は、Brown and Levinson (1987: 108) で、4 番目のポジティブ・ポライトネスである Use group-identity markers（仲間を表す標識を用いよ）の例として挙げられている。mate、buddy、honey が仲間を表す標識である。これらは、8.3.1 節で「人物指定なし・感情表出的指定あり」とした呼びかけ語で、これを 7.1 節および 7.5 節でみた感情表出的指示表現の表示と 8.1 節で導入した呼びかけ語の表示を組み合わせることで (16a) のように意味表示することができる。

(16)　a.　M (V (mate^M/buddy^M/honey^M))『話者を身近に感じる』$_p$
　　　b.　[M(①②)]『従属的な立場だと感じる』$_p$

mate、buddy、honey は呼びかけ語なので、M(V( )) の中に入れて、これらの呼びかけ語を使って、話者が call（聞き手の注意をひく）と address（話者と聞き手の関係を維持・強調する）という意図があることを表している。さらに、用いられている呼びかけ語自体に感情表出的指定があるので、これは右上付き文字 M で表現している。するとこれらの表現が、呼びかけという行為による心理的反応の期待に加えて、感情表出的な心理的反応の期待も併せ持つことが表示される。

呼びかけ語は一瞬で過ぎ去ってしまうが、このように細かい分析が必要だ。mate、buddy、honey といった感情表出的意味を伴った語を呼びかけとして用いるということは、2 つの非自然的意味を生む行為を行っていることになる。1 つは呼びかけという行為によって call と address という心理的反応の期待を聞き手に伝え、もう 1 つは単語の持つ感情表出的意味によって心理的反応の期待を聞き手に伝える。もちろんすべてが心理的反応の期待なので、内容をはっきりと区別することは難しい。(16a)では感情表出的な期待だけを表示して『話者を身近に感じる』としている。

(16b)は(15)の先行発話 Come here の心理的反応の期待（予測）で、こちらはこの発話の心理的 SI として『従属的な立場だと感じる』としている。(15)の場合、1 発話の中で主命題の発話と呼びかけの発話が行われている。この中で話者のポジティブ・フェイスを侵害する可能性がある先行発話の FTA を、後続する感情表出的表現を用いた呼びかけ語が抑制するよう、RA+ として働いている。(13)と(15)は、FTA の潜在的なフェイス侵害の可能性が、ポジティブ・ポライトネスで中和されるという働き方の点で共通している。違いはその中和が、1 つの発話中で行われているのか、それとも複数の発話にまたがる形で行われているのか、という点だけである。

続いて、ネガティブ・ポライトネスとオフレコードによるストラテジーの例を考察していこう。2 つの例は、どちらも潜在的 FTA の発話を推意で伝えることによってフェイスの侵害を避ける RA+ とみなせると主張していく。まず、ネガティブ・ポライトネスの例から議論を始めていこう。

(17)　Can you pass the salt?　　　　　　（Brown and Levinson 1987: 133）

(17)((7) の再掲) は、Brown and Levinson (1987: 133) で、Be conventionally indirect(慣習的な手段を使って間接的に伝えよ)という1つ目のネガティブ・ポライトネスによるストラテジーの例として挙げられている発話である。

(17)の発話を文字通りに解釈すれば、塩を渡す能力があるかどうかを話者に伝えるように話者が聞き手に期待していることになる。しかし特殊な場合を除けば、(17)によって話者が聞き手に期待する反応は、その能力の有無を話者に伝えることではなく、聞き手が話者に塩を取って渡すように行動することであろう。したがって、(17)の発話は、量と関係性の格率に違反し、推意 Pass the salt を生むだろう。

(18)　M(①② F ③④)「話者に塩を取って渡す気になる」

2.4節で詳述したように、発話自体から生まれる命題的反応の期待①②に格率の違反があるので、(18)の表示ではこれがFとしてM( )の内側に入れられ、格率の違反自体が非自然的に意味する手立ての一部であることが表示されている。これまでと同じように①②③の反応の期待を省略し、④だけ「話者に塩を取って渡す気になる」として記載している。

③④は、推意である Pass the salt から話者が聞き手に期待する命題的な反応である。これを踏まえながら、①②と③④によって生まれうる心理的 SI を考えてみよう。

(19)　a.　Can you pass me the salt?
　　　　　［M(①②)］『...』$_P$
　　　 b.　Pass the salt.
　　　　　［M(③④)］『従属的な立場だと感じる』$_P$

(19a)は、文字通りに解釈した場合、話者は聞き手に塩を取る能力があるかどうかを尋ねているので、特殊な文脈を想定しない限り取り立てて話者が聞き手に期待する心理的な反応が生まれないだろう。

(19b)は、推意 Pass the salt から生まれうる潜在的な心理的 SI である。こ

ちらは命令形の発話になるのでこれまでと同じように、『従属的な立場だと感じる』としてある。もし(19)の2つの心理的反応の期待が、どちらも聞き手に伝わるのであれば、Can you という、一般的に丁寧だと考えられている表現形式が、どうして丁寧に響くのか説明できない。

　ここで、これまで本書で提案してきた仕組みに1つの制限(20)を加えることにする[5]。

(20)　a.　命題的推意からは心理的 SI が生まれない
　　　b.　[M(③④)]『心理的 SI』p

(20a)が、制限を言葉で表現したもので、(21b)が本書の表示形式での制限の表示である。(20)は、音声化されていない命題的な内容が、心理的 SI を喚起しないという趣旨の制約である。

　(20)の制約があると、なぜ Can you という依頼の表現形式が、裸の命令文よりも丁寧に聞こえるのかが説明できる。(17)の発話から、命題的には(18)のように「話者に塩を取って渡す気になる」という推意が生まれる、しかし、(20)の制約により(19b)は取り消される(生まれない)ことになる。すると(17)の依頼文は、命題的に依頼(命令)として機能するが、ここから心理的反応の期待が特に生まれない。結果的に、依頼(命令)という言語行動をそれに伴う心理的負担を聞き手にかけることなく遂行することができるということになる[6]。

　(20)の制約は、そのままの形でオフレコードによるストラテジーの例も説明する。(21)は(8)で挙げたオフレコード・ストラテジーの例を再録したものである。

(21)　This soup's a bit bland. (Pass the salt)　(Brown and Levinson 1987: 215)

(21)はオフレコードの1番目のストラテジー Give hints (てがかりを与えよ)の例である。(21)から生まれる命題的な推意は(22)となる。

(22)　M（①②F③④）「話者に塩を取って渡す気になる」

明記している「話者に塩を取って渡す気になる」は④の話者が聞き手に期待する命題的な反応である。

　ここで(20)の制約を加味して(21)から生まれる心理的SIを計算すると(23)のようになるだろう。

(23)　a.　This soup's a bit bland.
　　　　　［M（①②）］『…』$_P$
　　　b.　Pass the salt.
　　　　　［M（③④）］『従属的な立場だと感じる』$_P$

Can youによるネガティブ・ポライトネスの場合と同様、(22)のように命題的には話者が聞き手に依頼(命令)という意図を伝えることができる。しかし、(23b)の取り消し線で表現されているように、本来であればその行為に伴うフェイス侵害のリスクがそもそも生まれないことになる。すると(21)の話者は、FTAによるリスクを回避しながら聞き手に命題的な意図を伝えることができるのである。

　(5)のストラテジーの丁寧さの評価尺度では、ポジティブ・ポライトネス、ネガティブ・ポライトネス、そしてオフレコードによるストラテジーはこの順番で丁寧さが増していくことになる。しかしPinker (2007)、Lee and Pinker (2010)は、言語使用者がオフレコードによるストラテジーを必ずしも丁寧だとは感じないと主張している。Pinkerはその理由を、オフレコードによる発話が人を欺きながら操作するように (devious and manipulative) 聞こえるからだとしている (Pinker 2007: 442)。話者は、本当に伝えたい (自分にとって有利な) ことを推意にし、その責任を回避しつつ思いを遂げることができるというわけである。

　同じ間接的な方策であってもCan youのようなネガティブ・ストラテジーの場合、話者が成し遂げたい命題的な内容③④と発話自体の内容①②との差は、発話の力だけである。①②では疑問の発話の力で、③④は命令(依頼)の

発話の力になる。しかし成し遂げたいことの内容である命題 p は①②と③④で共通しているので、話者が推意に訴える理由が（本書の分析で言えば）［M(③④)]による心理的 SI を避ける部分にしかない。

これに対し、オフレコードの場合には①②と③④は発話の力も命題的な内容も別なので、①②を利用する理由が［M(③④)］による心理的な SI を避けるためだけではないという可能性が常に残る (M［③④］の命題的な部分も実質的に意図された伝達部分となる)。ここに「人を欺きながら操作する」可能性が生まれる。そして実際に伝わる心理的反応の期待である[M(①②)]『』p が、攻撃的であれば、オフレコードを用いたストラテジーが全く機能しないということもありうる。(24)がそのような例である。

(24) Georgie: (a)Mind if I have a sip of your beer?
　　　George: (b)You mind if I dip your head in the compost heap?
　　　Georgie: (c)You could have just said no.
　　　(05:40-, "A brisket, voodoo and cannonball run," *Young Sheldon*, Season 1.)

(24a)で、高校生である Georgie が（無駄なのはわかっていて冗談として）父親の George にビールを一口飲ませてくれるように頼んでいる。これに対し George は、(24b)のように You mind if I dip your head in the compost heap?（堆肥の山の中にあなたの頭を漬け込んでいいですか）と尋ねる。もちろん、この発話は Georgie の質問に対する答になっていないので、量と関係性の格率に違反し、Yes, I do mind（ビールを一口飲ませるのはいやだ）を推意させている。

普通であれば (Do) you mind で尋ねられて、Yes で答えるなら、聞き手のリクエストを拒否したことになって、聞き手（この場合 Georgie）のポジティブ・フェイスを侵害する FTA になるだろう。そこで、You mind if I dip your head in the compost heap? と逆に尋ねることで、Yes, I do mind を推意させている。この経緯だけを考えると(24b)は典型的なオフレコードによるポライトネス・ストラテジーとして機能するはずである。

ところが、Georgie は(24c)で、You could have just said no（ただダメと言え

ばいいだろう）と言い返している（Georgie のはじめの質問 (24a) は (Do) you mind を用いた疑問文なので、文法的には no ではなく yes でないとリクエストの却下にはならないが、これは脚本家の意図的な選択と考えておく）。つまり Georgie にとって、このオフレコード・ストラテジーが全く機能しておらず、むしろストレートにダメだと言ったほうがましだと評価している。

　ここで提唱している説明によれば、[M(③④)]『』$_P$ によって潜在的に伝わる話者が聞き手に期待する（予期される）否定的な心理的反応を、M[(①②)]『』$_P$ によって伝わる話者が聞き手に期待する否定的ではない心理的反応の期待に置き換えることがオフレコード・ストラテジーということになる。しかしこの RA+ が成立するのは、(25a) のように [M(③④)]『』$_P$ のフェイス侵害の深刻さが、[M(①②)]『』$_P$ のフェイス侵害の深刻さを上回っている場合に限られる。

(25)　a.　オフレコード・ストラテジーとして機能する場合
　　　　　[M(①②)]『』$_P$ ＜ [M(③④)]『』$_P$
　　　b.　オフレコード・ストラテジーとして機能しない場合
　　　　　[M(①②)]『』$_P$ ＞ [M(③④)]『』$_P$

　(25b) の You mind if I dip your head in the compost heap?（堆肥の山の中にあなたの頭を漬け込んでいいですか）という疑問文は、誰も望むとは考えられない、堆肥の中に頭を漬け込むという聞き手にとって不快な行為が行われる可能性を問いただしている。すると、(25b) のように [M(①②)]『』$_P$ のフェイス侵害の深刻さが、単純に [M(③④)]『』$_P$ を上回ることになるだろう。だから Georgie は、むしろはっきりと断ってくれた方がよいと返しているのである。

　この例から、Pinker (2007)、Lee and Pinker (2010) が主張するように、オフレコードによるストラテジーが必ずしも丁寧になるとは限らないこと、そして時にはオフレコードが却って失礼に響くことがあることがわかる。また、(20) で定式化したように命題的推意からは心理的な反応の期待が生まれず、心理的反応の期待『』$_P$ を生むのが発話自体の命題的内容 [M(①②)]

だけであることが確認できる。

　この節では、ポライトネス（そしてインポライトネス）を、話者が聞き手に期待する心理的反応であると考えることを提案した。この仮定によってポライトネス・ストラテジーの代表的な例に対し、Grice の枠組みでの一貫した説明を与えることが可能であることを示した。FTA によるフェイス侵害の危険性が、別の心理的反応の期待により緩和されたり、FTA によるフェイス侵害の可能性がある発話内容を推意にすることによって FTA を避けることができると説明した。

9.4　ポライトネスの評価

　次に Brown and Levinson (1987) のポライトネス理論に関する 3 つ目の問題点について考えていこう。Brown and Levinson によるポライトネス理論では、話者が FTA を行う必要があるとき、そのフェイス侵害のリスクを軽減するために、RA+（是正行為）を取るのであった。この過程は、(26) のような一般的形式で表現することができる。

(26)　M (tu)『FTA』$_p$ +『RA+』$_p$ = 0
　　　 tu = total utterance: FTA と RA+ を合わせた発話全体

　(26) の tu は、話者が FTA とそのフェイス・リスクを軽減するためにとった RA+ を組み合わせた発話全体を言い表すこととする。それが非自然的に意味する伝達手段として M ( ) の中に表示されている。これに続いて、FTA としての心理的反応の期待と、RA+ としての心理的反応の期待がそれぞれ、『FTA』$_p$ と『RA+』$_p$ で表されている[7]。心理的反応の期待は命題ではなく、ましてや数字でもないが、この総計が 0 になる（相殺される）理論として Brown and Levinson (1987) を理解するとわかりやすいだろう。(15) のように FTA と RA+ が 1 発話内で行われることもあれば、(13) のように FTA と RA+ が複数の発話にまたがる場合もある。

　ここで問題となるのは、Brown and Levinson がポライトネスで記述しよ

うとしている現象が、研究者が判断するポライトネスであって、言語使用者が本当に「丁寧」だと感じるポライトネスではない、ということである。このことは、(26) の定式からも容易にみて取れる。FTA が RA+ によって是正されるので、聞き手は普通そのような発話を丁寧だとは判断しないだろう。すると、Brown and Levinson がポライトとする言語現象が、多くの場合聞き手に感知されないか、当然視されている現象だということになる。このように FTA が RA+ によって相殺されている場合は無標 (unmarked) の場合であって、本当に丁寧であると聞き手が感じる場合というのは、丁寧さが有標 (marked) な場合であろう。このような問題が、Fraser (1990)、Terkourafi (2001)、Usami (2002)、Watts (2003)、Kallia (2004)、Locher (2004, 2006)、Pfister (2010) らによって指摘されている。

　また、9.2 節の最後でみたように、ポライトネスとは逆の現象、つまりインポライトネスもポライトネス研究で重要な位置を占めるという指摘もなされている。これらの見方は、ポライトネスという言語行動を心理的反応の期待に翻訳し、(26) の定式を応用的に利用することで、可視化することができる。

　(26) では、$M(tu)$ が、非自然的に意味すること全体である。その中から FTA と RA+ から生まれる心理的反応の期待だけを表示したのが (26) である。Brown and Levinson は、その総計が 0 となるという形を望ましいと考えた (心理的反応の期待はアナログ的なものであるが、ここでは議論をわかりやすくするために数的な表現をしている)。普通 $M(tu)$ に (心理的反応の期待に加え) 当然命題的な反応の期待も含まれているはずである。心理的反応の期待が 0 となれば、聞き手は命題的な内容に集中することができる。情報の伝達のコストという観点からは、心理的反応の期待が 0 の場合が理想的な形となるのである。

　しかし、これまで本書で強調してきたように、話者が聞き手に対して情報伝達以外の反応を期待する場合がある。その場合、話者は『FTA』$_P$ +『RA+』$_P$ が 0 とならないことを非自然的に意図していることになる。再び議論の明瞭化のために数字で考えると、『FTA』$_P$ +『RA+』$_P$ の総計をプラスにしようと話者が意図するのであれば、それは有標となり、聞き手が肯定的

に感じるよう話者が期待する表現となるだろう。

　(15) の Come here, honey の例で、先行発話の FTA の潜在的フェイス・リスクが、後続の呼びかけ語 honey という RA+ によって相殺されているという分析をした。しかし、(27) のように I love you という、それ自体肯定的な内容を持つ先行発話に、さらに honey という呼びかけ語を発話したらどのように受け取られるであろうか。

(27)　a.　I love you, honey.
　　　b.　M (tu)『大切な存在だと感じる』＋『話者を身近に感じる』

　この場合、(26) の FTA と RA+ は、普通の心理的な反応の期待になり、表記的には『』$_p$ の右下付き文字を外すことになる。そして 2 つの心理的な期待の総計が、(27b) の 2 つの肯定的な心理的反応の期待となるだろう。(27) には FTA がなく、話者もフェイスを意識せずに (27) のように発話する場合があって、この場合の心理的な反応の期待が (27b) となる。
　また、(15) の Come here, honey にさらに please を続けるとどうなるだろう。

(28)　a.　Come here, honey, please!
　　　b.　M (tu)『FTA』$_p$ ＋『RA+』$_p$ ＞ 0

議論をわかりやすくするために、Come here という発話の持つ FTA のリスクが、honey という呼びかけ語の RA+ によって十分に是正されると仮定してみよう。すると please という依頼を強調する表現の追加によって『FTA』$_p$ ＋『RA+』$_p$ の総計が 0 以上となり、有標でより丁寧な表現として聞き手に受け取られるだろう[8]。
　逆に、(29a) のように Come here という潜在的な FTA を、敢えて RA+ なしに裸の命令形として使い、話者の聞き手に対する社会的に優位な立場を強調する場合があるだろう。その場合、RA+ が行われないので (29b) のように『FTA』$_p$ ＋『RA+』$_p$ の総計がマイナスとなるだろう。

(29)　a.　Come here.
　　　b.　M(tu)『FTA』$_p$ + 『RA+』$_p$ < 0

　そして、この場合、否定的な心理的反応を話者は聞き手に意図することになり、これはインポライトネスの例となる。
　以上の説明は、(i) Brown and Levinson のポライトだとする表現が特に丁寧だとは感じられないことがあること、(ii) ポライトネスには(i)のような無標な場合だけではなく、有標の場合もあること、(iii) ポライトネスとは逆のインポライトネスという言語行動もあること、という3つの Brown and Levinson の批判を、(26)の定式化で取り込み理解する試みであった。ポライトネスという現象を、心理的反応の期待の1つとして考えることで、ポライトネス的な言語行動の幅をとらえることができると同時に、ポライトネス現象と、心理的な反応の期待の関係も明確にすることができたと思う。(26)の定式化は、Watts (2005: xliii)、Locher (2006: 258)、三牧 (2013: 52) などで提案されているポライトネスの振れ幅を、数式の形で表現したものと考えることもできる。
　最後に、Brown and Levinson (1987) のポライトネス理論、上下の振れ幅も考えたポライトネス理論、そしてポライトネスからは外れる心理的反応の期待という3つの視点を、広い視野から整理しておきたい。これらの関係は(30)のような図で表現することができるだろう。

(30)

```
┌─────────────────────────────────────────────┐
│ 心理的反応の期待（ポライトネスを意識しない言語行為）│
│ ┌─────────────────────────────────────────┐ │
│ │ 有標な丁寧さとインポライトネス              │ │
│ │ ┌─────────────────────────────────────┐ │ │
│ │ │ Brown and Levinson（FTA が RA+ によって相殺される場合）│ │ │
│ │ └─────────────────────────────────────┘ │ │
│ └─────────────────────────────────────────┘ │
└─────────────────────────────────────────────┘
```

　(30)では、一番外の枠に心理的反応の期待がある。これは M『』で表現される話者が聞き手に期待する心理的反応全体を指す。Grice の非自然的意

味の1つである。その内側に有標な丁寧さとインポライトネスが入る[9]。ただの心理的反応の期待と、有標な丁寧さやインポライトネスの違いは、心理的反応を話者が聞き手に期待する際に、ポライトネスやフェイスという視点を意識するか否かの違いである。そして一番内側に Brown and Levinson のポライトネスの概念が入っている。FTA の潜在的なリスクが RA+ によって是正された場合がこれに該当する。

　心理的反応の期待を聞き手に引き起こすように意図したり、逆に引き起こさないように意図して発話を行う場合のうち、フェイスという欲求を意識し配慮しながら行うとそれがポライトネスの言語行動となると理解することができる。本節で説明することができた現象は、Brown and Levinson (1987) で提示された多くの RA+ のストラテジーのごく一部である。それでも、心理的な反応の期待とポライトネスの言語行動との関係が明確にできたと期待する。

9.5　非自然的意味とポライトネス

　この節では、Grice の非自然的意味に立脚した聞き手に期待する心理的反応からポライトネスを理解しようとする企ての限界を確認するとともに、非自然的意味の定義の中心である R-intention とポライトネスとの関係について考察していく。非自然的意味から外れる RA+ のストラテジーがある、という問題とその理論的意味を議論していく。

　まず、非自然的に意味する、の定義を今一度確認しておこう。

(31)　nonnatural meaning
　　　"U meant something by uttering x" is true iff, for some audience A, U uttered x intending:
　　　　(i)　A to produce a particular response r
　　　　(ii)　A to think (recognize) that U intends (i)
　　　　　　　　　　　　　　　　　　　　　（Grice 1969: 151, 1989: 92）
　　　「U は x を発話することで何ごとかを意味した」が真であるのは、あ

る受け手 A に関して、U が次のことを意図しながら x を発話した場合であり、その場合に限られる。
　(i) A が特定の反応 r を示すこと
　(ii) A が U は (i) を意図していると思う(認識する)こと

(『論理と会話』p.139)

(31)の非自然的に意味する、の定義によると、非自然的に何ごとかを意味するには少なくとも (i) と (ii) の2つの条件が必要である((iii) の規定は省略している)。1つ目が(31i)の話者が聞き手に期待する反応を伝えようとしていることで、2つ目がその意図自体も伝えようとしていることの(31ii)である。

以下では、ポライトネス理論の説明しようとする現象が、これらの条件を満たさない場合を含むことを示し、Grice の理論の射程から外れるポライトネスの現象があることを確認する。しかしそれでも、個別の現象を理解していく上で非自然的な意味が重要な役割を果たすことも強調していく。はじめは、2つ目の条件が満たされない例、すなわち話者が聞き手にある心理的な反応を期待するものの、その期待自体を明瞭に否定する(つまり (31ii) の条件があてはまらないことを明言する)例である。

(32)は、6.2節でみた、発話の命題的内容が心理的推意(心理的反応の期待)を SI として生むとした例である。

(32)　April: So, I was just at the Grind and (a) I thought you might want an iced mocha with extra, extra whipped cream.
　　　Leslie: Oh, my. Thank you so much, April. Wow!
　　　April: You're welcome. Oh, (b) by the way, completely unrelated, I just signed up for the Miss Pawnee Beauty Pageant.
　　　Leslie: That's wonderful.
　　　　　　　(01:30-, "Beauty pageant," *Parks and Recreation*, Season 2.)

April は、頼み事(Beaty Pageant (ミスコンテスト)への出場を応援してもらうこと)があって Leslie のところへやってきている。そして会話を始めるに

先立って、(32a)のように発話し、アイスモカを Leslie に手渡す。April は Leslie に『モカを買ってきてあげたことを喜ぶ』という心理的反応の期待をしているし、そのこと自体を Leslie に伝えているだろう。

　しかし、その後本題であるミスコンテストの話題に移る際、(32b)のように by the way, completely unrelated と発話し、ミスコンテストの話とアイスモカを買ってきたことの因果関係を明確に否定する。(33) の式((26)の再掲)で、何を April が否定しようとしているのかを明示的に考えてみよう。

(33)　$M(tu)『FTA』_p + 『RA+』_p = 0$
　　　tu = total utterance: FTA と RA+ を合わせた発話全体

　FTA が、ミスコンテストの応援の依頼で、RA+ がアイスモカに関する発話である。Brown and Levinson の提唱するポライトネス・ストラテジーの核心は、FTA のリスクが RA+ によって中和されるという見方である。(33)によれば、ミスコンテストの応援依頼の FTA がもたらしうるフェイス・リスクが、アイスモカの発話という RA+ で是正されていることになる。

　しかし April は、(33) の『FTA』$_p$ + 『RA+』$_p$ の＋部分の関連を(32b)で明確に否定している。頼み事がある。Leslie を喜ばせたい。しかしそこに因果関係を意図していることは否定している。April がモカを買ってきたことが、後の頼みごとをしやすくするため(すなわち RA+)であることは明らかであるし、April はそのように Leslie が反応することを意図しているだろう。しかし、そのような意図を持ってモカを買ってきたことを April は否定しているのである。April は、モカが Leslie に対する頼みごとに関して RA+ として機能することは意図しているが((31i) の意図がある)、その意図自体は Leslie に隠しておきたい((31ii) の意図がない)のである。FTA と RA+ の相関関係((32)の＋部分)が R-intend されていないといえる。

　April のミスコンテストの応援の依頼の発話を u2、モカを買ってきてあげた際の発話を u1 とすると、April は (34) のようにそれぞれを別の発話として R-intend していることになる。

(34)　M (u1)『モカを買ってきてあげたことを喜ぶ』
　　　M (u2)『FTA』

(34) のように考えると、April は u2 が Leslie に及ぼしうるフェイス・リスクを回避することなく受け入れる態度を取っていることになる。
　このように April の RA+ は、非自然的意味の2つ目の用件を満たさず、このポジティブ・ポライトネスが Grice の意味論・語用論から外れるということになる。いうまでもなく、April の意図は明らかで、Leslie も April の魂胆はすぐに読み取れるはずであるが、問題は April 自身がそれを否定しているという部分である。
　実は同じことが、Brown and Levinson が1つ目のポジティブ・ポライトネスの例として挙げた (35) ((13) の再掲) でもいえる。

(35)　Goodness, you cut your hair! (...) By the way, I came to borrow some flour.
　　　　　　　　　　　　　　　　　　　　　　　　(Brown and Levinson 1987: 103)

(35) では、後続発話である I came to borrow some flour が潜在的 FTA で、Goodness, you cut you hair! が RA+ である。ここでも話者の因果関係の意図は明らかであるが、話者は By the way とあたかも両者につながりがないかのような発話をしている。やはり (33) の M (tu)『FTA』$_p$ +『RA+』$_p$ = 0 の＋部分が否定され、FTA と RA+ の相関関係が R-intend されていない。
　このような場合、聞き手が相関関係を感知するかどうかは問題ではない。FTA のリスクの軽減に関して、RA+ との相関関係部分が R-intend されていないと聞き手に信じさせる方が RA+ が効率的に機能する、という直感が話者にあるという部分が理論的に重要である。例えば、些細なことであれ、頼まれて誰かのために自分には利益にならないことをする、という場面を想定してみる。
　自分の気分が良いときには進んで人のために何かをする気持ちになるだろう。しかし、頼みごとをした人が、別の発話で自分の気分をよくして、目的を遂げようとしていて、それが R-intend されていたらどう感じるであろう

か。おそらく頼まれた側は、自分が操られているか、軽くみられていると解釈するに違いない。すると RA+ として意図した発話が逆効果になってしまう危険がある。ポジティブ・ポライトネスの 1 番目のストラテジーがうまく機能するためには、FTA と RA+ の相関関係が R-intend されていないことが重要となる。ということは、ポジティブ・ポライトネスの 1 番目のストラテジーが本質的に非自然的意味の枠に収まっていないことになる。

　次に、(31ii) の R-intention の部分だけではなく、話者が期待する反応である (31i) そのものも満たされていない、ポライトネス（インポライトネス）の例をみてみよう。ポライトネス研究の中で、特にインポライトネスの現象が話者の意図（(31i) の意図）には制限されないという指摘が度々なされてきた。ここでは Haugh (2015) と Culpeper (2011) の 2 つの例をみておく。

　Haugh (2015) は、映画 *The Social Network* からの (36) の会話を引用する。

(36)　Mark: If I get in I'll be taking you to the events, and the gatherings and (a)you'll be meeting a lot of people you wouldn't normally get to meet.
　　　Erica: You would do that for me?
　　　Mark: We're dating.
　　　Erica: Okay, well (b)I want to try and be straightforward with you and let you know that we're not anymore.　　　　　　　　(Haugh 2015: 3)

付き合っている男女 Mark と Erica は、Mark が大学のあるクラブに加入するかどうかを話している。そのクラブに所属すれば Mark は Erica も連れてクラブのイベントや会合に参加できるし、そうすれば you'll be meeting a lot of people you wouldn't normally get to meet（普通であれば出会うことができないような人たちにたくさん出会えるだろう）と Mark が発話している。

　Mark は (36a) で、特に Erica を侮辱するつもりで発話をしていない。直後に Erica をイベントや会合に連れていく理由を、We're dating だからだとしていることからもこれは明らかである。しかし、Mark の (36a) の発話からは、she is not as good as the kinds of people who are members of the club（あなたはそのクラブの会員ほど立派な人間ではない）ということが推意され、こ

の推意を想定した Erica は憤慨して、(36b) のように 2 人の関係を終わらせようとするのである。Mark がこの推意を生むように意図していないし、ましてや Erica を侮辱しようともしていない。しかし、Haugh (2015) はこれをインポライトネスの推意と考え、ポライトネスの現象が話者の意図に制限されない可能性を追究している。

　この説明によると、ある発話がポライトであったりインポライトであったりするということが、話者の意図というよりも聞き手の評価の問題となる。すると非自然的意味のはじめの話者の意図、つまり話者が聞き手に期待する反応の意図 (31i) もポライトネスの現象を考える上で決定的な要因ではないという方向性が生まれる (Eelen 2001、Watts 2003、Locher 2006、Haugh 2007, 2015、Arundale 2010、Culpeper 2011)。

　Culpeper (2011) が挙げる (37) も同様の例である。

(37)　大学の元副学長：When's it due?
　　　女性：I'm not pregnant. 　　　　　　　　　(Culpeper 2011: 51)

(37) は実際にあった、ある大学の元副学長と女性との会話である。会話はクラシックコンサートの演奏の合間に行われた。2 人はたまたま隣り合わせで座っている。大学の元副学長が女性に When's it due? (いつ生まれるご予定ですか) と尋ねている。元副学長は女性の体型から、女性が妊娠していると思ったのである。

　女性はただ I'm not pregnant (私は妊娠していません) と応えている。元副学長の発話は、女性の体格がよく、太っているという推意を潜在的に持つので、これが女性を侮辱することになる。Culpeper の論点も Haugh と同じである。(37) で元副学長は明らかに女性を侮辱することは意図していないし、そのことも女性はわかっている。それでも女性は元副学長の発話によって侮辱されたと感じるに違いないので、これがインポライトネスの例に当たるとするのである。そして、(イン)ポライトネスの現象が (非自然的意味の (31i) に相当する) 話者の意図という概念では扱いきれないという趣旨の主張を展開している。

これらのことを勘案すると、心理的反応の期待と有標のポライトネス現象、そしてBrown and Levinsonが考えたポライトネス理論の関係が(30)から(38)のように書き換えられることになる。

(38)

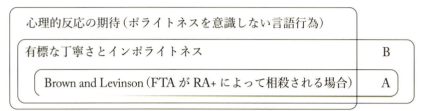

Brown and Levinsonが考えたポライトネス・ストラテジーには、非自然的意味の下位範疇である心理的反応の期待から逸脱する(32)や(35)のような事例が含まれていて、この部分がAで表記されている。

また、FTAのリスクがRA+で相殺されない有標の(イン)ポライトネスの現象にも、話者の意図が関与しない(36)や(37)の例があり、これはBで表される領域の現象である。このような観察からCulpeper(2011)やHaugh(2015)らは、話者の意図を超えた(イン)ポライトネスの議論が必要であるという、ポライトネス理論の拡張の方向性を探っている。CulpeperやHaughに限らず、Brown and Levinsonの理論には、ポライトネスの言語行動を限定的にとらえすぎているという批判が一般的にあって、ポライトネス理論はこれまで拡張の方向に振れてきたといえるだろう。この流れは、Bの部分の追究ということになる。

この方向性は基本的に正しいかもしれない。少なくとも聞き手の(そして話者の)フェイスのようなものを意識しながら発話する場合、話者が敢えて有標な表現を選ぶことがありうるし、その中には「相手の顔を潰してやろう」というインポライトな動機に基づくこともあるだろう。また、自分が意図せずに言語行為によって人に好感を与えたり、人を不快にするということも広い意味で(イン)ポライトネスの現象といえるだろう。

それでも、非自然的意味による意図が、ポライトネス現象を考えるにあ

たって重要な役割を果たすことは明らかである。例えば、(33) と (34) で考察した April の FTA と RA+ に関する議論では、2 つの発話の相関関係の R-intention という微妙でありながら確かに感知できる違いが重要なのであった。April は、相関関係を意図してはいるが、それを Leslie に感知されたくないのである。

また、(36) や (37) の例で、確かに聞き手は侮辱されたか、あるいは少なくとも不快に感じたといえるだろう。しかし、こうした「話者が意図していない聞き手の反応」に対し、英語では I didn't mean it (そういう意味ではないんだ) とか I didn't mean it that way (そういうつもりで言ったんじゃないんだよ) と話者は言い訳することができる。そして聞き手も完全にではないにせよ、その言い訳を聞けば、気持ちが少しは収まるに違いない。ということは、やはり話者の意図がポライトネスの現象にも深いつながりを持つことがわかる。

筆者は、意図したインポライトネスと意図的ではないインポライトネスには無視できない差が存在すると考える。人を意図的に死に至らしめれば、殺人の罪に問われることになる。自分の行為が他人を死に至らしめたとしても、それが意図的ではない場合、罪は過失致死であって殺人ではない。過失致死も刑事上の罪を問われるが、量刑は殺人の場合よりもはるかに軽い。同じように、意図したインポライトネスと偶発的なインポライトネスでは、質的な違いが確かにあるだろう。

このポライトネス理論の拡張の方向とは逆の、ポライトネス理論の縮小の方向性もありうる。Brown and Levinson に立ち返って、ポライトネスという現象を FTA のリスクを RA+ で是正するという現象に限定して議論するという方向性である。話者ができる限りポライトネスの観点から無標になるように (そして命題的な反応の意図だけが効率的に伝わるように) 試みる点だけに絞って言語現象を記述し理論を構築するという立場である。この場合、本書の非自然的意味の観点からは、ポジティブ・ポライトネスの 1 番目のストラテジーのようなものが理論から外されていくことになるだろう。

本章の議論から明らかなように、ポライトネスという言語行動は、心理的反応の期待と密接な関係を持ちつつも、非自然的な意味としての心理的反応

の期待の中で論じきることはできない。非自然的な意味を超えてポライトネスの言語行動を追究する方向性と、逆に非自然的な意味の中に限定してポライトネスを考える方向性がある。どちらを選ぶにしても、Grice の非自然的意味の 2 つの伝達意図は、現象の整理と理論の構築の上で重要な役割を果たすという点を指摘して本章の結論としたい。

注
1 ポライトネスの現象が協調の原理の下で機能するという経験的根拠に関しては、Brown and Levinson (1987: 5) を参照されたい。Gu (1990: 245–246) は、Leech (1983) の枠組みを基本としながらも、ポライトネスの現象が協調の原理の下で機能することを当然視している。
2 9.4 節の例文 (28) と関連する議論も参照されたい。
3 田中典子監訳『ポライトネス』から訳を引用させていただいている。以下同様。
4 FTA によるフェイス侵害の可能性が、RA+ によって是正される場合、理論的には心理的反応の期待が 0 になる (そのように Brown and Levinson の仕組みは意図されている)。これについては 9.3 節で議論する。
5 学習院大学 2022 年卒業の金子珠美さん、および 2024 年卒業の米倉優果さんとの対話から生まれた発想である。
6 Brown and Levinson (1987: 69) はオフレコードによるストラテジーが丁寧になる理由として、話者が特定の (FTA となる) 推意に完全な責任を負わなくて済むからであるという説明をしている。しかしこの考え方によると、(24) でみる丁寧にはならないオフレコードの例を説明できないように思われる。
7 正確に言えば『FTA』$_p$ は話者が意図した心理的効果ではなく、むしろ避けようとしている心理的効果である。(26) ではこの点を考慮に入れず、FTA と RA+ の心理的な効果の相殺作用を単純化して示している。
8 さらに (28a) が、「より丁寧」を超えて嫌味や、皮肉、慇懃無礼のように感じられ、話者もそれを意図することがあるだろう。この場合、量や質の格率の違反を強く想起させるが、現段階でこのことを本書で提示する理論と整合的に表現する方法を思いつかない。協調の原理や格率が、再帰的に利用されていることは確かであろう。
9 Yoon et al. (2020: 85) も同様の観察をしている。

引用文献

Allot, Nicholas (2010) *Key Terms in Pragmatics*, Continuum International, London.
Alvarez-Pereyre, Michael (2011) "Using film as linguistic specimen," *Telecinematic Discourse: Approaches to the Language of Film and Television Series*, ed. by Roberta Piazza, Monica Bednarek and Fabio Rossi, 47–67, John Benjamins, Amsterdam.
Anderbois, Scott, Brasoveanu Adrian and Robert Henderson (2015) "At-issue proposals and appositive impositions in discourse," *Journal of Semantics* 32, 93–138.
Ariel, Mira (1988) "Referring and accessibility," *Journal of Linguistics* 24, 65–87.
Ariel. Mira (1990) *Accessing Noun-Phrase Antecedents*, Routledge, London.
Arndt, Horst and Richard W. Janney (1987) *InterGrammer: Toward an Integrative Model of Verbal, Prosodic and Kinesic Choices in Speech*, De Gruyter Mouton, Berlin.
Arndt, Horst and Richard W. Janney (1991) "Verbal, prosodic and kinesic emotive contrasts in speech," *Journal of Pragmatics* 15, 521–549.
Arundale, Robert (2010) "Constituting face in conversation: face, face word and interactional achievement," *Journal of Pragmatics* 42, 2078–2105.
Austin, John (1957) "A plea for excuses," *Proceedings of the Aristotelian Society* 57, 1–30.
Austin, John (1962) *How to Do Things with Word*, Oxford University Press, Oxford. (『言語と行為』坂本百大訳　大修館書店　1978)
Avramides, Anita (1989) *Meaning and Mind: An Examination of a Gricean Account of Language*, MIT Press, Cambridge, Massachusetts.
Bach, Kent (1994) "Conversational impliciture," *Mind and Language* 9, 124–162.
Bach, Kent (1999) "The myth of conventional implicature," *Linguistics and Philosophy* 22, 367–421.
Bach, Kent (2001) "You don't say," *Synthese* 128, 15–44.
Bach, Kent (2012) "Saying, meaning and implicating," *The Cambridge Handbook of Pragmatics*, ed by Keith Allan and Kaisa M. Jaszczolt, 47–67, Cambridge University Press, Cambridge.
Bach, Kent and Robert Harnish (1979) *Linguistic Communication and Speech Acts*, MIT Press, Cambridge, Massachusetts.
Bar-Hillel, Yehoshua (1971) "Out of the waste basket," *Linguistic Inquiry* 2, 401–407.
Benjamin, Bloom (1956) "Remembering," *Mind* 65, 312–331.
Bennett, Jonathan (1976) *Linguistic Behavior*. Hackett, Indianapolis.
Bertuccelli Papi, Marcella (2001) "Where Grice feared to tread: inferencing attitudes and emotions, *Paul Grice's Heritage* ed. by Giovanna Cosenza, 247–281, Brepols, Turnhout.

Bierwisch, Manfred (1980) "Semantic structure and illocutionary force," *Speech Act Theory and Pragmatics*, ed. by John R. Searle, Ferenc Kiefer and Manfred Bierwisch, 1–35, D. Reidel, Dordrecht.

Birner, Betty J. (2013) *Introduction to Pragmatics*, Wiley-Blackwell, Malden, Massachusetts.

Blakemore, Diane (1987) *Semantic Constraints on Relevance*, Blackwell, Oxford.

Blakemore, Diane (1989) "Denial and contrast: a relevance theoretic analysis of *but*," *Linguistics and Philosophy* 12, 15–37.

Blakemore, Diane (1992) *Understanding Utterances*, Blackwell, Oxford.

Blakemore, Diane (2002) *Relevance and Linguistic Meaning: The Semantics and Pragmatics of Discourse Markers*, Cambridge University Press, Cambridge.

Blakemore, Diane (2011) "On the descriptive ineffability of expressive meaning," *Journal of Pragmatics* 43, 3537–3550.

Blakemore, Diane (2019) "Expressive epithets and expressive small clauses," *Relevance, Pragmatics and Interpretation*, ed. by Kate Scott, Billy Clark and Robin Carston, 137–149, Cambridge University Press, Cambridge.

Bousfield, Derek (2008) *Impoliteness in Interaction*, John Benjamins, Amsterdam.

Brandom, Robert (1994) *Making It Explicit: Reasoning, Representing and Discursive Commitment*, Harvard University Press, Cambridge, Massachusetts.

Brown, Penelope, and Stephen C. Levinson (1978) "Universals in language usage: politeness phenomena," *Questions and Politeness: Strategies in Social Interaction*, ed. by Esther N. Goody, 56–310, Cambridge University Press, Cambridge.

Brown, Penelope, Stephen C. Levinson (1987) *Politeness: Some Universals in Language Usage*, Cambridge University Press, Cambridge. (『ポライトネス―言語使用における、ある普遍現象』田中典子監訳　研究社　2011)

Brown, Roger and Marguerite Ford (1972) "Address in American English," *Communication in Face to Face Interaction*, ed. by John Laver and Sandy Hutcheson, 128–145, Penguin Books, Middlesex.

Buchanan, Ray (2013) "Theoretical alternatives to propositions," *Canadian Journal of Philosophy* 43, 720–740.

Caffi, Claudia and Richard W. Janney (1994) "Toward a pragmatics of emotive communication," *Journal of Pragmatics* 22, 325–373.

Camp, Elisabeth (2013) "Slurring perspectives," *Analytic Philosophy* 54, 330–349.

Cann, Ronnie (1993) *Formal Semantics*, Cambridge University Press, Cambridge.

Carston, Robyn (2002) *Thoughts and Utterances: The Pragmatics of Explicit Communication*, Blackwell, Oxford.

Carston, Robyn and Catherin Wearing (2015) "Hyperbolic language and its relation to metaphor," *Journal of Pragmatics* 79, 79–92.

Chapman, Siobhan (2005) *Paul Grice: Philosopher and Linguist*, Palgrave, Hampshire.

Chierchia, Gennaro (2004) "Scalar implicatures, polarity phenomena and the syntax/pragmatics interface," *Structures and Beyond* ed. by Adriana Belletti, 39–103, Oxford University Press, Oxford.

Chierchia, Gennaro and Sally McConnell-Ginet (2000) *Meaning and Grammar: An Introduction to Semantics*, 2nd ed., MIT Press, Cambridge, Massachusetts.

Chomsky, Noam (1957) *Syntactic Structure*, Mouton, Berlin.

Clark, Billy (2013) *Relevance Theory*, Cambridge University Press, Cambridge.

Clark, Herbert H. (1992) *Arena of Language Use*, University of Chicago Press, Chicago.

Clark, H. Herbert and Edward F. Schaefer (1989) "Contributing to discourse," *Cognitive Science* 13, 259–294.

Corver, Norbert (2008) "Uniformity and diversity in the syntax of evaluative vocatives," *Journal of Comparative Germanic Linguistics* 11, 43–93.

Cosenza, Giovanna (2001) "Some limits and possibilities of Grice's account of meaning and communication," *Paul Grice's Heritage*, ed. by Giovanna Cosenza, 7–32, Brepols, Turnhout.

Cruse, Alan (2011) *Meaning in Language: An Introduction to Semantics and Pragmatics*, 3rd ed., Oxford University Press, Oxford.

Culpeper, Jonathan (1996) "Towards an anatomy of impoliteness," *Journal of Pragmatics* 25, 349–367.

Culpepper, Jonathan (2011) *Impoliteness: Using Language to Cause Offence*, Cambridge University Press, Cambridge.

Culpepper, Jonathan and Michael Haugh (2014) *Pragmatics and the English Language*, Palgrave, Hampshire.

Dascal, Marcelo (1977) "Conversational relevance," *Journal of Pragmatics* 1, 309–328.

Dascal, Marcelo (1994) "Speech act theory and Gricean pragmatics: some differences of detail that make a difference," *Foundations of Speech Act Theory*, ed. by Savas L. Tsohatzidis, 323–334, Routledge, London.

Davidson, Donald (1978) "What metaphors mean," *Critical Inquiry* 5, 31–47.

Davidson, Donald (1992) "Locating literary language," *Literary Theory after Davidson*, ed. by Reed W. Dasenbrock, 295–308, The Pennsylvania University Press, Pennsylvania.

Davies, Eirlys E. (1986) "English vocatives: a look at their function and form," *Studia Anglistica Posnaniensia* 19, 91–106.

Davies, Martin (1982–1983) "Idiom and metaphor," *Proceedings of the Aristotelian Society, New Series* 83, 67–85.

Davis, Wayne A. (1998) *Implicature: Intention, Connection and Principle in the Failure of Gricean Theory*, Cambridge University Press, Cambridge.

d'Avis, Franz and Jörg Meibauer (2013) "Du Idiot! Din Idiot! Pseudo-vocative constructions and insults in German (and Swedish)," *Vocative!: Addressing Between System and Performance*, ed. by Barbara Sonnenhauser and Patrizia Noel Aziz Hanna, 189–217, De Gruyter

Mouton, Berlin.

Diaz-Legaspe, Justina, Chang Liu and Robert J. Stainton (2020) "Slurs and register: a case study in meaning pluralism," *Mind and Language* 35, 156–182.

Dicky, Eleanor (1997) "Forms of address and terms of reference," *Journal of Pragmatics* 33, 255–274.

Dynel, Marta (2015) "Impoliteness in the service of verisimilitude in film interaction," *Participation in Public and Social Media Interactions*, ed. by Marta Dynel and Jan Chovanec, 157–182, John Benjamins, Amsterdam.

Dynel, Marta (2017) "(Im)politeness and telecinematic discourse," *Pragmatics of Fiction: Approaches, Trends and Developments*, ed. by Miriam A. Locher and Andreas H. Jucker, 455–487, De Gruyter Mouton, Berlin.

Eelen, Gino (2001) *A Critique of Politeness Theories*, St. Jerome Publishing, Manchester.

Ervin-Tripp, Susan (1972) "On Sociolinguistic rules: alternation and co-occurrence," *Directions in Sociolinguistics*, ed. by John Gumperz and Dell Hymes, 213–250, Holt, Rinehart and Winston, New York.

Evans, Vyvyan (2019) *Cognitive Linguistics: A Complete Guide*, 3rd ed., Edinburgh University Press, Edinburgh.

Faller, Martina (2019) "The discourse commitments of illocutionary reportatives," *Semantics and Pragmatics* 12, 1–46.

Farkas, Donka F. and Kim B. Bruce (2010) "On reacting to assertions and polar questions," *Journal of Semantics* 27, 81–118.

Fillmore, Charles (1997) *Lectures on Deixis*, CSLI Publications, Stanford.

Fodor, Jerry (1983) *The Modularity of Mind*, MIT Press, Cambridge, Massachusetts.

Fraser, Bruce (1990) "Perspectives on politeness," *Journal of Pragmatics* 14, 219–236.

Fraser, Bruce and William F. Nolen (1981) "The association of deference with linguistic form," *International Journal of the Sociology of Language* 27, 93–109.

Frege, Gottlob (1892) "Über Sinn und Bedeutung," *Zeitschrift für Philosophie und philosophische Kritik*, 25–50.

Frege, Gottlob (1918) "Der Gedanke," *Beiträge zur Philosophie des Deutschen Idealismus* 1, 58–77.

Garmendia, Joana (2023) "Lies we don't say: figurative language, commitment and deniability," *Journal of Pragmatics* 218: 183–194.

Gazaer, Gerald (1979) *Pragmatics: Implicature, Presupposition and Logical Form*, Academic Press, Orland.

Geurts, Bart (2007) "Really fucking brilliant," *Theoretical Linguistics* 33, 209–214.

Geurts, Bart (2010) *Quantity Implicatures*, Cambridge University Press, Cambridge.

Geurts, Bart (2019) "Communication as commitment sharing," *Theoretical Linguistics* 45, 1–30.

Gibbs, Raymond (1994) *The Poetic Mind: Figurative Thought, Language and Understanding*, Cambridge University Press, Cambridge.

Gibbs, Raymond (2002) "A new look at literal meaning in understanding what is said and implicated," *Journal of Pragmatics* 34, 457–486.
Ginzburg, Jonathan (1996) "Dynamics and the semantics of dialogue," *Language, Logic and Computation*, ed. by Jerry Seligman, 221–237, CSLI, Stanford.
Giora, Rachel (1997) "Understanding figurative and literal language: the graded salience hypothesis," *Cognitive Linguistics* 7, 183–206.
Giora, Rachel (1999) "On the priority of salient meanings: studies of literal and figurative language," *Journal of Pragmatics* 31, 919–929.
Goffman, Erving (1967) *Interaction Ritual: Essays on Face to Face Behavior*, Aldine Publishing Company, Chicago.
Green, Mitchell S. (2007) *Self-Expression*, Oxford University Press, Oxford.
Grice, H. Paul (1957) "Meaning," *The Philosophical Review* 66, 377–388.
Grice, H. Paul (1961) "The causal theory of perception," *Proceedings of the Aristotelian Society* 35 (supplementary volume), 121–152.
Grice, H. Paul. (1968) "Utterer's meaning, sentence-meaning and word-meaning," *Foundations of Language* 4, 225–242.
Grice, H. Paul, (1969) "Utterer's meaning and intention," *The Philosophical Review* 78, 147–177.
Grice, H. Paul (1973) "Probability, defeasibility and mood operators." Mimeo. Paper delivered at the Texas Conference on Performatives, Presuppositions and Implicatures, 1973.
Grice, H. Paul (1975) "Logic and conversation," *Speech Acts, Syntax and Semantics 3*, ed. by Peter Cole and Jerry L. Morgan, 41–58, Academic Press, New York.
Grice, H. Paul (1978) "Further notes on logic and conversation," *Pragmatics, Syntax and Semantics 9*, ed. by Peter Cole, 113–129, Academic Press, New York.
Grice, H. Paul (1981) "Presupposition and conversational implicature," *Radical Pragmatics*, ed. by Peter Cole, 183–198, Academic Press, New York.
Grice, H. Paul (1982) "Meaning revisited," *Mutual Knowledge*, ed.by Neil Smith, 223–243, Academic Press, New York.
Grice, H. Paul (1989) *Studies in the Way of Words*, Harvard University Press, Cambridge, Massachusetts. (『論理と会話』清塚邦彦訳　勁草書房　1998)
Groenendijk, Jeroen and Martin Stokhof (1991) "Dynamic predicate logic," *Linguistics and Philosophy* 14, 39–100.
Grosz, Patrick Georg, Gabriel Greenberg, Christian De Leon and Elsi Kaiser (2023) "A semantics of emoji in discourse," *Linguistics and Philosophy* 46: 905–957.
Gu, Yueguo (1990) "Politeness phenomena in modern Chinese," *Journal of Pragmatics* 14, 237–257.
Gumperz, John J. (1982) *Discourse Strategies*, Cambridge University Press, Cambridge.
Gundel, Jeanette. K, Nancy Hedberg and Ron Zacharski (1993) "Cognitive status and the form of referring expressions in discourse," *Language* 69, 274–307.

Gunlogson, Christine (2001) *True to Form: Rising and Falling Declaratives as Questions in English*, Routledge, New York.

Gutzmann, Daniel (2015) *Use-Conditional Meaning: Studies in Multidimensional Semantics*, Oxford University Press, Oxford.

Hanks, Peter (2018) "Types of speech acts," *New Work on Speech Acts*, ed. by Daniel Fogel, Daniel Harris and Matt Moss, 123–143, Oxford University Press, Oxford.

Haugh, Michael (2007) "The co-constitution of politeness implicature in conversation," *Journal of Pragmatics* 39, 84–110.

Haugh, Michael (2015) *Im/politeness Implicatures*, De Gruyter Mouton, Berlin.

Hawkins, John A. (1991) "On (In)definite articles: implicatures and (un)grammaticality prediction." *Journal of Linguistics* 27, 405–442.

Heim, Irene R. (1982) *The Semantics of Definite and Indefinite Noun Phrases*, Doctoral dissertation, University of Massachusetts, Amherst.

Heim, Irene and Angelika Kratzer (1998) *Semantics in Generative Grammar*, Blackwell, Malden.

Hill, Virginia (2007) "Vocatives and pragmatics-syntax interface, *Lingua* 117, 2077–2105.

Hill, Virginia (2013) "Features and strategies: the internal syntax of vocative phrases," *Vocative!: Addressing Between System and Performance*, ed. by Barbara Sonnenhauser and Patrizia Noel Aziz Hanna, 133–155, De Gruyter Mouton, Berlin.

平田一郎 (2018)「指示表現のレトリック」『語用論研究』20, 62–81.

Hirata, Ichiro (2021) "Implicatures of vocatives and their theoretical implications," *English Linguistics* 37, 161–192

Hirata, Ichiro (2023a) "Implicatures of proper name vocatives in English," *Journal of Pragmatics* 207, 28–44.

平田一郎 (2023b)「慣習的推意の神話について」平田一郎，行田勇，保坂道雄，江連和章（編）『ことばの謎に挑む―高見健一教授に捧げる論文集』303–313, 開拓社

Hirata, Ichiro (2023c) "On unsuccessful utterances in pragmatics," *Journal of Pragmatics* 216, 48–63.

Horn, Laurence R. (1984) "Toward a new taxonomy for pragmatic inference: Q-based and R-based implicature," *Meaning, Form and Use in Context: Linguistic Applications*, ed. by In Deborah Schiffrin, 11–42, Georgetown University Press, Washington, District of Columbia.

Horn, Laurence R. (2004) "Implicature," *The Handbook of Pragmatics*, ed. by Laurence R. Horn and Gergory Ward, 3–28, Blackwell, Oxford.

Horn, Laurence R. (2006) "The border wars: a neo-Gricean perspective, *Where Semantics Meets Pragmatics*, ed. by Ken Turner and Klaus von Heu-singer, 21–48, Elsevier, Oxford.

Horn, Laurence, R. (2009) "WJ-40: implicature, truth and meaning," *International Review of Pragmatics* 1, 3–34.

Hu, Yanwei (2024) "A socio-cognitive reinterpretation of Grice's theory of communication,"

Intercultural Pragmatics 21, 99–119.

Huang, Yang (2014) *Pragmatics*, 2nd ed., Oxford University Press, Oxford.

Huddleston, Rodney and Geoffrey K. Pullum (2002) *The Cambridge Grammar of the English Language*, Cambridge University Press, Cambridge.

Iigo, Mimoe (2021) "The epithet fucking and conventional implicatures," *Gakushuin Daigaku Eibungakkai-shi 2020*, 47–66, Gakushuin University.

Jary, Mark (1998) "Relevance theory and the communication of politeness," *Journal of Pragmatics* 30, 1–19.

Jucker, Andreas H. (2015) "Pragmatics of fiction: literary use of *uh* and *um*," *Journal of Pragmatics* 86, 63–67.

Jucker, Andreas H. and Miriam A. Locher (2017) "Introducing pragmatics of fiction: approaches, trends and developments," *Pragmatics of Fiction: Approaches, Trends and Developments*, ed. by Miriam A. Locher and Andreas H. Jucker, 1–21, De Gruyter Mouton.

Kallia, Alexandra (2004) "Linguistic politeness: the implicature approach," *Multilingua* 23, 145–169.

Kamp, Hans (1981) "A theory of truth and semantic representation," *Formal Methods in the Study of Language*, ed. by Jeroen Groenendijk, Theo Janssen and Martin Stokhof, 277–322, Foris, Dordrecht.

Kaplan, David (1999) "The meaning of *ouch* and *oops*: explorations in the theory of meaning as use," 2004 version, Ms., University of California, Los Angeles.

Karttunen, Lauri and Stanley Peters (1979) "Conventional implicature," *Presupposition, Syntax and semantics 11*, ed. by Choon-Kyu Oh and David A. Dinneen, 1–56, Academic Press, New York.

Kemmerling, Andreas (2001) "Gricy actions," *Paul Grice Heritage*, ed. by Giovanna Cosenza, 73–99, Brepols, Turnhout.

Klein, Ewan and Ivan A. Sag (1985) "Type-driven translation," *Linguistics and Philosophy* 8, 163–201.

Krifka, Manfred (2001) "For a structured meaning account of questions and answers," *Audiatur Vox Sapientiae: A Festschrift for Arnim von Stechow*, ed. by Caroline Féry and Wolfgang Sternefeld, 289–319, Akademie Verlag, Berlin.

Krifka, Manfred (2019) "Commitments and beyond," *Theoretical Linguistics* 45, 73–91.

Krifka, Manfred (2024) "Structure and interpretation of declarative sentences," *Journal of Pragmatics* 226, 51–63.

窪薗晴夫 (2021)『一般言語学から見た日本語のプロソディー―鹿児島方言を中心に』くろしお出版

Kubozono, Haruo (2022) "Interactions between lexical and postlexical tones: evidence from Japanese vocative prosody," *Prosody and Prosodic Interfaces*, ed. by Haruo Kubozono, Junko Ito and Armin Mester, 249–281, Oxford University Press, Oxford.

窪薗晴夫 (2023)「日本語プロソディーに見られる語用論的側面」平田一郎，行田勇，保坂道雄，江連和章（編）『ことばの謎に挑む―高見健一教授に捧げる論文集』41–52, 開拓社

Lai, Vicky T., Roel M. Willems and Peter Hagoort (2015) "Feel between the lines: implied emotion in sentence comprehension," *Journal of Cognitive Neuroscience* 27, 1528–1541.

Lakoff, George (1973) "Hedges: a study in meaning criteria and the logic of fuzzy concepts," *Journal of Philosophical Logic* 2, 458–508.

Lakoff, Robin (1972) "Language in context," *Language* 48, 907–927.

Lakoff, Robin (1973) "The logic of politeness, or minding your p's and q's," *Papers from the Ninth Regional Meeting of the Chicago Linguistic Society*, 292–305, Chicago Linguistic Society, Chicago.

Lakoff, Robin (1974) "Remarks on 'this' and 'that'." *Papers from the Tenth Regional Meeting of the Chicago Linguistic Society*, 345–356, Chicago Linguistic Society, Chicago.

Landman, Fred (1989) "Groups," *Linguistics and Philosophy* 12, 559–605, 723–744.

Larson, Brian (2018) "Bridging rhetoric and pragmatics with relevance theory," *Relevance and Irrelevance: Theories, Factors and Challenges*, ed. by Jan Strassheim and Hisashi Nasu, 69–96, De Gruyter Mouton, Berlin.

Larson, Richard K. and Gabriel M. A. Segal (1995) *Knowledge of Meaning: An Introduction to Semantic Theory*, MIT Press, Cambridge MA.

Lee, James J. and Steven Pinker (2010) "Rationales for indirect speech: the theory of the strategic speaker," *Psychological Review* 117, 785–807.

Leech, Geoffrey (1983) *Principles of Pragmatics*, Longman, London.

Leech, Geoffrey (1999) "The distribution and function of vocatives in American and British English conversation," *Out of Corpora: Studies in Honour of Stig Johansson*, ed. by Hilde Hasselgård and Signe Oksefjell, 107–118, Rodopi, Amsterdam.

Leech, Geoffrey (2014) *The Pragmatics of Politeness*, Oxford University Press, Oxford.

Levinson, Stephen C. (1979) "Pragmatics and social deixis: reclaiming the notion of conventional implicature," *Proceedings of the Fifth Annual Meeting of the Berkley Linguistics Society*, 206–223.

Levinson, Stephen C. (1983) *Pragmatics*, Cambridge University Press, Cambridge.

Levinson, Stephen C. (2000) *Presumptive Meanings: The Theory of Generalized Conversational Implicature*, MIT Press, Cambridge, MA.

Lewis, Davind (1969) *Convention*, Harvard University Press, Cambridge, Massachusetts.

Lewis, David (1979) "Scorekeeping in a language game," *Journal of Philosophical Logic*, 8, 339–359.

Loar, Brian (2001) "The supervenience social meaning on speaker's meaning," *Paul Grice's Heritage*, ed. by Giovanna Cosenza, 101–113, Brepols, Turnhout.

Locher, Miriam (2004) *Power and Politeness in Action: Disagreements in Oral Communication*, De

Gruyter Mouton, Berlin.
Locher, Miriam (2006) "Polite behavior within relational work: the discursive approach to politeness," *Multilingua* 25, 249–267.
López, Luis (2023) "Assertion and truth default," *Journal of Pragmatics* 203, 17–31.
Lyons, John (1977) *Semantics*, Cambridge University Press, Cambridge.
Lyons, John (1995) *Linguistic Semantics: An Introduction*, Cambridge University Press, Cambridge.
Malcom, Norman (1949) "Defending common sense," *The Philosophical Review* 58, 201–220.
Matsumoto, Yoshiko (1988) "Reexamination of the universality of face," *Journal of Pragmatics* 12: 403–426.
Matsumoto, Yoshiko (1989) "Politeness and conversational universals: observations from Japanese," *Multilingua* 8, 207–221.
McCarthy, Michael and Anne O'Keeffe (2003) "'What's in a name?': vocatives in casual conversations and radio phone-in calls," *Corpus Analysis: Language Structure and Language Use*, ed. by Pepi Leistyna and Charles F. Meyer, 153–185, Rodopi, Amsterdam.
McCready, Eric (2010) "Varieties of conventional implicature," *Semantics and Pragmatics* 3, 1–57.
McCready, Eric (2014) "A semantics for honorifics with reference to Thai, *Proceedings of Pacific Asia Conference on Language, Information and Computing 28*, 503–512.
McDowell, John (2006) "Response to Heck," *McDowell and His Critics*, ed. by Cynthia Macdonald and Graham Macdonald, 45–49, Blackwell, Oxford.
Mey, Jacob L. (2001) *Pragmatics: An Introduction*, 2nd ed., Blackwell, Oxford.
三木那由他 (2019)『話し手の意味の真理性と公共性』勁草書房
三木那由他 (2022)『グライス 理性の哲学―コミュニケーションから形而上学まで』勁草書房
三牧陽子 (2013)『ポライトネスの談話分析―初対面コミュニケーションの姿としくみ』くろしお出版
Montague, Richard (1973) "The proper treatment of quantification in ordinary English," *Approaches to Natural Language*, ed. by Patrick Suppes, Julius Moravcsik and Jaakko Hintikka, 221–242, Reidel, Dordrecht.
Murray, Sarah E. (2010) *Evidentiality and the Structure of Speech Acts*, Doctoral dissertation, Rutgers University, New Brunswick, New Jersey.
Murray, Sarah E. (2014) "Varieties of update," *Semantics and Pragmatics* 7, 1–53.
Murray, Sarah E. and William B. Starr (2018) "Force and conversational states," *New Work on Speech Acts*, ed. by Daniel Fogal, Daniel W. Harris and Matt Moss, 202–236, Oxford University Press, Oxford.
Murray, Sarah E and William B. Starr (2021) "The structure of communicative acts," *Linguistics and Philosophy* 44, 425–474.

Neale, Stephen (1992) "Paul Grice and the philosophy of language," *Linguistics and Philosophy* 15, 509–559.

Neale, Stephen (1999) "Coloring and composition," *Philosophy and linguistics*, ed. by Kumiko Murasugi and Robert Stainton, 35–84, Westview Press, Boulder.

Neale, Stephen (2001) "Implicature and coloring," *Paul Grice's Heritage*, ed. by Giovanna Cosenza, 139–184, Brepols, Turnhout.

Norrick, Neal R. and Claudia Bubel (2005) "On the pragmatics of direct address in conversation," *Lodz Papers in Pragmatics* 1, 159–178.

小田希望 (2010)『英語の呼びかけ語』大阪教育図書

Padilla Cruz, Manuel (2007) "Metarepresentations and phatic utterances: a pragmatic proposal about the generation of solidarity between interlocutors, *Current Trends in Pragmatics*, ed. by Piotr Cap and Joanna Nijakowska, 110–128, Cambridge Scholars Publishing, Newcastle.

Palacios Martínez, Ignacio (2018) "Help me move to that, blood: a corpus-based study of the syntax and pragmatics of vocatives in the language of British teenagers," *Journal of Pragmatics* 130, 33–50.

Petrus, Klaus (2010) "Introduction: Paul Grice, philosopher of language, but more than that," *Meaning and Analysis: New Essays on Grice*, ed. by Klaus Petrus, 1–30, Palgrave Macmillan, Basingstoke.

Pfister, Jonas (2010) "Is there a need for a maxim of politeness?" *Journal of Pragmatics* 42, 1266–1282.

Piazza, Roberta (2006) "The representation of conflict in the discourse of Italian melodrama," *Journal of Pragmatics* 38, 2087–2104.

Pilkington, Adrian (2000) *Poetic Effects: A Relevance Theory Perspective*, John Benjamin, Amsterdam.

Pilkington, Adrian (2010) "Metaphor comprehension: some questions for current accounts in relevance theory," *Explicit Communication: Robyn Carston's Pragmatics*, ed. by Belén Soria and Esther Romero, 156–171, Palgrave Macmillan, Basingstoke.

Pinker, Steven (2007) "The evolutionary social psychology of off-record indirect speech acts," *Intercultural Pragmatics* 4, 437–461.

Piskorska, Agnieszka (2016) "Perlocutionary effects and relevance theory," *Relevance Theory: Recent Developments, Current Challenges and Future Directions*, ed. by Manuel Padilla Cruz, 287–305, John Benjamins, Amsterdam.

Plunze, Christian (2010) "Speaker-meaning and the logic of communicative acts," *Meaning and Analysis: New Essays on Grice*, ed. by Klaus Petrus, 235–251, Palgrave Macmillan, Basingstoke.

Poesio, Massimo and David Traum (1998) "Toward axiomatization of dialogue acts," *Formal Semantics and Pragmatics of Dialogue, Proceedings of Twendial' 98*, 207–221.

Portner, Paul (2004) "The semantics of imperatives within a theory of clause types," *Proceedings of Semantics and Linguistic Theory 14*, 235–252, Cornel University Linguistics Department, CLC Publications, Cornel.

Portner, Paul (2005) *What is Meaning?: Fundamentals of Formal Semantics*, Blackwell, Oxford.

Portner, Paul (2007) "Instructions for interpretation as separate performatives," *On Information Structure, Meaning and Form*, ed. by Kerstin Schwabe and Susanne Winkler, 407–426, John Benjamins, Amsterdam.

Portner, Paul (2018a) "Commitment to priorities," *New Work on Speech Acts*, ed. by Daniel Fogal, Daniel W. Harris and Matt Moss, 296–316, Oxford University Press, Oxford.

Portner, Paul (2018b) *Mood*, Oxford University Press, Oxford.

Portner, Paul, Miok Pak and Raffaella Zanuttini (2019) "The addressee at the syntax-semantics interface: evidence from politeness and speech style," *Language* 95, 1–36.

Potts, Christopher (2003) "Expressive content as conventional implicature," *North East Linguistic Society* 33, 303–322.

Potts, Christopher (2005) *The Logic of Conventional Implicatures*, Oxford University Press, Oxford.

Potts, Christopher (2007) "The expressive dimension," *Theoretical Linguistics* 33, 165–198.

Potts, Christopher and Shigeto Kawahara (2004) "Japanese honorifics as emotive definite descriptions," *Proceedings of Semantics and Linguistic Theory 14*, 235–254.

Prince, Ellen F. (1981) "Toward a taxonomy of given-new information," *Radical Pragmatics*, ed. by Peter Cole, 223–256. New York: Academic Press.

Quirk, Randolph, Sidney Greenbaum, Geoffrey Leech and Jan Svartvik (1985) *A Comprehensive Grammar of the English Language*, Longman, Essex.

Recanati, François (2004) *Literal Meaning*, Cambridge University Press, Cambridge.

Rett, Jessica (2015) *The Semantics of Evaluativity*, Oxford University Press, Oxford.

Rett, Jessica (2020) "Manner implicatures and how to spot them," *International Review of Pragmatics* 12, 44–79.

Rett, Jessica (2021) "The semantics of emotive markers and other illocutionary content," *Journal of Semantics* 38, 305–340.

Ruhi, Şükriye (2007) "Higher order intentions and self-politeness in evaluations of (im)politeness: the relevance of compliment responses," *Australian Journal of Linguistics* 27, 107–145.

Russell, Bertrand (1905) "On denoting," *Mind* 14, 479–493.

Ryle, Gilbert (1969) *The Concept of Mind*, Hutchinson, London.

笹川洋子 (2016)『日本語のポライトネス再考』春風社

Saul, Jennifer M. (2002) "Speaker meaning, what is said and what is implicated," *Noûs* 36, 228–248

Sawada, Osamu (2018) *Pragmatic Aspects of Scalar Modifiers*, Oxford University Press, Oxford.

Schiffer, Stephen (1972) *Meaning*, Clarendon Press, Oxford.

Searle, John R. (1966) "Assertions and aberrations," *British Analytical Philosophy*, ed. by Bernard Williams and Alan Montefiore, 41–54, Routledge and Kegan Paul, London.

Searle, John R. (1969) *Speech Acts*, Cambridge University Press, Cambridge. (『言語行為―言語哲学への試論』坂本百大, 土屋俊訳　勁草書房　1986)

Searle, John R. (1975a) "Indirect speech acts," *Speech Acts, Syntax and Semantics 3*, ed. by Peter Cole, 59–82, Academic Press, New York, 59–82.

Searle, John R. (1975b) "A taxonomy of illocutionary acts," *Language, Mind and Knowledge (Minnesota Studies in the Philosophy of Science 7)*, ed by Keith Gunderson, 344–369, University of Minnesota Press, Minneapolis.

Searle, John R. (1979) *Expression and Meaning*, Cambridge University Press, Cambridge.

Searle, John R. and Daniel Vanderveken (1985) *Foundations of Illocutionary Logic*, Cambridge University Press, Cambridge.

Sidnell, Jack and N. J. Enfield (2017) "Deixis," *The Oxford Handbook of Pragmatics*, ed. by Yan Huang, 217–239, Oxford University Press, Oxford.

Silverstein, Michael (1976) "Shifters, linguistic categories and cultural description," *Meaning in Anthropology*, ed. by Keith H. Basso and Henry A. Selby, 11–55, University of New Mexico Press, Albuquerque.

白井件一郎 (1991)『自然言語の意味論―モンタギューから「状況」への展開』産業図書

Sonnenhauser, Barbara and Patrizia Noel Aziz Hanna (2013) "Introduction: vocative!" *Vocative!: Addressing Between System and Performance*, ed. by Barbara Sonnenhauser and Patrizia Noel Aziz Hanna, 1–24, De Gruyter Mouton, Berlin.

Sperber, Dan, and Deirdre Wilson (1986/1995) *Relevance: Communication and Cognition*, Blackwell, Oxford.

Sperber, Dan and Deirdre Wilson (2002) "Pragmatics, modularity and mindreading," *Mind and Language* 17, 3–23

Spitz, Alice (2005) *Power Plays: The Representation of Mother-Daughter Disputes in Contemporary Plays by Women, A Study in Discourse Analysis*, Doctoral dissertation, Saarland University, Saarland.

Stalnaker, Robert C. (1974) "Pragmatic presupposition," *Semantics and Philosophy*, ed. by Milton Karl Munitz and Peter K. Unger, 197–213, New York University Press, New York.

Stalnaker, Robert C. (1978) "Assertion," *Pragmatics, Syntax and Semantics 9*, ed. by Peter Cole, 315–332, Academic Press, New York.

Stalnaker, Robert C. (1999) *Context and Content*, Oxford University Press, Oxford.

Stalnaker, Robert C. (2002) "Common ground," *Linguistics and Philosophy* 25, 701–721.

Stalnaker, Robert C. (2008) "A response to Abbott on presuppositions and common ground," *Linguistics and Philosophy* 31, 539–544.

Stalnaker, Robert C. (2014) *Context*, Oxford University Press, Oxford.

Stankiewicz, Edward (1964) "Problems of emotive language," *Approaches to Semiotics: Cultural Anthropology, Education, Linguistics, Psychiatry, Psychology,* ed. by Thomas Sebeok, Alfred S. Hayes and Mary Catherine Bateson, 239–276, Mouton, the Hague.
Stevenson, Charles L. (1937) "The emotive meaning of ethical terms," *Mind* 46, 14–31.
Straehle, Carolyn A. (1993) "'Samuel?' 'Yes, Dear?': teasing and conversational rapport," *Framing in Discourse,* ed. by Deborah Tannen, 210–230, Oxford University Press, Oxford.
Strawson, Peter F. (1950) "On referring," *Mind* 59, 320–344.
Strawson, Peter F. (1952) *Introduction to Logical Theory,* Methuen, London.
Strawson, Peter F. (1964) "Intention and convention in speech acts," *The Philosophical Review* 73, 439–460.
Strawson, Peter F. (1971) *Logico-Linguistic Papers,* Methuen, London.
Sullivan, Arthur (2023) "Are there non-propositional implicatures?" *The Philosophical Quarterly* 73, 580–601.
Swan, Michael (2005) *Practical English Usage,* 3rd ed., Oxford University Press, Oxford.
Taylor, John R. (2003) *Linguistic Categorization,* 3rd ed., Oxford University Press, Oxford.
Terkourafi, Maria (2001) *Politeness in Cypriot Greek: A Frame-based Approach,* Doctoral dissertation, University of Cambridge, Cambridge, the United Kingdom.
Terkourafi, Maria (2005) "Pragmatic correlates of frequency of use: the case for a notion of minimal context," *Reviewing Linguistic Thought: Converging Trends for the 21st Century.* ed. by Sophia Marmaridou, Kiki Nikiforidou and Eleni Antonopoulou, 209–233, De Gruyter Mouton, Berlin.
Terkourafi, Maria (2008) "Toward a unified theory of politeness, impoliteness and rudeness," *Impoliteness in Language: Studies on Its Interplay with Theory and Practice,* ed. by Derek Bousfield and Miriam A. Locher, 45–74, De Gruyter Mouton, Berlin.
Terkourafi, Maria (2012) "Politeness and pragmatics," *The Cambridge Handbook of Pragmatics,* ed. by Keith Allan and Kasia M. Jaszczolt, 617–637, Cambridge University Press, Cambridge.
Tomasello, Michael (2008) *Origins of Human Communication,* MIT Press, Cambridge, Massachusetts.
Ungerer, Frederich (1997) "Emotions and emotional language in English and German news stories," *The Language of Emotions: Conceptualization, Expression and Theoretical Foundation,* ed. by Susanne Niemeier and René Dirven, 307–328, John Benjamins, Amsterdam.
Usami, Mayumi (2002) *Discourse Politeness in Japanese Conversation: Some Implications for a Universal Theory of Politeness,* Hituzi Syobo, Tokyo.
van Berkum, Jos J. A. (2018) "Language comprehension, emotion and society," *The Oxford Handbook of Psycholinguistics,* 2nd ed., 644–669, Oxford University Press, Oxford.
Van Olmen, Andersson Daniel and Jonathan Culpeper (2023) "Inherent linguistic impoliteness: the case of insultive you+np in Dutch, English and Polish, *Journal of Pragmatics* 215, 22–40.
Vanderveken, Daniel (1990) *Meaning and Speech Acts: Volume 1, Principles of Language Use,*

Cambridge University Press, Cambridge.
Veltman, Frank (1996) "Defaults in update semantics," *Journal of Philosophical Logic* 25, 221–261.
渡部美喜子 (2007)「隠喩と意味」修士論文, 北海道大学
Watts, Richard (2003) *Politeness*, Cambridge University Press, Cambridge.
Watts, Richard (2005) "Linguistic politeness research: *Quo vadis?*" *Politeness in Language: Studies in Its History, Theory and Practice*, 2nd ed., ed. by Richard Watts, Sachiko Ide and Konrad Ehlich, xi–xlvii, De Gruyter Mouton, Berlin.
Wharton, Tim (2002) "Paul Grice, saying and meaning," *UCL Working Papers in Linguistics* 14, 207–248.
Wharton, Tim (2009) *Pragmatics and Non-verbal Communication*, Cambridge University Press, Cambridge.
Wharton, Tim and Claudia Strey (2019) "Slave to the passions: making emotions relevant," *Relevance: Pragmatics and Interpretation*, ed. by Kate Scott, Billy Clark and Robyn Carston, 253–267, Cambridge University Press, Cambridge.
Wierzbicka, Anna (1972) *Semantic Primitives*, Athenäum Verlag, Geschäftssitz.
Wilson, Deidre and Dan Sperber (1993) "Linguistic form and relevance," *Lingua* 90, 1–25.
Wittgenstein, Ludwig (1953) *Philosophische Untersuchungen*, Blackwell, Oxford.
Wolfson, Nessa and Joan Manes (1980). "Don't dear me!" *Women and Language in Literature and Society*, ed. by Sally McConell-Ginet, Roth Boker and Nelly Furman, 79–92, Praeger, New York.
Yamada, Akitaka (2019) *The Syntax, Semantics and Pragmatics of Japanese Addressee-honorific Markers*, Doctoral dissertation, Georgetown University, Washington, Washington, District of Columbia.
Yoon, Erica J., Michael Henry Tessler, Noah D. Goodman and Michael C. Frank (2020) "Polite speech emerges from competing social goals," *Open Mind: Discoveries in Cognitive Science* 4, 71–89.
Yus, Francisco (2017) "Contextual constraints and non-propositional effects in WhatsApp communication," *Journal of Pragmatics* 114, 66–86.
Yus, Francisco, (2018) "Attaching feelings and emotions to propositions: some insights on irony and internet communication," *Russian Journal of Linguistics* 22, 94–107.
Zufferey, Sandrine, Jacques Moeschler and Anne Reboul (2019) *Implicatures*, Cambridge University Press, Cambridge.
Zwicky, Arnold M. (1974) "Hey, whatsyourname!" *Papers from the Tenth Regional Meeting of the Chicago Linguistic Society*, 787–801, Chicago Linguistic Society, Chicago.

コーパス
The British National Corpus (BNC)
The Corpus of Contemporary American English (COCA)

映画

Another Cinderella Story, 2008, Warner Brothers.
Groundhog Day, 1993, Columbia Pictures.
17 Again, 2000, Showtime Networks.

テレビ番組

"Good moms gone wild," *8 Simple Rules*, Season 1. 2003, Shady Acres Entertainment.
"Rory's got a girlfriend," *8 Simple Rules*, Season 1. 2002, Shady Acres Entertainment.
"Trick or treehouse," *8 Simple Rules*, Season 1. 2002, Shady Acres Entertainment.
"The one with the boobies, *Friends*, Season 1. 1995, Warner Bros. Television Studios.
"The one with the monkey," *Friends*, Season 1. 1994, Warner Bros. Television Studios.
"The one with Joey's new girlfriend," *Friends*, Season 4. 1997, Warner Bros. Television Studios.
"The one with the cuffs," *Friends*, Season 4. 1997, Warner Bros. Television Studios.
"The one where Estelle dies," *Friends*, Season 10. 2004, Warner Bros. Television Studios.
"Mad Max," *Fuller House*, Season 1. 2016, Warner Bros. Television Studios.
"Concert interrupts," *Gilmore Girls*, Season 1. 2001, Warner Bros. Television Studios.
"Secrets and loans," *Gilmore Girls*, Season 2. 2002, Warner Bros. Television Studios.
"Torn between two Hannahs," *Hannah Montana*, Season 1. 2006, It's a Laugh Productions.
"You are so sue-able to me," *Hannah Montana*, Season 2. 2007, It's a Laugh Productions.
"First time in New York," *How I Met Your Mother*, Season 2. 2007, 20th Century Fox Television.
"Do I know you?" *How I Met Your Mother*, Season 4. 2008, 20th Century Fox Television.
"The end of the beginning," *Laguna Beach*, Season 2. 2005, Go Go Luckey Productions.
"Beauty pageant," *Parks and Recreation*, Season 2. 2009, Deedle-Dee Productions.
"Prom night," *That '70s Show*, Season 1. 1999, The Carsey-Werner Company.
"Kitty's birthday," *That '70s Show*, Season 3. 2001, The Carsey-Werner Company.
"The forgotten son," *That '70s Show*, Season 4. 2001, The Carsey-Werner Company.
"The Spock resonance" *The Big Bang Theory*, Season 9. 2015, Warner Bros. Television Studios.
"Xmas party," *The Inbetweeners*, Season 1. 2008, Bwark Productions.
"If my hole could talk," *Two and a Half Men*, Season 5. 2008, Warner Bros. Television Studios.
"And how they met," *2 Broke Girls*, Season 1. 2011, Warner Bros. Television Studios.
"And the break-up scene," *2 Broke Girls*, Season 1. 2011. Warner Bros. Television Studios.
"Head case," *Will and Grace*, Season 1. 1998, NBC Studios.
"Eleven years later," *Will and Grace, the Revival*, Season 1. 2017, Universal Pictures Television LLC.
"A brisket, voodoo and cannonball run," *Young Sheldon*, Season 1. 2017, Warner Bros. Television Studios.

おわりに

　私たちは言葉によって聞き手の感情や心理に影響を与えようとすることがある。言葉で、人を励まし、人を喜ばせ、人を慈しみ、人を慰めようとすることがある。言葉で、人を傷つけ、悲しませ、卑しめ、貶めようとすることもある。また言葉の中には、命題的な意味のやり取りとは関係のない、もっぱら心理的・感情的なやりとりに関係する機能がある。このごくたわいもない観察が本書の出発点であった。

　言葉の意味の研究は、発話の命題的な側面を中心に進められてきた。命題的な発話によって聞き手に命題的な影響を及ぼすという情報伝達の機能が、現在有力な意味論・語用論の主な関心事である。しかし語用論の礎を築いた Grice の研究を注意深く検証すると、言語機能の心理的な側面が決して除外されていないのであった。Grice の理論には、言葉による心理的な側面を取り込む余地が残されている。

　Grice の意味論・語用論で最も広く知られ、理解されているのは協調の原理とその格率である。こちらは主に言葉による命題的なやり取りに関心の中心がある。しかし Grice が唱えたもう1つの重要な概念である非自然的な意味（非自然的に意味すること）に目を向けてみると、非命題的な言語要素も心理的な聞き手の反応もともに非自然的な意味の構成要素となっているのであった。本書では、非自然的な意味のこの懐の深さを再評価し、協調の原理と調和させながら非命題的な言語要素の働きと話者が聞き手に期待する心理的な効果を説明することを試みた。

　議論を内容から三部に分けた。第1部では、非命題的・心理的な言語行動を理論的にしっかり位置付けながら Grice の意味論・語用論の全体像を示した。話者が聞き手に期待する心理的反応、発話の力、そして uptake という3つの考え方を広く知られている Grice の理論に付け加えることを提案した。

　第2部では、第1部で Grice の理論に追加した3つの考え方を、Grice の

論文を詳しく読み解くことで正当化した。話者が聞き手に期待する心理的反応と発話の力は、Grice の非自然的な意味の定義の中に含みこまれていることを指摘した。uptake に関しては、Grice (1989) の序論 (Prolegomena) にてがかりがあると指摘した。

第2部では、他の意味論・語用論と Grice の考え方の理論的な関係も検討した。検討した理論は、形式意味論、発語行為理論、neo-Gricean の語用論、post-Gricean の語用論（関連性理論）などである。そして形式意味論の流れをくむ動的意味論・動的語用論の重要な概念である前提と共通基盤が、Grice が 1967 年に Harvard 大学で行った William James Lectures に起源があることを指摘し、Grice の非自然的な意味を動的意味論・動的語用論の文脈で議論することの根拠とした。

第3部では、第1部で展開した理論を具体的な現象の分析に適用した。大げさ表現、隠喩、控えめ表現、皮肉などの質の格率違反によって推意が生まれる例に関して、発話自体の命題から心理的反応の期待（心理的推意）が生まれていると主張した。話者が発話の命題自体から心理的推意を生み出すことを意図することがあり、それが聞き手に伝わらない場合、話者が発話を不成功と判断することを指摘した。これは心理的な反応の期待が、確かに非自然的な意味の一部であることを示す重要な経験的根拠である。

ライプニッツの法則の下で、指示表現が命題よりも下のレベルで協調の原理と格率との相互作用から推意を生むことを確認した。これは非命題的な要素が推意を生むことの最も明瞭な経験的事実の1つである。同様に非命題的な言語行動の典型である呼びかけが、間接的心理反応の期待（心理的推意）を生む様々な例を指摘した。

ポライトネス現象の大部分が、心理的反応の期待の下位範疇として説明ができる可能性も示唆した。同時に、話者が聞き手に期待する反応やその意図を知らせようとしているかという R-intention という観点から、非自然的意味から外れる現象がポライトネスに含まれることも確認した。それでも Grice の提唱する非自然的意味が、ポライトネスの理論の構築やデータの整理に重要な役割を果たすことになると主張した。

以上が、本書で目指した意味論・語用論の理論的な貢献である。本書で

は、もう1つ、語用論的意味を目に見える形で整理することも目指した。本書で提案した語用論的意味の整理法が、読者が本書で提案している分析の及ばない点、誤り、代替案などを考えたり、本書では扱っていない現象を分析する際に役立ってくれることを願って、おわりの言葉とする。

索引

A
address　　277, 306
air quote　　83
amuse　　98
amused　　86
annoy　　97, 98
as if to say（何かを言ったふり）　　39
associative →連想的
as による挿入句　　155
at-issue content　　155

B
baseline　　286

C
call　　277, 306
CG　　138, 147, 163, 227, 243
CI →慣習的推意
cognitive effect　　194
collocation　　203
connotation　　160
constitutive rule　　231
contextual anticipatory schemata　　289
contextual effect　　194
convention（慣習）　　91
conventional →慣習的

D
D　　330
DC　　148
default　　244, 286
depressed　　103
dictive　　192
disappointed　　104
distressed　　86

dossier　　289

E
emotive communication　　98
emotive meaning　　267
encyclopedic knowledge　　289
entail　　258
exasperate　　98
expressive vocative　　273
extension　　100

F
face threatening act　　327
Färbung/coloring（彩）　　178
felicity condition　　204, 207
FiN　　284
finger quote　　83
first meaning　　196
FN　　284
F(p)　　28
FTA　　327
f-uptake　　223, 225, 226, 228, 234

G
GCI →一般化された会話の推意
Gricean circle（Grice の循環）　　99
Gricean mechanism
　　→グライスのメカニズム

H
HA(p)　　23
happy　　103
Horn scale　　47, 189, 276, 284
humiliated　　86, 134

I
I 原理　　100
iconic →イコン的
impliciture　　194
impolite →インポライト
impress　　102

indignant 86
infelicitous 244
interactional implicature 267
IQ テスト 151
irritate 102
item^M 262
item^M『』 30

M
M 原理 100
M「」 21, 83
M『』 21, 83
marked 246, 346
meiosis 189
minimal context 289
M-intend 77, 80, 123
M-intention 77
Modified Occam's Razor 8, 49

N
negative face →ネガティブ・フェイス
neo-Gricean 13, 99
non-conventional implicature
　→非慣習的推意
non-uptake 223, 224, 229

O
Occam's Razor 8
offend 102
off record →オフレコード
ordinary language philosophy 205
overjoy 104

P
P 330
PCI →特殊化された会話の推意
pointless 225
positive face →ポジティブ・フェイス
post-Gricean 13, 14, 99, 100
predicative 238
preparatory condition 207

Prolegomena 131, 216
propositional meaning 267
proposition expressed 194
prosody 273

Q
Q 原理 100

R
R 原理 100
RA 327, 329
RA+ 329, 338, 339, 344, 345
redressive action 327, 329
referential expression 238
Retrospective Epilogue →回顧的あとがき
R-intend 74, 199, 215, 222, 279, 351
R-intention 74, 81, 332
Rx 330

S
scale 255, 296, 299
second meaning 196
selectional restriction 203
SFiN 284
SI →標準推意
situation comedy 105
summon 277
s-uptake 223, 225, 226, 228, 234
synonymous 160

T
the logic of conventional implicature
　→慣習的推意の論理
(title) FaN 284
tired 103

U
unmarked 287, 346
uptake 66, 171, 204, 221, 232

V

vocative 269
v-uptake 223, 224, 225

W

what is said 33, 44, 81, 84, 90, 95, 113, 118, 123, 129, 131, 142, 167, 184, 191, 250, 263, 280
Wx 330

あ

アドホック概念(ad hoc concept) 194

い

イコン的(iconic) 91, 93, 281
一階の発語行為(ground floor speech act) 131
一般化された会話の推意(GCI: generalized conversational implicature) 44, 65, 84, 99, 128, 135, 136, 142, 167, 178, 255, 332
意図明示的推論の伝達行為(ostensive-inferential communication) 74, 133
意味作用全体(total signification) 114, 132
意味論的 204
意味論的意味 175
インポライト(impolite) 275, 331
インポライトネス 335, 353
隠喩 103, 185, 188, 195, 310
隠喩表現(metaphor) 39

お

オフレコード(off record) 327, 329, 343
オフレコード・ストラテジー 341
オンレコード 327

か

外延(denotation) 100
回顧的あとがき(Retrospective Epilogue) 94, 146, 192
会話の格率(conversational maxim) 168
確定記述表現 176
格率の違反 265
関係性(relation)の格率 33, 50, 53, 58, 66, 117, 136, 222
慣習的(conventional) 130, 142, 281
慣習的推意(CI) 84, 131, 135, 137, 263, 274, 332
慣習的推意の論理(the logic of conventional implicature) 156, 163
感情状態(affective state) 104
感情表出的意味 63
感情表出的呼びかけ語 273
感情表出的指定 308, 313
感情表出的指標(expressive index) 165
感情表出的な意味 6
感情表出的な評価(expressive level) 165
感情表出的な表現 90, 132, 139, 156, 157, 160, 167, 239, 250, 262
間接引用テスト(indirect quotation test) 151
間接的心理的効果 65
間接的心理的反応 208, 292
間接的心理的反応の期待 59
間接発語行為 117
完投詞 159
関連性理論(relevance theory) 54, 99, 100, 103, 147, 187, 194

き

聞き手の推意(audience-implicature) 83
聞き手の評価 354
基準 286
疑問(interrogative) 126
境界の争い(border war) 12
協調の原理 33, 53, 64, 176, 216, 253, 324
共通基盤(common ground) 12, 134, 138, 163, 164, 227, 243

く
グライスのメカニズム（the Gricean mechanism） 63, 75

け
敬語 157, 274
警告（warning） 110
形式意味論 101, 162, 243, 324
形態素 321
現象的な状態（phenomenal state） 103
言表性（dictiveness） 95, 192

こ
語彙意味論 166
高次表意（higher-level explicature） 14
公式性（formality） 94
高次の発話行為（higher-order speech-act） 131, 146, 153
更新（update） 163
構成的意味論（compositional semantics） 163, 324
構成的な規則（constitutive rule） 28, 131, 218, 231
呼格 321
誇張表現（hyperbole） 39
コミュニケーション的推定（communicative presumption） 80
固有名詞 283
語用論的 204
語用論的分業（the division of pragmatic labor） 100
コンテクスト上での期待体系 289

さ
再帰的意図（reflexive intention） 74
最小コンテクスト 289

し
自虐 230
ジグソーパズル 62
指示表現 238

自然的な意味 73
質（quality）の格率 33, 94, 128, 183, 200, 264, 267, 274, 306, 315
質の格率違反 82
述語的 238
順序集合（ordered set） 46
準真理条件 307
準備条件 207, 214, 218, 219, 231
庄内言葉 80
人物指定 308
人物調査票 289
真理条件意味論 163
真理条件的な意味 4
心理的 SI 233
心理的反応の期待 83, 324
心理的推意 59, 65, 167, 188, 196, 208, 231, 234, 237, 248, 262, 281, 292
心理的な反応 19, 87, 91, 111, 167, 183, 191, 200, 240, 271, 313

す
推意（implicature） 47, 280
遂行的（performative） 149
ストラテジー 327, 336

せ
是正行為 327, 345
潜在意 194
選択制限 203
前提（presupposition） 135, 137, 140, 151
前提の調停（presupposition accommodation） 143

そ
挿入的な構文 154

た
第 1 意味 196
第 2 意味 196
談話的責務（discourse commitment） 148

ち

中心的な意味(central meaning)　114, 145
中心的な発語行為(central speech-act)　131
直接法　129
陳述(assertive)　126, 219

て

定冠詞　176
定型句　61
定項　243
低次の発語行為(lower-order speech-act)　146, 153
丁寧語　233
定名詞　243
適切性条件　204, 207
手続き的意味(procedural meaning)　147

と

統語的　203
当然視している(presumptive)意味　44
動的意味論　12, 162
動的語用論　12, 162
特殊化された会話の推意(PCI: particularized conversational implicature)　35, 44, 64, 84, 135, 136, 142, 149, 152, 167, 237, 253, 260, 263, 300, 303, 306, 309, 331, 332
特徴 f　89, 124
特徴 F　183
特定の反応 r　78

な

名前　283
名前の呼びかけ語評価基準　290, 293

に

2次的発話の力(second-order illocutionary force)　153
日常言語学派　205, 216

2人称単数代名詞　103, 157, 160, 233
認知効果(文脈効果)　101, 103, 187, 194

ね

ネガティブ・フェイス(negative face)　326
ネガティブ・ポライトネス　327, 328, 339

は

橋渡し(bridging)　49
発見法(heuristics)　100
発語行為　96, 116, 146, 173, 282
発語行為理論　28, 96, 98, 131, 173, 205, 324
発語内行為　97, 173
発語媒介行為　97, 98, 102, 173, 333
発語媒介効果　104
発話修飾詞(utterance modifier)　152
発話の成功条件　223, 231
発話の力　28, 31, 79, 97, 108, 116, 153, 167, 205, 241
発話の命題とは独立した命題　5
発話の命題内容　9
発話の命題の使われ方の指示　5
罵倒語　99, 157
反応 r　86, 89, 111, 118, 124, 133
伴立(entailment)　47, 258

ひ

控えめ表現(meiosis)　39, 185, 189, 200
非自然的な意味　73, 109, 164, 176, 196, 216, 280, 305, 324
非自然的に意味する　140
卑称語　157, 233
非制限的関係詞節　154
皮肉表現(irony)　39, 185, 200
非命題的な what is said　265, 274
非命題的な効果　305
非命題的な発話　305
百科事典的知識　289

評価パラメター　290
表出的（exhibitive）　126
表出命題　194
標準推意（SI: standard implicature）　45,
　52, 54, 58, 65, 91, 92, 133, 186, 196, 200,
　208, 257, 292, 300

ふ
フィクション　104
フェイス　326
不自然　244
付随的な発語行為（the speech-act of
　adding）　131
不成功の発話　204, 215, 220
プラーグ学派　287
無礼　275, 331
文脈効果　194

へ
変項　243

ほ
保持操作子（preservative operator）　151
ポジティブ・ストラテジー　210
ポジティブ・フェイス（positive face）
　326
ポジティブ・ポライトネス　327, 328,
　336
ポライトネス　323
ポライトネス理論　323
ポライトネス・ストラテジー　62

ま
的外れ　225

む
無限後退（infinite regress）　132
無時間的意味（timeless meaning）　175,
　176
無標　244, 246, 251, 286, 346

め
名詞的同格句　155
命題　18
命題態度　22, 122
命題的な反応　18, 191
命題の使い方の指示　109
命題の使われ方の指示　108
命令（imperative）　126
メタ言語　333
メタファー　82

も
モジュール　107, 133
モデル　162

ゆ
有標　246, 251, 297, 346, 355

よ
様態（manner）の格率　33, 48, 115, 237,
　254, 257, 273, 287, 288
抑揚　273
呼びかけ語　269
呼びかけ語の評価基準　299
より限定的な命題　42, 65
より限定的な命題の意味　6
弱い推意（weak implicature）　100

ら
ライプニッツの法則　238, 266, 271

り
量の格率　33, 52, 136, 188, 222, 244, 265,
　287

れ
連想的（associative）　91, 92, 130

わ
話者の推意（utterer-implicature）　83

【著者紹介】

平田一郎（ひらた いちろう）

［略歴］東京都練馬区生まれ。1986年埼玉大学卒業。1991年東京都立大学卒業。1994年東京都立大学大学院博士課程退学。2009年カリフォルニア大学サンディエゴ校客員研究員。2011年筑波大学博士（言語学）。現在は学習院大学文学部英語英米文化学科教授。

［主な著書・論文］「指示表現のレトリック」(2019年、『語用論研究』)、"Implicatures of Vocatives and Their Theoretical Implications." (2019年、*English Linguistics*)、"Unsuccessful Utterances in Pragmatics." (2023年、*Journal of Pragmatics*)、『語彙範疇（Ⅱ） 名詞・形容詞・前置詞』(2001年、研究社、共著)、『音と形態』(2020年、朝倉書店、共著)、『コメディで学ぶ語用論の基本概念』(2023年、開拓社)など。

グライス語用論の展開―非自然的な意味の探究
Gricean Pragmatics Expanded: The Exploration of Nonnatural Meaning
HIRATA Ichiro

発行	2025年2月20日 初版1刷
定価	4900円＋税
著者	Ⓒ 平田一郎
発行者	松本功
装丁	渡部文
イラスト	藤岡詩織
組版所	株式会社 ディ・トランスポート
印刷・製本所	モリモト印刷株式会社
発行所	株式会社 ひつじ書房
	〒112-0011 東京都文京区千石2-1-2 大和ビル2階
	Tel.03-5319-4916 Fax.03-5319-4917
	郵便振替 00120-8-142852
	toiawase@hituzi.co.jp https://www.hituzi.co.jp/

ISBN978-4-8234-1274-5

造本には充分注意しておりますが、落丁・乱丁などがございましたら、小社かお買上げ書店にておとりかえいたします。ご意見、ご感想など、小社までお寄せ下されば幸いです。